| 高职高专旅游大类专业新形态教材 |

旅游与酒店业大数据应用

黄 昕 张 峰 主编
黄婉敏 张芷晴 副主编

清华大学出版社
北京

内 容 简 介

本书系统阐述了培养具备大数据思维和大数据应用能力、满足旅游及酒店业数字化转型升级的高素质技术技能人才所需要的大数据相关知识。全书分为导论篇和实践篇两部分,介绍了大数据基本概念、大数据思维、大数据安全与伦理、大数据处理与分析、大数据在行业中的主要应用情况等内容。本书融入了通俗易懂的案例,设计了丰富的实训任务,能够让学习者直观感受并清晰掌握相关理论知识和实践技能。

本书适用于高等职业院校旅游大类专业大数据应用与分析相关课程教学,也适合旅游行业人士阅读参考。

本书封面贴有清华大学出版社防伪标签,无标签者不得销售。
版权所有,侵权必究。举报: 010-62782989, beiqinquan@tup.tsinghua.edu.cn。

图书在版编目(CIP)数据

旅游与酒店业大数据应用/黄昕,张峰主编. —北京: 清华大学出版社,2022.10(2025.6重印)
高职高专旅游大类专业新形态教材
ISBN 978-7-302-61933-8

Ⅰ. ①旅… Ⅱ. ①黄… ②张… Ⅲ. ①数据处理－应用－旅游业－高等职业教育－教材 ②数据处理－应用－饭店业－高等职业教育－教材 Ⅳ. ①F59-39 ②F719.3-39

中国版本图书馆 CIP 数据核字(2022)第 176321 号

责任编辑: 刘士平
封面设计: 傅瑞学
责任校对: 袁　芳
责任印制: 刘　菲

出版发行: 清华大学出版社
网　　址: https://www.tup.com.cn, https://www.wqxuetang.com
地　　址: 北京清华大学学研大厦 A 座
邮　　编: 100084
社 总 机: 010-83470000
邮　　购: 010-62786544
投稿与读者服务: 010-62776969, c-service@tup.tsinghua.edu.cn
质量反馈: 010-62772015, zhiliang@tup.tsinghua.edu.cn
课件下载: https://www.tup.com.cn, 010-83470410

印 装 者: 三河市铭诚印务有限公司
经　　销: 全国新华书店
开　　本: 185mm×260mm
印　　张: 19.25
字　　数: 461 千字
版　　次: 2022 年 10 月第 1 版
印　　次: 2025 年 6 月第 5 次印刷
定　　价: 58.50 元

产品编号: 096949-02

前　言

随着大数据技术的日益成熟，旅游与酒店业的生产和消费方式也在不断地发生改变。大数据作为一种新的生产要素，正推动着旅游与酒店业以前所未有的创新方式进化，大数据的各种应用已经融入数字经济新格局下的旅游与酒店业的方方面面中。然而，当前具备大数据思维和大数据应用能力的旅游与酒店行业人才却十分缺乏，无法满足行业数字化转型升级对高素质技术技能人才的需求。

2021年8月，全国旅游职业教育教学指导委员会启动了高等职业教育本科、高等职业教育专科、中等职业教育的专业教学标准修制订工作。新的旅游类职业教育国家专业教学标准要求适应产业优化升级需要，对接产业数字化、网络化、智能化发展新趋势，对接新产业、新业态、新模式下相关职业和岗位群的新要求，不断满足产业高质量发展对高素质技术技能人才的需求，推动职业教育专业内涵升级，提高人才培养质量。

升级后的专业目录和新研制的国家教学标准对教材提出了新的要求，需要对接新专业目录、新专业内涵，适应职业教育教学改革需求，吸收行业发展的新知识、新技术、新工艺、新方法，校企合作开发专业课教材。本书的编写团队是一支具备高等教育背景、行业数字化运营背景、大数据技术研发背景的专业团队。本书主编黄昕来自广东海洋大学商学院，主编张峰和副主编黄婉敏来自广州市问途信息技术有限公司（以下简称问途）。

问途是酒店与旅游业数字化营销技术研发与实践领域的开拓者。在教育领域，问途深度参与旅游教育数字化升级的工作，致力于将行业先进数字化技术与教育数字化技术结合，以创新教育理念和前沿技术为高等院校培养数字旅游时代的新人才创造新环境，构建产教融合新生态，以人才赋能支持中国酒店与旅游业的数字化升级。2021年，问途创始人受邀成为旅游类专业教学标准修制订内审会专家组成员，参与旅游类高等职业教育本科和中等职业教育专业教学标准的评审工作。同时，问途还作为研制单位之一，参与了高职专科酒店管理与数字化运营专业教学标准的研制工作。

在国家专业教学标准的研制和评审过程中，旅游及酒店业大数据应用课程是业界对院校课程设置中呼声极高的课程之一。我们发现，现有的大数据教材基本上分为两类：一类是大数据技术类教材，需要大量的数理知识和信息技术知识为基础；另一类则是大数据通识类教材。对于旅游及酒店管理专业而言，难以找到合适的教材。大数据技术类教材受制于原旅游大类专业偏文科的特质，而大数据通识类教材则不能满足专业性和职业性教育的需求。

教学设计目标是培养学生既具备大数据基础知识和大数据思维，又具备专业性和职业性的大数据应用能力。教材适用于旅游院校高职专科、高职本科和应用型本科院校的大数据应用课程教学，并可用于旅游与酒店业从业人员的培训。

全书分为导论篇和实践篇两大部分。

导论篇内容包括数据的本质、大数据的概念、大数据在旅游业的应用和人才需求、大数据基础技术以及与新一代信息技术关系、大数据思维及职业规划、大数据安全问题与对策、大数据个人隐私保护问题与对策、大数据伦理问题与对策。导论篇内容紧扣相关国家方针政策，每一节先进行浅显易懂的案例导入，然后翔实说明大数据在旅游业的融合应用，旨在帮助没有技术背景的旅游类专业的学生对大数据和大数据在旅游业的应用场景和挑战有清晰的认知，并能够运用大数据思维去进行职业规划。

实践篇首先介绍了大数据核心技术的实现方式，内容包括数据的采集、预处理与存储，数据的处理与分析，数据的可视化，数据的预测，数据的安全。为了让旅游类专业的学生掌握这些技术应用，还设计了5个实训任务，包括酒店业数据的采集与预处理、聚类算法在用户画像中的使用、关联分析算法在景区营销设计中的使用、图像识别技术在景点图片分析中的使用、Python数据实现可视化基本操作。

实践篇还详细阐述了大数据在旅游与酒店行业的主要应用场景，包括基于大数据的旅游目的地指挥调度、基于大数据的旅游舆情应急管理、基于大数据的客户价值分析、基于大数据的市场细分、旅游统计与大数据、基于大数据的客流统计、基于大数据的客流预测。为了让旅游管理类专业的学生进一步理解大数据技术是如何在旅游业具体场景中应用的，实践篇也提供了网络爬虫在舆情管理中的使用、文本情感分析在舆情管理中的使用、酒店客户价值分析、酒店精准营销设计、旅游大数据大屏展示界面设计、酒店客流预测实操6个实训任务。

本书提供的多个实训任务既可以使用免费的数据挖掘软件Python开展实训，也可以使用问途大衍megAnalysis大数据平台和相应的数字资源教学。教学方法建议均以项目为纽带、以任务为载体、以工作过程为导向，围绕旅游及酒店业大数据应用实际工作中的相关任务开展实践教学。问途大衍megAnalysis大数据平台可以为有意向使用本书的院校在安排教师参与相关培训后免费开放一些实训任务。

感谢参与本书编写的两位副主编黄婉敏、张芷晴，感谢参与编写本书所有实训任务的问途公司资深研发工程师李海泉，他（她）们将来自工作的宝贵经验进行提炼和总结，并形成体系化的知识分享给读者。感谢参与本书插图和练习题设计的问途公司UI设计师梁志嘉、内容营销经理吴耿瑜、项目运营经理邬凯婷，他（她）们的工作使得本书能够更好地呈现在读者面前。

大数据技术在旅游与酒店业的应用和实践仍然处于不断的发展当中，本书的编写过程也是一个对旅游院校开展大数据课程教学的探索过程。对于本书存在的问题和不足之处，恳请各位专家、老师和同学不吝批评、指正。

广东海洋大学商学院　黄昕
广州市问途信息技术有限公司　张峰
2022 年 4 月

问途大衍大数据平台资源说明

"问途大衍大数据平台"是一个适用于本科院校和高等职业院校旅游及酒店管理专业学生学习大数据应用知识的平台系统。该平台针对旅游及酒店管理专业的教学需求,设置了涵盖大数据核心技术和行业应用的多个实训任务,培养学生既具备大数据基础知识和大数据思维,又具备专业性和职业性的大数据应用能力。问途大衍大数据平台包括支持本书实训任务实践的大衍大数据实训平台和大衍旅游大数据看板两个模块。平台支持本书对应课程在旅游类专业的创新教学,从而推动旅游类专业数字化升级,支持智慧旅游技术应用专业、智慧景区开发与管理专业、定制旅行管理与服务专业、酒店管理与数字化运营专业的数字化改造。

为方便教师教学选用和学生的知识学习,问途大衍大数据平台线上资源学习平台整理了本书配套的课前知识点、课前测试、课中实训实验及课后练习等模块,满足课程通过SPOC教学方法开展、全过程学生学习情况监控跟踪、针对教授对象和教学要求灵活组织教学课程以实现教学目标等需求。

如何获取"问途大衍大数据平台"试用课程资源?

平台资源对采用本书授课的本科院校及高等职业院校旅游管理、酒店管理等相关专业老师开放试用课程资源。

微信搜索公众号"数字旅游实验室",回复关键字"大数据",按页面提示要求完成申请即可。

目　录

第一篇　导论篇　\1

项目1　认识数据与大数据　\3
学习任务1.1　认识数据的本质　\4
学习任务1.2　了解大数据的概念　\12

项目2　说明大数据在旅游业的应用和人才需求　\22
学习任务2.1　解释大数据在旅游业的应用　\23
学习任务2.2　说明大数据时代旅游业对人才的需求　\30

项目3　使用大数据基础技术知识和思维进行职业规划　\37
学习任务3.1　了解大数据的基础技术　\38
学习任务3.2　解释大数据与其他新一代信息技术的关系　\44
学习任务3.3　应用大数据时代思维进行职业规划　\52

项目4　分析大数据对安全、隐私和伦理的挑战及对策　\65
学习任务4.1　分析大数据的安全问题与对策　\66
学习任务4.2　分析大数据的个人隐私保护问题与对策　\73
学习任务4.3　了解大数据的伦理问题　\81

第二篇　实践篇　\91

项目5　认识大数据的核心技术实践　\93
学习任务5.1　了解数据的采集、预处理与存储　\94
学习任务5.2　了解数据的处理与分析　\125

学习任务 5.3　　了解数据的可视化　　\ 154
学习任务 5.4　　了解数据的预测　　\ 191
学习任务 5.5　　了解数据的安全　　\ 206
实训任务 5.1　　实现酒店业数据的采集与预处理　　\ 218
实训任务 5.2　　实现聚类算法在用户画像分析中的使用　　\ 220
实训任务 5.3　　实现关联分析算法在景区营销设计中的使用　　\ 224
实训任务 5.4　　实现图像识别技术在景点图片分析中的使用　　\ 227
实训任务 5.5　　数据可视化的基本操作　　\ 232

项目 6　认识大数据的旅游行政监管与应急管理　\ 235

学习任务 6.1　　了解基于大数据的旅游目的地指挥调度　　\ 236
学习任务 6.2　　了解基于大数据的旅游舆情应急管理　　\ 243
实训任务 6.1　　实现网络爬虫在舆情管理中的使用　　\ 253
实训任务 6.2　　实现文本情感分析在舆情管理中的使用　　\ 256

项目 7　认识大数据的旅游与酒店智慧营销　\ 260

学习任务 7.1　　了解基于大数据的客户价值分析　　\ 261
学习任务 7.2　　了解基于大数据的市场细分　　\ 265
实训任务 7.1　　实现酒店客户价值分析　　\ 270
实训任务 7.2　　实现酒店精准营销设计　　\ 272

项目 8　认识大数据的旅游客流统计与预测　\ 275

学习任务 8.1　　了解基于大数据的客流统计　　\ 276
学习任务 8.2　　了解基于大数据的客流预测　　\ 280
学习任务 8.3　　认识旅游统计与基于大数据的旅游统计　　\ 284
实训任务 8.1　　实现旅游大数据大屏展示界面设计　　\ 290
实训任务 8.2　　实现酒店客流预测实操　　\ 292

第一篇

导论篇

项目 1

认识数据与大数据

项目结构

```
项目1 认识数据与大数据
├── 学习任务1.1 认识数据的本质
│   ├── 数据的概念
│   ├── 数据的使用
│   ├── 数据的单位
│   └── 数据的类型
└── 学习任务1.2 了解大数据的概念
    ├── 大数据的定义与特征
    ├── 大数据的发展历史
    └── 大数据与数据科学
```

学习目标

学习层次	学 习 目 标
知道	1. 认识数据的概念 2. 了解大数据的定义 3. 描述大数据的特征 4. 了解数据科学
理解	1. 掌握 DIKIW 数据转化模型 2. 解释数据的单位 3. 说明数据的类型 4. 辨别数据的来源 5. 解释大数据的发展历史 6. 说明数据科学的工作过程

学习任务 1.1　认识数据的本质

【任务概述】

数据是用于反映客观事物的性质、状态、关系和变化的原始素材,是形成信息的基本要素;信息是数据进行加工中,形成对客观事物有意义的描述,用于帮助决策或者解决问题。通过数据技术,数据的收集将更为迅速和丰富,管理者可以通过大量的数据来获得所需要的信息,准确地掌握运营情况。数据为管理决策提供了有信服力的依据,帮助管理者有效判断,并能够洞察运营的问题或者发现新的机会。多维度的数据有助于帮助企业推进精准营销,提升客户体验、提高客户黏性,增强数字服务的能力。

DIKIW 数据转化模型(Data to Information to Knowledge to Intelligence to Wisdom)说明了数据是信息、知识以及智慧的来源,揭示了数据是如何一步一步转化为信息、知识、智力和智慧的过程,描述了这些不同数据加工阶段之间的关系。企业在经营中,需要高度重视数据获取的完整性和时效性,防止因为数据不完整或者失效而导致无法产生准确的信息和有价值的知识,进而影响未来的决策。

计算机数据存储是以"字节(Byte)"为单位进行存储,计算机中表示数据大小的计量是 2^n 来计量,依次增大为前一个计量单位的 1 024 倍,即 2^{10} 倍。根据数据的存储与处理方式可以将数据分为结构化数据、非结构化数据和半结构化数据;根据数据的来源,可以将数据分为第一方数据、第二方数据、第三方数据和公共数据;根据数据的拥有主体,可以将数据分为内部数据和外部数据。将数据分类,有助于企业从业务需求和使用角度,找到最有价值的数据和使用方案。

【案例导入】

走进海南"智慧大脑"——海南省大数据中心,可以看到工作人员正在一台台计算机前忙碌着。这里汇聚了海南全省基础数据库和各级政务部门的数据,可以调取实时数据并将数据显示在大厅前方的巨幅显示屏上。数年前的三亚"天价海鲜宰客门"事件让三亚旅游品牌形象严重受损。为了规范旅游市场,当地政府除了制定严格的监管和惩罚制度,更借助于数据技术对市场进行治理。

在三亚某海鲜广场,一块电子显示屏十分醒目,上面显示着当日鱼、虾、蟹等各类海鲜销售价格和政府限价。三亚相关部门定期发布各类海鲜最高限价。在将数据发布给海鲜商铺的同时,三亚主管部门也将所有的海鲜商铺的电子秤、收费系统接入海南省大数据平台。三亚市政府陆续为海鲜商铺配备了一款特殊的公平秤,通过在电子秤上安装网线,市民游客在消费时,所有交易实时反馈到数据平台上,实时采集从数量到单价的数据。由系统自动检查每笔交易,清楚显示所购买的海鲜价格以及店铺名称。通过这些数据可以判断商户是否存在作假,以及价格是否超出政府限价。一旦信息出现异常,数据平台就会自动报警,进入联合执法系统处理。

如果您认为大数据平台只能应用于监控物价信息,那就有点小瞧这个"智慧大脑"了,通过进行政务信息整合,大数据平台对数据进行采集、挖掘及分析,快速给出应急响应方案,为精准防灾、应急指挥、科学决策提供了技术支撑。某天,三亚海上搜救分中心12395热线接到一位带团导游的电话。导游电话中称:"旅游团乘坐的游船在蜈支洲岛附近的海域着火遇险,情况紧急,请求救援。"海南省旅游信息和咨询服务中心借助全域旅游监管服务平台立即获取导游、旅游团、旅游大巴等相关数据,在不到2秒的时间内检索出了旅行团成员的数据。这是一个29人的旅游团,根据旅游大巴车行驶轨迹数据,他们从海口进岛后,直奔蜈支洲岛,乘船下海。管理部门在收到船舶发出的遇险警报后,利用北斗卫星导航系统的短报文通信功能与遇险船舶取得联系,定位和跟踪遇险人员。按照应急救援流程,海南省旅游信息和咨询服务中心及时向救援部门发送事发船只上旅游团人员的数据,结合事发游船发回的求救电话内容,蜈支洲岛旅游区的三亚湾海岸救援队迅速掌握了船上人员情况。事发游船发出紧急求救信号后,船长立即用灭火器实施灭火并对部分受惊吓游客进行心理安抚与疏导。三亚海上搜救分中心接警后,立即核实险情,迅速启动应急预案,安排工作人员准备好快艇与蜈支洲岛旅游区的三亚湾海岸救援队联络,带着有出海救援经验的急救医生随船出海,救援伤者。最终,在覆盖空中、水面、水下的立体救援的帮助下,不到半小时的时间,安全处理了这起海上突发事件。

上述案例只是旅游部门安排的一次演习,但这次演习不仅仅直接考验海南省全域旅游监管服务平台应对突发事件的能力,而且说明了数据的重要性。如今,通过海南省全域旅游监管服务平台,在事发地点方圆100千米范围内,动态掌握团队进出岛数据,包括当日团队进出岛数量、游客数等,建立游客类型画像。借助于实时掌握的旅游团队的接待情况、运动轨迹等数据,一旦发生旅游突发事件,全域旅游监管服务平台会立即向相关人员发送预警信息,为应急指挥和疏导做好准备。

一、数据的概念

数据(Data)是未经加工的原始素材,用于记录和反映客观事物的性质、状态、关系和变化。数据既可以是符号、文字、数字,也可以是图像、声音、视频等形式。人们对数据进行加工,使之成为"信息(Information)"。在上述的情景导入案例中,在海鲜市场配置公平秤采集到的交易数量、交易单价等就是未经加工的原始数据,反映了海鲜市场交易的变化。通过对这些数据进行汇总和对比分析,就能够发现是否存在异常交易的信息。在处理游船遇险救援的演习案例中,旅行团的成员背景、大巴行驶轨迹这些记录都是数据,通过对这些数据的整合加工,主管部门获得了遇险团队的全面描述,形成了救援的信息。可见,数据是用于反映客观事物的性质、状态、关系和变化的原始素材,用于统计计算、科学研究和辅助决策。通过对数据的存储、传输和加工,形成了对客观事物有意义的描述,即生成了信息与知识,数据是形成信息和知识的基本要素。

在获取反映客观事物性质的数据方面,如果依赖个人经验并通过个人直觉去判断,效率将会非常低。例如,在本节情景导入案例中,如果市场管理人员每天挨家挨户查看交易数据,并通过个人经验判断是否存在缺斤少两的情况,效率可想而知。但借助于数据技术对各种数据进行加工、分析、处理,就可以实现"数据—信息"这个过程的高效转化。通过数据技术,数据的收集将更为迅速和丰富,管理者可以通过大量的数据来获得所需要的信息,准确地掌握运营情况。数据为管理决策提供了有信服力的依据,帮助管理者有效判断,并能够洞察运营的问题或者发现新的机会。

综合上述,数据可以帮助管理者在复杂的现实环境中获取有效的信息,找到支持决策的依据,为管理者获得"时间差"的优势。由于数据的获取方法、来源维度不同,对企业管理和运营有不同的价值。例如,在企业和客户在线交易过程中发生的交易数据,可以用于准确描述已成交的产品的客户认可度信息,但是对于没有成交数据的产品,就缺乏交易数据去支持未成交的真实原因。这个原因不一定是产品的问题,而有可能是产品在页面上的位置不合理、图文内容质量不高、产品的详情页加载速度太慢等原因,导致产品的转化率不高。要有效得到产品转化率低背后的信息,还需要对网页上访问数据进行综合判断。

从数据来源维度看,可以将数据分为时间维度、空间维度、社交维度等多个维度的数据。企业运营人员需要从哪个维度获取数据,主要看企业当前和未来的业务对信息的要求。例如,在酒店与旅游企业开展精准营销和个性化服务的工作中,能够反映客户实时感知、产品使用和服务过程的数据是特别有价值的数据,这些数据能够准确描述"是什么样的用户(Who)""在什么地点(Where)""在什么时间(When)""使用何种方式(How)""做了什么事情(What)",从而有助于形成判断客户需求的信息。多维度的数据有助于帮助企业推进精准营销,提升客户体验、提高客户黏性,增强数字服务的能力。

《"十四五"数字经济发展规划》中指出,要深化数字经济的发展,核心引擎是数据要素。数据对提高生产效率的乘数作用不断凸显,成为最具时代特征的生产要素。数据的爆发增长、海量集聚蕴藏了巨大的价值,为智能化发展带来了新的机遇。协同推进技术、模式、业态和制度创新,切实用好数据要素,将为经济社会数字化发展带来强劲动力。

二、数据的使用

旅游者在计划旅行的时候,通常会关注旅游目的地的天气预报,准确的天气预报内容对旅游者的出游准备和活动安排非常重要。从数据来看,天气预报的工作实际上是对原始天气数据的加工和转化。例如,某一个旅游目的地每一天的温度、湿度、降雨量这些数值都是原始数据(Data)。温度和湿度这些数值对于旅游者而言,可以转化为"热还是不热""闷还是不闷"等有逻辑、有意义的"信息(Information)"。这些信息汇总起来,通过挖掘这些信息背后的规律,就可以总结出对这个旅游目的地气候的概括和理解,这就是"知识(Knowledge)",它反映了人们对该领域的认知、行动能力和理解。例如,对花城广州的全年天气数据进行汇总分析后,可以总结出"广州全年平均气温为20~22℃,一年中最热的月份是7月,月平均气温达28.7℃,最冷的月份为1月,月平均气温为9~16℃。平均相对湿度77%,市区年降雨量约为1 720毫米。全年中,4至6月为雨季,7至9月天气炎热,10月、11月和3月气温适中,12至2月为阴凉的冬季"这个知识性判断。基于这些天气知识的运用,旅游组织者可以得出"每年10月、11月是广州最佳旅游季节"的结论,从而可以将10月和11月的旅游线路产品作为推广的重点。因此,这些基于知识所做的决策能力可以用"智力(Intelligence)"来描述。旅游组织者在服务众多旅游者过程中,不断洞察旅游者需求,对旅游者进行细分,再对细分旅游者的需求进行洞察,最后结合天气信息和知识,就可以每年根据气候的变化,针对不同细分市场的旅游者设计不同的城市休闲旅游线路和个性化的行程安排,从而提高客户的满意度和黏性。这种面向未来需求,不断对知识和信息进行加工,演绎出最合适解决方案的能力就是"智慧(Wisdom)"。

综合上述,从"数据(Data)"加工到"信息(Information)",从"信息(Information)"加工到"知识(Knowledge)",从"知识(Knowledge)"加工到"智力(Intelligence)",从"智力(Intelligence)"加工到"智慧(Wisdom)",就形成了 DIKIW 数据转化模型,如图 1-1 所示。

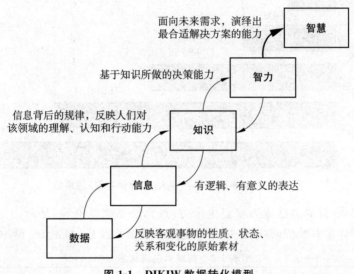

图 1-1　DIKIW 数据转化模型

DIKIW 数据转化模型说明了数据是信息、知识以及智慧的来源,揭示了数据是如何一步一步转为信息、知识、智力和智慧的过程,描述了这些不同数据加工阶段之间的关系。

因此,企业在经营中,需要高度重视数据获取的完整性和时效性,防止因为数据不完整或者失效而导致无法产生准确的信息和有价值的知识,进而影响未来的决策。

三、数据的单位

数据需要使用计算机进行存储和传输。计算机数据存储是以"字节"为单位进行存储,但是以"位"(Binary Digit,Bit,也称为"比特")为单位进行数据传输。如图 1-2 所示,一个位就代表一个二进制的 0 或 1,每八个位组成一个字节。

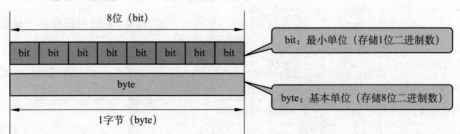

图 1-2　字节与比特的对比

字节是数据的最基本单位。一个英文字母(不分大小写)占一字节的空间,一个中文汉字占两个字节的空间。一个英文标点占一字节,一个中文标点占两字节。

计算机中的数据都是用二进制数表示的。现在人们对数据的认知大多数情况都是指用二进制形式编码并计量的各种数据。随着数据量的不断增加,需要用计量单位来表示数据的大小。计算机中表示数据大小的计量是 2^n 来计量,依次增大为前一个计量单位的 1 024 倍,即 2^{10} 倍,如图1-3所示。

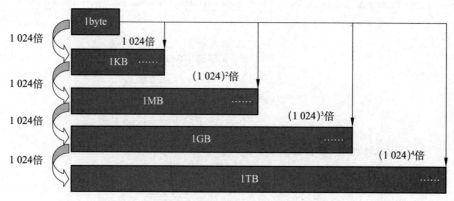

图1-3 计算机中表示内存大小(存储容量)的单位

数字经济时代,计算力已成为核心生产力,数据是基础性资源,是新的生产要素。人类社会进入了数据体量井喷的时代,数据存储呈爆炸性增长态势,如表1-1所示。

表1-1 数据单位对比表

单 位	简写	计 量	说 明
字节(Byte)	B	8B	一个英文字母或一个英文标点符号
千字节(Kilobyte)	KB	1 024B	512 个汉字
兆字节(Megabyte)	MB	1 024KB	一首 MP3 格式的歌曲大约 4MB。如果用更低音质的 wma 格式存储,一首歌 2MB 左右
吉字节(Gigabyte)	GB	1 024MB	未经压缩的 1080P 格式电影在 20GB 以上
太字节(Terabyte)	TB	1 024GB	中国公共图书馆 2020 年年底面向全国共享的数字资源超过 145TB
拍字节(Petabyte)	PB	1 024TB	人类大脑的信息存储容量至少为 1PB(美国索尔克生物学研究所)
艾字节(Exabyte)	EB	1 024PB	人类所说过的所有的话约 5EB
泽字节(Zettabyte)	ZB	1 024EB	2020 年人类创建、捕获、复制和消耗的数据总量约为 59ZB
尧字节(Yottabyte)	YB	1 024ZB	
珀字节(Brontobyte)	BB	1 024YB	
诺字节(Nonabyte)	NB	1 024BB	
刀字节(Doggabyte)	DB	1 024NB	

四、数据的类型

根据数据的存储与处理方式、数据的来源、数据的拥有主体等不同维度,可以将数据分为不同的类型。了解数据的类型,有助于从业务需求和使用角度,找到最有价值的数据和使用方案。

1. 根据数据存储和处理方式分类

从数据的存储和处理方式来看,数据类型可以分为三种:结构化数据(Structured Data)、非结构化数据(Unstructured Data)和半结构化数据(Semi-structured Data)。

结构化数据是指能够用二维表结构来表达实现,通过关系型数据库进行存储和管理的数据,通常以行为单位,一行数据代表一个实体的信息,每行数据的属性是相同的,严格遵循数据格式和长度规范,数据的存储和排列是有规律的。例如,以行和列这种表格形式存在和组织的数据都是结构化数据,例如酒店管理系统(Property Management System,PMS)、旅行社管理系统中的数据都是结构化数据,包括预订数据、客户数据、销售数据、支付数据等,如图1-4所示。结构化数据为决策者提供了丰富的信息,但这些信息通常都是解释已经发生的事实。对于正在发生的事件,通过结构化数据能够产生的信息非常有限。

订单号	状态	预订人	入住人	提交时间	预订产品	数量	入住日期	离店日期	间夜	订单金额	价格计划	平均售价	在线支付金额	支付状态
00010897	已确认	酒店会员 / 微信粉丝 / 666******91 - 展**	展**	2021-12-03 12:39	DR - 豪华单床房	2	2021-12-03	2021-12-04	2	820.00	粉丝专属价格	410.00	820	已支付
00010898	未支付	酒店会员 / 微信粉丝 / 666******69	666******69	2021-12-28 21:32	DR - 豪华单床房	1	2021-12-28	2021-12-29	1	410.00	粉丝专属价格	410.00	410	未支付
00010899	已确认	酒店会员 / 微信粉丝 / 666******72	666******72	2021-12-29 23:48	BR - 商务大床房	1	2021-12-29	2021-12-30	1	480.00	粉丝专属价格	480.00	480	已支付
00010900	已确认	酒店会员 / 微信粉丝 / 666******15 - 王**	王**	2022-01-12 13:13	DR - 豪华单床房	2	2022-01-12	2022-01-13	2	720.00	粉丝专属价格	360.00	720	已支付
00010901	已确认	酒店会员 / 微信粉丝 / 666******20 - 张**	林**	2022-01-12 20:57	DR - 豪华单床房	3	2022-01-12	2022-01-13	3	1080.00	粉丝专属价格	360.00	1080	已支付
00010902	已确认	酒店会员 / 微信粉丝 / 666******89	666******89	2022-01-13 10:46	DR - 豪华单床房	2	2022-01-13	2022-01-14	2	720.00	粉丝专属价格	360.00	720	已支付
00010903	未支付	酒店会员 / 微信粉丝 / 666******39	666******39	2022-01-13 10:47	DT - 豪华双人房	3	2022-01-13	2022-01-14	3	1200.00	粉丝专属价格	400.00	1200	未支付
00010904	已确认	酒店会员 / 微信粉丝 / 666******11	666******11	2022-01-13 10:48	DT - 豪华双人房	3	2022-01-13	2022-01-14	3	1200.00	粉丝专属价格	400.00	1200	已支付
00010905	已确认	酒店会员 / 微信粉丝 / 666******90	罗**	2022-01-13 20:53	BR - 商务大床房	1	2022-01-13	2022-01-14	1	430.00	粉丝专属价格	430.00	430	已支付

图 1-4 结构化数据示例

非结构化数据就是没有固定的结构,无法用传统的二维表结构来表现以及用传统数据库来存储的数据。例如,旅游目的地的天气数据和地形数据、旅行社的网站文本、社交媒体上的图片和短视频、酒店与客人的交流或录音记录、酒店经营场所的监控和视频等数据,都是非结构化数据,如图1-5所示。这类数据在全球可以使用的数据总量中,占了绝大多数。受限于储存和处理能力,非结构化数据一直没有得到很好的分析和利用,因为非结构化数据需要更大、更好的存储空间,而且数据处理和分析技术更为复杂。直到大数据技术的飞速发展,非结构化数据才得到了越来越深度的应用。

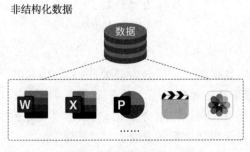

图 1-5 非结构化数据示例

半结构化数据是介于结构化数据和非结构化数据之间的数据，它有一定的结构，但又不能完全结构化，结构变化很大。例如，企业到大学去进行校园招聘，同学们给的简历有一定的结构性，一般包括姓名、性别、专业、政治面貌、特长等。但有的同学的简历可能很丰富，包括兼职经历、学生干部经历，甚至有一些个性化的数据，如个人生活照片等。这些有一定结构但又不完全结构化的简历数据就是半结构化数据。此外，用户在互联网上通过浏览器读取的网页文件都是由 HTML 格式组成，也属于半结构化数据，如图 1-6 所示。

```
<!DOCTYPE html>
<html class="no-js">

<head>
    <meta charset="utf-8">
    <title>Dossm v3 Workbench</title>
    <meta name="description" content="">
    <meta name="HandheldFriendly" content="True">
    <meta name="MobileOptimized" content="320">
    <meta name="viewport" content="width=device-width, initial-scale=1, minimal-ui">
    <meta http-equiv="cleartype" content="on">
    <link rel="stylesheet" href="/dist/icon/style.css">
    <link rel="stylesheet" href="/dist/css/dossm3.0.css">
    <link rel="icon" href="/dist/images/favicon.ico">
    <script src="/dist/jquery/jquery-1.12.0.min.js"></script>
    <style type="text/css">
        .quick {
            position: absolute;
            top: 10px;
            right: 15px;
            display: block;
            width: 40px;
            height: 40px;
            cursor: pointer;
        }
```

图 1-6　半结构化数据示例

2. 根据数据来源分类

根据数据的来源，数据类型可以分为四种：第一方数据（First-party Data）、第二方数据（Second-party Data）、第三方数据（Third-party Data）和公共数据（Public Data）。

第一方数据是指企业通过各种客户接触点收集的数据，以及企业自身不断积累的数据。注册会员时填写的个人资料、浏览企业的网站或 App 时产生的行为数据等属于第一方数据。

第二方数据是指从其他合作机构购得或者交换来的第一方数据。例如，广告服务商、运营服务商、合作媒体、上下游合作企业的数据。

第三方数据是指从没有直接合作关系的企业或者组织获得或者购买的数据。例如，数据交易平台、广告营销代理商、互联网服务提供商等提供的数据都属于第三方数据，主要是对于第一方数据的增强。

公共数据是指从公共渠道获得的低成本、对外公开的数据。

一栋新公寓楼的业主正在寻找租户。若使用第一方数据，只能找到之前访问过他们网站的人。借助第三方数据，业主可以覆盖更广泛的人群，找到近期在线搜索过附近公寓的人。

3. 根据数据的拥有主体分类

根据数据的拥有主体，数据类型可以分为两种：内部数据和外部数据。内部数据是指企业能够自行采集、拥有、管理和应用的数据。这些数据可以是结构化、非结构化或者半结构化。例如，企业的会员数据、销售数据、财务数据、员工数据等。对企业来说，获取内部数据的成本很低，但企业需要确保内部数据的安全。

外部数据是相对于内部数据而言，通过公开渠道或者第三方渠道获取的数据。例如，政府和研究机构发布的人口普查数据、行业调研数据、行业业务统计数据；通过第三方数据平台获取的人群画像数据等。外部数据相对于内部数据而言，更加丰富、全面和复杂。它可以和内部数据结合，为企业提供更全面的分析视角，更全面地洞察事物本质。

【主要术语】

1. 数据：数据（Data）是未经加工的原始素材，用于记录和反映客观事物的性质、状态、关系和变化。数据既可以是符号、文字、数字，也可以是图像、声音、视频等形式。

2. DIKIW 模型：用于揭示从"数据（Data）"加工到"信息（Information）"，从"信息（Information）"加工到"知识（Knowledge）"，从"知识（Knowledge）"加工到"智力（Intelligence）"，从"智力（Intelligence）"加工到"智慧（Wisdom）"的全过程的模型，说明了数据是信息、知识以及智慧的来源，揭示了数据是如何一步一步转化的过程和阶段，描述了这些不同数据加工阶段之间的关系。

3. 字节：字节是数据的最基本单位。计算机数据存储是以"字节"（Byte）为单位进行存储，但是以"位"（Binary Digit，Bit，也称为"比特"）为单位进行数据传输。一个位就代表一个二进制的 0 或 1，每八位组成一字节。计算机中的数据都是用二进制数表示的，表示数据大小的计量是 2^n 来计量，依次增大为前一个计量单位的 1 024 倍，即 2^{10} 倍。

4. 结构化数据：能够用二维表结构来表达实现，通过关系型数据库进行存储和管理的数据，通常以行为单位，一行数据代表一个实体的信息，每行数据的属性是相同的，严格遵循数据格式和长度规范，数据的存储和排列是有规律的。

5. 非结构化数据：没有固定的结构，无法用传统的二维表结构来表现以及用传统数据库来存储的数据。

6. 半结构化数据：介于结构化数据和非结构化数据之间的数据，它有一定的结构，但又不能完全结构化，结构变化很大。

7. 第一方数据：企业通过各种客户接触点收集的数据，以及企业自身不断积累的数据。

8. 第二方数据：从其他合作机构购得或者交换来的第一方数据。

9. 第三方数据：从没有直接合作关系的企业或者组织获得或者购买的数据。

10. 公共数据：从公共渠道获得的低成本、对外公开的数据。

11. 内部数据：企业能够自行采集、拥有、管理和应用的数据。

12. 外部数据：通过公开渠道或者第三方渠道获取的数据。

【练习题】

一、自测题

1. 请举例说明什么是"数据"以及这些"数据"如何加工成为有意义的"信息"。

2. 有人说，只有在线的数据才是最有价值的数据。你认同吗？为什么？

3. DIKIW 数据转化模型和 DIKIW 数据转化模型在应用上有什么区别？

4. 除了本节对大数据时代存储单位（如太字节、拍字节等）的说明，请对这些大数据存储单位另外举例描述。

5. 请根据旅游或酒店企业的数据特点，举例说明结构化数据、非结构化数据和半结构化数据。

二、讨论题

1. 请在互联网上搜索一个旅游活动的实施案例或者一个旅游事件的处理案例，运用"数据"和"信息"的概念，讨论该活动或事件是如何通过数据进行决策的。

2. 某酒店集团拥有几十万名会员，为了快速发展会员，集团与合作银行建立了合作关系，通过会员系统对接将银行的用户引导为酒店集团会员。另外，该集团还和某大数据公司合作，将该集团的不同级别、不同地域的会员抽取样本数据后，由合作的大数据公司提供该组会员数据的标签，如学历、职业、收入、喜好等数据。请讨论该酒店集团有哪些第一方数据、第二方数据和第三方数据。

三、实践题

1. 请仔细分析本节中的 DIKIW 数据转化模型案例，然后联系一家酒店的订房部或者市场营销部进行访谈，运用 DIKIW 模型描述一下从数据一步一步转化到智慧决策的全过程，请用 PPT 进行小组演示。

2. 请搜索一下数据在世界和中国的起源，并结合数据的定义，做成一个图文并茂的短视频向同学们进行介绍。

学习任务 1.2　了解大数据的概念

【任务概述】

大数据是一种具有体量巨大、来源多样、生成极快且多变等特征，并且难以用传统数据体系结构有效处理的包含大量数据集的数据。广义上来说，大数据是思维、技术、数据和应用的结合，包括数据特征、分析方法、处理技术、商业模式、思维方式等。大数据的特征可以用"6V"来定义：巨大的数据量（Volume）、数据种类和来源多样（Variety）、数据处理速度快（Velocity）、数据类型多变（Variability）、较高的商业价值（Value），以及数据准确性和可信度高（Veracity）。大数据的发展历史可以分为 1.0、2.0 和 3.0 阶段，大数据 1.0 阶段，是以 20 世纪 70 年代的关系型数据库技术、80 年代的数据网络化传输和 90 年代的互联网上不同主机之间的信息共享为主要应用场景；大数据 2.0 阶段，包括结构化和半结构化的海量数据规模促使专门为存储和分析大数据集而创建的开源框架和非关系型数据库技术的发展；大数据 3.0 阶段，大数据技术得到快速发展，移动互联网、物联网的广泛应用促使大数据成为一个重要的生产因素。数据科学成为一个新兴的研究领域。数据科学的工作过程包括：制定目标、数据理解与准备、数据建模、模型评估、结果呈现和模型部署。

【案例导入】

根据杭州网的相关报道，杭州在 2017 年组建了杭州旅游经济实验室并成立了杭州旅游大数据中心。2018年,旅游大数据平台与杭州城市大脑系统全面对接。杭州城市大脑是杭州为城市生活打造的数字化界面,市民通过它享受城市服务,城市管理者通过它配置公共资源,进行决策和治理。旅游大数据平台与城市大脑对接后,就形成了杭州城市文旅系统,用于建立文旅市场的智能监管机制和响应机制,实现文化旅游运营和公共管理的双赢。该大数据系统能够通过采集与分析游客的行为轨迹、消费轨迹、时空轨迹等个体数据,以及交通、气象、公安、舆情等公共数据进行动态监测和精准分析。

杭州已经实现以分钟级的颗粒度完成对游客的整体画像和旅游市场的立体描述,同时为游客提供精准的掌上旅游服务。例如,在春节黄金周,借助旅游大数据平台,杭州市文化广电旅游局发布了相关数据报告,对来杭州的游客数量、住宿偏好、消费习惯、饮食习惯,游客在杭关键词搜索、行动轨迹、消费评价等数据进行了精准分析,刻画用户画像。这些数据用于游客流量预测、引导分流、精准营销和企业决策辅助等数据赋能的用途。

大数据不仅仅用于政府治理和决策用途,还为消费者提供了诸多便利条件。在杭州的桐庐高铁站,游客只要搭乘一人一座、票价3元的酒店穿梭巴士,便能直接抵达酒店门口。通过"数据+算法",依据高铁时刻表,桐庐已经开通了十余条数字旅游专线,目的地涵盖了酒店、景区与主题乡村。桐庐站日均有60多趟高铁停靠,依据高铁时刻表,游客走出桐庐站就可以直接搭乘准点发车的穿梭巴士、旅游专线,直接前往酒店、瑶琳仙境景区、白云源景区、江南古村等,而根据季节特色,桐庐还会设计不同主题的数字旅游专线。桐庐的数字旅游专线,是杭州文旅针对旅游过程中最常见的排队、等候、盲从、资讯获取慢以及"游占比"低下等"痛点"问题,所进行的一次"场景革新"。依托游客轨迹、铁路预订、公交运行等数据,进行后台关联分析与运算,科学规划旅游专线,动态调度班次时间。数字旅游专线不仅仅在桐庐县有,杭州下辖的淳安县的所有接驳巴士信息也都已经与百度、云公交、铁路等平台互通,日均发车214班次,日均输送旅客3 479人次。方便查询之外,游客的"游占比"明显提高。这也意味着游客在淳安的旅游候车时间至少可以节省16分钟。

2019年,杭州全面布局的10秒找空房、20秒景点入园、30秒酒店入住、数字旅游专线、长三角PASS卡、杭州文化旅游年卡六大便民应用场景,将数字文旅服务由景区扩展至杭州全域范围,累计服务游客已超过550万人次。以10秒找空房小程序为例,前端空房展示平台对接了8 561家酒店,覆盖杭州各区(县市),通过"找空房"小程序和"96123"旅游咨询服务热线两个渠道,游客可以基于当前定位和价格偏好,找到附近的"性价比"高的酒店空房,而20秒景点入园场景,正在加速覆盖杭州各大景区(景点)。

杭州城市大脑文旅系统将按照"数据线上跑、用户线下游"的理念,通过部门间合作开放数据,打破数据壁垒。在游客出行、停车、景区入驻、酒店入住、消费引导等旅游体验方面,多方位优化数据应用,打造互联互通、信息对称的国际体验旅游目的地。

一、大数据的定义与特征

1980年,美国未来学家阿尔文-托夫勒(Alvin Toffler)在他所撰写的《第三次浪潮》(*The Third Wave*)中预言,大数据将成为"第三次浪潮的华彩乐章"。所谓第三次浪潮,就是在农业文明阶段、工业文明阶段之后的新文明,数字技术与生物技术是第三次浪潮的核心驱动力。

根据已经发布的中华人民共和国国家标准《信息技术 大数据 术语》(GB/T 35295—2017)，大数据被定义为"具有体量巨大、来源多样、生成极快且多变等特征，并且难以用传统数据体系结构有效处理的包含大量数据集的数据"。大数据以拍字节(Petabyte，PB)为单位进行生成和存储，这和传统的最多以太字节(Trillionbyte，TB)为单位进行生成、存储和分析的技术差异很大。大数据所指的数据规模已经达到无法用传统的数据体系结构和技术来有效处理的程度，数据科学家需要用特定的技术、工具和方法，用于快速采集、存储和分析海量数据，进行建模和实现预测的目的，从而实现传统技术无法创造的竞争优势和创新能力。这些大数据技术包括 Apache Hadoop、Apache Spark、Apache Kafka 等，通过运用大数据技术，帮助企业通过正确的方式，在正确的时间从可用的数据中获取正确的决策支持，并寻找新的商业机会来确保企业的核心竞争力和创新发展能力。

大数据作为一个用来描述海量数据的流行语，它不仅仅是一个技术概念，也是一个商业概念。大数据为决策者们提供了获取关键信息、知识和智慧的途径，是企业建立核心竞争力的关键技术和策略之一。中华人民共和国国家标准《信息技术 大数据 术语》(GB/T 35295—2017)文件中指出，国际上对于大数据的特征通常直接用 Volume(体量)、Variety(多样性)、Velocity(速度)和 Variability(多变性)予以表述，即"4V"。大数据是新技术、新知识、新方法和新的商业模式的混合体，除了上述"4V"特征外，还有不少专家认为 Value(价值)和 Veracity(真实性)也是大数据的重要特征，即"6V"，如图 1-7 所示。

图 1-7 大数据"6V"特征

1. Volume：数据体量巨大

大数据的"大"首先体现在数据量上。随着移动互联技术的普及，相关应用产生的数据量也在急剧增加。

根据国际数据公司(IDC)2019年发布的《数字化世界——从边缘到核心》白皮书,全球数据圈将从2018年的33ZB(十万亿亿字节)增至2025年的175ZB。1ZB相当于全世界海滩上的沙子数量的总和,若一般家用计算机硬盘以100GB为单位计算,那1ZB数据要存满百亿台数量级的电脑硬盘。淘宝网每天有数千万的交易量,其单日数据产生量超过50TB(万亿字节);百度每天处理约200亿次搜索请求,处理数据量达数百PB(千万亿字节)。

根据国际数据公司(IDC)《IDC:2025年中国将拥有全球最大的数据圈》白皮书,中国在2025年将成为全球最大的数据圈。中国的数据圈将以30%的年平均增长速度领先全球,2025年中国数据圈增至48.6ZB,占全球27.8%。中国正处于数字经济的发展关键阶段,数据量增速之快,应用程度之深前所未有,将成为中国未来发展的关键资源。

2. Variety:数据类型多样

多样性体现数据来自多个数据仓库、数据领域以及多种数据类型。数据根据存储和处理方式可分为三种类型:结构化数据、非结构化数据和半结构化数据。在大数据中,80%~90%是非结构化数据,如社交媒体对话、视频、图片、地理位置、传感器数据、语音记录数据等。

多种类型的数据对数据处理能力提出了更高的要求。随着互联网时代的发展和大数据时代的到来,人们逐渐从信息匮乏的时代走向信息过载的时代,任何形式的数据都可以产生作用。不同类型的数据结合起来,使得人类可以从数据中汲取更多关键信息。这是传统时代无法想象的,例如,抖音的首页推荐是根据用户浏览视频的历史行为和兴趣进行推荐。这就是建立在非结构化的视频浏览数据挖掘基础上的应用,为用户提供个性化的信息服务和决策支持。

3. Velocity:处理速度快

处理速度快是大数据区别于传统数据挖掘的最显著特征。在海量数据场景下,传统的数据库技术已经无法满足其海量存储、高效处理和实时挖掘数据潜在价值的要求。对于很多业务场景来说,数据的时效性非常重要。例如,在携程等大型的OTA平台上浏览酒店后,平台会立即向用户推荐相关同类酒店或者与此酒店产品相搭配的其他产品,这也是根据用户当前浏览的商品数据进行实时推荐。在数据处理速度方面,有一个著名的"1秒定律",即要在秒级时间范围内给出分析结果,处理模式已经开始从批处理转向流处理。如果数据不能做到时效性,就失去了作用和价值。

4. Variability:数据多变性

大数据的体量、多样性和速度一直都是处于变化之中。在2020天猫双11全球狂欢季纪录之夜,根据双11实时交易数据,11月11日00:00:26,天猫双11迎来了流量洪峰,订单创建峰值达58.3万笔/秒。这个新纪录是2009年第一个天猫双11活动的1 457倍。

相对于传统的数据,大数据的质量、规模、结构化程度等都在随时变化,难以把握趋势,阻碍了有效处理和管理数据的进程。例如,百度、神马等互联网搜索引擎每秒钟都会产生和存储许多不同类型的数据,这些数据不断快速变化。此外,同样的数据在不同的语境中可能有不同的含义。因此,数据分析必须在上下文中进行,这给算法带来了挑战。

5. Value:价值

"Value(价值)"是指大数据有较高的商业价值。无论大数据有多大的容量和多少种类型,如果没有应用价值,就没有意义。如何将业务逻辑与强大的机器算法相结合,从而能够最大限度地挖掘数据的价值?这是大数据应用的关键所在。例如,今日头条、抖音、西瓜视频等字节跳动旗下的 App,有一个共同的特点,就是基于大数据技术的精准推送机制。利用大数据分析,App 可以对用户特征、环境特征和内容特征进行匹配实现对不同用户的信息精准推送,让用户在信息过载、碎片化的互联网时代迅速获取自己关心的内容,相应地提升了用户使用时长及满意度。

6. Veracity:真实性

"Veracity(真实性)"是指数据的可信度,反映数据的质量。高质量的决策必须依赖于高质量的数据,而从现实世界中采集到的大数据很多情况下难以确保质量和准确性。一方面,要确保大数据在采集时候的有效性;另一方面,要通过大数据技术对"问题数据"进行预处理,达到"去伪存真"的效果。例如,现在大数据技术已经能够处理错别字、缩写等不准确的数据。微软在 Windows 版的 Microsoft Word 中引入了文本预测,使用机器学习功能,根据上下文和机器学习来提示用户接下来可能想要输入的文本来节省用户时间。这项功能还可以减少拼写和语法错误,并在用户使用一段时间后,根据他们的写作风格给予最佳建议。

二、大数据的发展历史

从数据本质来说,大数据并不是新的事物,数据分析以及相关技术自古就有。例如,在古代的战争中,统帅需要分析敌我军队的相关数据,确定最佳的策略和布局。

随着人类社会的发展和数据技术的进步,数据的数量、速度、类型也在不断提升。到了互联网时代,数据已经超出了人工以及传统数据技术可以处理的程度。随着非结构化的数据在数据总量中占比越来越大,大数据技术开始兴起,并随着移动互联网、物联网的普及而不断进步,因为移动互联网、物联网的应用使得数据以前所未有的速度增加。大数据的发展历史大致可以分为如下几个阶段。

1. 大数据 1.0 阶段

20 世纪 70 年代,为了有效管理和访问大量的数据资源,减少数据冗余和存储成本,关系型数据库技术应运而生。

20 世纪 80 年代,个人便携式计算机时代开始,释放了巨大的经济增长动力。而 20 世纪 90 年代兴起的互联网实现了数据的网络化传输,从而真正彻底改变了人类社会的信息交流和互动方式,造就了一批成功的企业并导致了一些企业的消亡,这些成功的企业通过破坏性创新推动了社会、企业发展和个人的成长,并进一步导致了数据的爆炸性增长和发展。

随着数据挖掘理论和数据库技术的逐步成熟,一些商业智能工具和知识管理技术开始得到应用,如数据仓库、专家系统、知识管理系统等。企业和组织对内部数据进行统计、分析和挖掘利用。

20 世纪 90 年代,万维网技术的出现促进了互联网上不同主机之间的信息共享。首先转型的是媒体行业,以门户网站为代表的网络媒体,改变了人们获取信息的方式,逐渐削弱了报纸、广播、电视等传统媒体的影响力。

2. 大数据 2.0 阶段

搜索引擎的诞生,改变了人类利用互联网获取信息的方式。数据挖掘技术用于分析和处理网站用户访问 Web 服务器时产生的日志数据,从而发现 Web 用户的访问模式和兴趣爱好等,用于辅助站点管理和决策支持等,深入了解用户的需求和行为。

21 世纪初,随着移动互联网、社交媒体和新一代信息技术的发展,数据来源的丰富性使得大数据不仅包含传统的结构化数据,还包含半结构化数据和非结构化数据。用户通过社交媒体和其他在线服务平台产生了海量数据。这些数据的规模超过了典型数据库软件工具能够支持的存储、管理和分析能力。Hadoop(一个专门为存储和分析大数据集而创建的开源框架)在同一年被开发出来。NoSQL(非关系型数据库)也在这一时期开始流行起来。

3. 大数据 3.0 阶段

移动互联网、物联网的普及与应用,产生了大量的感知数据,如城市视频监控的流媒体数据和手机用户的使用数据。

互联网接入终端开始向移动设备发展。移动设备不仅可以分析用户行为数据(如点击和搜索查询),还可以存储和分析基于位置的数据(GPS 数据)。例如,当人们在运动时携带智能手机、智能手表、智能手环等移动设备,接入这些智能设备的大数据相关应用系统可以采集用户的运动数据,实时监测和反馈分析运动数据,甚至为健康提供基于数据分析的建议。

物联网(Internet of Things,IoT)是在互联网的基础上利用射频标签和无线传感器网络技术建立的覆盖所有人与物的网络化信息系统。物联网的兴起,带动了智慧城市的发展,可以利用数据、通信和技术来改善城市问题。通过物联网,居民与城市中的设备,如交通、自来水道、电力设备等形成有效的互动,最终提高政府的效率,改善人们的生活质量。

大数据已经渗透到今天的每一个行业和商业功能,并成为一个关键的生产要素。对海量数据的挖掘和使用预示着新一轮的生产力增长。随着越来越多的人、设备和传感器通过网络连接起来,人类产生、传输、分享和访问数据的能力正在发生革命性的变化。在旅游业,大数据技术得到快速发展,大数据应用变得越来越普遍,并改变了人们的旅行方式。例如,旅游者能够在网上搜索旅游信息、预订酒店、旅行途中打车或者租车、获取目的地旅游信息等,整个旅程都离不开大数据在背后的支持。对于能够利用大数据开展业务的旅游企业要比没有应用大数据开展业务的企业有更强的竞争优势和创新能力。

三、大数据与数据科学

大数据技术的迅速发展使得数据的处理越来越自动化,越来越多的数据采集、处理和分析都是由计算机进行自动化处理,而不是再通过人工去处理。因此,一门新兴的交叉学科——数据科学(Data Science)应运而生。

美国机器学习专家德鲁·康威(Drew Conway)总结了一个维恩交叉图来描述数据科学的概念。如图 1-8 所示,数据科学是由计算机科学、数学与统计、专业知识三个不同领域的结合体,不同领域的结合需要机器学习、软件工程和数据分析等技术支持。数据科学的目标是从数据中提取有意义的知识、洞察力和决策力。

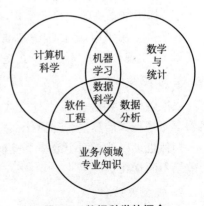

图 1-8 数据科学的概念

数据科学通常包括数据挖掘、预测、机器学习、预测分析、统计和文本分析等领域。这些领域过于专业,以至于寻找一个合适的数据科学专家并不容易。随着人工智能(Artificial Interlligence,AI)技术和机器学习算法的不断进步,如今,企业已经可以智能化使用数据科学家通过 AI 技术建立的各种分析模型来对数据进行自动化分析。这不仅提高了工作效率,而且使得非数据科学背景的业务人员也可以比以往任何时候都更加容易地使用各种分析模型,从业务数据中提取信息、知识和洞见,为业务增长建立竞争优势。

数据科学是一个旨在将数据转化为实际价值的跨学科领域,它包括数据提取、数据准备、数据探索、数据转换、存储和检索、计算基础设施、各种类型的挖掘和学习、解释和预测的展示,并同时考虑到道德、社会、法律和商业等方利用(Van Der Aalst,2016)。

2001 年美国统计学教授威廉·克利夫兰(William S. Cleveland)发表了《数据科学:拓展统计学的技术领域的行动计划》(*Data Science:An Action Plan for Expanding the Technical Areas of the Field of Statistics*),奠定了数据科学的理论基础,数据课程成为一门独立的学科。

数据科学的工作过程如下。

1. 制定目标

制定目标的前提是理解业务,明确要解决的商业或业务问题是什么?比如,"如何提高客户满意度",这是企业自上到下都很关心的问题,但从数据科学的角度,这个问题太空泛了,需要将这个业务问题分解为若干个小问题,形成可研究和可测试的问题。例如,"客户满意度的数据是如何衡量的?""如何获得客户满意度的数据?""现有的满意度是多少?""创造什么条件会增加客户满意度?"

2. 数据理解与准备

当目标制定后,就要基于要解决的现实问题来理解和准备数据。数据理解和准备,一般需要解决下面的问题。

(1)需要哪些数据指标。
(2)数据指标的含义是什么。
(3)数据的质量如何。
(4)数据能否满足需求。
(5)数据是否还需要加工。
(6)探索数据中的规律和模式,进而形成假设。

在实际应用当中,数据理解和准备工作往往可能需要尝试很多次。因为在复杂的大数据场景下,发现数据中存在的模式是一个不断试错、不断优化的过程。

3. 数据建模

在准备好的数据基础上,建立数据模型。这种模型可能是机器学习模型,也可能不需要机器学习等高深的算法。选择什么样的模型,是根据要解决的问题和制定的目标来确定的。

当然也可以选择两个或多个模型来进行对比,同时不断调整优化模型的参数,使得模型的效果不断优化。

4. 模型评估

模型效果的评估有两个方面:一是模型是否解决了需要解决的问题(是否还有没有注意

和考虑到的潜在问题需要解决);二是模型的精确性是否符合要求(误差率或者残差是否符合正态分布等)。

5. 结果呈现

结果呈现主要关注以下方面。

(1) 模型解决了哪些问题。

(2) 模型的解决效果如何。

(3) 解决问题的具体操作步骤是什么。

6. 模型部署

数据模型确定后,一般情况需要通过技术环境部署落实,以便业务人员进行有效使用。业务人员不需要了解数据模型背后的复杂技术原理和算法,但是可以选择出最优的模型帮助决策。

同时,还要注意部署后的数据模型并非一成不变,而是需要持续优化,应该是一个周期性循环的过程,如图 1-9 所示。

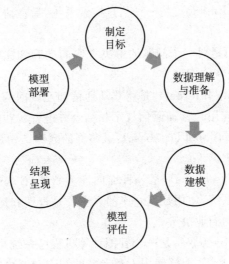

图 1-9　数据科学工作过程

【主要术语】

1. 大数据(Big Data):是具有体量巨大、来源多样、生成极快且多变等特征并且难以用传统数据体系结构有效处理的包含大量数据集的数据。

2. 数据挖掘(Data Mining):是通过算法搜索隐藏在大量数据中的信息的过程。通常与计算机科学有关,通过统计学、在线分析处理、情报检索、机器学习、专家系统和模式识别等多种方法来实现。

3. 数据库(Data Base):是一个长期存储在计算机中,有组织、可共享、统一管理的大型数据集合。

4. 峰值(Peak):是起伏变化的数值中的最大值。

5. 体量(Volume):是指大数据的数据量。大数据的"大"首先体现在数据量上。采集、存储和计算数据量的起始计量单位往往是 TB(1 024GB)、PB(1 024TB)。

6. 多样性(Variety):是指类型和来源的多样化,种类上包括结构化数据、半结构化数据和非结构化数据,具体包括网络日志、音频、视频、图片、地理位置信息等。

7. 速度(Velocity):这是大数据区分于传统数据挖掘的最显著特征。例如,搜索引擎要求几分钟前的新闻能够被用户查询到,个性化推荐算法尽可能要求实时完成推荐。

8. 多变性(Variability):是指数据的含义总是在快速变化。例如,在同一条推文中,一个词可以有完全不同的含义。

9. 价值(Value):是指所有可用的数据可以为组织、社会和消费者创造巨大的价值。如何结合商业逻辑,通过强大的机器算法来挖掘数据的价值,是大数据时代需要解决的最重要的问题。

10. 真实性(Veracity):组织需要确保数据的真实性,以保证数据分析的正确性。如果数据本身是虚假的,那么就失去了存在的意义,通过虚假数据得出的任何结论都可能是错误的,甚至是相反的。

11. 搜索引擎(Search Engine):是一种信息检索系统,旨在协助搜索存储在计算机系统中的信息。

12. 算法(Algorithm):是对一个问题的解决方案的准确和完整描述,包含多个步骤,可以对数据进行操作,以解决特定问题。

13. 移动互联网(Mobile Internet):是将移动通信和互联网两者合二为一。是将互联网的技术、平台、商业模式和应用与移动通信技术相结合并进行实践的活动的总称。

14. 关系型数据库(Relational Database):最典型的数据结构是表,是一种由二维表和表之间的联系组成的数据组织。

15. 数据仓库(Data Warehouse):是一种面向商务智能(Business Intelligence,BI)活动(尤其是分析)的数据管理系统,使用数据仓库的人主要是管理和运营人员,通过对历史数据的分析和洞察来做出相应的商业决策。

16. 专家系统(Expert System):是一个智能计算机程序系统,它包含了大量的知识和经验,达到了某一领域专家的水平,能够使用人类专家的知识和解决问题的方法来处理该领域的问题。

17. 知识管理系统(Knowledge Management System):是收集、处理和分享一个组织的全部知识的信息系统,通常由计算机系统支持。

18. 万维网(World Wide Web):是文件、图片、多媒体和其他资源的集合,使用统一资源标识符(URL)标识,由许多超链接互相链接形成。

19. 日志数据(Log Data):用户名、用户执行的程序名称、日期、时间等被写进日志文件(通常以 *.log 结尾)。这是为了将来系统出现故障时可以进行追踪。

20. 非关系型数据库(Non-Relational Database):与关系型数据库相比,通过减少用不到或很少用的功能,来大幅度提高产品性能。

21. 数据科学(Data Science):数据科学是由计算机科学、数学与统计、专业知识三个不同领域的结合体,不同领域的结合需要机器学习、软件工程和数据分析等技术支持。数据科学的目标是从数据中提取有意义的知识、提升洞察力和决策力。

22. 数据模型(Data Model):是数据库设计的起始阶段,通常由属性、实体类型、完整性规则、对象关系和定义组成。

【练习题】

一、自测题

1. 数据和大数据有什么区别?
2. 大数据"6V"特征具体表现在哪些方面?请举例说明。
3. 大数据的发展历史分为几个阶段?每个阶段的发展重点是什么?
4. 数据科学具体包括哪些内容?
5. 数据科学的工作过程可分为哪几个步骤?

二、讨论题

1. 如今,大数据已经初具规模,并在很多方面得到了应用。以小组为单位,找出不少于3个大数据在日常生活中的应用实例,并说明对人类生活有哪些便利(或不便)的影响。
2. 请根据大数据的"6V"特征,讨论一下旅游或者酒店行业对应的应用场景。

三、实践题

大数据被广泛应用于各个行业和领域,带来商业变革、管理变革和思维变革,在此背景下,包括旅游业与酒店业在内的以终端消费者为服务目标市场的行业迎来了新的发展机遇。以小组为单位,选取一家酒店(集团)或者旅游企业,通过包括但不限于电话访谈、问卷调查、实地调研等方法,了解该企业大数据的应用现状和未来大数据应用的设想,并撰写调研报告进行汇报。

项目 2

说明大数据在旅游业的应用和人才需求

项目结构

项目2 说明大数据在旅游业的应用和人才需求	学习任务2.1 解释大数据在旅游业的应用	数字经济时代的数字旅游业
		大数据在旅游业的应用场景
		数字中国战略与旅游业的繁荣发展
	学习任务2.2 说明大数据时代旅游业对人才的需求	社会对大数据应用人才的需求
		旅游与酒店业对大数据应用人才的需求
		如何成为合格的旅游与酒店业大数据应用人才

学习目标

学习层次	学习目标
知道	1. 定义数字经济的概念 2. 复述旅游者的消费旅程 3. 描述大数据的能力 4. 描述服务业数字化转型的方向 5. 列举十四五规划中数字中国的相关战略 6. 列举十四五规划中与数字旅游相关的计划 7. 列举十四五期间旅游大数据应用的主要举措 8. 了解数字化运营的核心要素 9. 了解国家智慧旅游建设工程
理解	1. 解释大数据在旅游与酒店业的主要应用 2. 解释 T 型人才和 π 型人才 3. 说明旅游与酒店企业对大数据应用人才的要求

学习任务 2.1　解释大数据在旅游业的应用

【任务概述】

数字旅游是数字经济在旅游业的体现形态，数据资源的积累是发展数字旅游的前提。在旅游者的整个消费旅程中，会产生海量的数据。旅游大数据的来源主要是旅游者行为数据、设备数据、交易数据等，为企业通过数据驱动管理决策、用数据驱动运营流程、用数据驱动产品和服务、用数据驱动业务创造了条件，为旅游企业开展精准化营销和精细化运营提供了驱动力。

大数据在旅游业的应用主要有旅游市场管理与市场研究、客流统计与客流预测、收益管理、智慧营销和个性化服务等。旅游、酒店等服务业的数字化运营重点是智慧营销、提升用户体验、提高客户黏性。大数据在数字化转型方面大有可为。"十四五"期间，中国旅游业要推动新一轮科技革命和产业变革深入发展，旅游信息获取、供应商选择、消费场景营造、便利支付，以及社交分享等旅游全链条都将产生深刻变化。中国旅游业将充分运用数字化、网络化、智能化科技创新成果，升级传统旅游业态，创新产品和服务方式，推动旅游业从资源驱动向创新驱动转变。

【案例导入】

大数据应用的本质是研究和探索"海量数据"之间的关联性，从而使人们做出正确的趋势预测和分析判断。大数据在文化和旅游行业的应用程度不断加深。例如，体育行业就在应用大数据技术帮助运动员提高赛场表现。

2016年8月，中国女排在里约奥运会上以3∶1的比分击败塞尔维亚女排，这是继2004年拿到雅典奥运会冠军后，时隔12年再次获得奥运冠军。中国女排的成功，重要原因是贯彻了"扎扎实实，勤学苦练，无所畏惧，顽强拼搏，同甘共苦，团结战斗，刻苦钻研，勇攀高峰"的女排精神，同时背后也有大数据的支持。

国家排球队从意大利引进了排球数据分析软件"Data Volleyball"，并将一个具有丰富陪打经验的教练培养成为数据分析师。每场比赛开始前半小时，数据分析小组会在看台上指定的"技术区"布置设备。设置摄像头，连接笔记本电脑，然后连接打印机，为比赛的数据采集做好准备。边看比赛边做标记，实时与教练组同步分析结果，在每组比赛结束后还会现场打印出一份完整的技术分析报告给主教练，作为下一节比赛的战术参考。这套大数据分析技术包括：排球运动轨迹采集与智能分析、运动员体能衰减数据分析、得分与失分影响因素分析等指标。观众在球场上看到的每一次击球转换和球员替换都与这套技术分析有关。赛前和赛后都会有基于技术分析的女排队员视频剪辑，作为训练和总结时的学习材料。在比赛过程中，数据分析师需要在一瞬间判断球员打了什么战术，还要判断她打到了哪个区域，然后马上输入，软件就会自动画出她的扣球线路。在每场排球比赛中，现场输入技术数据至少有1 000条，每条代码都要敲五六次键盘，由于在比赛过程中根本没有时间去看键盘，全都是盲打。

在中国女排数据分析师的计算机里，包括每个球员的发球集、二传传球位置分析、重点球员在不同战术中扣球和吊球的习惯线路，都有统计。虽然这些数据在千变万化的比赛中不会起到决定性的作用，但这些数据分析的结果对于指导球队的训练和敌情分析非常重要。通过收集大量的比赛和运动员与对手的数据，不断地进行分析和推演，在战术制定当中为主教练提供了核心的支持。正是有了数据分析师这个角色，主教练才做到了知己知彼，做出正确的决策，调整球员的布局。

一、数字经济时代的数字旅游业

2016年二十国集团（G20）在中国杭州召开峰会，通过了《G20数字经济发展与合作倡议》，二十国集团领导人认识到，数字经济给全球经济增长带来的机遇与挑战并存。在这个合作倡议中，数字经济被定义为"以使用数字化的知识和信息作为关键生产要素、以现代信息网络作为重要载体、以信息通信技术（ICT）的有效使用作为效率提升和经济结构优化的重要推动力的一系列经济活动"。我国《"十四五"数字经济发展规划》中指出，数字经济是"继农业经济、工业经济之后的主要经济形态，是以数据资源为关键要素，以现代信息网络为主要载体，以信息通信技术融合应用、全要素数字化转型为重要推动力，促进公平与效率更加统一的新经济形态"。

经济形态的每一次重大变化都不可避免地产生并必须依赖新的生产要素。正如劳动力和土地是农业经济中的新生产要素，资本和技术是工业经济中的新生产要素一样，数据已经成为数字经济中新的关键生产要素。在数字经济时代的一系列经济活动中，实质上都要借助于互联网、云计算、大数据、物联网等新一代数字技术进行信息的采集、存储、分析和共享。这个过程产生了巨量的数据，并通过这些数据的应用带来了层出不穷的创新模式，驱动以大数据为核心的人工智能的发展，最终改变了人类社会和当今时代大家的生活方式。

数字旅游是数字经济在旅游业的体现形态，数据资源的积累是发展数字旅游的前提。旅游者在游前、游中和游后都广泛使用各种数字工具与外界和企业互动，这些互动从旅游者产生旅游动机，接触企业品牌的时候就开始，智能手机始终贯穿于整个消费旅程中。旅游者的整个消费旅程可以分为"刺激需求产生（Inspiration）、搜索（Search）、预订（Booking）、行前准备（Preparation）、路途中（One the Way）、抵达（Arrival）、目的地体验（Destination）、离开目的地（Departure）、结束旅程（Post-Trip）"等这些不同的阶段，如图2-1所示，每个阶段的交互场景不同，旅游者的需求也不同。智能手机在每一个阶段、每一个场景下都是旅游者频繁使用的工具，并可用于和旅游企业基于不同场景下的沟通和互动，从而产生一定量的数据。这些数据可以借助于技术手段进行采集、存储和共享，为企业通过数据驱动管理决策、用数据驱动运营流程、用数据驱动产品和服务、用数据驱动业务创造了条件，为旅游企业开展精准化营销和精细化运营提供了驱动力。

旅游者产生的数据来源非常丰富。随着社交媒体、机器人服务、智能客房、智慧旅游等逐渐普及，以及各种传感器的广泛使用，无论旅游者在哪个旅游阶段，或者哪个场景下，无处不在的系统和智能终端设备都会收集旅游者的数据。正如旅游业进入"全域旅游时代"一

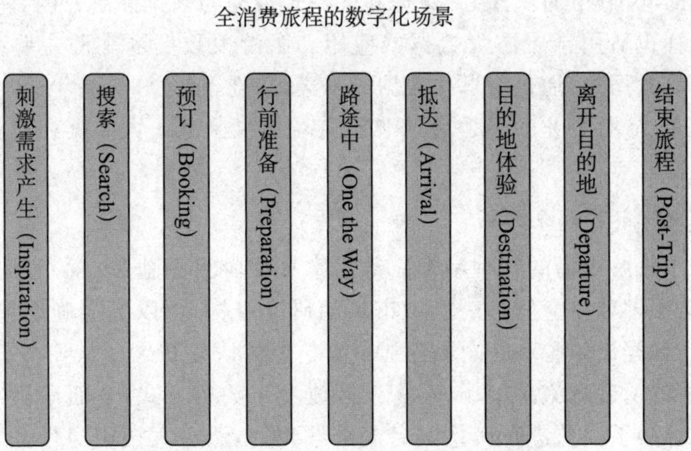

全消费旅程的数字化场景

| 刺激需求产生(Inspiration) | 搜索(Search) | 预订(Booking) | 行前准备(Preparation) | 路途中(One the Way) | 抵达(Arrival) | 目的地体验(Destination) | 离开目的地(Departure) | 结束旅程(Post-Trip) |

图 2-1　数据驱动的旅游业数字化运营场景

样,一个"全域大数据"时代也成为数字旅游时代最为显著的特征。

数据成为数字旅游时代驱动旅游企业高质量、可持续发展的"新能源"。但与"新能源"不一样的是,数据是可以被重复使用的,而且需要确保每一次使用的安全性和合规性。旅游企业在和旅游者互动过程中获得了大量的数据,其中包括客人的隐私数据。这些隐私数据是被"善用"还是"滥用"往往只在一念之间。旅游业肩负着为人民创造美好生活的责任,旅游企业应该善用数据资源,致力于让旅游者的每一次旅行都更美好。

二、大数据在旅游业的应用场景

哈佛商学院教授克莱顿·克里斯坦森(Clayton M. Christensen)在《创新者的困境》一书中提到,当企业遇到瓶颈时,总有一种"破坏性技术"可以进行彻底的创新,引领企业或行业进入下一个再生产的生命周期。大数据就是这样一种"破坏性的技术",推动人类社会以前所未有的创新方式进化。

在国家工业信息安全发展研究中心编著的《大数据时代》一书中,大数据的能力被分为以下四个。

(1) 融合能力(Fusion):随着信息技术与人类生产生活的深度融合,以及互联网的快速普及,全球数据呈现出爆炸式增长和海量聚集的态势,对经济发展、社会进步、国家治理和人民生活产生了重要影响。当数据汇聚融合后,其价值将得到更大的提升。

(2) 云计算能力(Cloud):大数据侧重于"数据",关注实际业务,提供数据收集、分析和挖掘,重视信息积累,即数据存储能力。云计算注重"计算",关注 IT 解决方案、IT 基础设施,重视计算能力,即数据处理能力。没有大数据的信息积累,云计算的计算能力再强大,也很难找到用武之地。

(3) 洞察能力(Insight):通过对大数据的挖掘和分析,洞悉其背后的规律。例如,通过多年的气象数据可以对当年的天气状况进行分析,对旅游者交通出行起到辅助决策的作用。

(4) 预见性能力(Foresight):通过大数据方法利用回归模型、决策树、神经网络等各类机器学习算法,实时预测复杂社会系统中的特定现象或趋势。大数据可以有效提高基于多主体、海量数据、时间敏感(时间序列)数据和多模式数据的预见性研究的有效性和效率。

上述能力同样也适用于旅游大数据的应用。旅游大数据的来源主要是旅游者行为数据、设备数据、交易数据等,通过对这些数据的采集、清洗、整合和分析,可以在多个场景下为旅游市场的管理者、旅游企业的经营者以及旅游者提供服务。大数据在旅游业的应用主要包括以下四个方面。

1. 旅游市场管理与市场研究

大数据有助于旅游市场的管理和推广部门掌握旅游目的地和旅游者的信息,进行旅游目的地推广、舆情管理和应急管理。旅游市场的研究机构,可以更准确地规划旅游市场,洞察客户需求,为提升客户体验和客户黏性提供有价值的研究结果。

例如,在新冠疫情后的旅游市场,不少景区改变了购票方式,全面采用零距离和网上预约购票方式。游客必须提前进行网络实名制购票预约,然后直接刷身份证入园。这种方式使得景区能够更好地获得游客数据,基于对这些游客数据的分析,景区可以实现游客来源可统计、可查找、可追溯,从而起到引导游客分散游览,严格控制景区每次的客流量和人员密度的效果。

2. 客流统计和客流预测

利用大数据技术可以采集旅游目的地客流数据,并在与周边路网交通、监控数据以及互联网平台数据共享的情况下,可以进行客流统计和客流预测,防止游客在景区滞留或积压,根据客流预警情况进行应急指挥,有效实现对游客出行、目的地游览和食宿消费的科学引导。因此,越来越多景区开始建设大数据中心,多源采集数据并将处理后的客流统计数据和预测信息进行可视化呈现。

2017年6月开业的上海迪士尼乐园,开业一周年之际,游客总数突破1 100万。为了防止客流拥挤,保障游客安全,上海迪士尼乐园利用大数据和云计算技术,提前对客流进行大数据采集和分析,有效改善了游客拥堵问题,提升了景区最大承载量。游客可以下载上海迪士尼度假区App,每个游乐项目的等待时间通过App向游客进行推送,游客可以根据这些信息调整游玩计划。上海迪士尼度假区主要有三种技术路线来管理客流。第一种是针对总体7平方公里的园区及辐射区,主要通过地铁闸机、公交枢纽和停车场这三个地点的入口来采集数据;第二种是针对园区周边客流,借助关键路口的车辆数量检测(如地面感应线圈)、运营商手机信令分析、导航App等进行辅助监测;第三种是针对园区重点区域的客流密度,通过智能图像分析、Wi-Fi检测、手机信令、官方App定位信息等进行全面监控。

3. 收益管理

人们常常对机票价格的变化感到困惑。有时高得离谱,有时突然大幅打折,长线机票有时甚至比短线机票还要便宜。这一切的背后其实是,航空公司为了实现收益最大化的目标,往往会实时动态调整票价。在电视剧《长安十二时辰》播出不到半个月,剧中大唐盛世的繁华景象和宏伟的长安城让"网红旅游城市"——西安受到更多关注。根据某OTA平台的机票数据统计,前往西安的机票搜索量同比增长130%,高峰时段同比增长超过200%。让消费者疑惑的"越搜越贵"背后,其实是航空公司的收益管理策略和时间差导致的,消费者遇到的机票价格变动情况属于正常现象。

和航空公司一样,酒店与旅游企业可以利用大数据开展收益管理,将合适的产品,通过合适的渠道，以合适的价格，在合适的时间，向合适的客户销售，从而实现收益最大化的目的。收益管理所依赖的大数据来源主要是企业内部和外部数据。例如，入住率、当前预订情况、库存和定价信息等内部数据与旅游目的地活动、航班信息等外部数据（包括但不限于天气、假期、活动事件、口碑声誉等数据）。借助于大数据、人工智能和机器学习技术，收益管理可以变得更加自动化和智能化。

4. 智慧营销和个性化服务

大数据技术有助于旅游与酒店企业打通在用户旅程中的各个接触点的数据，获得更加全面的用户画像，更加准确地判断用户需求，并基于用户画像和用户需求为客户提供精准营销和个性化服务。

例如，故宫博物院通过大数据技术对其官方网站、微博、微信公众号下的粉丝留言进行数据挖掘和分析，从大量数据中清晰分析出观众的喜好行为和爱好，从而完成自己在博物馆行业的市场定位，并能提供更全面、更有针对性的展览和服务，满足观众的潜在需求。近几年，故宫博物院根据观众需求的变化不断调整展览陈列，优化展览设计，形成了原有陈列、常设特展、专题展览相结合的展览格局，使馆藏文物和优秀传统文化活起来，真正融入百姓的日常生活中。故宫博物院先后推出了"丹宸永固——紫禁城建成六百年""千古风流人物——故宫博物院藏苏轼主题书画特展"等一系列精品展览。

大数据在精准营销方面可以做很多创意的策略。例如，不同行业的企业如果有相类似的用户画像，并且产品互补，品牌定位匹配，就可以通过联合营销的方式互相推荐，实现交叉引流。故宫博物院以"文化＋科技"的融合方式，打造独特的文创 IP，重构文创内容和生态。在文创产品打造上，故宫博物院从开设以《千里江山图》为主要布景的装修风格的故宫角楼咖啡店，到一系列故宫美妆、故宫文具、故宫名画、故宫茶器等，打造了很多创意十足的文创产品。在这些文创产品推广上，故宫博物院联合腾讯、瑞幸咖啡等产品互补、品牌定位匹配的企业开展跨界营销等，让拥有 600 余年历史的故宫彰显出更多青春活力。

三、数字中国战略与旅游业的繁荣发展

1. 中国大数据的发展政策

"大数据"一词在 2014 年首次写入中国政府工作报告。2015 年 8 月，国务院以国发〔2015〕50 号印发《促进大数据发展行动纲要》，对大数据整体发展进行顶层设计和统筹规划布局。2016 年 3 月，《中华人民共和国国民经济和社会发展第十三个五年规划纲要》正式提出"实施国家大数据战略"。2017 年 10 月，党的十九大报告中提出推动大数据与实体经济深度融合，为大数据产业未来发展指明了方向。2020 年 4 月，中共中央、国务院发布《关于构建更加完善的要素市场化配置体制机制的意见》，将"数据"与土地、劳动力、资本、技术并称为五种要素，提出"加快培育数据要素市场"。习近平总书记在 2021 年 10 月 18 日主持中共中央政治局第三十四次集体学习时强调，"要站在统筹中华民族伟大复兴战略全局和世界百年未有之大变局的高度，统筹国内国际两个大局、发展安全两件大事，充分发挥海量数据和丰富应用场景优势，促进数字技术与实体经济深度融合，赋能传统产业转型升级，催生新产业新业态新模式，不断做强、做优、做大中国数字经济。"

十三届全国人大四次会议2021年3月11日表决通过《中华人民共和国国民经济和社会发展第十四个五年规划和2035年远景目标纲要》，提出要在十四五期间打造数字经济新优势，加快数字社会建设步伐，提高数字政府建设水平和营造良好数字生态。"大数据"一词在十四五规划稿中出现了14次，"数据"一词出现了60多次。相对于"十三五"规划中将大数据作为一章——"实施国家大数据战略"相比，"十四五"规划对于大数据发展的要求已经在各个篇章都融入了。这充分说明，大数据已经正式融入中国社会和经济发展的方方面面。

2021年12月，国务院印发《"十四五"数字经济发展规划》（以下简称《规划》）。《规划》依据《中华人民共和国国民经济和社会发展第十四个五年规划和2035年远景目标纲要》制定了十四五数字经济发展规划。《规划》提出到2025年，中国数字经济迈向全面扩展期，数字经济核心产业增加值占GDP比重达到10%，数字化创新引领发展能力大幅提升，智能化水平明显增强，数字技术与实体经济融合取得显著成效，数字经济治理体系更加完善，我国数字经济竞争力和影响力稳步提升。

2. 大数据与中国旅游业

在2020年9月，国务院国资委下发了《关于加快推进国有企业数字化转型工作的通知》。在通知中，针对服务类企业的数字化转型提出的要求是"着力推进智慧营销、智慧物流、智慧金融、智慧旅游、智慧供应链等建设，推动实体服务网点向虚拟智慧网点转变，打造智慧服务中心，发展基于互联网平台的用户服务，打造在线的数字服务产品，积极创新服务模式和商业模式，提升客户体验，提高客户黏性，拓展数字服务能力，扩展数字业务规模"。对于旅游与酒店企业的数字化转型来说，重点是智慧营销、提升用户体验、提高客户黏性。大数据在数字化转型的方面大有可为。

《中华人民共和国国民经济和社会发展第十四个五年规划和2035年远景目标纲要》明确提出"促进服务业的繁荣发展""推动文化和旅游融合发展"和"建设社会主义文化繁荣工程"。"十四五"期间，我国要推进数字化智能化改造和跨界融合，线上线下全渠道满足消费需求。具体到旅游与酒店业，消费升级的持续深化对酒店产品和服务提出更高要求，将行业高质量发展提上重要议程。为此，要重视数字化转型的深入实施，利用大数据等新一代信息技术开展产品和服务创新。从而能够顺应"居民消费升级趋势，把扩大消费同改善人民生活品质结合起来，促进消费向绿色、健康、安全发展，稳步提高居民消费水平"。大数据的本质是还原用户的需求，借助于大数据技术，旅游与酒店企业可以更好地掌握消费者的需求，满足消费者"个性化、差异化、品质化消费需求"，并促进"定制、体验、智能、时尚消费等新模式新业态发展"。

2022年1月，国务院印发《"十四五"旅游业发展规划的通知》（国发〔2021〕32号）。通知强调，"十四五"时期，我国将全面进入大众旅游时代，旅游业发展仍处于重要战略机遇期，要通过实施创新驱动发展战略为旅游业赋予新动能。"十四五"期间，中国旅游业要推动新一轮科技革命和产业变革深入发展，旅游信息获取、供应商选择、消费场景营造、便利支付以及社交分享等旅游全链条都将产生深刻变化。

《"十四五"旅游业发展规划通知》还对旅游大数据应用做了说明，如图2-2所示，要创新智慧旅游公共服务模式，有效整合旅游、交通、气象、测绘等信息，综合应用第五代移动通信（5G）、大数据、云计算等技术，及时发布气象预警、道路通行、游客接待量等实时信息，加强旅游预约平台建设，推进分时段预约游览、流量监测监控、科学引导分流等服务。建设旅游监测设施和大数据平台，推进"互联网＋监管"，建立大数据精准监管机制。此外，还提出了以下举措。

（1）鼓励依法依规利用大数据等手段，提高旅游营销传播的针对性和有效性。

（2）加快推动大数据、云计算、物联网、区块链及5G、北斗系统、虚拟现实、增强现实等新技术在旅游领域的应用普及，以科技创新提升旅游业发展水平。

（3）大力提升旅游服务相关技术，增强旅游产品的体验性和互动性，提高旅游服务的便利度和安全性。

（4）鼓励开发面向游客的具备智能推荐、智能决策、智能支付等综合功能的旅游平台和系统工具。

（5）推进全息展示、可穿戴设备、服务机器人、智能终端、无人机等技术的综合集成应用。

（6）推动智能旅游公共服务、旅游市场治理"智慧大脑"、交互式沉浸式旅游演艺等技术研发与应用示范。

专栏1　国家智慧旅游建设工程

加快智慧旅游景区建设。科学推进预约、限量、错峰旅游，促进旅游景区实现在线、多渠道、分时段预约，提高管理效能。建设旅游景区监测设施和大数据平台，健全智能调度应用，促进旅游景区资源高峰期合理化配置，实现精确预警和科学导流。普及旅游景区电子地图、线路推荐、语音导览等智慧化服务，提高游览便捷性。支持各地区因地制宜建设特色化智慧旅游景区，运用数字技术充分展示特色文化内涵。"十四五"期间，推动国家4A级以上旅游景区基本实现智慧化转型升级。

完善智慧旅游公共服务。以提升便利度和改善服务体验为导向，引导模式创新，构建开放、共享的智慧旅游公共服务体系。规范智慧旅游公共服务平台建设，支持开发针对老年人等特殊群体的专门应用程序和友好界面。

丰富智慧旅游产品供给。鼓励旅游消费新模式发展，打造沉浸式博物馆、主题公园、旅游演艺等旅游体验新场景。引导开发数字化体验产品，推动文化和旅游资源借助数字技术"活起来"。

拓展智慧旅游场景应用。建立健全智慧旅游标准体系，强化现代信息技术在旅游领域的应用普及，丰富拓展智慧旅游场景应用，推出一批智慧旅游创新案例和项目。

图2-2　"十四五"规划国家智慧旅游建设工程说明

"十四五"期间，中国旅游业将进入高速、高质量发展阶段。旅游业作为国民经济战略性支柱产业的地位更为巩固。中国旅游业将充分运用数字化、网络化、智能化科技创新成果，升级传统旅游业态，创新产品和服务方式，推动旅游业从资源驱动向创新驱动转变。

【主要术语】

1. 数字经济（Digital Economy）：是指以数字计算技术为基础的数字产业带动的经济活动，以及非数字产业通过数字技术进行的创新经济活动。

2. 信息通信技术（Information and Communications Technology）：是包括所有通信设备或应用以及与之相关的各种服务和应用，如视频会议和远程教育。

3. 消费者旅程（Consumer Journey）：是指消费者从接触信息，到完成购买的全过程。

4. 回归模型（Regression Model）：是对统计关系进行定量描述的一种数学模型。

5. 决策树（Decision Tree）：是在已知各种情况发生概率的基础上，求出净现值的期望值大于或等于零的概率,从而评价项目的风险,判断项目的可行性的一种决策分析方法。

6. 神经网络(Artificial Neural Networks):是一种模仿动物神经网络的行为特征,进行分布式并行信息处理的一种算法数学模型。

7. 手机信令数据(Mobile Signal):是手机用户和发射基站或微站之间的通信数据。只要手机一开机,手机屏幕上显示运营商(中国移动、中国联通、中国电信)字样,就开始产生信令数据。

8. 客户黏性(Customer Stickiness):是指顾客对品牌或产品的忠诚度、信任度和积极体验相结合而形成的依赖感和再消费的期望。依赖感越强,客户黏性越高;再消费的期望越高,客户黏性越高。

【练习题】

一、自测题

1. 数字经济和数字旅游有什么关系?数字旅游有哪些形式?
2. 请复述一下旅游者的消费旅程。
3. 大数据的能力有哪些?如何赋能旅游业数字化转型?
4. "十四五"规划中与数字中国相关的战略有哪些?
5. "十四五"规划中与数字旅游相关的计划有哪些?
6. "十四五"期间旅游大数据应用的主要举措有哪些?
7. 国家智慧旅游建设工程的内容是什么?

二、讨论题

1. "十四五"期间,我国将全面进入大众旅游时代。面对机遇和挑战,旅游业应如何借助大数据,努力实现更高质量的发展?通过查阅相关文献资料,由小组代表汇总发言。
2. 以小组为单位,找出大数据在旅游管理、营销、服务等方面的应用实例,各举一个例子进行说明,与全班分享。

三、实践题

结合本课程知识,选择旅游或者住宿业的某一个业态,分析用户消费旅程,然后调研在整个用户消费旅程中的每一个阶段有哪些大数据应用的场景和案例。请用PPT进行整理和汇报。

学习任务 2.2　说明大数据时代旅游业对人才的需求

【任务概述】

大数据是集理论性、实践性和应用性于一体的复合型、立体型的学科。企业对大数据人才的需求不仅仅是掌握一定技术能力的数据工程师、数据科学家、数据分析师,还需要具有大数据领域应用知识,能够将大数据思维和方法用于日常运营的"π型跨界人才"。掌握大数据等新技术应用和新业态管理、服务、运营知识和能力的人才需求量将激增。这类人才需要有两个核心的竞争力,一个是对行业以及业务知识的理解与运用能力,另外一个就是应用数据驱动业务的能力。

【案例导入】

以大数据、人工智能、云计算、物联网、区块链、元宇宙等为代表的数字化技术正在不断地颠覆人们的工作和生活方式。一些行业已经推出了"数字化员工",打破人与机器的界限。例如,浙江移动网管中心的数字化员工"运维小滨"实现了网络运维服务的高效处理。目前,累计服务次数超过 350 万次,每年节约人效超 10 000 人天;万科的数字化员工"崔筱盼",在深度神经网络技术渲染的虚拟任务图像的帮助下,由她催办的预付应收/逾期单据核销率达到了 91.44%;美的集团中国区任命"虚拟偶像凌魂少女·凉然"为华凌品牌数智体验主理人,任命"虚拟偶像凌魂少女·暖沁"为华凌品牌潮流设计主理人。京东的数字化员工"Joyce",作为数字客服能帮助解答用户的售前、售中、售后咨询问题,为广大消费者提供多模式、可视化、多场景的客服服务;德意志银行的数字化员工"Blue Bot Yi",已为两家德意志银行在华客户提供实时定制的交易报告、现金池报告等服务,并能处理和回复客户的询问。

数字化员工不仅可以全天候执行简单的重复性工作,如文件输入和数据验证,帮助员工大大提高工作效率;还可以帮助管理者推进流程,进行数据整理和分析。如果能用好数字化员工,企业就能在效率、服务、数据等方面创造更大的价值,充分实现人的效率优化、体验升级和降本增效,抢占行业先机,实现多快好省。不过,数字化员工并不能完全独立工作,也不能100%取代人类员工的工作。能被数字化员工取代的工作大多是规则性强、重复性高、业务量大的工作。

在酒店业,机器人已经屡见不鲜,最初,机器人用于引路和送物。如今,机器人在更多岗位上发挥了取代人工的作用。在希尔顿酒店的礼宾司,具有机器学习功能的机器人 Connie 为客户提供礼宾服务,并在不断与客人互动过程中变得更加聪明和高效;聊天机器人已经成为旅游及酒店业常见的应用,无论是对客人的基础服务,还是更为复杂的服务,聊天机器人都可以胜任,比如航班和酒店的预订。

酒店与旅游业存在大量具有"重复性"或者"有规律可循的智力工作"的岗位,这些岗位是否会逐渐被数字化员工以及机器人所取代?这个问题一直是酒店与旅游企业的决策者关心的问题。此外,随着信息技术的应用程度不断加深,工作效率得到前所未有的提升,很多管理岗位上也出现了"共享管理"的趋势。例如,原来一家酒店需要配置一个总经理、一个工程部经理、一个人力资源总监、一个财务总监。在新一代信息技术的推动下,一个管理人员可以负责多家酒店的运营了。在可以预见的未来,酒店与旅游业的岗位配置和用工需求将发生革命性的变化。

一、社会对大数据应用人才的需求

有研究发现,前程无忧(51job.com)人才招聘网站上与大数据相关的招聘岗位主要有数据分析、数据开发、软件开发方向、研发方向、数据工程师、数据运维/运营、架构方向、售前与销售方向等,如图 2-3 所示(梁婷婷、邱素贞、陆珊,2020)。

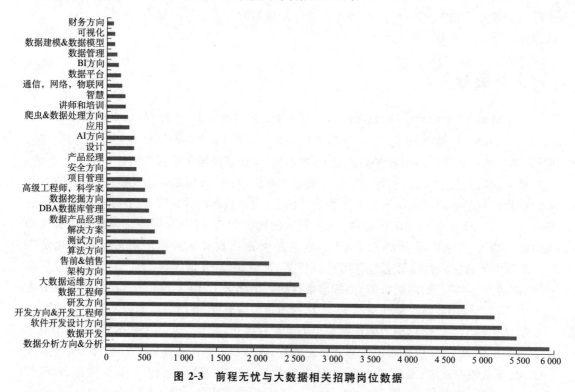

图 2-3　前程无忧与大数据相关招聘岗位数据

从上述研究可以看出,与大数据相关的岗位需求量最多的都和数据科学、计算机、数学、统计学相关。但大数据是集理论性、实践性和应用性于一体的复合型、立体型的学科。"理论性"指各种算法和数据分析模型,"实践性"指运用大数据挖掘和统计建模分析,"应用性"指大数据应用到具体行业中解决实际业务问题(李秀丽,2020)。大数据的核心价值在于应用。因此,企业对大数据人才的需求不仅仅是掌握一定技术能力的数据工程师、数据科学家、数据分析师,还需要具有大数据领域应用知识,能够将大数据思维和方法用于日常运营的管理人才。这类人才需要对大数据的本质有清晰的认知,能够将业务问题转化为数据的问题,能够运用合适的分析模型进行决策。能够将大数据应用与管理运营结合的人才将是各行各业争相抢夺的复合型人才。这类复合型人才可以被称为"π 型跨界人才",即至少拥有两种专业技能,并能将多门知识融会贯通的人才。

随着数字经济的发展,推动经济社会发展的新引擎——职业教育也在不断发展,培养 π 型跨界人才是职业教育新的人才培养方向。有专家将职业教育的发展分为 1.0、2.0、3.0 和 4.0 几个时代,如图 2-4 所示。在职业教育 1.0 和 2.0 时代,职业教育的人才培养重点主要关注的是某一专业领域的知识或技能。到了职业教育 3.0 时代,出现了所谓的 T 型人才,"T"上面的"一"是指丰富的知识和经验。"丨"是指突出的技能和竞争力。进入 21 世纪,T 型人才已经不能完全满足社会与经济高速发展的需要,π 型人才成为新的"抢手"人才。之所以用"π"来比喻,是因为 π 下面的两竖可以比喻为两种专业技能,上面的一横比喻为能将多门知识融会应用。

随着大数据应用在旅游业的不断普及和深入,π 型人才成为旅游与酒店业亟须的新型

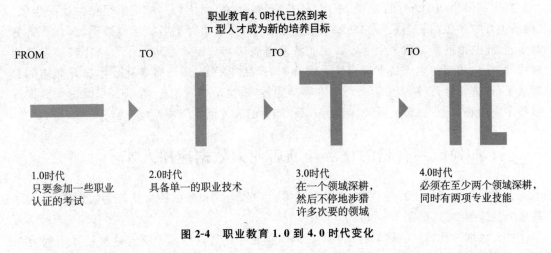

图 2-4　职业教育 1.0 到 4.0 时代变化

人才。培养具备数据分析和数据思维能力,基于数据发现和解决问题的能力,提供数字化服务模式和流程的能力,数字化销售和客户关系管理的能力的新型人才已经成为旅游职业教育数字化升级时代的新方向。

二、旅游与酒店业对大数据应用人才的需求

大数据技术正在推动旅游与酒店业的商业模式的创新和新业态的形成,是旅游与酒店企业进行数字化转型的核心技术。酒店业知名媒体——环球旅讯在其发布的《2021年中国酒店业数字化成熟度调研》报告中指出,98%的酒店认识到数字化转型的必要性、重要性,数字化转型成为全行业的战略共识。因为数字化会从各维度优化或者颠覆酒店经营的各个方面,主要包括提高营业收入、改善营销策略、提高运营效率、改进产品服务和优化客户体验以及保持市场竞争力。随着数字化转型的深入,酒店逐步开始构建并初步配备了相应的数字化负责团队,培育高层次的数字化人才队伍成为当前酒店转型过程中面临的重点挑战。连锁酒店面临的数字化人才缺口主要来自数字化运营、数字化转型负责人、数字营销相关岗位,并且数字技术和数据治理也逐步成为刚需。单体酒店面临的数字化人才缺口主要来自数字营销和数字化运营,这与单体酒店希望通过数字化实现更多营销优化和营收增长的目标相一致。石基信息联合数家机构发布的《2021年中国酒店业数字化转型趋势报告》指出,阻碍酒店业数字化转型的三大挑战就包括缺乏数字化人才(59%)。企业需要建立一个以工作为中心的数字能力图。而企业需围绕数字化目标设立新的职位,就像10年前OTA渠道崛起时酒店设立电子商务管理部门和职位一样。业务人员、技术人员和管理人员需要具备差异化的数字能力。业务人员需要具备IT思维能力、业务创新能力和数字思维能力;技术人员需要了解业务,理解其痛点,并将其融入业务中进行创新;管理层需要从上到下建立数字化转型团队,并对数字化运营给予足够的重视。

掌握大数据应用知识和技能的π型人才匮乏,这已成为制约旅游与酒店行业进一步发展的关键因素。旅游与酒店行业的发展开始从劳动密集型向资本密集型和技术密集型转变。旅游与酒店行业的快速发展与大数据应用人才缺乏之间的矛盾,可能成为未来很长一段时间内制约旅游企业数字化转型发展的主要矛盾。

在中国第十四个五年规划中,中国要"打造数字经济新优势""加快数字社会建设步伐""构筑美好数字生活新图景",为此要推动旅游休闲、交通出行等各类场景数字化,打造智慧共享、和睦共治的新型数字生活。数字经济使得酒店与旅游业也进入了数字化转型发展的时代,数字化转型的重点是重新构建运营流程、产品和服务,通过数字化技术提升酒店的管理水平,推进智慧营销,提升客户体验和客户黏性,满足消费者的需求。因此,掌握大数据等新技术应用和新业态管理、服务、运营知识和能力的人才需求量将激增。

三、如何成为合格的旅游与酒店业大数据应用人才

企业数字化运营工作的成功,离不开技术、流程、人才和数据四大核心要素。其中,人才是最为关键的要素,如图 2-5 所示。

在大数据时代,什么样的人才符合企业开展数字化运营的需要呢?这类人才需要有两个核心的竞争力,一个是对行业以及业务知识的理解与运用能力,另一个就是应用数据驱动业务的能力,如图 2-6 所示。

图 2-5　以人为核心的大数据应用人才能力需求　　图 2-6　数字化运营人才能力组成

在业务知识方面,需要对旅游与酒店企业的管理与运营有全面、深入和清晰的认知。从管理角度,要了解旅游与酒店业的运营模式、市场定位、财务指标、信息技术、行业趋势以及督导管理;从运营角度,要对用户知识、产品知识、服务知识、营销方法、销售能力和客户关系有清晰的认知,如图 2-7 所示。

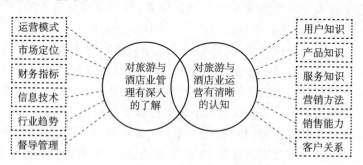

图 2-7　数字化人才在业务和管理角度需求

因为只有对业务知识掌握了,才具备使用数据去发现问题、解决问题和帮助决策的能力。应用数据驱动业务的能力有四个方面,第一,需要对数据的本质具备认知能力,要知道所负责的工作会有哪些数据,这些数据是什么类型。第二,能够将业务问题数据化的能力,例如,在每一个业务场景中,如何使用数据去描述业务场景,每一个业务问题背后的数据逻辑是什么。第三,数据的可视化能力,也就是将复杂的数据图像化的能力,设计出能够让大

家更加直观、更容易理解的数据展示效果。第四,就是数据分析和洞察能力,也就是能够将数据与业务结合,选择合适的数据分析模型,从数据分析中得出有助于业务优化和决策的洞察能力,如图 2-8 所示。

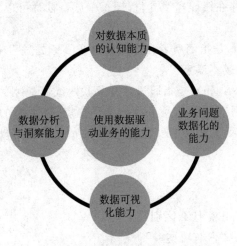

图 2-8　应用数据驱动业务能力展示模型

【主要术语】

1. 元宇宙(Metaverse):是一个链接、与现实世界进行映射和互动的虚拟世界,是一个具有新社会系统的数字生活空间。

2. 数字化员工(Digital Employee):是指打破人与机器的界限,由流程机器人代替人在用户界面上完成高度重复性、标准化、大批量的日常操作,实现报表和流程的自动化填写,类似岗位可以复制和共享。

3. 人效(Human Resources Efficiency):是指用于衡量企业人力资源的价值,形成一种衡量现有人力资源盈利能力的指标。

4. 数据工程师(Data Engineer):是负责数据仓库建设、ETL 开发、数据分析、数据指标统计等的专业人员。

5. 数据科学家(Data Scientist):是能够利用科学方法和数据挖掘工具,对数字、符号、文本、网站、音频或视频等复杂而大量的信息进行数字化复制和识别,并找到新的数据见解的专业人员。

6. 数据分析师(Data Analysis):是专门负责收集、整理和分析行业数据,并根据数据进行行业研究、评估和预测的专业人员。

7. 大数据人才(Big Data Talent):指的是从事大数据相关领域工作的人才。主要包括具有算法设计、程序编写、数据分析等专业技能的核心人才和具有一定行业背景、对大数据有专业技术应用的复合型人才。

8. π 型人才(Pi-Shaped Talent):字母"π"上的竖线代表两种专业技能,而横线指的是对多种知识的整合和应用能力。

9. T 型人才(T-Shaped Talent):字母"T"上的竖线代表与单一领域相关的技能和专业

知识的深度,而横线是指与其他领域的专家进行跨学科合作的能力,以及将知识应用于自己专业领域之外的能力。

10. 在线旅行社(Online Travel Agency):是指旅游消费者通过互联网向旅游服务提供商预订旅游产品或服务,并在线或离线支付,即每个旅行社都可以通过互联网营销或销售其产品。

11. 痛点(Pain Point):是指消费者在体验产品或服务的过程中,由于原来的期望没有得到满足而产生的心理落差或不满意。

12. 数据驱动(Data Driven):是指通过移动互联网或其他相关软件收集海量数据,对数据进行整理形成信息,然后对相关信息进行整合和提炼,在数据的基础上经过训练和拟合,形成自动化决策模型。简而言之,它是以数据为中心的决策和行动。

【练习题】

一、自测题
1. T型人才和π型人才有什么区别?
2. 数字化运营的核心要素有哪些?

二、讨论题
1. 酒店管理或者旅游管理专业的学生在旅游大数据领域有哪些发展前途?
2. 请讨论一下如何才能成为旅游业未来发展所需要的π型人才。

三、实践题
请认真学习《2021年中国酒店业数字化成熟度调研》和《2021年中国酒店业数字化转型趋势报告》,根据两份报告的内容,分析中国酒店业数字化转型的现状、重点,并讨论面向行业的未来,在校期间应做哪些学习和准备?

项目 3

使用大数据基础技术知识和思维进行职业规划

项目结构

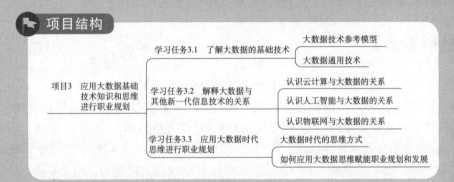

学习目标

学习层次	学 习 目 标
知道	1. 了解大数据技术参考架构模型 2. 列举大数据的通用技术 3. 认识云计算 4. 认识人工智能 5. 认识物联网 6. 了解职业生涯彩虹图 7. 界定大数据的数据化思维 8. 界定大数据的总体性思维 9. 界定大数据的容错性思维 10. 界定大数据的相关性思维
理解	1. 解释云计算和大数据的关系 2. 解释人工智能和大数据的关系 3. 解释物联网和大数据的关系 4. 说明数据化思维如何有助于职业规划和发展 5. 说明总体性思维如何有助于职业规划和发展 6. 说明容错性思维如何有助于职业规划和发展 7. 说明相关性思维如何有助于职业规划和发展

学习任务 3.1　了解大数据的基础技术

【任务概述】

大数据作为一项新兴的、不断发展的技术，相关的技术标准体系也在不断完善。在中国有《信息技术 大数据 技术参考模型》(GB/T 35589—2017)标准，可以概括为"一个分类体系、两个价值链维度"。

大数据技术应用于大数据系统端到端的各个环节，通用技术包括数据接入、数据预处理、数据存储、数据处理、数据可视化、数据治理，以及安全和隐私保护等。

【案例导入】

"您好，请先扫下这个二维码，看一下您最近的行程。"

新冠肺炎疫情暴发以来，测温、扫码、戴口罩成为日常生活必备，即便是旅行过程中也需要不断"扫码"。在很多宾馆酒店、旅游景区入口处，均设有扫码牌，工作人员提醒扫码、测温等注意事项，游客不仅需要测体温，还需要出示健康码和行程卡，然后戴口罩有序入场。

在工业和信息化部的领导下，中国信息通信研究院联合中国电信、中国移动、中国联通三大电信运营商推出了"通信大数据行程卡"，为用户提供行程查询服务。"通信大数据行程卡"在锁定传染源、密切接触人群、防控疫情等方面发挥了重要作用。

自2020年2月29日正式推出网页版"通信大数据行程卡"查询服务后，开发机构又迅速推出了小程序版、App版，并纳入了国务院客户端提供服务。2020年通信大数据行程卡已累计提供了51亿次查询服务，日查询量稳定在2 500万次以上，全面覆盖了我国16亿手机用户，在全国疫情防控中发挥了重要作用。

"通信大数据行程卡"是以大数据技术为基础，由三大电信运营商提供手机"信令数据"，通过用户手机所处的基站位置查询本人前7天到过的地市信息。用户不需要填写身份证号码和家庭住址，不受地域限制，操作起来更方便、更安全。打开微信的聊天页面，通过"发现"入口内小程序搜索"通信行程卡"进入小程序，手机用户只需填写手机号码并确认本人授权，点击获取验证码，验证成功后点击查询，即可返回查询结果。"通信大数据行程卡"的大数据技术原理在于三大电信运营商在获得用户授权后，基于手机信令数据可以有效定位用户的手机位置，从而找到机主本人。信令数据的采集、传输和处理均为自动化，具有严格的安全和隐私保护机制，通过对用户手机附近的基站位置获得的"手机信令数据"进行分析，查询结果实时可用，方便快捷。

"通信大数据行程卡"能够查询一个人前7天内的国内和国际旅行情况，在国内精确到省市(停留4小时以上)，在国外精确到国家。一旦用户进入了风险区域，卡片就会改变颜色。查询结果显示访问过的省市(国内)、国家和地区(国际)，并分为绿、黄、橙、红四种颜色卡片,规则会根据实际情况实时调整。被访问地右上角的＊(星号)表示该城市目前存在中风险或高风险地区,不代表用户实际到访过这些地区,需要集中隔离。

"通信大数据行程卡"的数据可以在全国范围内使用,形成全面覆盖的"全国一张网"。在保证用户信息安全的前提下,"通信大数据行程卡"为疫情防控、复工复产、道路通行、出入境等方面提供科学准确的大数据技术支撑。

一、大数据技术参考模型

大数据作为一种新兴和不断演进的技术,相关技术标准体系也在不断完善。如何有效地将这些标准梳理并串接起来,需要构建一套标准框架。中华人民共和国国家标准《信息技术 大数据 技术参考模型》(GB/T 35589—2017)是 2018 年 7 月实施的国家标准,此标准规范了大数据的基础通用模型,包括大数据角色、活动和功能组件,以及它们之间的关系,如图 3-1 所示。

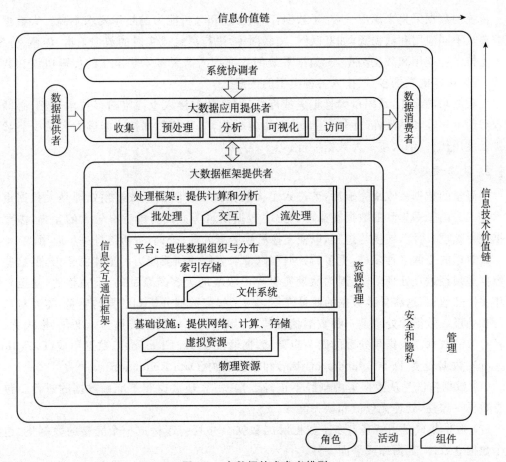

图 3-1 大数据技术参考模型

大数据技术参考模型总体上可以概括为"一个分类体系、两个价值链维度"。

"一个分类体系"是指大数据技术参考模型为使用中的概念提供了一个构件层级分类体系,从高到低依次为角色、活动和组件,用于描述参考模型中的逻辑构件的分类及其关系。

"两个价值链维度"分别为"IT价值链"(垂直轴)和"信息价值链"(水平轴)。其中"IT价值链"反映的是大数据作为一种新兴数据应用范式对IT技术产生的新需求所带来的价值;"信息价值链"反映的是大数据作为一种数据科学方法论,对从数据到知识的处理过程中所实现的信息流价值。

二、大数据通用技术

大数据技术是一系列技术的总称,是一个庞大而复杂的技术体系。在全国信息技术标准化技术委员会大数据标准工作组和中国电子技术标准化研究院编写的《大数据标准化白皮书(2020年版)》中指出,大数据技术应用于大数据系统端到端的各个环节,通用技术包括数据接入、数据预处理、数据存储、数据处理、数据可视化、数据治理,以及安全与隐私保护等。

1. 数据接入

传统的数据采集来源单一,对于数据存储、管理和分析能力的技术要求不高。大数据系统需要从不同应用和数据源(如互联网、物联网等)进行离线或实时的数据采集、传输、分发。为了支持多种应用和数据类型,大数据系统的数据接入需要基于规范化的传输协议和数据格式,提供丰富的数据接口,读入各种类型的数据。

大数据来源多样,数据量大且生成速度快,因此数据接入也面临诸多技术挑战,必须保证数据的可靠性和高效性,此外,还要避免重复数据,规范的数据接入能够大大减少后续的维护及使用代价,纳入统一大数据平台。

2. 数据预处理

当海量的数据被收集完成后,就进入了大数据预处理阶段。数据预处理是大数据重点技术之一。由于采集到的数据在来源、格式、数据质量等方面可能存在较大的差异,需要对数据进行整理、清洗、转换等过程,以便支撑后续数据处理、查询、分析等进一步应用。

大数据的来源多种多样,更多的数据可以带来更好的预测能力和整体洞察力,但这些原始数据必须经过预处理阶段,因为从现实世界中收集的大多是杂乱的、不完整的,甚至是没有相关性的数据,这将导致数据的质量降低。为了提高数据分析和挖掘的质量,需要对数据进行预处理。数据预处理是一种数据挖掘技术,用于将原始数据转换为标准化、格式化、有用且有效的数据。数据预处理的四个步骤:数据清洗(Data Cleaning)、数据集成(Data Integration)、数据变换(Data Transformation)和数据归约(Data Reduction)。

(1) 数据清洗是从数据集中删除不正确数据、不完整数据和不准确数据的过程。包括检查数据一致性,处理无效值和缺失值等。

(2) 数据集成是指将来自多个数据源的数据合并到一起构成一个完整的数据集,包括多个数据立方体、数据库或平面文件。

(3) 数据变换是指将一种格式的数据转换为另一种格式的数据。采取此步骤是为了将数据转换为适合挖掘过程的适当形式。数据变换包括平滑、聚合、离散化和归一化。

(4) 数据归约是指通过删除冗余特征来消除多余数据。因为数据挖掘是一种用于处理大量数据的技术,需要进行数据归约,在尽可能保持数据原貌的前提下,数据归约有助于减少数据量,从而使分析更容易,最大限度地精简数据量,提高存储效率并降低数据存储和分析成本。

简单地说,数据预处理就是将数据进行清洗、标准化和格式化的过程。数据清洗是纠正数据文件中的不一致、无效和缺失的数据;标准化是为了消除语言表达的歧义;格式化是将不同类型、不同数据源的数据存储到一个一致的数据库中。

3. 数据存储

随着大数据系统数据规模的扩大、数据处理和分析维度的提升,以及大数据应用对数据处理性能要求的不断提高,数据存储技术也在持续发展与不断优化。大数据存储需要具备高扩展性、高可靠性、高可用性、低成本、自动容错和去中心化的特点。

一方面,基于大规模并行数据库(MPPDB)集群实现了海量结构化数据的存储与高质量管理,并能有效支持 SQL 和联机交易处理(OLTP)查询;另一方面,基于 HDFS 分布式文件系统实现了对海量半结构化和非结构化数据的存储,进一步支撑内容检索、深度挖掘、综合分析等大数据分析应用。同时,数据规模的快速增长,也使得分布式存储成为主流的存储方式,通过充分利用分布式存储设备的资源,能够显著提升容量和读写性能,具备较高的扩展性。

总而言之,大数据存储的出现和普及,推动了存储、网络技术的发展。面向海量、异构、大规模结构化非结构化等数据,大数据存储技术可以分为三类:处理非结构化数据的分布式系统,处理半结构化数据的 NoSQL 数据库以及处理混合结构数据的云存储。

4. 数据处理

数据处理的目的是从大量杂乱无章或难以理解的数据中分析并提炼出有价值、有意义的数据。它将源源不断产生的数据实时收集并实时计算,以便迅速得到计算结果,用来支持决策。数据处理很大程度上取决于:需要处理的数据量、数据处理操作的复杂性、各计算机系统的容量和内置技术、技术能力和时间限制等内容。

不同的大数据应用对数据处理的需求各异,导致产生了如离线处理、实时处理、交互查询、实时检索等不同数据处理方法。

(1) 离线处理通常是指对海量数据进行批量的处理和分析,对处理时间的实时性要求不高,但数据量巨大、占用计算及存储资源较多。

(2) 实时处理是指对实时数据源(比如流数据)进行快速分析,对分析处理的实时性要求高,单位时间处理的数据量大,对 CPU 和内存的要求很高。

(3) 交互查询是指对数据进行交互式的分析和查询,对查询响应时间要求较高,对查询语言支持要求高。

(4) 实时检索是指对实时写入的数据进行动态的查询。对查询响应时间要求较高,并且通常需要支持高并发查询。

近年来,为满足不同数据分析场景在性能、数据规模、并发性等方面的要求,流计算、内存计算、图计算等数据处理技术不断发展。同时,人工智能的快速发展使得机器学习算法更多地融入数据处理、分析过程,进一步提升了数据处理结果的精准度、智能化和分析效率。

5. 数据可视化

在进行大数据处理和分析时,为了帮助人们理解数据,同时找出包含在海量数据中的规律或者信息,就需要将数据直观地展现出来。这就要用到数据可视化技术。

数据可视化是信息和数据的图形表示,它是大数据技术在各行业应用中的关键环节。通过直观反映出数据各维度指标的变化趋势,用以支撑用户分析、监控和数据价值挖掘。数据可视化技术的发展使得用户借助图表、2D/3D视图等多种方式,通过自定义配置可视化界面实现对各类数据源进行面向不同应用要求的分析,为用户提供了一种互动探索和分析数据的直观方式,推断相关关系和因果关系。

6. 数据治理

数据治理是保持数据清洁、高质量和相关性的过程或过程集合。数据治理涉及数据全生存周期端到端过程,不仅与技术紧密相关,还与政策、法规、标准、流程等密切关联。它帮助企业培养正确的数据集,以提取有用的细节和洞察力。通过数据治理为企业提供高质量、准确的数据,减少企业存储系统和应用程序中的无用信息。

从技术角度,大数据治理涉及元数据管理、数据标准管理、数据质量管理、数据安全管理等多方面技术。当前,数据资源分散、数据流通困难(模型不统一、接口难对接)、应用系统孤立等问题已经成为企业数字化转型重大挑战之一。大数据系统需要通过提供集成化的数据治理能力,实现统一数据资产管理及数据资源规划。

企业将通过严格管理和清理的数据获得最佳信息,而数据治理就是要不断消除引入的问题,确保数据准确、全面、完整,为企业带来价值,同时适当管理数据权限,避免数据泄露带来的商业风险。

7. 安全与隐私保护

大数据在采集、存储和使用过程中面临诸多安全风险,包括身份认证、访问控制、数据加密和审计等,此外,大数据造成的隐私泄露也给用户带来严重困扰。大数据的安全不仅仅是大数据平台的安全,而是围绕以数据为核心的全生命周期的安全。在数据全生命周期各阶段的流动过程中,数据的采集与汇聚、数据的存储与处理、数据的共享与使用等都面临着新的安全挑战。

大数据系统的安全与系统的各个组件及系统工作的各个环节相关,需要从数据安全(如备份容灾、数据加密)、应用安全(如身份鉴别和认证)、设备安全(如网络安全、主机安全)等方面全面保障系统的运行安全。同时随着数据应用的不断深入,数据隐私保护(包括个人隐私保护,企业商业秘密保护、国家机密保护)也成为大数据技术重点研究方向之一,需要采取切实可行的法律、技术和管理措施并严格遵守。隐私保护的研究领域主要关注基于数据失真的技术、基于数据加密的技术和基于限制发布的技术。

【主要术语】

1. 通信行程卡(Digital Travel Records):是由工信部指导,中国信通院、中国电信、中国移动、中国联通共同推出的行程查询服务,可以免费为用户提供本人过往7天内到访过的国家(地区)和国内城市证明。在国内精确到省市(停留4小时以上),在国外精确到国家。一旦用户进入了风险区域,卡片就会改变颜色。查询结果显示访问过的省市(国内)、国家和地区(国际),并分为绿、黄、橙、红四种颜色卡片。被访问地右上角的*(星号)表示该城市目前存在中风险或高风险地区,不代表用户实际到访过这些地区,需要集中隔离。

2. 信息价值链（Information Value Chain）：是表现大数据作为一种数据科学方法对从数据到知识的处理过程中所实现的信息流价值。信息价值链的核心价值通过数据收集、预处理、分析、可视化和访问等活动实现。

3. IT价值链（Information Technology Value Chain）：是表现大数据作为一种新兴的数据应用范式对信息技术产生的新需求所带来的价值。信息技术价值链的核心价值通过为大数据应用提供存放和运行大数据的网络、基础设施、平台、应用工具以及其他信息技术服务实现。

4. 大数据技术（Big Data Technology）：是应用于大数据系统端到端的各个环节，通用技术包括数据接入、数据预处理、数据存储、数据处理、数据可视化、数据治理，以及安全和隐私保护等。

5. 数据预处理（Data Preprocessing）：数据预处理就是将数据进行清洗、标准化和格式化的过程。

6. 数据清洗（Data Cleaning）：是从数据集中删除不正确数据、不完整数据和不准确数据的过程。包括检查数据一致性，处理无效值和缺失值等。

7. 数据集成（Data Integration）：是将来自多个数据源的数据合并到一起构成一个完整的数据集。包括多个数据立方体、数据库或平面文件。

8. 数据变换（Data Transformation）：是指将一种格式的数据转换为另一种格式的数据。采取此步骤是为了将数据转换为适合挖掘过程的适当形式。数据变换包括平滑、聚合、离散化和归一化。

9. 数据归约（Data Reduction）：是指通过删除冗余特征来消除多余数据。因为数据挖掘是一种用于处理大量数据的技术，需要进行数据归约，在尽可能保持数据原貌的前提下，数据归约有助于减少数据量，从而使分析更容易，最大限度地精简数据量，提高存储效率并降低数据存储和分析成本。

10. 数据处理（Data Processing）：是对数据的采集、存储、检索、加工、变换和传输。

11. 离线处理（Offline Processing）：通常是指对海量数据进行批量的处理和分析，对处理时间的实时性要求不高，但数据量巨大、占用计算及存储资源较多。

12. 实时处理（Real-Time Processing）：是指对实时数据源（如流数据）进行快速分析，对分析处理的实时性要求高，单位时间处理的数据量大，对CPU和内存的要求很高。

13. 交互查询（Interactive Query）：是指对数据进行交互式的分析和查询，对查询响应时间要求较高，对查询语言支持要求高。

14. 实时检索（Real-Time Retrieval）：是指对实时写入的数据进行动态的查询。对查询响应时间要求较高，并且通常需要支持高并发查询。

15. 数据治理（Data Governance）：数据治理是保持数据清洁、高质量和相关性的过程或过程集合。

【练习题】

一、自测题

1. 请说明通信大数据行程卡的应用场景和技术特点。
2. 请简述大数据技术参考模型的重要内容。

3. 请简述大数据通用技术包括的内容,及每个技术的主要内容。

二、讨论题

请根据数据接入、数据预处理、数据存储、数据处理、数据可视化、数据治理,以及安全和隐私保护等大数据通用技术,通过网络查询在旅游业的相关应用场景和案例。

三、实践题

新型冠状病毒性肺炎疫情发生以来,大数据技术因其与交通、医疗、教育等领域的深度融合,展现出广阔的应用前景。结合本课程知识,以小组为单位撰写一份分析报告,探讨大数据技术是如何有力支撑疫情防控,打赢疫情防控攻坚战的。

学习任务 3.2 解释大数据与其他新一代信息技术的关系

【任务概述】

大数据、云计算、人工智能与物联网,四者之间在技术方向上存在差异,但也有融合的基础和趋势。每种技术都是以独立的方式出现和发展的。但经过多年的发展,相互依存的关系已经形成,并为创新、效率和生产力的提高带来了新的可能性。云计算是一种基于互联网的计算方式和服务模式,通过这种模式可以共享软硬件资源;人工智能主要是指利用机器模拟人类的思维过程,建立和管理能够学习代表人类自主决策的技术,并代替人类采取行动和完成相应任务的技术科学;物联网是一个由具有处理数据和通信能力的互联设备组成的系统。大数据、云计算、人工智能、物联网之间的关系是一个整体。四者之间的关系是:物联网在数据采集层,云计算在承载层,大数据在挖掘层,人工智能在学习层,所以它们是层层递进的关系。这四者之间互相促进,相互影响,共同改变了经济、社会和人们的生活,也改变了旅游与酒店业。

【案例导入】

"一部手机游云南"是由云南省与腾讯公司联合打造的全域旅游智慧平台,于2018年10月1日正式上线运行。由"一个中心、两个平台构成","一个中心"就是旅游大数据中心,为政府决策提供依据,"两个平台"是游客服务平台和政府监管服务平台。

"一部手机游云南"利用旅游大数据中心,打通云南旅游业的数据孤岛,纵向(从省到地市等相关机构)和横向(所有旅游相关业务)形成全省旅游数据无障碍流通的闭环。促进旅游数据红利共享,用数据赋能政府部门管理和涉旅企业发展,帮助培育更多旅游新业态。

在 App 运营上,可以针对不同用户、利用不同渠道,制定阶段性宣传推广策略。通过精准分析游客画像,按客源地、年龄、消费能力等维度制定差异化推广策略,分别吸引游客至

"游云南"App、"游云南"小程序和"游云南"公众号。此外,还通过微信朋友圈、视频号、QQ音乐、游戏、娱乐等资源,以及抖音、快手、小红书、微博等全渠道平台,对不同平台"游云南"用户进行针对性运营。如2020年第四季度,以"暖冬行动"为主题,结合行业、智库、媒体的力量进行平台推广,覆盖近3 000个政府部门、300多个景区、1 228条实时直播片段、20 000多家诚信企业,覆盖游客在云南旅游前、中、后的需求,满足游客在云南的吃、住、行、娱、购等方面的需求。

"一部手机游云南"项目能够成为全域智慧旅游实验标杆,离不开大数据、云计算、物联网、人工智能等"黑科技"的深度参与,以及腾讯社交广告在技术能力上的赋能。

在旅游前,游客可以通过VR、实时直播等功能提前熟悉景点,提前智能规划旅游路线。同时,平台的智能客服还为游客提供精品线路周边的一站式咨询服务;在旅游中,游客可以通过扫码和人脸识别直接入住酒店,准确找到目的地路线;通过扫码乘车和在景区扫码购票,人脸识别进入景区,并通过小程序享受智能找车位、找厕所和智能语音讲解等便捷服务;在旅游后,游客可以继续享受诚信体系带来的购物、投诉、评价、无条件退款等服务。

景区厕所排队时间长,找厕所难也是影响旅游体验的问题之一。"一部手机游云南"平台可以接入厕所数据,将数据汇聚到旅游数据平台,在云南众多景区建设智能厕所。目前,云南省已有超过775个景区厕所完成升级改造,完成了厕所流量统计、坑位实时监控、游客如厕导航等一系列功能。

"游云南"App还针对老年群体打造专门的数字化体验。通过对应用数据的分析,发现老年群体对花草识别功能的使用率很高。利用人工智能图像识别技术,"游云南"App通过拍照识别景点、花草,识别率达到99%以上,在游览过程中为老年人提供了照片识别服务,可以增加旅游体验。根据老年群体不爱看文字、喜欢语音图片等操作习惯,景区导览功能以语音讲解为主,根据老人的位置推荐不同的景区讲解,讲解语音即时播报在当前页面,清晰简单。

此外,在数据和技术的帮助下,"游云南"手机App可以帮助政府通过腾讯社交广告建立旅游舆情大数据、舆情监测与引导平台,及时掌握和处理舆情,建立旅游投诉响应平台,以便政府相关部门在收到问题后能够及时回应,以保障游客的利益和体验。

总的来说,云计算、物联网、大数据、人工智能之间是一个整体,四者之间的关系是,通过物联网产生、采集海量的数据存储在云计算平台上,再通过大数据分析,甚至是更高形式的人工智能来提取存储在云计算平台上的数据,为人类生产活动、生活需要提供更好的服务。作为数字旅游时代的管理者需要比以往任何时候都要更加深入地了解这些技术以及彼此之间的关系。云计算、物联网、大数据、人工智能是旅游企业开展数字化转型的核心技术,只有对这些技术的应用有深入地了解,才能在日常的企业管理中去思考如何利用这些新一代信息技术去为企业获得竞争优势和可持续发展的能力。

一、认识云计算与大数据的关系

1. 什么是云计算

云计算是一种基于互联网的计算方式和服务模式,通过这种方式共享软硬件资源。云计算是分布式计算、并行计算、网格计算、效用计算、网络存储、虚拟化、负载均衡、热备份冗余等传统计算机和网络技术发展融合的产物,它彻底改变了整个IT产业结构和运行方式。云计算与人工智能、大数据、物联网甚至通信技术等方面也密不可分。

美国国家标准与技术研究院(NIST)定义:云计算是一种模型,它可以实现随时随地、便捷地、随需应变地从可配置计算资源共享池中获取所需的资源(如网络、服务器、存储、应用及服务),资源能够快速供应并释放,使管理资源的工作量和与服务提供商的交互减小到最低限度。

通俗地说,云计算就是一种特殊的网络服务,通过计算、存储等一系列先进技术能够给人们提供更加安全、便宜、高效、快捷的资源及应用的使用方式。

云计算的定义比较专业和难懂,其实道理很简单,说白了就是把计算机资源和应用程序都集中起来形成资源池,然后放在网上就形成了"云计算"。用户可以动态地申请资源以支持各种应用程序运转,无须为烦琐的细节所烦恼,能够更加专注于自己的业务,有利于提高效率,降低成本和技术创新。

云计算之所以称为"云",是因为Amazon公司在2006年推出了"弹性计算云"(Elastic Compute Cloud)服务,首次提出了"云计算"的概念,并取得了商业上的成功。而且,云计算在某些方面确实具有现实中云的特性:云一般都比较大;云的规模可以动态伸缩;云的边界是模糊的;云在空中飘忽不定,无法也无须确定它的具体位置,但它确实存在于某处。

云计算通过网络把多个成本相对较低的计算实体整合成一个具有强大计算能力的完美系统,即为云计算平台。云计算系统提供非常简单的图形界面或API(应用编程接口)接口,为用户根据需求实现随时随地便捷地从可配置计算资源共享池中获取所需的服务器、网络、存储、应用程序和服务等资源。这些资源能够被快速申请、配置、发布、使用、释放和管理,并通过强大的计算能力分布到终端用户手中,使管理资源的工作量和与服务服务商的交互减小到最低限度。

云计算主要分为三种类型:公有云、私有云、混合云,如图3-2所示。

(1)公有云通常由非最终用户所有的IT基础架构构建而成。以下是一些规模最大的公有云提供商:阿里云、Amazon Web Services(AWS)、Google云、IBM Cloud及Microsoft Azure。

(2)私有云可广义地定义为专为单个最终用户或群组而创建,而且通常在该用户或群组的防火墙内运行的云环境。如果底层IT基础架构归某个拥有完全独立访问权限的客户专有,那这种云就是私有云。但是,如今的私有云不再必须从内部IT基础架构来搭建。现在,许多企业已开始在租赁的、供应商所有的外部数据中心内构建私有云,所以位置和所有权都早已不是界定标准。

(3)混合云是从局域网(LAN)、广域网(WAN)、虚拟专用网(VPN)和/或API连接组合一个或多个公有云和私有云环境,从而允许在不同云环境之间共享数据和应用程序,但看起来只是单一的一个环境。

云计算所提供的服务模式已经超越硬件概念了,主要包括软件即服务(Software as a Service,SaaS)、平台即服务(Platform as a Service,PaaS)和基础设施即服务(Infrastructure as a Service,IaaS),如图3-3所示。SasS服务是指把IT系统中的应用软件层作为服务出租出去,它是一种软件分发模式,让用户无须购买、安装、升级和维护软硬件,就可以直接使用软件服务;PaaS服务是把IT系统中的平台软件层作为服务出租出去,即基于云计算为租赁

公有云
- 放在一个公共的地方，以即付即用、弹性伸缩的方式提供服务
- 规模大，安全性差
- 关注盈利模式，共享

私有云
- 内部部署：部署在企业数据中心DMZ内
- 外部托管：由云服务商提供托管服务
- 关注信息安全性

混合云
- 融合公有云和私有云的优点，近年来的主要发展模式
- 既省钱，又安全

图 3-2 云计算的三种类型

用户提供开发、部署、操作和管理应用软件的平台；IaaS 服务是指把 IT 系统的基础设施层作为服务出租出去，由租赁用户自己安装操作系统、中间件、数据库和应用程序。

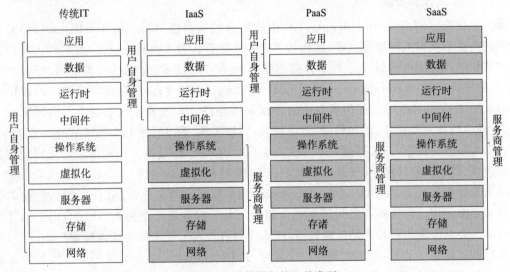

图 3-3 云计算服务的三种类型

总而言之，云计算使得企业降低了成本、提高了生产率、效率和响应速度、确保了性能和安全。特别是云计算提供的虚拟化功能，改变了传统数据中心要按照最高计算需求进行硬件配置的缺陷，毕竟最高计算需求的情况并不多见，会导致硬件利用率低。虚拟化技术使得用户可以按照需要获得相应的计算资源，从而避免了计算机资源的闲置。

在酒店业，原来很多酒店集团和单体酒店的 PMS(Property Management System，酒店管理系统)是放在企业自己的机房。现在，越来越多的酒店集团正在将 PMS 迁移到云计算平台，并在云计算平台上建立企业数据中心。

2．云计算和大数据的关系

大数据以拍字节(Petabyte, PB)为单位进行生成和存储的，无法用传统的数据体系结构和技术来高效和低成本处理，而云计算可以有效实现大数据的大规模、快速存储、实时处理和分析，云计算使得大数据分析能够在很短时间内完成。云计算最初的目的是对信息资源的管理，实现计算、网络、存储资源的弹性协作。如今，云计算作为使用互联网上托管的远程服务器网络来存储、管理和处理数据的平台和场所被广泛应用于人类生产和生活当中。

大数据和云计算在某种程度上是一种共生的关系,云计算为大数据提供了分布式处理、分布式数据库、云存储和虚拟化技术,相当于给了大数据一个"表演的舞台"。大数据技术和云计算技术结合起来,在数据处理和分析方面就有无限可能。如果企业只是拥有大数据,即便这些大数据有潜在的巨大价值,但不用云计算技术,就无法进行有效、快速地分析,大数据的价值也难以发挥出来。云计算为大数据的应用提供了先进的基础设施。反过来说,如果没有大数据,云计算平台也无法提供大量的应用软件,因为大数据也通常是通过云平台上的应用软件收集数据的。云计算服务的价值很大程度上也是因为有大数据。大数据为云计算各项技术的进步和发展提供了新的机会。

二、认识人工智能与大数据的关系

1. 什么是人工智能

人工智能(Artificial Intelligence,AI)也被称为机器智能(Machine Intelligence)指专注于利用机器来模拟人的思维过程、构建和管理能够学会代表人类自主决策,并替代人类行动和完成相应任务的技术科学。人工智能不是一种单一的技术,它包括机器学习、计算机视觉、自然语言理解(Natural Language Understanding,NLU)和自然语言处理(Natural Language Processing,NLP)的任何类型的软件或硬件组件。人工智能也不是单一的计算机学科,它是一门涉及心理学、认知科学、思维科学、信息科学、系统科学和生物科学的交叉学科。

在大多数情况下,人工智能并不提供完全自主的系统,而是将知识和推理添加到现有的应用软件、数据库和环境中,使其更加友好、智能并对环境变化敏感。

人工智能和机器学习(Machine Learning,ML)是目前两个非常热门的流行词,它们似乎经常互换使用。但这两者之间还不完全相同。人工智能是一个更大的概念,用于创建能够模拟人类思维能力和行为的智能机器,而机器学习是人工智能的一个范围很广的子集,它允许机器从数据中学习,而无须编程。深度学习(Deep Learning,DL)又是属于机器学习的一个子类,它的运行机制类似人类大脑的工作方式,是利用深度神经网络来解决特征表达的一种学习过程。

机器学习需使用大量结构化和半结构化数据,做大量的"特征建模"。机器学习所建立的模型可以生成准确的结果或基于该数据进行预测。例如,机器学习技术常被用来作为图像识别用途。如果用机器学习模型来判断"是否是狗"的图片,虽然狗有很多类型并在身体、长相上相差巨大,机器学习技术仍可以有效从图片中识别狗的照片。如果是一张猫的照片,系统将不会响应。

2016年,谷歌公司的人工智能围棋程序 AlphaGo 大战韩国九段围棋选手李世石,结果是人工智能程序以 4∶1 的比分战胜人类。可见,AlphaGo 已经达到了人类围棋选手无法达到的境界,因为 AlphaGo 具有机器学习功能,它不但能从人类专业选手以往的数百万份棋谱中学习,还可以从自己和自己的对弈棋谱中学习。当然,机器学习技术也并非尽善尽美。2015年,一名黑人程序员发现 Google Photos 使用的图像分类器将他的一名黑人女性朋友标注为"大猩猩"(Gorillas)。谷歌对此深表歉意,并立即着手处理这一漏洞。

虽然人工智能及其机器学习技术不断发展,并在图像分类训练、语音识别方面不断增加其准确度,但即便是最优秀的算法,也不能做到完全识别和理解世界和事物。人工智能技术的应用是一把"双刃剑"。一方面,人工智能正在迅速改变世界。基于人工智能技术的机器人、语音技术、人脸识别、自动驾驶汽车、智能化的医疗诊断等应用彻底改变并造福于社会、经济、生活的方方面面。旅游与酒店业将被人工智能重新定义。另一方面,人工智能的数据偏差、数据安全、数据隐私和伦理问题也给社会带来了巨大的风险。

2. 人工智能和大数据的关系

人工智能和大数据是一种协同的关系。没有大数据,人工智能是发挥不了作用的,因为人工智能是基于大数据的支持和采集技术,运用特定的算法实现智能机器或程序的制造;没有人工智能,大数据的智能使用存在巨大的困难,因为人工智能的作用是处理数据产生的智能。大数据技术的发展依赖于人工智能,因为大数据使用了许多人工智能的理论和方法,借助于人工智能可以将数据价值最大化。人工智能的发展也必须依靠大数据技术,需要大数据的支持和训练来建立其智能,提升预测效果和降低预测成本。

人工智能快速、高效处理大数据和分析大数据的能力是人工智能与大数据不可分割的主要原因。人工智能的机器学习能力有赖于大数据不断提供"学习材料",有了足够的数据作为深度学习的材料,计算机就可以从中找到规律,学会以往只有人类才能够理解的知识。可以说,大数据是人工智能的基石,是人工智能技术的驱动力。人工智能需要大数据作为"思考"和"决策"的基础。

三、认识物联网与大数据的关系

1. 什么是物联网

物联网也常被形容为"万物互联"。它是一个由相互关联的,具备处理数据能力和通信能力的设备连接而组成的系统。物联网通常通过有安装嵌入式系统(如处理器、传感器、摄像头和通信硬件)的设备来收集、发送和处理从环境中获得数据。这些机器和设备之间具有唯一标识符并能够通过网络传输数据和"沟通",而无须人与人或人与计算机交互。

每个物联网设备都有 5 个共同且不可分割的功能要素。
- 传感器:将物理对象连接到不同的计算机系统。
- 连接性:设备需要连接到互联网。
- 数据:物联网的主要目的是收集和传输数据。
- 信息:将数据转换为信息对于能够读取并利用数据至关重要。
- 操作应用程序:控制物联网并能够读取所收到的信息。

物联网的能力在于广泛的连接和强大的运算能力。由于传感器、微处理器的价格越来越便宜,能耗越来越低、网速越来越快,很多设备都可以安装小型的物联网设备。例如,可以通过嵌入式设备将日常用品、厨房用具、汽车、恒温器、婴儿监视器连接到互联网,人、过程和事物之间的无缝通信成为可能。在这个超链接的世界中,数字系统可以记录、监控和调整连接事物之间的每次交互。物理世界与数字世界相遇,它们相互合作,从而产生了巨大的效应。例如,对于一些老酒店,工程部可以在工程设备,如锅炉、空调主机上安装体积非常小的传感器,工程管理人员就可以在办公室通过收集查看设备的运营数据来判断是否有异常。

2. 大数据与物联网的关系

物联网通过互联网和各种协议将物理世界中的设备连接到虚拟世界。这些设备会生成大量数据，包含有关物理世界的重要信息。物联网系统产生的数据不仅仅是海量的，而且有很大的价值。物联网是大数据的来源之一。大数据能够对物联网产生的海量数据进行实时分析，从而产生应用上的价值。可以说，大数据和物联网技术也存在着极其密切的关系。物联网技术将传感器所采集到的数据通过网络技术传递给大数据分析平台，大数据分析平台从物联网采集到的海量数据中找出有价值的信息。

综合上述，大数据与云计算、人工智能、物联网、互联网的关系可以用图3-4表示。

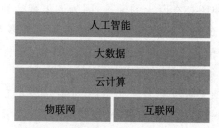

图3-4 大数据与云计算、人工智能、物联网、互联网的关系

这五者之间互相促进，相互影响，共同改变了经济、社会和人们的生活，也改变了旅游与酒店业。

【主要术语】

1. 黑科技(Futuristic Technology)：一方面，它泛指目前难以实现但可能会在未来实现的概念科技；另一方面，也指已经实现但超越绝大多数人认知范畴的高精尖技术及产品。

2. 全域智慧旅游：是指通过深度整合物联网、云计算、人工智能等技术，打通所有智能设备和信息平台的数据链路，促成大数据形成，推动景区、旅游集团、行政区域乃至整个国家的旅游产业高度智慧化，全面创新旅游服务、营销和管理。

3. 虚拟现实(Virtual Reality)：简称VR，囊括了计算机、电子信息、仿真技术，其基本实现方式是利用计算机模拟虚拟环境给人以环境沉浸感。

4. 云计算(Cloud Computing)：是一种基于互联网的计算方式和服务模式，通过这种方式共享软硬件资源。是分布式计算、并行计算、网格计算、效用计算、网络存储、虚拟化、负载均衡、热备份冗余等传统计算机和网络技术发展融合的产物。

5. 分布式计算(Distributed Computing)：是一种把需要进行大量计算的工程数据分割成小块，由多台计算机分别计算，在上传运算结果后，将结果统一合并得出数据结论的科学。

6. 并行计算(Concurrent Computing)：是一种一次可执行多个指令的算法，目的是提高计算速度，及通过扩大问题求解规模，解决大型而复杂的计算问题。

7. 效用计算(Utility Computing)：是一种提供服务的模型，在这个模型里服务提供商提供客户需要的计算资源和基础设施管理，并根据应用所占用的资源情况进行计费，而不是仅仅按照速率进行收费。

8. 负载均衡(Load Balancing)：是用来在多个计算机(计算机集群)、网络连接、CPU、磁盘驱动器或其他资源中分配负载,以达到优化资源使用、最大化吞吐率、最小化响应时间、同时避免过载的目的。

9. 热备份(Hot Backup):就是在数据库处于运行状态下的备份,不影响现有业务的正常进行。

10. 冗余(Redundancy):第一层含义是指多余的不需要的部分,第二层含义是指人为增加重复部分,其目的是用来对原本的单一部分进行备份,以增强其安全性,这在信息通信系统当中有着较为广泛的应用。

11. 公有云(Public Clouds):通常是指由非最终用户所有的 IT 基础架构构建而成的云环境。以下是一些规模最大的公有云提供商:阿里云、Amazon Web Services(AWS)、Google 云、IBM Cloud 及 Microsoft Azure。

12. 私有云(Private Clouds):可广义地定义为专为单个最终用户或群组而创建,而且通常在该用户或群组的防火墙内运行的云环境。如果底层 IT 基础架构归某个拥有完全独立访问权限的客户专有,那这种云就是私有云。

13. 混合云(Hybrid Cloud):是从局域网(LAN)、广域网(WAN)、虚拟专用网(VPN)和/或 API 连接组合一个或多个公有云和私有云环境,从而允许在不同云环境之间共享数据和应用程序,但看起来只是单一的一个环境。

14. 软件即服务(Software as a Service):简称 SaaS,是指把 IT 系统中的应用软件层作为服务出租出去,它是一种软件分发模式,让用户无须购买、安装、升级和维护软硬件,就可以直接使用软件服务。

15. 平台即服务(Platform as a Service):简称 PaaS,是把 IT 系统中的平台软件层作为服务出租出去,即基于云计算为租赁用户提供开发、部署、操作和管理应用软件的平台。

16. 基础设施即服务(Infrastructure as a Service):简称 IaaS,是指把 IT 系统的基础设施层作为服务出租出去,由租赁用户自己安装操作系统、中间件、数据库和应用程序。

17. 人工智能(Artificial Intelligence):简称 AI,也被称为机器智能,指专注于利用机器来模拟人的思维过程、构建和管理能够学会代表人类自主决策,并替代人类行动和完成相应任务的技术科学。人工智能不是一种单一的技术,它包括机器学习、计算机视觉、自然语言理解和自然语言处理的任何类型的软件或硬件组件。

18. 自然语言理解(Natural Language Understanding):简称 NLU,是所有支持机器理解文本内容的方法模型或任务的总称。

19. 自然语言处理(Natural Language Processing):简称 NLP,是人工智能一个分支,可帮助计算机理解、解释和操纵人类语言。

20. 深度学习(Deep Learning):简称 DL,是机器学习的一个子类,它的运行机制类似人类大脑的工作方式,是利用深度神经网络来解决特征表达的一种学习过程。

21. 机器学习(Machine Learning):简称 ML,机器学习需要使用大量结构化和半结构化数据,做大量的"特征建模"。机器学习所建立的模型可以生成准确的结果或基于该数据进行预测。

22. 阿尔法围棋(AlphaGo):是第一个击败人类职业围棋选手、第一个战胜围棋世界冠军的人工智能机器人,由谷歌(Google)旗下 DeepMind 公司戴密斯·哈萨比斯(Demis Hassabis)领衔的团队开发。其主要工作原理是"深度学习"。

23. 物联网(Internet of Things)：简称 IoT，也常被形容为"万物互联"。它是一个由相互关联的，具备处理数据能力和通信能力的设备连接而组成的系统。物联网通常通过有安装嵌入式系统(如处理器、传感器、摄像头和通信硬件)的设备来收集、发送和处理从环境中获得数据。这些机器和设备之间具有唯一标识符，并能够通过网络传输数据和"沟通"，而无须人与人或人与计算机交互。

【练习题】

一、自测题

1. 云计算哪些类型？云计算和大数据的关系是怎样的？
2. 云计算的服务模式有哪些？企业为何要使用云计算？
3. 人工智能和机器学习有什么关系？
4. 人工智能和大数据的关系是怎样的？
5. 物联网由哪些功能要素组成？
6. 物联网与大数据的关系是怎样的？
7. 请简述大数据、云计算、人工智能和物联网之间的关系。

二、讨论题

1. 请讨论旅游与酒店企业的 PMS 是否需要应用云服务？为什么？
2. 人工智能技术的应用是一把"双刃剑"，请进行搜索调研，找出相应的案例说明人工智能技术在应用过程中的利和弊。
3. 请讨论在智慧酒店中，物联网技术给消费者带来了什么体验。

三、实践题

以小组为单位，通过网络信息搜索或者企业访谈，了解大数据结合云计算、人工智能和物联网在旅游与酒店行业的应用案例，并讨论该案例中大数据、云计算、人工智能和物联网发挥了什么作用。

学习任务 3.3　应用大数据时代思维进行职业规划

【任务概述】

数据化思维、总体性思维、相关性思维和容错性思维是大数据时代的重要思维模式。大数据时代的"数据化思维"是在理解数据的潜在价值的基础上，运用数据科学原理、方法和技术解决现场场景问题的逻辑，其核心思想是尽可能地量化一切，努力把业务问题变成数据问题。大数据的总体性思维是指着眼于使用全体数据的总体性思维方式，以便能够更加高效地完成海量且复杂的数据统计及分析。大数据思维的容错性思维是指通过接受混杂的，包括异常、瑕疵甚至错误的样本数据，使得人类可以更加接近客观事实地去理解世界。相关性思维是指借助于大数据分析事物的相关性,对可能发生的事情进行预测。

大数据不仅是技术概念,也是一种思维方式。学生可以结合职业生涯彩虹图并应用大数据思维进行职业规划和发展。一方面,大学生要学习酒店与旅游业的业务知识和掌握大数据应用技能,从而具备识别现有工作领域何时会失效和进化的能力。另一方面,要在学习和生活中形成数据化思维以增强自身在未来职场的竞争力,运用总体性思维去确定在旅游与酒店业的职业发展,运用相关性思维去寻找人生第一个工作岗位并尽快融入团队,运用容错性思维去拥抱混乱和接受不确定性。

【案例导入】

在数据分析领域,有一个经典的"啤酒与尿布"(Beer and Diapers)的故事,常常被用来强调数据分析的价值和思维方式。

这一故事产生于在 20 世纪 90 年代,美国零售商业沃尔玛(Walmart)公司(以下简称"沃尔玛")的管理人员从每日大量的商品交易数据中进行消费者购买商品间的关联分析,意外地发现"啤酒"和"尿布"这两个看似不相关的物品经常会一起出现在同一个购物篮中。

经过一系列的后续调查,沃尔玛发现每个星期五晚上"啤酒"和"尿布"的销量呈现出高度的正向关联性。原因是,男性顾客在星期五晚上去超市买尿布的同时,会顺带捎上几瓶啤酒回家,以便周末在家看球赛。于是沃尔玛立即开始交叉销售(Cross-Selling),在尿布区摆放上啤酒,甚至将销量较差但价格较高的尿布摆放在啤酒区。这使得男性顾客非常容易同时找到尿布和啤酒,并更快地完成购物。

这一举措,在为顾客提供了便利的购物体验的同时,也增加了沃尔玛的商品销售收入。在营销中,"啤酒与尿布"的故事几乎家喻户晓。尽管后来证实,这件事属于"都市传说"而非真实事件,但背后数据分析的技术是真实存在的。

那么,事实事件是什么呢?1992 年,为了推销当时最先进的数据库分析产品,Teradata(当时的 NCR)零售咨询团队的经理汤玛士·布利肖克(Thomas Blischok)找到了美国零售连锁店 Osco Drug,在 90 天内获得了 25 家店的总共 1 200 万条 POS 数据。其中一项是,许多顾客在每天下午 5 点到 7 点之间的购物篮内都有啤酒和尿布。

当时,Osco Drug 的管理层虽然意识到了这一点。以消费者的喜好来调整店内的产品摆放是可行的,但最后 Osco Drug 并没有利用啤酒和尿布的关系,对摆放方式做任何改变。

1993 年,美国学者阿格拉沃尔(Agrawal)首次提出了"购物篮分析"(Market Basket Analysis)。通过对顾客消费记录数据的挖掘和分析,寻找不同商品之间隐藏的关联性,将具有强关联性的商品摆放在一起。零售商可以更好地了解顾客购买行为,进而增加销售额。为后续的市场预测、商业决策等提供指导方向。

经典的关联规则挖掘算法包括 Apriori 算法和 FP-Growth 算法。在此基础上,沃尔玛从 20 世纪 90 年代开始尝试将 Apriori 算法引入到 POS 数据分析中并取得了成功。

一、大数据时代的思维方式

世界经济发展史上的每一次技术革命都是围绕着一个核心技术进行的。第一次工业革命是蒸汽机,第二次是电气化,第三次是以计算机和半导体芯片为基础的信息化,第四次是以大数据和人工智能为特征的智能革命。大数据等技术与人类生活加速融合,并为旅游与酒店企业的管理和运营提供了一种新的思维方式和新的手段,并导致旅游与酒店业的变革。大数据不仅是数据量大,而且具有实时、全面、异构、细腻等特征,突出对多维、互证、跨时空的数据采集、规整、清洗、分析与挖掘等处理,具有最终获得社会科学价值的能力。思维是人们看待事物和理解世界的一种方式。大数据作为引发社会变革和推动人类进步的基石,不仅是技术领域的概念,也是一种思考问题的方式和方法,为人类探索客观规律、改造社会提供了新的思维方式,也为企业发现问题、看待问题和解决问题提供了新的思维方法。在大数据时代,之所以要强调大数据思维的重要性,是因为人类的思维是怎么样的,人类认识到的世界就是什么样的。

被誉为"大数据之父"的牛津大学网络学院互联网治理与监管专业教授维克托·迈尔-舍恩伯格(Viktor Mayer-Schönberger)在其所著的《大数据时代》中说到大数据时代的思维变革包括三点:不是随机样本,而是全体数据;不是精确性,而是混杂性;不是因果关系,而是相关关系。在本节学习任务中,除了对这三个大数据思维方式进行讨论外,还要加上数据化思维,因为数据化思维是未来酒店与旅游业管理人员在数字旅游时代迫切需要掌握的一种思维方式。

1. 数据化思维

人们在分析事物的变化并进行决策的时候,一般有两种思维方式。一种是通过经验、主观、感性和感官直觉进行判断,从而得出结论。另一种是通过对事物所涉及的一系列数据进行收集、汇总、对比、分析而形成结论。前者可以称为"经验思维",后者可以称为"数据思维"。

数据思维并非大数据时代才有的思维方式。中国古代的战争就强调数据思维。《孙子兵法·计篇》说:"夫未战而庙算胜者,得算多也;未战而庙算不胜者,得算少也。"庙算是中国最古老的一种战略决策形式。中国进入奴隶社会以后,凡国家遇有战事,都要告于祖庙,议于明堂,成为一种固定的决策形式。如何"算"呢?孙子曰:"故经之以五事,校之以计,而索其情:一曰道,二曰天,三曰地,四曰将,五曰法。"通过对这"道、天、地、将、法"这五种因素进行敌我双方的评分,庙算胜的,得到分数就多,庙算不胜,得到分数就少。孙子强调:"多算胜,少算不胜,而况于无算乎?"

但是大数据时代基于数据的思维模式比任何时代都要重要。问题的解决是被数据驱动而不是被直觉或个人经验驱动的,换句话说,数据化思维就是用数据和算法来验证、预测、推荐,而不是用"我觉得,我想,我估计,大概是"等经验思维模式来决策,如图3-5所示。中国现代思想家胡适先生在其著作《差不多先生传》中说:"你知道中国最有名的人是谁?提起此人,人人皆晓,处处闻名。他姓差,名不多。"差不多先生常说:"凡事只要差不多,就好了。何必太精明呢?"差不多先生的思维方式就是习惯于"大概",是一种缺乏科学性的经验思维模式。

大数据时代的数据化思维是在理解数据背后潜在价值的基础上,应用数据科学原理、方法、技术解决现场场景中问题的思维逻辑,它的核心思维是尽可能量化一切,尽量将业务问题转化为数据问题。数据化思维是一种重视事实、追求真理的思维模式,技术是实现数据化思维的手段。如果仅仅是引入大数据技术,而没有在企业内部文化上形成依据数据去行动的文化,就很难用大数据去驱动业务的变革和发展。

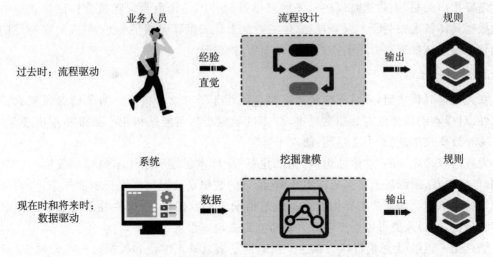

图 3-5　数据思维模式在过去、现在及将来的对比

2. 总体性思维

在大数据时代来临之前,抽样方法一直是人类研究问题的主要数据获取手段,这是人类在无法采集并有效分析处理总体数据信息条件下的无奈选择和权宜之计。抽样是从研究样本总体中抽取一部分样本单位,其基本要求是要保证所抽取的样品单位对全部样品具有充分的代表性。抽样的目的是从被抽取样品单位的分析、研究结果来估计和推断全部样品特性,是科学实验、质量检验、社会调查普遍采用的一种经济有效的工作和研究方法。

抽样的缺点和优点一样,都是显而易见的。抽样研究结果和真实值之间存在的差异称为误差。在抽样误差理论中,误差分为随机误差和系统误差两部分。例如,在清华大学门口随机抽样一个人的学历是博士,就得出结论北京人的学历都是博士,这是抽样在极端情况下结论不稳定的极端表现。首先,抽样是不稳定的,从而导致结论与实际可能差异非常明显。在上例中,每天的抽样结果都有可能不一样,这就是随机误差,是由于样本与总体之间的随机差异导致的,可以通过确定合理的样本量来计算并进行控制。其次就是受主观因素影响而产生的系统误差,上例中通过在清华大学门口随机抽样来调查北京人学历,明显是在抽样方法的设计过程中破坏了随机性原则,从而导致产生系统性误差。

在大数据时代,人类借助于大数据技术可以搜集全面而完整的数据,获得接近于总体样本的数据,即维克托·迈尔-舍恩伯格提到的"样本=总体",能够分析的样本数据等于总体数量,大数据是指不用随机分析法这样的捷径,而采用所有数据的方法。因此,人类分析问题和解决问题的时候,思维方式不再是"窥一斑而知全豹"的方式,而是可以使用着眼于全体数据的总体性思维方式,以便能够更加高效地完成海量且复杂的数据统计及分析。

大数据的总体性思维还有一个显著特征是"涌现性(Emergent Properties)",即大数据整体具有多个小数据或者所有小数据所不具备的属性、功能以及特征。"涌现性"是系统科学中的词汇,指多个要素组成系统后,出现了系统组成前单个要素所不具有的性质。美国密歇根大学教授、遗传算法之父约翰·霍兰德(John Henry Holland)在他所著的《涌现:从混沌到有序》中指出"涌现现象是以相互作用为中心的,它比单个行为的简单累加要复杂得多"。如果把系统整体分解为一个个小的组成部分,这些小部分不会具有整体系统的特性。

需要指出的是，大数据时代的总体性思维概念并不是全盘否定随机分析法。正确的做法是根据具体情况去判断。以海量、总体的数据来认知世界固然很美好，但人类在有限的时间内要掌握全体数据去穷尽事物的全部并不容易实现。

3. 容错性思维

在大数据时代之前，随机抽样法被人类广泛用于研究这个世界。为了确保研究的结果准确性，对样本的选择也需要非常精准，样本的数据也尽可能结构化。如果样本出现偏差，就容易导致研究结论的"失之毫厘，谬以千里"。

大数据思维之一的"总体性思维"指的也是"全样本思维"，全样本的样本数据一定是混杂的，包括异常、瑕疵甚至错误的样本数据，混杂的数据是数据规模增长的前提条件，而且包括大量的非结构化和复杂的异构数据。但是借助于大数据技术，这些混杂的数据也能够被存储和分析，使得人类可以更加接近客观事实地去理解世界。

维克托·迈尔-舍恩伯格认为执迷于精确性是信息缺乏时代和模拟时代的产物。"只有5%的数据是结构化的，能适用于传统数据库的。如果不接受混乱，剩下95%的非结构化数据都无法利用。只有接受和允许不精确性的数据存在，我们才能打开一扇从未涉足的世界的窗户。"大数据通常用"概率"说话，而不是板着"确凿无疑"的面孔。在试图扩大数据规模的时候，要学会拥抱混乱和接受不确定性，一个问题只有一个答案的想法是站不住脚的。人们要做的是接受这些混杂的数据并从中受益，而不是以高昂的代价消除所有的不确定性。

因此，在大数据时代，人类去理解事物和世界的思维方式要具有容错性思维。人们通过对表面混杂但海量的数据进行分析，得到的答案反而更具有精确性，这是对事物发展最好的预测。

维克托·迈尔-舍恩伯格提到的"不是精确性，而是混杂性"的观点并不是要舍弃精确性。精确性的目的是排除混杂的数据，而容错性思维之所以强调要接受混杂的数据，是因为要得到更彻底的精确性。

4. 相关性思维

美国物理学家理查德·菲利普斯·费曼（Richard Phillips Feynman）1974年在加州理工学院毕业典礼演讲上，讲过一个他称之为"货拜族科学"（Cargo Cult Science）的故事。南太平洋小岛上住着一些尚未进入现代文明的土著——货拜族。第二次世界大战期间，盟军的飞机在这些小岛上起降以便周转物资。岛上的土著居民注意到，晚上跑道两旁燃起了篝火，用于引导飞机降落。在跑道尽头有一个木头架子，上面坐着一个戴着耳机的领航员。当飞机从空中降落到地面后，卸下来一包包货物。小岛土著居民也享受到了飞机给他们带来的可口食物和各种好用的工具。随着战争结束，土著居民发现飞机不再降落了，战争期间的好时光一去不复返。货拜族很希望昔日重来。于是，他们修了一条类似飞机跑道的路，路两边点上篝火。路尽头也盖了间小茅草屋，并在屋里坐着一个人，模仿控制塔里的领航员。这个"领航员"头上绑了两块椰子壳，假装是戴耳机。他们在椰子壳上插上了竹子，假装是天线。一起准备就绪后，货拜族就望眼欲穿地等待飞机再次降落，给他们带来物资，结果可想而知。货拜族准备的每件事情看上去都做对了，都如战时盟军的准备一模一样，但是结果却大相径庭。这是因为思维方式出现了问题，货拜族的思维方式就是典型的"因果思维"，他们简单地把现象和结果联系在一起，却没有去探究现象背后的本质。人类长期习惯于因果思维,相信任何事物有其果必有其因。因果思维产生的背景是人类受科学工具和数据处理能力的限制,只能找到和处理一些数量之间的简单线性关系。然而,在大数据时代,通过对比发现数据之间的关联性,就能发现事物变化之间的关联性关系。

在本节学习任务的情境导入内容提及的"啤酒和尿布"的故事是难以用因果思维去解释的。用的思维方式是"相关性思维",即借助于大数据分析事物的相关性,并对可能发生的事情进行预测。

相关性思维也不是大数据时代才有的思维方式,中国自古有之,最有代表性的就是中医的思维方式。中医是把人体和自然当作一个整体来看待,通过寻找人与自然之间的相关性来治疗。这也是古代中国人认识世界的思维方式。相关性思维在大数据时代得到了广泛的认同,因为大数据应用为相关性思维的发展提供了所需的"土壤"。大数据的核心能力是预测,但大数据本身并不能做出任何预测,关键是在于借助于大数据技术发现事物之间的相关性,从而获得更多的信息、知识与洞见。维克托·迈尔-舍恩伯格说,大数据的相关关系分析法更准确,更快,而且更不易受偏见的影响,建立在相关关系分析法基础上的预测是大数据的核心,相关关系可以帮助人类捕捉现在和预测未来。如果 A 和 B 经常一起发生,只需要注意到 B 发生了,就可以预测 A 也即将发生。

例如,OTA 旅行平台都在使用推荐算法向旅游者推荐旅游产品和服务,它能够根据你或者与你相似的人的历史消费数据和浏览行为数据,向你推荐所喜爱的旅游产品。这些数据的来源可能是你过往的数据,也很有可能是其他人的数据。数据和算法本身不能说出你喜欢的原因,只是基于很高的相关性进行判断。相关性思维无须去了解"为什么",而只需要通过关注线性的相关关系,以及复杂的非线性相关关系知道"是什么"就可以了。

维克托·迈尔-舍恩伯格提到的"不是因果关系,而是相关关系"的观点是强调在大数据时代人们要善于借助于大数据技术发现和认知现实世界中隐藏的人、事、物彼此之间的关系,掌握以前无法理解的复杂技术和社会动态,从而得到更多新颖且有价值的信息、知识、洞见和智慧。但需要认识到,因果关系本身也是一种相关关系,即原因与结果前后相继的相关关系。

二、如何应用大数据思维赋能职业规划和发展

1. 了解职业生涯彩虹图,合理规划自己的人生

根据美国职业管理学家唐纳德·E. 舒伯(Donald E. Super,以下称舒伯)以美国白人作为研究对象,把人的职业生涯划分为五个主要阶段:成长阶段、探索阶段、建立阶段、维持阶段和衰退阶段,并形成了一张职业生涯彩虹图,如图 3-6 所示。

在这幅职业生涯彩虹图中,横向层面代表的是横跨一生的生活广度,又称为"大周期"。彩虹图的外层显示人生主要的发展阶段和大致估算的年龄:成长期(相当于儿童时期)、探索期(相当于青春期/少年时期)、建立期(相当于成人前期)、维持期(相当于成人后期/青年时期),以及衰退期(相当于老年时期/退休时期)。

纵向层面则代表的是纵贯上下的生活空间,是由人生角色所组成。在一生当中每个人必须依次扮演不同的角色。各种角色间是有相互作用的,一个角色的成功,特别是早期角色如果发展得好,将会为其他角色提供良好的关系基础。但是,在一个角色上投入过多的精

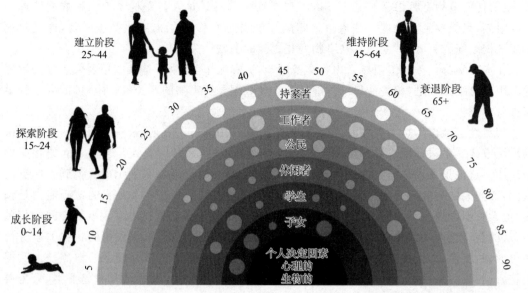

图 3-6 职业生涯彩虹图

力,而没有平衡协调各角色的关系,也会导致其他角色的失败。

根据舒伯职业生涯彩虹图,每个阶段的任务如下。

(1) 成长阶段(0~14岁):认同并建立起自我概念,对职业好奇占主导地位,并逐步有意识地培养职业能力。成长阶段可以分为3个成长期。

① 幻想期(10岁之前):儿童从外界感知到许多职业,对于自己觉得好玩和喜爱的职业充满幻想和进行模仿。

② 兴趣期(11、12岁):以兴趣为中心,理解、评价职业,开始做职业选择。

③ 能力期(13、14岁):开始考虑自身条件与喜爱的职业相符合否,有意识地进行能力培养。

(2) 探索阶段(15~24岁):主要通过学校学习进行自我考察、角色鉴定和职业探索,完成择业及初步就业。这个阶段也可分为3个时期。

① 试验期(15~17岁):综合认识和考虑自己的兴趣、能力与职业社会价值、就业机会,开始进行择业尝试。

② 过渡期(18~21岁):正式进入职业,或者进行专门的职业培训,明确某种职业倾向。

③ 尝试期(22~24岁):选定工作领域,开始从事某种职业,对职业发展目标的可行性进行实验。

(3) 建立阶段(25~44岁):获取一个合适的工作领域,并谋求发展。这一阶段是大多数人职业生涯周期中的核心部分。这个阶段可以分为两个时期。

① 尝试期(25~30岁):个人在所选的职业中安顿下来。重点是寻求职业及生活上的稳定。

② 稳定期(31~44岁):致力于实现职业目标,是个富有创造性的时期。

职业中期危机阶段职业中期可能会发现自己偏离职业目标或发现了新的目标,此时需重新评价自己的需求,人生处于转折期。

(4) 维持阶段(45~64岁)：开发新的技能，维护已获得的成就和社会地位，维持家庭和工作两者间的和谐关系，寻找接替人选。

(5) 衰退阶段(65岁以上)：逐步退出职业和结束职业，开发社会角色，减少权利和责任，适应退休后的生活。

2. 用大数据思维赋能职业规划和发展

在大学求学的学生目前正处于职业发展的探索阶段，主要任务是通过学校学习进行自我考察、角色鉴定和职业探索，完成择业及初步就业。对于刚进入旅游管理和酒店管理专业就读的低年级学生来说，正处于实验期，要综合认识和考虑自己的兴趣、能力与职业社会价值、就业机会；对于已经在旅游管理和酒店管理专业就读1~2年的学生来说，正处于过渡期，要在学校接受专门的职业培训，明确职业倾向。对于已经在实习阶段并即将毕业的学生来说，正处于尝试期，要选定工作领域，开始从事某种职业，对职业发展目标的可行性进行实验。

大数据不仅是技术概念，也是一种思维方式。在职业发展探索阶段的学生，无论未来的职业倾向、工作领域是什么，如果能够在大学期间了解大数据技术的应用场景，并且能够通过学习和训练养成大数据思维的方式，对未来的职业发展是大有裨益的。

(1) 通过学习业务知识和大数据应用技能，识别现有工作领域何时会失效和进化

首先，大数据是人工智能的基石。人工智能技术的发展，会使得人类很多工作岗位被机器所替代。最容易被取代的岗位是具有重复性工作任务的岗位。其次，是具有一定规律可循的智力工作岗位。2022年2月，谷歌旗下AI公司DeepMind宣布创建了编程机器人系统AlphaCode。DeepMind公司表示，AlphaCode编写计算机程序的能力已经达到非常具有竞争力的水平。在与人类程序员的比赛中，AlphaCode的排名可以达到中等水平，跻身前54%之列，标志着人类向自主编码迈出重要一步。程序员都有可能被机器人替代，更不用说酒店与旅游行业大量具有重复性任务或者任务的完成有规律可循的工作岗位了。旅游及酒店管理专业的大学生在校期间，首先，要认真学习旅游与酒店管理的专业知识，只有具备了足够的专业知识，才能够了解业务流程和不同岗位的职责。其次，要掌握大数据应用的相关知识，分析在业务场景中大数据技术的应用前景，并运用大数据思维去分析各个工作岗位未来被大数据和人工智能影响的程度。与所有的组织机构必须改变应对大数据时代世界的变化方式一样，人也必须识别哪些工作技能会通过大数据及人工智能不断进化，在这个进化过程中，哪些工作岗位会被替代，只有这样才能更好地进行职业规划，确定与时俱进的职业发展目标。

(2) 在学习和生活中形成数据化思维，增强自身在未来职场的竞争力

要在大学期间就努力使自己具备数据化的思维。通过数据做分析和决策，不再过分依赖个人的直觉和经验。数据化思维的形成不是一蹴而就的，而是要与学习和生活融入在一起。举一个例子，当你和同学去一家餐厅吃饭，你会发现餐厅满座，很多人在门口排队。你不能仅仅感叹"这家餐厅生意好火爆啊！"而是要结合自己在大学期间学习的餐饮管理相关知识，先去观察和了解餐厅有多少座位，多大面积。然后在就餐过程中，通过自己点菜、上菜到吃完时间，以及饭点时间跨度判断翻台率是多少；通过餐厅地理位置和现场观察判断目标客源是什么样的；通过菜单和上菜的分量分析毛利率；通过现场服务质量和网评情况判断餐厅的生意是否可以持久；通过收集这些数据并进行加工，可以大概计算这个餐厅盈利能力

如何。

数据化思维可以帮助即将走向工作岗位的大学生们尽快具备职业发展中最为重要的解决问题的能力。大数据时代的管理者所管理的不仅是团队,更为重要的是数据。作为旅游与酒店业未来的管理者们,你需要具备"用数据说话、用数据决策、用数据管理、用数据创新"的数据化思维方式,以此来提升自己解决问题的能力,增强自身在职场的竞争力。

(3) 运用总体性思维去确定在旅游与酒店业的职业发展

大数据时代的旅游与酒店管理专业的大学生要学会运用总体性思维去进行职业规划,特别是在旅游与酒店业的职业规划。有很多学生以为这个专业面向的职业领域很窄,仅仅是在酒店、景区、旅行社。实际上无论你是学旅游管理,还是酒店管理专业,都是属于款待业管理教育的范畴(Hospitality Management Education)。从总体性思维角度上看,就业面不仅仅包括酒店、会展、旅游、奢侈品服务、餐饮服务,还包括人力资源、培训、技术、物流咨询、财务和房地产、传媒等职业领域,如图 3-7 所示。

图 3-7 大数据时代下的款待业范畴

旅游与酒店业长期都是劳动密集型产业,盈利能力弱,市场化程度高,竞争激烈,导致全行业从业人员的薪酬福利偏低。特别是从 2020 年开始的新型冠状病毒全球大流行对旅游与酒店业冲击巨大,进一步导致这个行业处于更为严重的亏损状态。但对于具有总体性思维的人来说,旅游与酒店业在新型冠状病毒全球大流行结束后将进入一个繁荣发展的时期。一方面,大数据、人工智能等技术的发展使得全行业数字化转型具备了技术条件,另一方面,全行业长期的低盈利能力倒逼整个行业进行数字化转型。旅游与酒店行业将出现更多与数字化相关的新工作领域和新岗位,行业也出现更多的新业态,为就读旅游与酒店管理专业的学生们提供了全新的发展机会。

很多人的观点认为旅游与酒店业的工资偏低。如果从总体性思维来看,旅游与酒店业所提供的终身收入并不低。特别是到了舒伯职业生涯彩虹图所指的稳定器(31~44岁),已经走向中层和高层管理岗位的旅游与酒店人工资收入是远远高于同龄人的收入平均线的。如图 3-8 所示,不同职业和人群具有不同的收入节奏。旅游与酒店的收入节奏是 C 线,大部分收入是集中在中青年之后。这更符合舒伯职业生涯彩虹图的人生发展规律。

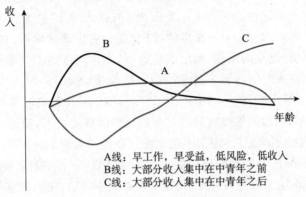

图 3-8 不同职业和人群终身收入对比

总而言之,在进行职业发展规划的时候,思维要更加具有全局性。不要通过碎片化的数据进行职业规划,而是要基于总体数据。

(4) 运用相关性思维去寻找人生第一个工作岗位并尽快融入团队

每个人都想选择有更好的工作发展机会或更高的薪水的岗位。为此人们常说,选择比努力更重要。但大学生不要被这句话误导,要明白选择和努力是有相关性的。斯坦福大学企业管理研究所创意与创新行销课程教授、社会心理研究专家,被称为"硅谷最有创意的人"和"现代选择学之父"的迈克尔·雷(Michael Ray)在其畅销书《成功是道选择题》中指出,选择很重要,但努力是做出选择的基础。做出正确的选择需要步步为营,只有先努力获得足够的人生积累,才有选择的机会和能力。很多人只知道选择很重要,却不知道后半句,即"不努力的人,连选择的资格都没有"。

即将走向工作岗位的毕业生面临诸多选择。酒店管理专业的毕业生常常手中有 4~5 张入职通知书都不足为奇,但能够运用相关性思维去确定人生第一份工作岗位的人少之又少。旅游与酒店业的工作岗位众多,如技术、产品、运营、设计、客服、销售、商务、市场、公关、人事、行政、财务、审计、采购、质检等。这么多岗位,哪些岗位能够帮助自己实现职业目标呢?这时候不能用因果思维,认为哪个岗位给的工资高,未来就一定会好。而是要运用相关性思维,分析岗位的工作内容,判断哪些岗位与企业核心业务、核心价值创造相关,哪些岗位与数字化运营相关。

此外,与职业生涯发展息息相关的因素还有定居城市的发展潜力、公司平台与发展空间的大小、公司的企业文化和团队氛围、公司薪资制度是否完善,等等。旅游与酒店管理专业的毕业生在掌握专业知识和大数据应用知识的基础上,就具备找到并分析与职业生涯发展相关要素之间关系的潜在能力,将这些相关要素进行量化分析,从而找到最适合自己同时又能有比较好的职业发展空间的工作。

（5）运用容错性思维去拥抱混乱和接受不确定性

确定性的人生大多数都是平庸的人生,因为确定性与舒适性相关,一个终身"困"在舒适区的人生大多是碌碌无为的人生。事实上,绝对的舒适区是不存在的,因为人类社会已经进入到了"VUCA"时代,即 Volatility(易变性)、Uncertainty(不确定性)、Complexity(复杂性)和 Ambiguity(模糊性),如图 3-9 所示。"VUCA"在商业领域被用来描述已成为"新常态"的、混乱和快速变化的商业环境。

图 3-9　VUCA 说明

身处"VUCA"时代的大学生要运用容错性思维去拥抱混乱和接受不确定性。正如《人类简史》的作者尤瓦尔·诺亚·赫拉利(Yuval Noah Harari)所指出的,21 世纪没有稳定这回事,如果你想要稳定的身份、稳定的工作、稳定的价值观,那你就落伍了。那么,如何面对不确定性呢?纳西姆·尼古拉斯·塔勒布(Nassim Nicholas Taleb)在其所著的《反脆弱》一书中提出了杠铃策略,要在确定性与不确定性之间寻找平衡,让自己 70%～80%的时间里处在极其具有确定性的环境之下,留出 20%～30%的时间,让自己可以尽情地拥抱不确定性,因为不确定性往往能给人带来巨大收益,让高风险的事情带来高回报。反脆弱的核心是接受现实世界的不确定性,并让这种不确定性为我所用。在工作单位选择上,并非越大的公司越好,往往公司越大越守旧,在大数据推动的变革时代,根本来不及反应,在未有之变局来临时就会越脆弱,数字化转型机遇一旦错过就只能被市场淘汰。

1979 年诺贝尔和平奖得主——被天主教会封为圣人的特蕾莎修女说过一句名言:"God does not ask you to succeed, he only asks you to try."意思是上帝没有要求你们成功,他只要求你们尝试。无论你在实习岗位还是正式走向工作岗位,首先要敢于尝试,其次不要害怕出错和失败。错误与失败是学习的机会,成长最快的时候往往就是犯错误和失败的时候。此外,因为错误是不可避免的,每个人都会犯错误,所以在工作中要学会怀疑,在日常管理中要秉着"检查重于信任"的态度去发现问题,并运用大数据思维去解决问题。

【主要术语】

1. 交叉销售(Cross-Selling):是指发现现有客户的多种需求,并通过满足其需求来销售多种相关服务或产品的营销方法。

2. 数据分析(Data Analysis):通常利用适当的统计分析方法对收集到的大量数据进行分析、汇总和理解,并对其进行消化,以最大限度地发挥数据的功能和实用性。数据分析是对数据进行详细研究和总结的过程,以便提取有用的信息并形成结论。

3. 销售终端(Point of Sale):简称为"POS",即销售时点信息系统,是指在产品销售时,通过自动读取设备(如收银机)直接读取销售信息(如产品名称、单价、销售数量、销售时间、销售店铺、客户等),并通过通信网络和计算机系统传送给相关部门进行分析处理以提高经营效率的系统。

4. 购物篮分析(Market Basket Analysis):是指通过对顾客消费记录数据的挖掘和分析,寻找不同商品之间隐藏的关联性,并将关联性强的商品放在一起,以使零售商更好地了解顾客的购买行为,从而提高销售额。它为后续的市场预测和商业决策提供指导。

5. 关联规则(Association Rules)：反映了一个事物与其他事物之间的相互依存和关联性，是数据挖掘的一项重要技术，用于从大量的数据中提取有价值的数据项之间的关联性。

6. Apriori算法(Apriori Algorithm)：是利用逐层搜索的迭代方法找出数据库中项集的关系，以形成规则，其过程由连接(类矩阵运算)与剪枝(去掉那些没必要的中间结果)组成。

7. FP-Growth算法(Frequent Pattern Growth Algorithm)：基于Apriori原理，通过将数据集存储在FP(Frequent Pattern)树上发现频繁项集，但不能找到数据之间的关联规则。

8. 大数据思维(Big Data Thinking)：与小数据时代相比，大数据时代最大的转变就是思维的三种转变：全样而非抽样、效率而非精确、相关而非因果。此外，数据化思维也是大数据思维的要素之一。

9. 数据化思维(Data-Based Thinking)：是指利用数据和算法来验证、预测和推荐，是一种重视事实、追求真理的思维模式，而技术是实现数据化思维的手段。它是在理解数据背后的潜在价值的基础上，利用数据科学原理、方法和技术解决现场场景的逻辑。其核心思想是尽可能地量化一切，努力把业务问题变成数据问题。

10. 涌现性(Emergent Properties)：通常是指多个元素出现在一个系统中，出现了系统形成前单个元素所不具备的属性。也就是说，大数据作为一个整体具有多个小数据或所有小数据不具备的属性、功能和特征。

11. 职业生涯彩虹图(Life-Career Rainbow)：美国职业管理学家舒伯(Donald E. Super)创造性地描绘了一个多角色的职业发展综合图，以综合职业发展阶段和角色之间的相互作用。将人的职业生涯划分为五个主要阶段：成长阶段、探索阶段、建立阶段、维持阶段和衰退阶段。

12. VUCA：是指Volatility(易变性)、Uncertainty(不确定性)、Complexity(复杂性)和Ambiguity(模糊性)的首字母缩写。"VUCA"在商业中被用来描述混乱和快速变化的商业环境，这已成为"新常态"。

13. 杠铃策略(Barbell Approach)：一种将投资组合中的债券期限集中在收益率曲线两端的策略，在确定性与不确定性之间寻找平衡。

【练习题】

一、自测题
1. 请举例说明什么是数据化思维。
2. 请举例说明什么是总体性思维。
3. 请举例说明什么是相关性思维。
4. 请举例说明什么是容错性思维；请简述大数据对思维方式的影响。
5. 请简述舒伯的职业生涯彩虹图将职业生涯分为哪些阶段。

二、讨论题
1. 有人说，啤酒与尿布的案例体现了实验思维在大数据分析理念中的重要性。你认同吗？为什么？
2. 大数据时代的到来，必然对社会经济各个方面产生重大冲击，对与大数据紧密相关的"统计"又会产生什么样的影响呢？
3. 请分析和讨论维克托·迈尔-舍恩伯格在其所著的《大数据时代》中说到大数据时代

的三种思维变革"不是随机样本,而是全体数据;不是精确性,而是混杂性;不是因果关系,而是相关关系"是否有局限性?

4. 请讨论在"VUCA"时代如何结合大数据思维进行职业规划。

三、实践题

为帮助大学生更好地规划大学生活,增强职业生涯规划意识,树立正确的价值观、成长观,结合本课程知识,每个学生针对自身情况,绘制"生涯彩虹图",探索不同阶段的生涯角色和相应的生涯任务,加强对目前生涯角色的思考和审视,进一步寻找自己的人生角色定位。由小组代表统一整理,并以小组为单位提交一份 PPT 演示文稿。项目考核将由小组 PPT 演示和小组成员口头报告两部分构成。

项目 4

分析大数据对安全、隐私和伦理的挑战及对策

项目结构

项目4 分析大数据对安全、隐私和伦理的挑战及对策	学习任务4.1 分析大数据的安全问题与对策	数据安全与大数据安全
		大数据技术与平台安全的挑战
		大数据安全的对策和相关法律
	学习任务4.2 分析大数据的个人隐私保护问题与对策	大数据背景下的隐私保护问题
		大数据技术与隐私保护的挑战
		大数据时代的隐私保护对策和相关法律
	学习任务4.3 了解大数据的伦理问题	大数据背景下的伦理问题
		大数据技术对伦理的挑战
		大数据伦理问题的对策和相关法律

学习目标

学习层次	学习目标
知道	1. 复述数据安全的定义 2. 了解大数据安全的相关法律 3. 复述个人信息和个人隐私的定义 4. 了解大数据时代的隐私保护相关法律 5. 复述大数据伦理的定义 6. 了解大数据伦理的相关法律
理解	1. 区分大数据安全和传统安全 2. 说明大数据安全的特点 3. 列举大数据安全平台面临的挑战 4. 说明大数据安全的对策 5. 列举大数据时代个人隐私安全的问题 6. 列举大数据技术与隐私保护的挑战 7. 说明大数据时代的隐私保护对策 8. 列举大数据技术对伦理的挑战 9. 说明大数据伦理问题的对策

学习任务 4.1　分析大数据的安全问题与对策

【任务概述】

数据安全是保护数据免受各种类型的干扰或破坏,防止未经授权用户的不良及恶意行为,预防数据被有意或无意地损害或泄露。大数据因其数量巨大且有较高的使用价值更容易成为网络攻击的重点目标,对潜在的攻击者更有吸引力。大数据的常见安全问题有个人信息风险泄露、黑客利用大数据进行攻击、大数据黑市交易,以及跨境大数据流动导致的国家安全问题。而大数据技术与平台安全面临的挑战主要是传统安全措施难以适配、平台安全机制严重不足、应用访问控制愈加困难、基础密码技术等。

大数据时代传统安全防护的边界已经被颠覆,需要建立以数据为中心的新型安全防护体系。零信任理念是目前针对数据安全体系的前沿探索。中国在数据安全方面出台了一系列法律法规和标准,形成了以《中华人民共和国网络安全法》(以下简称《网络安全法》)、《中华人民共和国数据安全法》(以下简称《数据安全法》)和《中华人民共和国个人信息保护法》(以下简称《个人信息保护法》)为核心的网络法律体系,为数字时代的网络安全、数据安全和个人信息权益保护提供了基本的制度保障。

【案例导入】

近年来,随着个人数据价值的不断提升,数据泄露和数据滥用现象频频发生。从"支付宝年度账单事件"到"大数据杀熟,携程被责令退一赔三",大数据在给人们带来便利的同时,数据安全问题也成为越来越多消费者关心的焦点。

事实上,那些所谓"懂你"的软件往往是基于软件商利用大数据技术分析用户信息而产生的,即使去掉了身份信息的数据也无法完全避免隐私信息泄露的风险。在酒店业已经发生了多起大规模的用户数据泄露事件,在互联网上可以搜索到很多有关酒店业在数据安全方面的案例和经验教训,不少知名的酒店品牌都"榜上有名"。

万豪国际集团(Marriott International)在 2016 年收购了喜达屋酒店及度假村国际集团(Starwood Hotels & Resorts Worldwide),创造了世界上最大的酒店集团。2018 年 11 月,万豪国际发现喜达屋酒店预订数据库中的客人信息未经授权被访问。这一重大数据安全事件影响了多达数亿客户。作为一家酒店遍布全球的大型集团,客户信息泄露事件将万豪国际推向了风口浪尖,并严重影响了万豪当日的股价。

万豪国际在递交给美国证券交易委员会的文件中表示,2018 年 9 月 8 日,该公司收到内部安全工具发出的警报,一个未经授权的第三方复制并加密了某些信息,并采取了措施试图将这些信息转移出去。2014—2018 年,受影响的喜达屋预订数据库存储了超过 2/3 客户,即约 3.27 亿客户的个人姓名、邮寄地址、电话号码、电子邮件地址、护照号码、喜达屋 SPG 俱乐部账户信息、出生日期、性别和其他信息,不仅如此,一部分客户还有被泄露加密的信用卡信息以及加密密钥同时被盗的可能性。

直到 2018 年 11 月 19 日,万豪国际才最终解密了这些信息,并确定这些信息来自被收购的喜达屋集团的客人预订数据库,而且这些信息被泄露的时间可以追溯到 2014 年。通过在喜达屋的系统设备上植入恶意代码和安装恶意软件,网络攻击者能够远程访问系统,并通过用户的身份特权从喜达屋的酒店预订数据库导出数据。

一、数据安全与大数据安全

互联网上每天都在发生没有硝烟的战争,激烈程度丝毫不亚于枪林弹雨的真实战场。这个战争就是信息安全的战争,战争的武器是计算机,而抢夺的战利品是数据。可以说,网络空间是继陆地、海洋、天空、太空之外的"第五战区"。互联网是社会运行的基础设施,数据是驱动社会和经济良性发展的新能源。数据的应用一方面给人类的工作和生活带来了巨大的变革,另一方面也给人类带来了更多的风险和挑战。如果这些数据安全不能保证,整个社会和经济的运行就会受到严重影响。

数据安全(Data Security)就是保护数据免受各种类型的干扰或破坏,防止未经授权用户的不良甚至恶意行为,预防数据被有意或无意地损害或泄露。数据安全的问题,例如,未经授权的访问、意外损失和恶意攻击等行为,都会对个人、企业和社会造成一定的不良后果,特别是如果被泄露或窃取的数据是敏感或机密数据(如客户信用卡号、电话号码等),数据安全造成的后果可能会更糟,甚至造成严重的社会后果。

大数据安全和传统的数据安全是不同的,传统的数据安全是为了确保数据的保密性、完整性和可用性,主要面临三种安全问题。第一种是计算机感染病毒,从而导致软硬件运行不正常,数据被破坏,系统崩溃。安装不断升级的杀毒软件可以有效预防病毒感染;第二种是电脑软件因为漏洞的原因受到黑客攻击或入侵,账号和文件被黑客窃取,数据被破坏;第三种安全问题是数据存储介质(如硬盘)因为某种原因被损坏。

在大数据时代,大数据因其数量巨大且有较高的使用价值,更容易成为网络攻击的重点目标,对潜在的攻击者更有吸引力。2016 年年底,因系统漏洞和配置问题,全球范围内数以万计的 MongoDB 系统遭到攻击,数百 TB 的数据被攻击者下载,涉及包括旅游、金融在内的诸多行业。一部分攻击者甚至在入侵 MongoDB 数据库后,将数据清除并向受害者索取赎金。可见,大数据的收集、存储和传输过程都面临诸多安全风险和挑战。近年来,在网络上频频曝光的大数据安全事件主要有如下特点。

1. 个人信息风险泄露

大数据系统存在大量的个人信息。随着大数据分析技术的不断提高,通过关联分析挖掘个人信息已经不是技术问题。2016 年 8 月,犯罪团伙利用非法获取得到的数万条高考考生信息实施诈骗,山东女孩徐某因学费被骗出现心脏骤停,最终不幸逝世。这种数据安全问题导致的个人信息泄露所产生的后果极其严重。

2. 黑客利用大数据进行攻击

黑客利用大数据发起僵尸网络攻击,可能会同时控制上百万台僵尸机并发起攻击,这种规模的攻击量级是传统单点攻击所不能比拟的。黑客将攻击代码隐藏在大数据中,很难被传统的数据保护机制发现,使得大数据成为高级可持续攻击的载体。这种行为严重影响了正常的商业活动,为企业造成了重大的损失。

3. 大数据黑市交易

从上游数据被非法采集,到中游数据在各种黑市交易平台被转手和售卖,再到数据被非法用于诈骗和勒索,环环相扣的地下数据交易"黑灰产"是破坏大数据安全的重要隐患,造成了严重的个人信息泄露和财产损失,甚至引发恶性社会事件,直接威胁到社会的繁荣稳定。

4. 跨境大数据流动导致的国家安全问题

大数据是一个国家的新型基础性资源,因而大数据安全问题不仅仅是社会问题,甚至有可能危及国家安全。2021年的中国互联网平台在大数据安全方面最大的事件就是对于大数据出境的风险防控。"滴滴出行"等在境外上市的App被停止新用户注册。这些主要在中国境内运营的App平台掌握大量的敏感数据。例如,滴滴出行所掌握的交通大数据信息包含真实坐标的地理道路数据、道路交通流量、人口和产业聚集区、人员流动轨迹等,这些数据可以使隐藏在大数据中的人类行为模式被识别出来。这些数据如果出境流动,就会造成对国家核心利益的侵害,危及国家安全。大数据安全与个人信息保护已经成为当前国家间实力博弈的重要战场。

二、大数据技术与平台安全的挑战

全国信息安全标准化技术委员会大数据安全标准特别工作组发布的《大数据安全标准化白皮书(2018年版)》中指出,大数据技术与平台安全面临的挑战主要是:传统安全措施难以适配、平台安全机制严重不足、应用访问控制愈加困难、基础密码技术亟待突破。白皮书对这些挑战进行了详细的说明如下。

1. 传统安全措施难以适配大数据应用的发展

大数据因其数据体量巨大(Volume)和数据类型多样(Variety)的特征导致其与传统的数据应用安全环境有很大区别。大数据技术架构一般采用底层复杂、开放的分布式计算和存储架构,以便为大数据应用提供海量数据分布式存储和高效计算服务,但这也使得系统边界变得模糊,传统基于边界的安全保护措施将变得不再有效。

大数据系统表现为系统的系统(System of System)。在分布式计算环境下,计算涉及的软件和硬件较多,任何一点遭受故障或攻击,都可能导致整体安全出现问题。攻击者也可以从防护能力最弱的节点着手进行突破,最终达到破坏或控制整个分布式系统的目的。传统基于单点的认证鉴别、访问控制和安全审计的手段将面临巨大的挑战。

此外,传统的安全检测技术能够将大量的日志数据集中到一起,进行整体性的安全分析,试图从中发现安全事件。然而,这些安全检测技术往往存在误报过多的问题,造成安全检测系统失效,降低安全检测能力。

2. 平台安全机制严重不足

现有大数据应用中多采用开源的大数据管理平台和技术,这些平台和技术在设计之初,大部分考虑是在可信的内部网络中使用,对大数据应用用户的身份鉴别授权访问以及安全审计等安全功能需求考虑较少。大部分大数据软件是围绕大容量、高速率的数据处理功能开发，缺乏原生的安全特性，在整体安全规划方面考虑不足，甚至没有良好的安全实现。同时，大数据系统建设过程中，现有的基础软件和应用多采用第三方开源组件。这些开源系统本身功能复杂、模块众多、复杂性很高，因此对使用人员的技术要求较高，稍有不慎，可能导致系统崩溃或数据丢失。在开源软件开发和维护过程中，如果管理不严，软件在发布前没有经过权威和严格的安全测试，缺乏有效的漏洞管理和恶意后门防范能力，会造成巨大的风险。此外，随着物联网技术的快速发展，万物互联给人类的生活带来了前所未有的便捷，但与之相伴的风险也很大，因为在这些新终端的安全防护上，现有的安全防护体系尚不成熟，有效的安全手段还不多，急需研发和应用更好的安全保护机制。

3. 应用访问控制愈加困难

大数据应用通常要为来自不同组织或部门、不同身份与目的的用户提供服务，所以在应用访问控制方面也面临着巨大的挑战。首先是用户身份鉴别。开放和流动的大数据才能创造出更大的价值。数据的开放共享意味着会有更多的用户可以访问，大数据系统需要更准确地识别和鉴别用户身份。传统基于集中数据存储的用户身份鉴别难以满足安全需求。其次是用户访问控制。目前常见的用户访问控制是基于用户身份或角色进行的。而在大数据应用场景中，由于存在大量未知的用户和数据，预先设置角色及权限十分困难。用户角色众多，难以精细化和细粒度地控制每个角色的实际权限，从而导致无法准确为每个用户指定其可以访问的数据范围。

4. 基础密码技术亟待突破

在大数据应用中，常常使用云计算、分布式等环境来处理数据，相关的角色包括数据所有者、应用服务提供者等。在这种情况下，数据可能被云服务提供商或其他非数据所有者访问和处理，他们甚至能够删除和篡改数据。这对数据的保密性和完整性保护方面带来了极大的安全风险。密码技术作为信息安全技术的基石，也是实现大数据安全保护与共享的基础。面对日益发展的云计算和大数据应用，现有密码算法在适用场景、计算效率以及密钥管理等方面存在明显不足。为更好地保护大数据，基础密码技术亟待突破。

除了上述四个挑战外，《大数据安全标准化白皮书（2018年版）》还提出了大数据所有权问题的挑战。大数据应用过程中，数据的生命周期包括采集、传输、存储、处理、交换、销毁等各个阶段，在每个阶段中可能会被不同角色的用户所接触，会从一个控制者流向另一个控制者。因此，在大数据应用流通过程中，会出现数据拥有者与管理者不同、数据所有权和使用权分离的情况，即数据会脱离数据所有者的控制而存在。从而，数据的实际控制者可以不受数据所有者的约束而自由地使用、分享、交换、转移、删除这些数据，也就是在大数据应用中容易存在数据滥用、权属不明确、安全监管责任不清晰等安全风险，而这将严重损害数据所有者的权益。

三、大数据安全的对策和相关法律

中国信息通信研究院2021年12月发布的《大数据白皮书》指出，大数据时代传统安全防护的边界已经被颠覆，需要建立以数据为中心的新型安全防护体系。零信任理念是目前针对数据安全体系的前沿探索。零信任概念的基本思想是在公司网络内、外部均不设置安全区域或可信用户,而是将企业内、外部的所有操作均视为不可信任。围绕零信任的概念、设计、实施,各界提出了多种解决方案,如轻量级零信任网络访问模型,所有网络访问均遵循最小资源原则等。

大数据的应用是把双刃剑,推动人类社会进步和变革的同时也给监管和法律带来了新的挑战。因此,大数据应用需要法律规范的保障才能健康发展。中国在数据安全方面陆续推出了系列法律法规及标准规范,并形成了以《中华人民共和国网络安全法》《中华人民共和国数据安全法》和《中华人民共和国个人信息保护法》为核心的网络法律体系,为数字时代的网络安全、数据安全和个人信息权益保护提供了基本的制度保障。作为中国数据安全领域的基础性法律,《中华人民共和国数据安全法》重点建立了数据安全保护的各项基础制度,完善了数据分类分级、重要数据保护、数据跨境流动和数据交易管理等多项重要制度,形成了我国数据安全领域的一部重要基础性法律。

1. 切实维护国家数据安全

《数据安全法》第一条规定:"为了规范数据处理活动,保障数据安全,促进数据开发利用,保护个人、组织的合法权益,维护国家主权、安全和发展利益,制定本法。"明确了《数据安全法》的立法目的。

"规范、保障、促进"是一种递进关系,规范数据处理活动的目的是为了保证数据的安全,只有在保证数据安全的基础上才能促进数据的有序开发和利用。

2. 建立健全数据交易管理制度

数据是数字经济时代的重要生产要素。为此,《数据安全法》第七条规定:"国家保护个人、组织与数据有关的权益,鼓励数据依法合理有效利用,保障数据依法有序自由流动,促进以数据为关键要素的数字经济发展。"这里提到的"权益"就是指公民和法人受法律保护的与数据有关的权利和利益。在充分保护个人和组织的数据相关权益的基础上,促进数据的合理有效利用和依法有序自由流动。

而数据交易则是满足数据供给和需求的最重要途径。明确数据交易的法律地位是满足现实需求、助力数字经济发展的重要表现。如果被一些大型平台作为私权进行控制,仅仅用于自身打造的生态系统,则不利于构建数据要素市场。

为此,《数据安全法》第十九条规定:"国家建立健全数据交易管理制度,规范数据交易行为,培育数据交易市场。"此外,第三十三条规定:"从事数据交易中介服务的机构提供服务,应当要求数据提供方说明数据来源,审核交易双方的身份,并留存审核、交易记录。"

3. 建立重要数据和数据分类分级保护制度

《数据安全法》在国家层面提出了数据分类和分级管理,平衡了数据保护和数据利用的关系,为政府数据、企业数据、行业数据和个人数据的利用和保护奠定了法律基础。

《数据安全法》第二十一条规定:"根据数据在经济社会发展中的重要程度,以及一旦遭到篡改、破坏、泄露或者非法获取、非法利用,对国家安全、公共利益或者个人、组织合法权益造成的危害程度,对数据实行分类分级保护。国家数据安全工作协调机制统筹协调有关部门制定重要数据目录,加强对重要数据的保护。关系国家安全、国民经济命脉、重要民生、重大公共利益等数据属于国家核心数据,实行更加严格的管理制度。"

这里提到的"数据分类"就是对数据的"重要程度"+"危害程度"进行评估,并对数据实行分类分级保护,特别是将"关系国家安全、国民经济命脉、重要民生、重大公共利益等数据"列为国家核心数据,实行更加严格的管理制度。

此外,第二十一条还规定"各地区、各部门应当按照数据分类分级保护制度,确定本地区、本部门以及相关行业、领域的重要数据具体目录,对列入目录的数据进行重点保护",有利于形成国家与各地方、各部门管理权限之间的合理协调机制,推动建立统一的重要数据认定标准。

4. 建立数据安全风险应急处置机制

数据安全事件应急预案应当按照紧急程度、发展态势和可能造成的危害程度进行等级分类,一般分为四级:由高到低依次用红色、橙色、黄色和蓝色标示,分别对应可能发生特别重大、重大、较大和一般网络安全突发事件。

《数据安全法》第二十二条、第二十三条明确将从国家层面建立评估、报告、信息共享、监测预警的系统化机制,并辅以针对数据安全事件的应急处置机制,消除安全隐患,防止危害扩大。

《数据安全法》第二十二条规定:"国家建立集中统一、高效权威的数据安全风险评估、报告、信息共享、监测预警机制。国家数据安全工作协调机制统筹协调有关部门加强数据安全风险信息的获取、分析、研判、预警工作。"

《数据安全法》第二十三条规定:"国家建立数据安全应急处置机制。发生数据安全事件,有关主管部门应当依法启动应急预案,采取相应的应急处置措施,防止危害扩大,消除安全隐患,并及时向社会发布与公众有关的警示信息。"

5. 明确数据处理者履行数据安全的合规义务

《数据安全法》对数据活动的安全保护义务予以明确,具体包括以下几个方面。

针对数据处理活动中数据安全是否合规的情形,第二十七条规定了四项合规义务:一是"开展数据处理活动应当依照法律、法规的规定";二是"建立健全全流程数据安全管理制度,组织开展数据安全教育培训";三是"采取相应的技术措施和其他必要措施,保障数据安全";四是"利用互联网等信息网络开展数据处理活动,应当在网络安全等级保护制度的基础上,履行上述数据安全保护义务"。

针对数据处理者违背法律和社会公德滥用大数据新技术的情形,第二十八条规定了三项合规义务,一是"开展数据处理活动以及研究开发数据新技术,应当促进经济社会发展";二是"开展数据处理活动以及研究开发数据新技术,应当以增进人民福祉为目的";三是"开展数据处理活动以及研究开发数据新技术,应当符合社会公德和伦理"。

针对数据安全的风险监测与数据安全事件的处置,第二十九条规定了两项合规义务,一是"开展数据处理活动应当加强风险监测,发现数据安全缺陷、漏洞等风险时,应当立即采取补救措施";二是"发生数据安全事件时,应当立即采取处置措施,按照规定及时告知用户并向有关主管部门报告"。

第三十条还规定了"重要数据的处理者应当按照规定对其数据处理活动定期开展风险评估,并向有关主管部门报送风险评估报告"。

此外,第三十条增加了数据处理者的数据安全保护义务,提高对其数据保护的要求。例如,"风险评估报告应当包括处理的重要数据的种类、数量,开展数据处理活动的情况,面临的数据安全风险及其应对措施等。"

6. 完善数据出境风险管理

《数据安全法》补充和完善了数据出境管理要求,强化境内数据出境风险控制。《网络安全法》第三十七条规定:"关键信息基础设施的运营者在中华人民共和国境内运营中收集和产生的个人信息和重要数据应当在境内存储。因业务需要,确需向境外提供的,应当按照国家网信部门会同国务院有关部门制定的办法进行安全评估。"

在此基础上,《数据安全法》第三十一条规定:"其他数据处理者在中华人民共和国境内运营中收集和产生的重要数据的出境安全管理办法,由国家网信部门会同国务院有关部门制定。"

不仅如此,数据的战略性导致了各国对于数据的激烈竞争。为此,《数据安全法》第三十六条明确规定:"非经中华人民共和国主管机关批准,境内的组织、个人不得向外国司法或者执法机构提供存储于中华人民共和国境内的数据。"

同时,针对他国不正当的歧视行为,《数据安全法》第二十六条明确规定:"任何国家或者地区在与数据和数据开发利用技术等有关的投资、贸易等方面对中华人民共和国采取歧视性的禁止、限制或者其他类似措施的,中华人民共和国可以根据实际情况对该国家或者地区对等采取措施。"

【主要术语】

1. 数据安全(Data Security):是指保护数据免受各种类型的干扰或破坏,防止未经授权用户的不良甚至恶意行为,预防数据被有意或无意地损害或泄露。

2. 数据泄露(Data Breach):是指恶意第三方有意或无意访问、披露或销毁私人或机密信息的已确认安全事件。

3. 数据滥用(Data Abuse):是指未经当事人允许或以当事人所不乐见的方式使用其信息。

4. 大数据杀熟(Big Data Discriminatory Pricing,BDDP):是指互联网企业利用大数据技术,通过算法对收集到的用户信息进行分析和处理,并进行数据画像,对那些对价格不敏感的人特别是熟客施行同物不同价的"价格歧视"政策,以此实现自身利益最大化。

5. 密钥(Secret Key):是指在将明文转换为密文或将密文转换为明文的算法中输入的参数。密钥分为对称密钥和非对称密钥。

6. MongoDB:是一个基于分布式文件存储的数据库。由C++语言编写,旨在为Web应用提供一个可扩展的、高性能的数据存储解决方案。

7. 黑客(Hacker):是指利用系统安全漏洞攻击网络,破坏或窃取信息的人。

8. 僵尸主机(Zombie Computer):是指感染僵尸程序病毒,从而被黑客程序控制的计算机设备。该计算机设备可以是终端设备,也可以是云端设备。其可以随时按照黑客的命令与控制(Command and Control,C&C)指令展开拒绝服务(DoS)攻击或发送垃圾信息。

9. 大数据黑市交易(Big Data Black Market Trading):从上游数据被非法采集,到中游数据在各种黑市交易平台被转手和售卖,再到数据被非法用于诈骗和勒索,环环相扣的地下数据交易"黑灰产"是破坏大数据安全的重要隐患,造成了严重的个人信息泄露和财产损失,甚至引发恶性社会事件,直接威胁到社会的繁荣稳定。

10. 安全审计(Security Audit):是指专业审计人员根据相关法律法规、产权人的委托和管理部门的授权,对计算机网络环境中的相关活动或行为进行系统、独立的检查和验证,并作出相应的评价。

11. 开源软件(Open Source Software,OSS):又称开放源代码软件,是一种可以随意获取源代码的计算机软件,这种软件的版权人保留了软件协议中的部分权利,并允许用户出于任何目的的研究、修改和向任何人发布软件。

【练习题】

一、自测题

1. 请简述《中华人民共和国数据安全法》如何构建数据安全应急处置机制。
2. 请简述《中华人民共和国数据安全法》数据处理者履行数据安全的四项重要合规义务的具体内容。
3. 请简述造成数据泄露的主要原因。
4. 请简述造成平台安全机制严重不足的原因。
5. 请简述数据安全与大数据安全的区别。
6. 请简述大数据安全事件的主要特点及具体表现。
7. 请简述大数据技术与平台安全面临哪些挑战。

二、讨论题

数据泄露事件不仅给企业带来严重的数据资产损失,还带来巨大的社会影响。以小组为单位进行调研,找出旅游与酒店业具有代表性的数据泄露案例并加以说明。

三、实践题

随着网络安全事件的频繁发生,目前各行业的安全态势也越来越严峻。数据泄露事件不断出现在头条新闻中。请结合本课程知识,在查阅相关文献内容后,选择一起重大数据泄露事件,探讨形成原因以及防范措施。以小组为单位撰写一份调研报告,并进行PPT汇报。

学习任务 4.2 分析大数据的个人隐私保护问题与对策

【任务概述】

在旅游与酒店业的业务场景中,企业与旅游者之间存在着大量的接触点,企业不可避免地会拥有大量的个人信息。这些个人信息可以分为以下几种类型:个人身份信息、个人消费偏好信息、个人行为信息。通过大数据技术对上述信息进行整合,就有可能得出比较完整的个人信息和个人隐私数据。如果掌握这些个人信息和个人隐私的商家非法使用这些信息,就会侵犯消费者的利益。此外,个人隐私问题的特点还表现在数据存在于网络中,表现形式包括:组织层面的风险问题、个人层面的风险问题、由"黑灰产"等网络违法导致的风险问题。在大数据的应用过程中,采集、传输、存储以及处理四个主要环节均涉及大量的用户数据,因此就存在着如何保护隐私安全的难题。

大数据时代的隐私保护,一方面需要个人重视隐私保护,防止个人信息数据被侵犯,另一方面也需要立法来保障。《中华人民共和国民法典》和《中华人民共和国个人信息保护法》中对个人信息的保护有明确的、具体化的规定。

【案例导入】

当你在下载App或者在网站上注册会员的时候,是否会阅读冗长的、难以理解的隐私政策以及充满法律术语的声明?你是否知道按下"同意"的时候,会放弃了哪些权利或者有什么后果?

各种旅行、生活类的App为消费者带来便捷生活的时候,也会记录下来用户在App中的各种行为数据。很多App运营者会以某种商业利益为目的进行个人信息的过度收集。2021年7月4日,国家互联网信息办公室下发通知,对"滴滴出行"App进行下架处理,因为滴滴出行App存在严重违法违规收集个人信息的行为。

2021年10月,为了解企业在个人信息保护方面的落实情况,南方财经合规科技研究院基于《个人信息保护法》与《App违法违规收集使用个人信息行为认定方法》的相关规定,选取了20款出行旅行类App进行个人信息保护合规性的系列评估。测评含告知、撤回同意、第三方处理者单独告知、个性化推荐、敏感个人信息、未成年人个人信息、数据可携带权、信息控制权、个人保护信息负责人九大方面共20个测评项,测评总分为100分。结果显示,腾讯地图得分80分以上,个人信息保护等级最高。哈啰出行、途牛旅游、花小猪打车等14款App得分在60~80分。有些出行App得分不足60分。

"撤回同意""个性化推荐""数据可携带权"和"第三方处理者单独告知"这几个方面存在较多合规问题。腾讯地图、途牛旅游、高德地图等6款App能够便捷撤回同意;T3出行、去哪儿旅行、首汽约车等8款App未区分关闭个性化内容及广告推荐;"第三方处理者单独告知"是合规重灾区,仅腾讯地图App获取用户的单独同意;仅去哪儿旅行等10款App可获取个人信息副本;无App明示可提供个人信息的转移服务。

《中华人民共和国个人信息保护法》于2021年11月1日起施行。为个人信息权益保护和信息处理者的义务提供了全面系统的法律依据,为个人信息安全构筑了一道防护网。

用户在使用各类App时,应注意认真阅读App的用户协议和隐私政策说明,不随意开放和同意不必要的隐私权限,不随意输入个人隐私信息,定期维护和清理相关数据,避免个人隐私信息被泄露。

一、大数据背景下的隐私保护问题

日常生活中大家使用的各种App运营商既是数据的生产者又是数据的存储者,既是数据的管理者又是数据的使用者。通过对这些海量数据的分析,购物App会知道用户的购物偏好,搜索类和浏览器类 App 会掌握用户的浏览习惯,社交 App 会知道用户的社交关系和交流对象。各种大数据应用在给消费者带来新的生活方式的同时,也把消费者带入一个"透明"的社会。网络上经常可以看到用户的疑惑,某人在和朋友聊天的时候讨论西藏旅行,某 App 就马上向这个用户推送与西藏旅行相关的广告和资讯。这个 App 是否存在用麦克风窃听用户聊天的非常行为是值得严重怀疑的。大数据不仅能够分析已经发生的个人行为,还能预测个人的未来行为。在大数据技术面前,每个人在享受个性化推荐算法、语音识别、图像识别等技术带来的便利的同时,也变成近乎"透明"和"裸奔"的人,因为人们日益数据化的生活方式也使得各种隐私被数据化了。因此,大数据的隐私保护问题成为大数据应用领域亟须解决的重要问题。

1. 个人信息与个人隐私

(1) 个人信息的定义

中国的相关法律对个人信息做了清晰的定义。2017 年 6 月开始实施的《中华人民共和国网络安全法》第七十六条指出,"个人信息是指以电子或者其他方式记录的能够单独或者与其他信息结合识别自然人个人身份的各种信息,包括但不限于自然人的姓名、出生日期、身份证件号码、个人生物识别信息、住址、电话号码等。"

2020 年 5 月 28 日第十三届全国人民代表大会第三次会议通过的《中华人民共和国民法典》第一千零三十四条将个人信息定义为"以电子方式或者其他方式记录的能够单独或者与其他信息结合识别特定自然人的各种信息,包括自然人的姓名、出生日期、身份证件号码、生物识别信息、地址、电话号码、电子邮件地址、健康信息、行踪信息等"。《中华人民共和国民法典》和《中华人民共和国网络安全法》相比,在个人信息中补充了"电子邮件地址、健康信息、行踪信息"等。但是移动设备 ID、网站 Cookie、社交媒体 ID 等是否属于个人信息,在《中华人民共和国网络安全法》和《中华人民共和国民法典》中均没有说明,而这些 ID 数据在分析用户画像,开展精准营销、进行旅游客流统计等大数据应用场景很有价值。

2021 年 8 月 20 日中华人民共和国第十三届全国人民代表大会常务委员会第三十次会议通过了《中华人民共和国个人信息保护法》,并自 2021 年 11 月 1 日起施行。这个法律包括总则、个人信息处理规则、个人信息跨境提供的规则、个人在个人信息处理活动中的权利、个人信息处理者的义务、履行个人信息保护职责的部门和法律责任。《中华人民共和国个人信息保护法》将个人信息定义为"以电子或者其他方式记录的与已识别或者可识别的自然人有关的各种信息,不包括匿名化处理后的信息"。虽然该定义与《中华人民共和国网络安全法》《中华人民共和国民法典》中的"个人信息"定义在基本概念上保持了一致,强调了"已识别或者可识别的自然人信息",但在内涵上却有很大的不同。《中华人民共和国个人信息保护法》中的"个人信息"定义增加了"不包括匿名化处理后的信息",明确了"个人信息"经匿名化处理后不属于个人信息,也就不适用《中华人民共和国个人信息保护法》的相关规定,体现了《个人信息保护法》的"保护"和"利用"并重。《中华人民共和国个人信息保护法》第七十三条将"匿名化"定义为:"个人信息经过处理无法识别特定自然人且不能复原的过程。"该定义中的"不能复原"主要采取了以下两种方法,一是删除个人信息包含的个人描述部分,包括将描述部分替换为其他描述部分,或者使用具有不可恢复的方法等;二是删除所述个人信息中所包含的全部标识符,包括将标识符替换为其他描述部分,或者使用具有不可恢复的方法等。

(2) 个人隐私的定义

《中华人民共和国民法典》第一千零三十二条对"隐私"进行定义——"隐私是自然人的私人生活安宁和不愿为他人知晓的私密空间、私密活动、私密信息"。第一千零三十二条规定"自然人享有隐私权。任何组织或者个人不得以刺探、侵扰、泄露、公开等方式侵害他人的隐私权"。第一千零三十四条法律还规定"个人信息中的私密信息,适用有关隐私权的规定;没有规定的,适用有关个人信息保护的规定"。

个人隐私信息与个人敏感信息存在交叉关系也存在不同含义。《中华人民共和国个人信息保护法》第二章"个人信息处理规则"的第二节"敏感个人信息的处理规则"中,规定"敏感个人信息是一旦泄露或者非法使用,容易导致自然人的人格尊严受到侵害或者人身、财产安全受到危害的个人信息,包括生物识别、宗教信仰、特定身份、医疗健康、金融账户、行踪轨迹等信息,以及不满十四周岁未成年人的个人信息"。在这些敏感个人信息中,有些属于个人隐私信息,如医疗健康信息。而根据上述"隐私"的定义,个人嗜好属于个人隐私信息但不是敏感个人信息。所以需要结合具体情况进行分析。

(3) 个人信息在旅游与酒店业的类型

根据《中华人民共和国民法典》,个人信息的处理包括个人信息的收集、存储、使用、加工、传输、提供、公开等。《中华人民共和国民法典》第一千零三十五条规定,处理个人信息的,应当遵循合法、正当、必要原则,不得过度处理,并需要征得该自然人或者其监护人同意。在旅游与酒店业的业务场景中,企业和旅游者之间存在大量的接触点,企业不可避免会掌握大量的个人信息。这些个人信息可以分为以下类型。

① 个人身份信息:旅游者在进行旅游线路预订、票务订购、酒店入住和旅游商品订购时都需要提供个人身份信息。这些身份信息包括姓名、身份证号码、性别、地址、信用卡号码、同游旅游者之间的关系等个人信息。这些信息一旦遭到泄露或者被非法提供给不良商家,可能造成不可预计的后果。

② 个人消费偏好信息:旅游商家在和客人互动过程中,也会掌握客人的消费偏好信息。一方面,客人可能会主动告知商家其消费偏好,例如住房偏好、餐饮偏好等;另一方面,商家通过在各种线上和线下接触点上的数据采集以及面对面观察和记录,也可以分析出客人的消费偏好。

③ 个人行为信息:从旅游前到旅游中再到旅游后,旅行者的整个旅程中会有不同的旅游行为,例如,线上的搜索和浏览行为、旅游交通行为、旅游中的各种消费行为,以及旅游后的填写满意度调研问卷行为等。

上述信息如果通过大数据技术进行整合,就有可能得出较为完善的个人信息和个人隐私数据。如果掌握这些个人信息和个人隐私的商家非法使用这些信息,就会侵犯消费者的利益。轻者损害个人利益,重则给个人造成人身安全威胁、家庭和社会矛盾激化问题。

2. 大数据时代个人隐私安全问题

大数据时代,个人隐私也是以数据化为特征存在于网络中。个人对存储在网络中的个人信息和个人隐私数据进行安全保护并非易事。因为个人隐私安全问题存在多种表现形式。这些表现形式有组织层面的风险问题,有个人层面的风险问题,还有"黑灰产"等网络违法导致的风险问题。

1) 组织层面的隐私安全风险问题

从组织层面说,各种旅游机构,包括政府相关主管部门、旅游企业甚至网络服务商都越来越倾向于将大数据技术融合进日常管理和运营中,对个人行为数据进行追踪。例如,旅游者在各种旅游网站上的访问、浏览、查询、输入、交易等数据都可以通过技术方式进行收集。这些数据完全可以被各种组织机构利用甚至非法买卖,从而导致个人隐私安全存在较大的风险。

虽然国家颁布了多条相关法律法规保护个人数据安全。例如,国家发展改革委等九部门 2022 年 1 月 19 日发布《关于推动平台经济规范健康持续发展的若干意见》,明确提出:"严厉打击平台企业超范围收集个人信息、超权限调用个人信息等违法行为;从严管控非必要采集数据行为,依法依规打击黑市数据交易、大数据杀熟等数据滥用行为;严肃查处利用算法进行信息内容造假、传播负面有害信息和低俗劣质内容、流量劫持以及虚假注册账号等违法违规行为。"但仍有一些平台企业超范围收集个人信息,如收集过多的个人信息、要求过多的权限、强迫用户使用定向推送功能、私自向第三方分享用户信息、无法注销账户等。跨平台的广告推送或内容推荐有很大一部分发生在大型互联网平台的关联公司或授权合作伙伴之间。一些大型互联网平台的隐私权政策,其中有"与关联公司间共享""与授权合作伙伴共享"等条款。从技术角度看,每台移动设备都有一个唯一的标识符,当用户在同一台移动设备上使用不同的应用时,应用追踪就会得到这个唯一的标识符,就可以准确地进行跨平台的广告推送和效果追踪;另外,当用户浏览网页时,浏览器 Cookies 技术也会记录使用足迹。

2) 个人层面的隐私安全风险问题

从个人层面来说,主要是个人不当的网络行为或者个人设备被黑客攻击造成的隐私安全风险问题。社交媒体已经和人们的生活密不可分,旅游者喜欢主动在社交媒体上分享各种旅行信息,并以视频、图片、语音、文字等形式进行信息共享。通过智能手机拍摄的照片,都会记录下来 Exif(Exchangeable Image File,可交换图像文件)参数,拍摄记录者位置、拍摄时间、设备型号、光圈、快门等参数。如果旅游者通过社交媒体发送原图,Exif 数据会一并发布,这样位置信息就有可能被泄露出去。除了主动分享信息外,还有一种情况是被动分享信息。例如,很多酒店或者旅游的平台需要用户注册才能享受更多权益。注册内容不仅仅是姓名、手机号码,甚至还包括身份证号码、工作单位和职位信息等敏感内容。

此外,个人一些不当的网络行也容易造成隐私侵犯。在安装软件时,一定要仔细阅读应用程序对个人隐私内容(如通讯录、短信等)的访问要求,不要轻易同意对个人信息的访问要求,并在安装后检查应用程序的开放权限,对读取通讯录、读取短信通话记录等敏感权限尽量关闭;不要随意连接公共场所的 Wi-Fi,更不要用这种 Wi-Fi 进行网购、网络验证等操作。有实验表明,手机用户连接到黑客控制的 Wi-Fi 后,只要打开消费软件,订单和消费记录就被提取出来,包括电话号码、家庭住址、身份证号码、银行卡号等信息;不要随便扫描二维码。曾有不法分子以降价、打赏为诱饵,要求受害人扫描二维码成为会员,其实这些二维码可能自带木马病毒,可以盗取银行账户、密码等个人隐私信息。

3) "黑灰产"等网络违法导致的问题

"黑灰产"是指电信诈骗、钓鱼网站、木马病毒、黑客勒索等利用网络开展违法犯罪活动的行为。直接触犯国家法律的网络犯罪行为是"黑产",而游走在法律边缘的行为是"灰产"。黑灰产覆盖上中下游全链条,从上游的个人信息被非法获取,到中游的数据被篡改并在各种黑市交易平台出售，再到下游的隐私数据被用于诈骗和勒索，个人信息泄露的背后已经形成了一条完整的黑色和灰色产业链，滋生了巨大的非法牟利空间，严重威胁到个人、企业乃至国家安全。

二、大数据技术与隐私保护的挑战

大数据在应用过程中离不开采集、传输、存储以及处理四个主要环节。这四个环节均会涉及海量的用户数据，也因而存在如何保护隐私安全的挑战。

1. 数据采集过程中的隐私安全挑战

当智能手机、智能手表等智能设备融入人们的日常生活并成为人们的第二个"器官"时，个人的大量数据会通过这些智能"器官"传输到数据终端中。当人们使用智能手机扫码、浏览信息或者使用智能手表监控心率、测量血氧、计算步数时，这些隐私数据在不知不觉中已经被服务商采集。例如，当用户在 OTA 平台上对酒店、旅游等信息浏览的时候，浏览偏好都会被 OTA 平台记录下来，在随后其他平台或网站上浏览信息时，会发现与之前浏览酒店、旅行等信息相关的广告。

为了达到所谓 360°用户画像的目的，不少平台都在全方位采集用户的行为数据，这对个人隐私安全的保护提出了挑战。要防止个人信息和商业数据被滥用，数据采集过程中需要得到信息主体的授权，要按照法律、行政法规的规定和与用户的约定去处理相关数据。此外，要在满足相关法律规则的前提下，在数据应用和隐私安全保护之间找到一个适度的平衡。

2. 数据传输过程中的隐私安全挑战

当数据通过不可信或安全性低的网络进行传输时，容易出现数据被盗、被伪造、被篡改等安全风险。数据的传输主要通过有线传输或者无线传输。有线传输安全性较高，但使用不便捷；而无线传输使用便捷，但存在稳定性差和易被攻击的问题。因此，数据传输过程如何保护隐私数据安全也是在大数据应用时面临的挑战，需要建立相关的安全措施来保证数据在传输过程中的安全性。

3. 数据存储过程中的隐私安全挑战

海量的大数据存储以分布式和开放式为特点，用于大量结构化数据和非结构化数据存储，连接众多的系统，因而需要较高的安全环境，以免隐私数据被窃取、篡改或破坏。

此外，人们在使用各种服务商提供的云服务存储和备份数据时，一些隐私数据就保存在这些服务商的云服务器中，即便人们进行删除，但不一定能够彻底删除干净，个人隐私也存在被侵犯的可能。

4. 数据处理过程中的隐私安全挑战

数据处理的过程本质上是对数据的挖掘，即从大量的、不完全的、有噪声的、模糊的数据中提取出隐含在其中的、人们事先未知的用户数据，找出有价值信息的过程，从而为决策者提供智能的、自动化的辅助手段进行决策。例如，人们在旅行中使用第三方机构提供的免费 Wi-Fi 时需要提供手机号码收取 Wi-Fi 密码，第三方机构可以通过手机号码结合上网内容、地理位置等数据判断用户的潜在需求，然后对用户进行信息推送。虽然，人们在使用一些免费服务时提供手机号码等信息也获得一些隐私保护的承诺,但服务商是否遵守承诺却无从监督。

三、大数据时代的隐私保护对策和相关法律

大数据时代的隐私保护一方面需要个人注意保护隐私,防止个人信息数据被侵犯,另一方面需要通过立法来进行保证。国家工业信息安全发展研究中心在其编著的《大数据时代》一本书中建议用户采取如下措施应对和保护个人隐私安全问题。

(1) 对于 400 电话、170 及 171 虚拟运营商电话、网购客服号码、955××银行客服号,以及电信运营商或陌生人打来的电话或发来的短信,应提高警惕。

(2) 不要随意点击陌生链接,因为有携带木马的风险。

(3) 在公共场合谨慎使用 Wi-Fi,避免在连接公共 Wi-Fi 的情况下进行网络购物和网银操作。

(4) 杜绝见码就扫的习惯,提高对个人信息的保护意识。

(5) 不要随意丢弃含有个人隐私信息的车票、机票和快递单据等。

(6) 密码设置不要过于简单,不要怕记不住就犯懒,要从根本上杜绝密码被轻易破解。

(7) 在注册填写个人信息之前,一定要检查该网站是否正规。尽量不要填写身份证号、个人姓名和手机号等真实信息。

(8) 安装安全软件,预防计算机、手机受到病毒的侵害。

(9) 当发现异常登录提醒时,请及时更改密码或者注销账号,删除个人信息,严防信息泄露。

(10) 若发现售卖个人信息或者个人信息遭到泄露等不法情况,应立即向公安机关举报,并在"守护者计划"公众号上进行查询举报。

从立法层面,2021 年 11 月 1 日的《个人信息保护法》共八章七十四条,从不同角度确立了个人信息的处理规则,包括处理规则、跨境提供、个人权利、处理者的义务、负责保护的部门和法律责任,并强调了对敏感个人信息和国家机关处理的特殊规则。《个人信息保护法》确立以下五项重要原则:一是遵循合法、正当、必要和诚信原则;二是采取对个人权益影响最小的方式,限于实现处理目的的最小范围原则;三是处理个人信息应当遵循公开、透明原则;四是处理个人信息应当保证个人信息质量原则;五是采取必要措施确保个人信息安全原则等。

 【主要术语】

1. 行为数据(Behavior Data):是指在产品内进行各种操作产生的数据。例如:访问、浏览和行为事件。每个访问事件可由多个浏览事件和点击事件构成。

2. 数据可携带权(Right to Data Portability):即"个人请求将个人信息转移至其指定的个人信息处理者,符合国家网信部门规定条件的,个人信息处理者应当提供转移的途径"。

3. 个性化推荐(Personalized Recommend):是指通过分析、挖掘用户行为,发现用户的个性化需求与兴趣特点,将用户可能感兴趣的信息或商品推荐给用户。

4. 自然人(Natural Person):法律用语,是与法人相对的法律概念。每个生物学意义上的人都是自然人。只有自然人才有资格享有基本人权。在法律上,自然人具有权利能力,即获有在法律上享受权利,负担义务之资格。

5. Cookie:有时也用其复数形式 Cookies。类型为"小型文本文件",是某些网站为了辨别用户身份,进行 Session 跟踪而储存在用户本地终端上的数据(通常经过加密),由用户客户端计算机暂时或永久保存的信息。

6. 用户画像(User Profile):是指根据用户特征、业务场景和用户行为等信息,由各种算法和模型将大量的用户数据整理和归类成的标签,将典型用户标签化,一个用户画像由多个标签构成,能够帮助企业了解用户,做精准营销。而用户角色(User Persona)是一种设计调研的方法,帮助设计师梳理产品设计思路,通常由用户基本特征、喜好、与产品相关的属性描述和图片构成。

7. 精准营销(Precision Marketing):就是在精准定位的基础上,依托现代信息技术手段建立个性化的顾客沟通服务体系,实现企业可度量的低成本扩张之路,是有态度的网络营销理念中的核心观点之一。

8. 个人信息:《中华人民共和国个人信息保护法》将个人信息定义为"以电子或者其他方式记录的与已识别或者可识别的自然人有关的各种信息,不包括匿名化处理后的信息"。

9. 匿名化:《中华人民共和国个人信息保护法》第七十三条将"匿名化"定义为"是指个人信息经过处理无法识别特定自然人且不能复原的过程"。该定义中的"不能复原"主要采取了以下两种方法,一是删除个人信息包含的个人描述部分,包括将描述部分替换为其他描述部分,或者使用具有不可恢复的方法等;二是删除所述个人信息中所包含的全部标识符,包括将标识符替换为其他描述部分,或者使用具有不可恢复的方法等。

10. 隐私:《中华人民共和国民法典》第一千零三十二条对"隐私"进行定义——"隐私是自然人的私人生活安宁和不愿为他人知晓的私密空间、私密活动、私密信息"。

11. 敏感信息:《中华人民共和国个人信息保护法》第二章"个人信息处理规则"的第二节"敏感个人信息的处理规则"中,规定"敏感个人信息是一旦泄露或者非法使用,容易导致自然人的人格尊严受到侵害或者人身、财产安全受到危害的个人信息,包括生物识别、宗教信仰、特定身份、医疗健康、金融账户、行踪轨迹等信息,以及不满十四周岁未成年人的个人信息"。

12. 可交换图像文件(Exchangeable Image File Format):简称为"Exif",是指附在影像图当中的拍摄参数和属性信息,包括拍摄日期、相机型号、光圈、快门、焦距、感亮度等,依据不同的相机功能,有时还会有 GPS 定位点等信息。

13. 黑灰产(Black and Gray Market):是指电信诈骗、钓鱼网站、木马病毒、黑客勒索等利用网络开展违法犯罪活动的行为。黑灰产覆盖上中下游全链条,从上游的个人信息被非法获取,到中游的数据被篡改并在各种黑市交易平台出售,再到下游的隐私数据被用于诈骗和勒索,个人信息泄露的背后已经形成了一条完整的黑色和灰色产业链,滋生了巨大的非法牟利空间,严重威胁到个人、企业乃至国家安全。

14. 黑产(Black Market):是指利用非法手段获利的行业。随着网络的发展,网络黑产巨大的利益诱惑,越来越被社会关注。黑产指的是直接触犯国家法律的网络犯罪。

15. 灰产(Gray Market):通常是那些为黑产提供辅助的争议行为,游走在法律边缘的行业。

🔍 【练习题】

一、自测题

1. 有人说,在法律没有特别规定的情况下,未经权利人明确同意,任何组织或者个人可以处理他人的私密信息。你认同吗?为什么?

2. 请简述《中华人民共和国个人信息保护法》是如何定义个人信息和个人隐私的。

3. 请简述《中华人民共和国民法典》与以前的法律相比,关于隐私权和个人信息保护的规定有什么创新之处。

4. 请简述个人隐私信息与个人敏感信息的不同含义。

二、讨论题

1. 通过查阅相关文献资料以及结合自身经历,谈谈日常生活中,侵犯个人隐私和个人信息的现象有哪些,并由小组代表汇总发言。

2. 现在很多软件都有读取用户信息的功能,如何辨别自己的个人隐私和个人信息是否受到侵犯?并与全班分享。

3. 有人说,为了更精准地做好疫情防控工作,降低疫情输入风险,如今出入一些场所都需出示健康码和行程卡,但同时也存在侵犯个人隐私和个人信息的问题。请对这一观点进行讨论和检验,并与全班分享。

三、实践题

从手机应用商店浏览到下载并完成对移动互联网应用程序(App)的首次点击,用户接触最多的就是各种隐私政策。网上有一种说法,"我已阅读并同意用户使用协议"是互联网时代最大的谎言。请结合本课程知识,选取一个常用的 App,仔细阅读其中的《隐私政策》,探讨当你选择"同意"的时候,你会放弃哪些权利或造成哪些后果?以小组为单位撰写一份调研报告,并制作 PPT,进行汇报。

学习任务 4.3　了解大数据的伦理问题

【任务概述】

大数据伦理是人类在进行大数据应用时必须遵守的价值准则。大数据应用改变了社会,也带来了数据安全和数据隐私的问题,但对社会冲击最大的应该是随大数据而生的大数据伦理问题。

应对大数据对数据中立性、数据鸿沟、数据滥用、"信息茧房"伦理问题的挑战,需要政府、企业、个人等社会各利益相关方共同参与。首先,要加强技术创新和技术管控,消除大数据技术带来的负面影响,从技术层面提高数据安全管理水平。其次,需要政府主管部门积极出台相关政策,解决不同群体跨越数据鸿沟的问题。再次,需要完善数据信息分类和保护的法律规范,明确数据挖掘、存储、传输、发布和二次利用中的权利和责任;建立和完善数据使用的监管机制,在加强顶层设计和行业自律的同时,注重对涉及用户数据的岗位人员进行大数据伦理和相关法律法规的教育和培训;政府、企业、协会等各类组织和机构应加强个人的数据安全意识,培养安全的网络使用习惯。最后,各大互联网平台应高度重视并积极履行算法治理义务,承担起算法治理的责任,有效平衡内容价值与用户偏好之间的关系。

我国在维护大数据伦理方面的法制建设工作一直都在稳步推进。相关的法律包括《中华人民共和国民法典》《中华人民共和国电子商务法》《中华人民共和国网络安全法》《中华人民共和国数据安全法》《中华人民共和国个人信息保护法》等。

【案例导入】

在大数据时代,很多人都有被大数据"杀熟"的经历,即同样的产品、服务,不同的消费者有不同的价格。在日常生活中,习惯于使用电子商务平台进行消费的你,有没有想过当你在使用这些平台进行订餐、购物、订机票等操作时,有时候为什么消费越多,得到的折扣反而越少,甚至价格越贵?原因可能是你在不知不觉中被一些"比你更懂你"的平台"杀熟"了。

很多用户发现,涵盖网络购物、交通出行、旅游住宿等多个价格波动的领域都存在"浏览次数与价格挂钩""平台会员被定向涨价""一人一价"等现象。为了刺激消费,平台企业采取邀请新人注册、限时抢购、整点秒杀、预付定金、跨店满减等层出不穷的手段来吸引消费者。长期的交易活动中,平台企业通过利用包括性别、年龄、职业、地理位置、浏览历史等在内的海量数据,能够准确刻画消费者的个性特征,利用算法技术给不同类型消费者数据"画像",判断其消费习惯、消费能力和价格敏感度,对购买偏好进行预测,有针对性地影响消费者的购买决策。

《个人信息保护法》明确禁止"大数据杀熟",个人信息处理者利用个人信息进行自动决策时,应当保证决策的透明度和结果的公平公正,不得在交易价格和其他交易条件中对个人实行不合理的差别待遇。

平台企业"大数据杀熟"是利用消费者的信息以获取不正当利益的行为。利用大数据分析对不同群体进行差异化定价,实行"价格歧视",固然可以说是商家的定价策略,但最终结果是"最懂你的人伤你最深"。与一般消费纠纷相比,具有发现难、举证难、监管难等特点。畸形的平台运营模式有违商业伦理。长此以往,只会透支舆论信任,最终让整个行业的未来遭受打击。

一、大数据背景下的伦理问题

在百度百科中,伦理被定义为"人伦道德之理",指人与人相处的各种道德准则。自古以来,中国处理人伦的规则有八德之说,一种是宋代提出来的"孝悌忠信、礼义廉耻",另一种是清末民初时期孙中山、蔡元培等提出的"忠、孝、仁、爱、信、义、和、平"的"新八德"。"人伦道德之理"在西方文化中有"ethics(伦理)"和"morals(道德)"两个单词表述,但伦理与道德的概念不同。"ethics"源于希腊语的"ethos",带有某种社会恒定的普遍精神气质的意义;而"morals"一词则源自拉丁文的"mos",后者的含义近于现代英文中的"custom",即中文的"习俗"。在近代,随着伦理学的发展,人们在使用"morals"一词时偏向于指个人的行为美德或个体道德修养,而"ethics"则偏向于指社会的普遍道德准则和社会规范。随着人类社会的进步,现代伦理包括的范围已经越来越多样化了,延伸到了环境伦理、科技伦理等不同的领域。

在科技发展和创新过程中人与社会、人与自然、人与人关系的思想和行为准则就是科技伦理。大数据技术、人工智能技术、基因技术、辅助生殖技术等前沿技术的迅速发展在给人类带来更美好生活的同时,也在给人类的伦理底线造成巨大的挑战。在科技伦理的众多范畴中,随着大数据应用的不断普及,大数据伦理也在社会上受到越来越多人的关注。大数据伦理就是人类进行大数据应用时必须遵守的价值准则。本节情境导入的"大数据杀熟"的案例最终造成的"最懂你的人伤你最深"的结局,就有违人们在长期的商业活动中形成的商业伦理,背离了朴素的诚信原则,辜负了老客户的信赖。但如果商家通过大数据技术对用户进行精准画像后,对长期支持的老客户提供个性化服务和更加精准的让利优惠,则是符合商业伦理的。因此"大数据杀熟"无关技术,而是关乎伦理。

大数据技术的应用依赖海量的用户数据,但如果没有与时俱进的法律法规和伦理次序作为约束,大数据技术的应用就容易从"善"走向"恶"。大数据应用改变了社会,也带来了数据安全和数据隐私的问题,但对社会冲击最大的应该是随大数据而生的大数据伦理问题。

二、大数据技术对伦理的挑战

1. 数据中立性的伦理挑战

美国记者和纪录片电影制片人卢克·多梅尔(Luck Dormehl)在其所著的《算法时代》一书中讲了城市设计的故事。设计师摩西在20世纪20年代到70年代为纽约设计了多处道路、公园和桥梁。他为公园设计的桥梁只有2.7米高,这样使得只有乘坐轿车的富人才能进入公园,而乘坐公共汽车的穷人,其中有很多是非裔,只能绕道而行。可见,即便是桥梁这种看起来中立设计的背后其实还有厚此薄彼的偏见。大数据应用中常见的个性化推荐系统的算法从技术上是中立的,根据用户历史沟通数据,预测用户未来的需求并进行个性化的推荐。人们发现,不同的人在购物平台上搜索同一个商品关键词,如旅行箱,推荐的商品价格迥然而异,从一百多元到几千元不等,如图4-1所示。这种推荐的结果就是通过大数据分析而来的,根据以往购买记录分析用户画像,对用户价格敏感程度等要素进行评分,从而进行个性化推荐。可见,技术看起来是中立的,数据是客观的,但在大数据应用场景上并非如此。

2. 数据鸿沟的伦理挑战

"数据鸿沟"指不同群体对于大数据应用的巨大差异。著名的美国未来学家阿尔文·托夫勒在其著作《未来三部曲》的第三部《权利的转移》中提出了"信息富人"(Info-Rich)、"信息穷人"(Info-Poor)、信息沟壑和电子鸿沟等概念。由于不同群体在获取大数据知识、大数据技术、大数据资源、大数据应用方面存在不同的差异,这导致了数据鸿沟的出现。另外,因为使用者自身价值观的原因,也会导致数据鸿沟的存在。这种数据鸿沟的产生会使得大数据给人类社会带来的红利分配不均,加剧社会矛盾和群体差异。

例如,对于年轻旅游者而言,通过智能手机就可以"一机游天下",各种基于大数据技术的旅游 App 可以为旅游者提供个性化、差异化甚至定制化的内容、产品与服务。但是对于

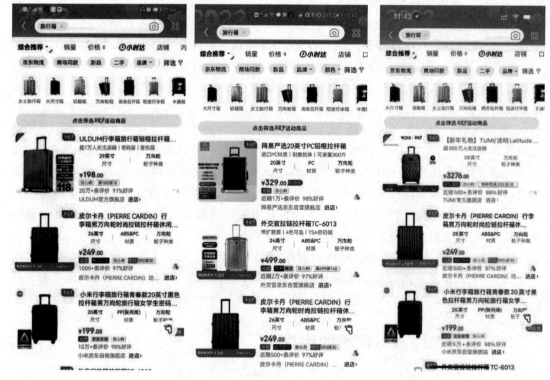

图 4-1 不同的人搜索同一个商品关键词得到不同的推荐商品价格

不能够熟练使用智能手机的退休后老年群体来说,就很难享受大数据时代的旅游信息服务。大数据作为一种基础性资源,如何确保基础性资源的全覆盖与公平,并造福不同的群体,这是大数据应用面临的一个重大伦理挑战。

3. 数据滥用的伦理挑战

在大数据时代,人们的很多行为都是以数据化的方式永久存在不同的云服务器中。人们生活离不开各种各样的电子商务平台,个人数据需要参与各种双边网络交易,并在平台上加工成对交易双方都有意义的信息和知识。这些数据有些是被服务商强行记录的,因为很多情况下,平台服务商是在被采集对象不知情的情况下进行个人数据采集的;有的是人们为了获得网络服务的便利,将自己的信息主动提交给平台。需要指出的是,用户被动采集或者主动提交这些数据的行为并不意味着用户数据属于平台,个人理应享有对其基本信息和基于自身行为产生的各种数据的所有权。无论这些信息数据的归属如何界定,数据的采集者在使用这些数据时也应遵循法律法规和伦理道德,不能侵犯用户的合法权益,也不能随意转让和使用未被脱敏的用户数据。

2013 年 6 月,美国中央情报局前雇员斯诺登向媒体曝光美国国家安全局(NSA)和联邦调查局(FBI)代号为"棱镜"的秘密监控项目。NSA 和 FBI 直接进入美国网际网络公司的中心服务器里挖掘数据、收集情报,包括微软、雅虎、谷歌、苹果等在内的 9 家国际网络巨头皆参与其中,用户的电子邮件、在线聊天、信用卡信息等都无密可保。从"棱镜门"事件可以看出,大数据时代的数据滥用或垄断行为使得人类隐私保护和自由受到严重影响,个人行为产生的种种数据,其所有权、知情权、采集权、保存权、使用权以及隐私权等,很容易被滥用,并对伦理带来了新的挑战。

4."信息茧房"的伦理挑战

很多旅行者会有这样的经历。当旅行者经常使用某个旅行App查询旅游信息，App后台系统会抓取该旅行者点击的每个旅行图片或者浏览旅行内容的数据，然后用打标签的方式归类在后台系统中。如果该用户很久没有打开该旅行App了，App就会基于为该旅行者打的标签数据，通过Push或短信方式召回用户。可见，在大数据时代，人们的生活被各种个性化推荐算法影响。古人云：兼听则明，偏信则暗。如果不能够正确认知，人们独有的思考模式很容易被一步一步吞噬。

2001年美国学者凯斯·R. 桑斯坦（Cass R. Sunstein）在《信息乌托邦——众人如何生产知识》中提出"信息茧房"的概念，指人们在关注的信息领域会习惯地被自身的兴趣所引导，从而将自己的生活桎梏于像蚕丝般一样的"茧房"中的现象。某些人甚至习惯在"信息茧房"营造的空间里"与世隔绝"，逃避社会的压力和矛盾。

在大数据技术所支持的个人推荐算法的帮助下，"信息茧房"使得人们陷入了"看我想看，听我想听"的"回声室效应"，不感兴趣和不认同的信息会隔离在"茧房"之外，无形中给人们打造出一个封闭的、高度同质化的"回声室"。久而久之，人们信息接收维度更加狭窄，信息获取渠道更加单一。如何破除"信息茧房"，是大数据伦理面临的另一个挑战。

三、大数据伦理问题的对策和相关法律

我国在维护大数据伦理方面的法制建设工作一直都在稳步推进。相关的法律有《中华人民共和国民法典》《中华人民共和国电子商务法》《中华人民共和国网络安全法》《中华人民共和国数据安全法》《中华人民共和国个人信息保护法》等。旅游与酒店业的各个企业在开展大数据技术应用时，要首先学习相关的法律法规，以法律为准绳来解决大数据伦理的问题。

应对大数据对伦理的各项挑战，需要政府、企业、个人等全社会各个利益相关者的参与，一起从如下方面考虑应对之策。

1. 解决"数据中立性"的问题

首先，加强技术创新和技术管控，消除大数据技术带来的负面影响，从技术层面提高数据安全管理水平。在解决隐私保护和信息安全问题上，需要加强事中、事后监管，但根本上还是要靠技术来事前保护。例如，针对个人身份信息和敏感信息的数据加密升级和认证保护技术，将个人隐私保护和信息安全作为技术原则和标准纳入技术开发过程。其次，明确"谁来管"，可以考虑由国家市场监管总局作为监管主体，牵头组织商务、工信、网信、文旅等有关部委一起，找到监管盲区、堵住技术漏洞。可以考虑引入外部制裁和约束机制，使用大数据分析技术对"杀熟"行为进行自动检测和预警，提高执法效率和力度。最后，企业应自觉接受监督管理，加强行业自律，树立以用户为中心的理念。利用"大数据"满足不同消费者的个性化需求，而不是用来实施"价格歧视"。

2022年3月1日，中华人民共和国国家互联网信息办公室等四部门联合发布的《互联网信息服务算法推荐管理规定》正式施行。该规定的实施旨在规范互联网信息服务算法推荐

活动,维护国家安全和社会公共利益,保护公民、法人和其他组织的合法权益,促进互联网信息服务健康发展。根据该规定,算法推荐服务提供者要保障用户的算法知情权,告知用户其提供算法推荐服务的情况,并公示服务的基本原理、目的意图和主要运行机制等;同时要保障算法选择权,应当向用户提供不针对其个人特征的选项,或者便捷地关闭算法推荐服务的选项。图4-2所示为美团App(左)与携程App(右)关于隐私管理的控制界面。

图4-2　美团App(左)与携程App(右)的隐私管理

2. 解决"数据鸿沟"的问题

不同群体对网络信息技术的接受程度和使用能力的差异,是形成"数据鸿沟"的关键所在。数据鸿沟不仅存在于地域、城乡等宏观层面,也存在于行业、企业等中观层面,更存在于群体、个人等微观层面。要解决"数据鸿沟"的问题,首先,需要政府主管部门积极出台相关政策,解决不同群体跨越数据鸿沟的问题。例如,针对老龄群体面临的数字鸿沟问题,2021年11月,国务院办公厅印发了《关于切实解决老年人运用智能技术困难的实施方案》等专门文件。其次,要持续推进数字基础设施建设的优化升级来缩小"数字鸿沟"。工信部自2021年以来在全国范围内组织开展为期一年的互联网应用适老化及无障碍改造专项行动,重点工作包括开展互联网网站与移动互联网应用(App)适老化,让老年人跨越数据鸿沟,融入数字社会;2015年以来,我国各级政府推动全国行政村通光纤工程,4G比例均超过99%,已通光纤的试点村平均下载速率超过100Mb/s,基本实现农村城市"同网同速",城乡"数据鸿沟"得到显著缩小;然后是助力数字人才培养,建设数字交流与合作组织,如"数字丝路"国际科学计划

(DBAR),旨在通过分享数据、经验、技术和知识,推动实现地球大数据在可持续发展中的科学服务。

3. 解决"数据滥用"的问题

首先要完善数据信息分类和保护的法律规范,明确数据挖掘、存储、传输、发布和二次利用中的权利和责任;其次是建立健全对数据使用的监管机制,在加强顶层设计和行业自律的同时,要注重对涉及用户数据的岗位人员进行大数据伦理和相关法律法规的教育与培训;然后是各个组织机构,包括政府、企业、协会要加强对个人在数据方面的安全意识宣传,养成安全的网络使用习惯。例如,安装软件时,要详细查看软件要求的权限列表,出现敏感权限时要特别警惕。当发现自己的个人信息被泄露时,要勇于拿起法律武器维护自己的合法权益。

4. 解决"信息茧房"的问题

要解决"信息茧房"的问题,首先,要各大互联网平台高度重视并积极履行算法治理义务,承担算法治理的责任,有效平衡内容价值与用户偏好的关系。各大网络平台要建立自主选择机制,为用户提供关闭算法推荐服务的选项,保障用户的选择权和隐私保护权。其次,个人要自觉突破"信息舒适圈",打破思维惯性,拒绝日复一日沉浸在算法推荐的同质化信息内容中,扩大知识获取范围。最后,是相关监管部门要加大监管力度,对于企业利用收集的数据优化算法,法律需要评估数据来源是否合法,数据的使用是否符合个人约定的使用、处理等目的,明确算法不能跨越的"法律红线"。

【主要术语】

1. 大数据杀熟(Big Data Discriminatory Pricing,BDDP):即同样的产品、服务,不同的消费者有不同的价格。是利用消费者的信息以获取不正当利益的行为。利用大数据分析对不同群体进行差异化定价,实行"价格歧视"。

2. 价格敏感度(Price-Sensitive):在经济学理论中,价格敏感度表示为顾客需求弹性函数,即由于价格变动引起的产品需求量的变化。

3. 伦理(Ethics):源于希腊语的"ethos"。在近代,"ethics"则偏向于指社会的普遍道德准则和社会规范。

4. 道德(Morals):源于拉丁文的"mos"。在近代,随着伦理学的发展,人们在使用"morals"一词时偏向于指个人的行为美德或个体道德修养。

5. 环境伦理(Environmental Ethics):是指用道德来调节人与自然的关系,将伦理对象从人类圈逐渐扩展到环境和自然界。

6. 科技伦理(Science and Technology Ethics):是指科技创新活动中人与社会、人与自然和人与人关系的思想与行为准则,它规定了科技工作者及其共同体应恪守的价值观念、社会责任和行为规范。

7. 数据鸿沟(Data Divide):由于不同群体在获取大数据知识、大数据技术、大数据资源、大数据应用方面存在不同的差异,这导致了数据鸿沟的出现。数据鸿沟不仅存在于地域、城乡等宏观层面,也存在于行业、企业等中观层面,更存在于群体、个人等微观层面。

8. 一部手机游(Phone Use While Traveling)：简称"一机游"。由政府引导，企业参与，市场主导，以数字科技为驱动，以目的地为核心，深耕目的地智慧服务，在各部门间实现信息资源传递，打通产业上游下游连通渠道的全域旅游数字生态共同体。

9. 数据脱敏(Data Masking)：又称数据漂白、数据去隐私化或数据变形。是对某些敏感信息通过脱敏规则对数据进行变形，以达到敏感隐私数据的可靠保护。对于客户安全数据或一些商业敏感数据，在不违反系统规则的情况下，对真实数据进行改造，提供给测试使用，如身份证号、手机号、卡号、客户号等个人信息需要进行数据脱敏。

10. 棱镜计划(PRISM)：是一项由美国国家安全局自2007年起开始实施的绝密电子监听计划。该计划的正式名号为"US-984XN"。美国国家安全局(NSA)和联邦调查局(FBI)直接进入美国网际网络公司的中心服务器里挖掘数据、收集情报。

11. 信息茧房(Information Cocoons)：指人们在关注的信息领域会习惯地被自身的兴趣所引导，从而将自己的生活桎梏于像蚕丝般一样的"茧房"中的现象。某些人甚至习惯在"信息茧房"营造的空间里"与世隔绝"，逃避社会的压力和矛盾。

12. "数字丝路"国际科学计划(Digital Belt and Road Program)：是由中国科学家倡议发起，48个国家、国际组织和国际计划参与的大型国际研究计划，旨在通过分享数据、经验、技术和知识，实现地球大数据在可持续发展目标中的科学服务。

13. 光导纤维(Optical Fiber)：简称为"光纤"，是一种由玻璃或塑料制成的纤维，可作为光传导工具。传输原理是"光的全反射"。

14. 舒适圈(Comfort Zone)：是指在这种状态下，一个人对事物感到熟悉，且感到放松并能够控制所在环境，经历低水平的焦虑和压力。

【练习题】

一、自测题

1. 请简述伦理与道德的区别。
2. 请简述大数据"杀熟"与一般消费纠纷的不同。
3. 请简述《中华人民共和国个人信息保护法》对大数据"杀熟"现象作出哪些针对性规范。
4. 请简述大数据技术带来哪些伦理挑战。
5. 请简述什么是数据中立性。
6. 请简述什么是数据鸿沟。
7. 请简述什么是数据滥用。
8. 请简述什么是信息茧房。

二、讨论题

1. 通过查阅相关文献资料以及结合自身经历，谈谈日常生活中，被大数据"杀熟"的现象有哪些。
2. 从国家到地方都出台了针对性举措，但大数据"杀熟"为何会屡禁不止？
3. 通过查阅相关文献资料以及结合自身经历，谈谈个人应该如何培养数据安全意识，培养安全的网络使用习惯？

三、实践题

大数据"杀熟"在于平台对用户数据的保护和利用不当。基于便利,用户让渡了自己的一些数据权利。例如,允许平台获取消费习惯、消费能力、商品偏好、价格敏感等信息。通过查阅相关文献资料以及结合自身被"比你更懂你"的平台"杀熟"的经历,作为消费者而言,应如何有效应对大数据技术带来的伦理挑战?以小组为单位撰写一份调研报告。

第二篇

实践篇

项目 5

认识大数据的核心技术实践

项目结构

	学习任务5.1 了解数据的采集、预处理与存储
	学习任务5.2 了解数据的处理与分析
	学习任务5.3 了解数据的可视化
	学习任务5.4 了解数据的预测
项目5 认识大数据的核心技术实践	学习任务5.5 了解数据的安全
	实训任务5.1 实现酒店业数据的采集与预处理
	实训任务5.2 实现聚类算法在用户画像分析中的使用
	实训任务5.3 实现关联分析算法在景区营销设计中的使用
	实训任务5.4 实现图像识别技术在景点图片分析中的使用
	实训任务5.5 数据可视化的基本操作

学习目标

学习层次	学习目标
知道	1. 了解大数据采集的概念 2. 了解数据预处理的概念 3. 了解大数据存储的概念 4. 陈述大数据处理与分析的概念 5. 陈述数据挖掘的概念 6. 陈述机器学习的概念和常用技术 7. 陈述深度学习的概念和常用技术 8. 了解数据可视化的概念 9. 了解大屏数据可视化 10. 了解数据预测和大数据预测的概念 11. 了解数据安全和大数据安全的概念

续表

学习层次	学习目标
理解	1. 辨别大数据采集的方法及工具 2. 说明数据预处理的方法及流程 3. 辨别大数据存储技术 4. 描述大数据管理技术 5. 描述大数据处理技术的常用框架 6. 辨别大数据分析方法及应用 7. 描述人工智能、机器学习与深度学习的关系 8. 描述自然语言处理技术 9. 描述图像识别技术 10. 说明数据可视化的原理 11. 掌握数据可视化方法 12. 掌握数据可视化常用工具 13. 说明大屏数据可视化设计流程 14. 描述数据预测和大数据预测的原理 15. 描述大数据安全的新挑战与技术实践
应用	1. 举例说明数据挖掘的各种常用分析方法的应用场景 2. 举例说明语义分析技术的常见应用场景 3. 举例说明图像识别技术的常见应用场景 4. 应用聚类算法实践用户画像分析操作 5. 应用关联分析算法实践数据关联性分析操作 6. 应用图像识别技术实践图片分析操作 7. 应用 Excel、Echarts、Python 实现数据可视化 8. 举例说明旅游及酒店业大数据可视化应用
分析	1. 对比分析数据挖掘的各种常用分析方法的不同应用场景 2. 对比分析语义分析技术的不同应用场景
综合	1. 建立数据挖掘技术在酒店与旅游业应用的知识框架 2. 建立语义分析技术在酒店与旅游业应用的知识框架

学习任务 5.1　了解数据的采集、预处理与存储

【任务概述】

数据采集(Data Acquisition,DAQ)也被称为数据获取,是指利用一种装置或者工具将

现实世界中测量物理条件的信号进行采样,并将所得样本转换为可由计算机处理的数值的过程。大数据采集是指从各种传感器、智能设备、在线IT系统、离线IT系统、社交网络系统和互联网平台等数据来源获取数据的过程,更多的是指通过互联网技术和物联网技术获得的各种类型的海量数据。

大数据采集是大数据的基石,处于大数据生命周期的第一个环节,是大数据分析处理的入口,也是至关重要的一个环节,人们必须根据不同的业务场景,对不同类型的数据提供不同的采集方法和使用不同的采集工具,从而形成一套完整的数据采集方案流程,为后续的大数据分析处理提供数据基础。

大数据采集的数据源有多种分类方式,一般来说可以从以下几个维度来进行不同的划分:按产生数据的主体来划分、按数据的归属来划分、按数据的格式来划分。

针对数据源的不同特点,大数据采集的方法和工具也不相同。常用的大数据采集方法有:网络数据采集、日志数据采集、数据库数据采集等。每种不同的大数据采集方法都具有各自的常用工具。

采集的数据在使用前,需要先经过数据预处理。数据预处理(Data Preprocessing)需要对数据进行调整、补充、合并或删除,以提高数据质量,确保数据在后续运算中能提高性能,在数据挖掘过程中能增加数据结果的准确度与可信度。数据预处理主要经过数据清洗、数据分析及数据整合三个阶段。经过预处理后的数据,即可利用大数据存储工具进行数据存储。

大数据存储系统依赖大规模的并行处理数据库来分析从各种来源摄入的数据,数据存储分为集中式存储和分布式存储,数据的存储是利用数据库将不同类型的数据进行存储,分为关系型数据库和非关系型数据库。

数据时代数据已经成为国家基础战略资源的重要组成部分,存储的数据可以帮助国家在宏观科学决策、公共服务、应急舆情决策等领域提供指导作用,但同时如何有效地组织与管理大规模指向数据,保护国家、团队及个人安全,使其发挥最大效益,是大数据管理中迫切需要解决的难题。

一、了解数据采集的概念、方法和采集工具

1. 大数据采集的概念

1) 数据采集

数据采集(Data Acquisition,DAQ)也被称为数据获取,是指利用一种装置或者工具将现实世界中测量物理条件的信号进行采样,并将所得样本转换为可由计算机处理的数值的过程。

数据采集广泛应用于各行各业的各个场景。例如,近年来,在国家节能减排政策要求和企业减能增效需求下,加强酒店能源监测管理变得尤为迫切。传统的能耗监测是通过人工抄表然后汇总报表的方式,而当前很多酒店都在使用能耗监测系统,通过数据采集的方式来自动采集酒店的水、电、煤、气等能耗数据,然后通过软件系统进行统计和监测。

但传统数据采集的数据来源单一,且采集的数据量也相对较小。目前大量的酒店能耗监测系统都还是采集每日的水、电、煤、气基本数据,因此能耗数据的使用也只停留在统计核算的初级应用阶段。

2）大数据采集

大数据采集是指从各种传感器、智能设备、在线 IT 系统、离线 IT 系统、社交网络系统和互联网平台等数据来源获取数据的过程,更多的是指通过互联网技术和物联网技术获得的各种类型的海量数据。

大数据采集是大数据的基石,处于大数据生命周期的第一个环节,是大数据分析处理的入口,也是至关重要的一个环节。在 IT 技术快速发展的今天,企业、政府等组织的每个业务流程都会产生大量各种各样的数据,为了将这些结构化、半结构化、非结构化的数据进行采集,人们必须根据不同的业务场景,对不同类型的数据提供不同的采集方法和使用不同的采集工具,从而形成一套完整的数据采集方案流程,为后续的大数据分析处理提供数据基础。

当大数据时代来临,各行各业都在创新思维,积极求变,酒店行业也在重视各种数据的跟踪分析和数据价值的挖掘利用。酒店能耗数据不单单是统计数据反映费用情况,还可以反映企业内部管理情况。在先进的智能控制技术、有线/无线物联网技术的基础上实现能耗数据的大数据采集,酒店能耗管理系统能够对供水、供电、供气、空调等相关能源组件进行实时动态数据采集,实现数据的集中化管理,实现提质、增效、降本、减存的目的,分别如表 5-1 和图 5-1 所示。如通过能耗监测系统避免照明、动力、空调等不同类型的负荷混在一起,解决了当某一回路中出现高能耗现象时无法找出能源浪费原因的问题。

表 5-1 能耗管理的数据采集组件举例

应用场合	型号	功能
照明箱	DTSD1352	三相电参量 U、I、P、Q、S、PF、F 测量,分相正向有功电能统计,总正反向有功电能统计,总正反向无功电能统计;红外通信;电流规格:经互感器接入 3×1(6)A,直接接入 3×10(80)A,有功电能精度 0.5S 级,无功电能精度 2 级
动力柜	ACR220EL	LCD 显示、全电参量测量(U、T、P、Q、S、PF、F);四象限电能计量 RS-485/Modbus 可选复费率电能计;4DI+2DO
高压重要回路或低压进线柜	APM810	具有全电量测量、电能统计、电能质量分析及网络通信等功能主要用于对电网供电质量的综合监控诊断及电能管理。该仪表采用了模块化设计,可以增加开关量输入输出、模拟量输入输出、SD 卡记录、以太网通信等功能模块。
给水管道	水表	计量流经给水管道的体积总量,适用于单向流水,采集电子直读技术,通过 RS-485 总线直接输出表盘数据

另外,酒店能耗监测系统应结合经营及环境参数,如温湿度、客流量、客房入住率、营业收入等进行分析,需要计算如饭店单位综合能耗、电耗限额、每间房平均能耗等,反映经营数据及环境参数对能耗的影响和基本规律,由此加强内部能源管理的问题。同时,能耗统计分析数据是细致烦琐的,酒店不同部门对数据指标的需求不同,酒店能耗监测软件应给不同部门设置不同的数据反馈界面,以有用、够用为原则,使报告界面简洁明了,提高数据的可读性和实用性,如图 5-2 所示。比如,工程部的能耗管理界面比较细致,应能反映三级能耗数据、各区域、各部门、各设备的能耗监测情况与对比分析数据;财务部需要知道整个酒店水、电、煤、气各项能源的能耗总量和费用,以及同比或环比的数据分析和下期预测;餐饮部前厅等

项目 5　认识大数据的核心技术实践

图 5-1　酒店能耗管理系统的大数据采集

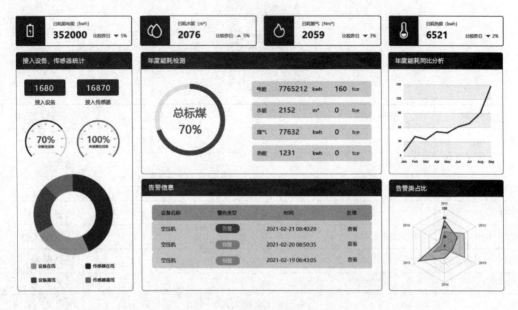

图 5-2　酒店能耗管理系统大屏

部门需要知道本部门能耗量与能耗预算的对比分析情况和管理建议;酒店总经理则需要知道酒店总能耗量或每幢楼的能耗量,以及相关的当期饭店出租率、平均房价、每间房能耗费用等整体性数据。

3) 大数据采集的数据源

数据源(Data Source),顾名思义,即数据的来源。如今的世界每天都在产生大量的数据,例如:互联网每天产生的全部内容可以刻满数亿张DVD,全球每秒发送数百万封电子邮件,微信支付平均每天处理交易超过10亿笔,12306在2020年春运期间高峰日点击量高达1 495亿次。

大数据平台是一个整体的生态系统,内容涵盖非常丰富,涉及大数据处理过程的诸多技术。在数据量非常大的今天,如何以更高效的方式获取到分析所需要的数据,从而可以利用这些数据反映最真实的情况,这是一个普遍面临的问题。所以在大数据分析处理的整个流程中,采集到的数据决定了数据分析挖掘效果的上限。

因此,说到大数据采集,大家第一个想到的问题自然是:数据从哪里来?也就是大数据采集的数据源是什么?

大数据采集的数据源有多种分类方式,一般来说可以从以下几个维度来进行不同的划分。

(1) 按产生数据的主体来划分。

① 对现实世界的测量数据,基本上是通过传感器采集的物理信息,如声音、图像、视频,以及物体的速度、温度、湿度等,如图5-3所示。

监测要素	监测范围	分辨率	精度	测量原理
风速/(m/s)	0~60	0.1	±0.3	超声波
风向/(°)	0~360	1	±3	超声波
温度/℃	−40~60	0.1	±0.3	铂电阻
湿度/%	0~100	0.10	±2	电容式
气压/hPa	10~1 300	0.1	±1	硅压阻式
PM2.5/($\mu g/m^3$)	0~1 000	0.3	±10	激光散射
PM10/($\mu g/m^3$)	0~1 000	0.3	±10	激光散射
噪声	30~130dB(A)	A计权(模拟人耳)	±1.5dB	电容式

图5-3 一种工地扬尘监测传感器及其采集的数据内容

② 由人类录入计算机形成的数据，包括但不限于在微博、微信、电子商务系统、企业财务系统等所录入的内容数据、通信数据、工作数据、交易数据，分别如图 5-4 和图 5-5 所示。

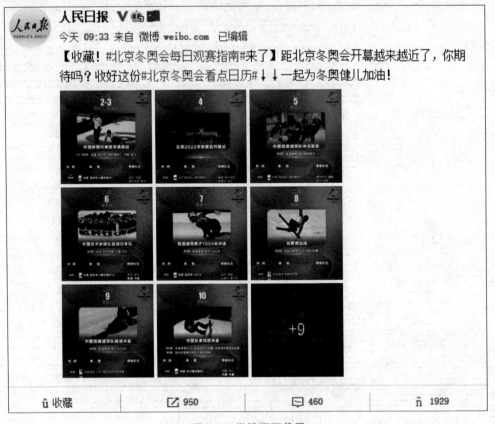

图 5-4 微博页面截屏

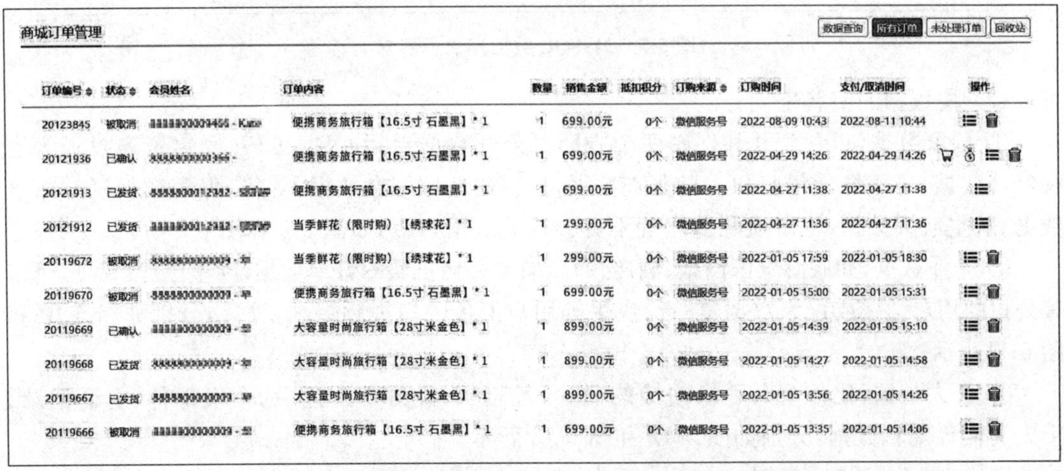

图 5-5 商城订单列表截屏

③ 由计算机系统产生的数据，主要是指由各种 IT 软件系统产生的运行日志，如网站服务器访问日志、数据库服务器访问日志，等等，分别如图 5-6 和图 5-7 所示。

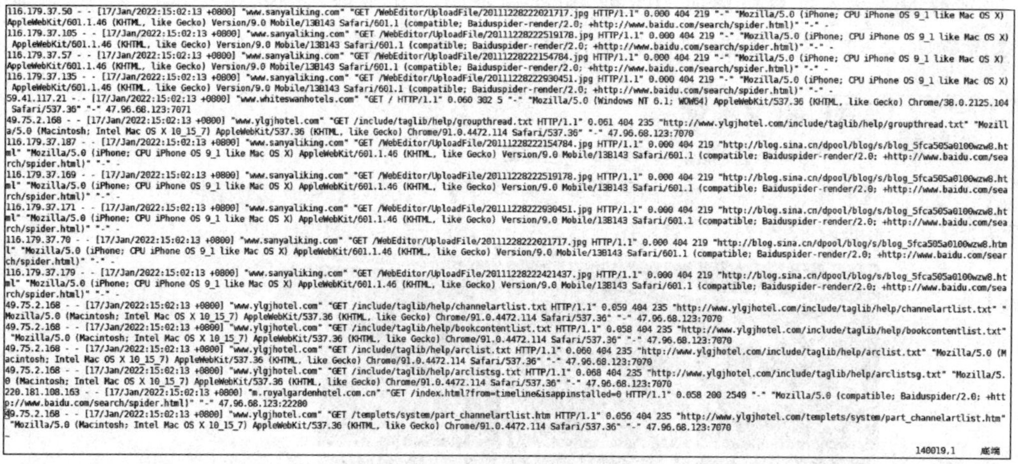

图 5-6　网站服务器访问日志

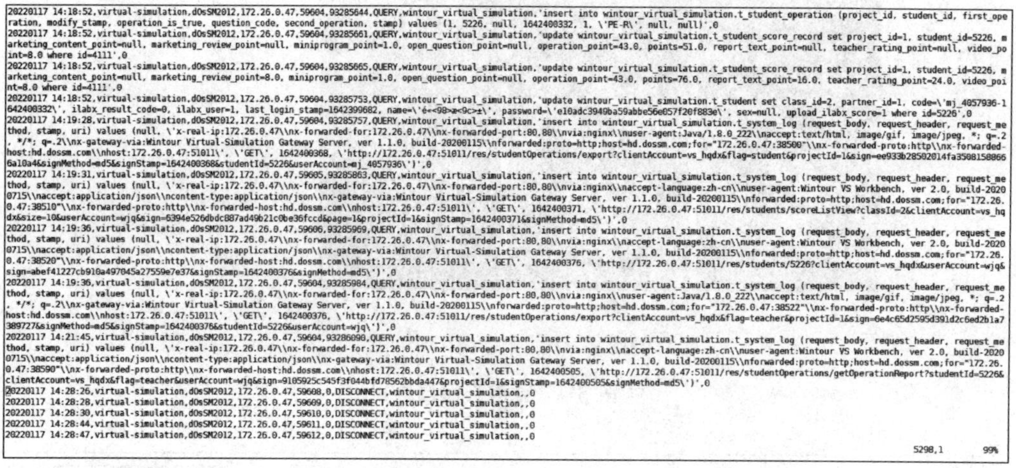

图 5-7　MySQL 数据库访问日志

(2) 按数据的归属来划分。

① 国家数据,包含公开和保密两个方面。公开数据包括 GDP、CPI、固定资产投资等宏观经济数据,历年统计年鉴和人口普查数据,公开的地理信息数据,等等;保密数据则有军事数据、航空航天数据、卫星监测数据等不可公开的数据,分别如图 5-8 和图 5-9 所示。

② 企业数据,如旅游景区门票、酒店预订、航空公司机票等订单数据,阿里巴巴、百度、腾讯等公司的用户消费或行为数据,抖音、快手等用户上传的短视频数据,等等,分别如图 5-10 和图 5-11 所示。

③ 个人数据,比如个人手机拍摄的照片、备忘录、微信聊天记录、个人邮件、电话记录、个人文档等隐私数据,分别如图 5-12 和图 5-13 所示。

(3) 按数据的格式来划分。

① 结构化数据,是指能够用二维表结构来表达实现,通过关系型数据库进行存储和管理的数据,通常以行为单位,一行数据代表一个实体的信息,每行数据的属性是相同的,严格遵循数据格式和长度规范,数据的存储和排列是有规律的。

图 5-8　2021 年中国统计年鉴

图 5-9　卫星监测

② 非结构化数据,是指没有固定的结构,无法用传统的二维表结构来表现以及用传统数据库来存储的数据。

③ 半结构化数据,是介于结构化数据和非结构化数据之间的数据,它有一定的结构,但又不能完全结构化,结构变化很大。

2. 大数据采集的常用方法和工具

大数据采集广泛应用了各种先进的计算机软、硬件技术和互联网、物联网技术。同时,大数据采集技术也面临着诸多挑战:一方面数据源的种类多,数据类型复杂,数据量大,产生的速度快;另一方面需要保证数据采集的可靠性和高效性。

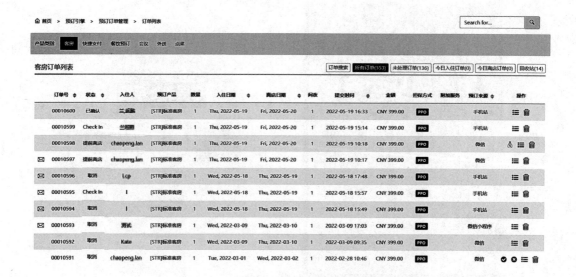

图 5-10 客房预订订单记录

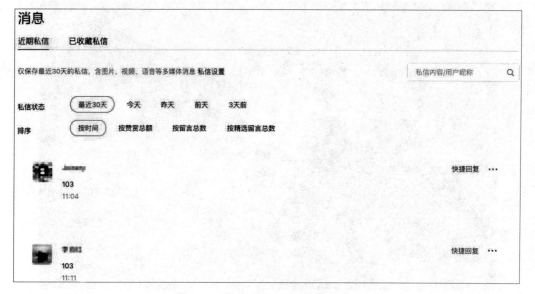

图 5-11 微信公众号粉丝交互记录

针对数据源的不同特点,大数据采集的方法和工具也不相同。

1)网络数据采集

网络数据采集是指通过网络爬虫、API 接口等方式,从互联网网站上获取数据信息的过程。

(1)网络爬虫。网络爬虫又称网络蜘蛛、网络机器人,是一种按照制定的规则运行,自动化地浏览和抓取互联网信息的程序。

随着大数据时代的来临,网络爬虫在互联网中的地位将越来越重要。互联网中的数据是海量的,如何自动高效地获取互联网中大家感兴趣的信息并为我所用是一个重要的问题,而爬虫技术就是为了解决这些问题而生的。

图 5-12 手机照片截屏

图 5-13 手机电话记录截屏

搜索引擎离不开爬虫,比如百度搜索引擎的爬虫叫作百度蜘蛛(Baidu Spider)。百度蜘蛛每天会在海量的互联网信息中进行爬取,爬取优质信息并收录,当用户在百度搜索引擎上检索对应关键词时,百度将对关键词进行分析处理,从收录的网页中找出相关网页,按照一定的排名规则进行排序并将结果展现给用户。

大数据时代更离不开爬虫,在进行大数据分析或者进行数据挖掘的时候,数据源既可以从某些提供数据统计的网站获得,也可以从某些文献或内部资料中获得。但是这些获得数据的方式,有时很难满足人们对数据的需求,而手动从互联网中去寻找这些数据,则耗费的精力过大。这时就可以利用爬虫技术,自动地从互联网中获取大家感兴趣的数据内容,并将这些数据内容爬取回来,作为基础的数据源,从而进行更深层次的数据分析,并获得更多有价值的信息,如图 5-14 所示。

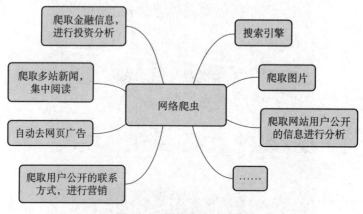

图 5-14　网络爬虫的功能

事实上,Python、PHP、Java 等常见的语言都可以用于编写网络爬虫工具,这些编程语言各有优势,可以根据习惯进行选择。

使用 Python 进行爬虫工具的编写,具有简洁、掌握难度低、开源资源多的优点,可以很方便地完成互联网信息的自动化检索和爬取。Python 中有很多关于爬虫开发的基础模块,如 urllib、requests 等。同样,互联网上还有很多 Python 的开源爬虫框架可供选择,如 Scrapy、pySpider 等。采用框架开发爬虫工具,效率会更高,而且功能也会更加完善。

(2) API 接口。API 接口(Application Programming Interface,应用程序编程接口)是一组定义、程序及协议的集合,通过 API 接口实现计算机软件之间的相互通信,而无须访问对方系统的源码,也无须理解对方系统的内部工作机制。API 的一个主要功能是提供通用功能集。API 同时也是一种中间件,为各种不同平台提供数据共享。

举个常见的例子,在京东上下单付款之后,商家选用顺丰发货,然后用户就可以在京东上实时查看当前的物流信息。京东和顺丰作为两家独立的公司,为什么会在京东上实时看到顺丰的快递信息? 这就要用到 API,当查看自己的快递信息时,京东利用顺丰提供的 API 接口,可以实时调取信息呈现在自己的网站上。除此之外,用户也可以在快递 100 上输入订单号查看快递信息。只要有合作,或是有允许,别的公司都可以通过顺丰提供的 API 接口调取到快递信息。

再举个例子,如果需要你确定中国三千多个县级以上城市和城镇的经纬度,你会怎么办? 估计第一个想到的办法就是去百度搜索,但是这么多不同的搜索结果要反复对比辨别真伪,还有这么多城市,效率太低了。在高德开放平台对外开放的 Web 服务 API 中,有一个地理/逆地理编码 API,允许用户通过 HTTP/HTTPS 协议访问远程服务接口,提供结构化地址与经纬度之间的相互转化能力,如图 5-15 所示。

上述功能的实现,如需确定杭州市的经纬度,首先需要用户在高德开放平台上注册高德账号并申请一个用户 key,然后按照这个 API 接口的服务方式,在浏览器中输入"http://

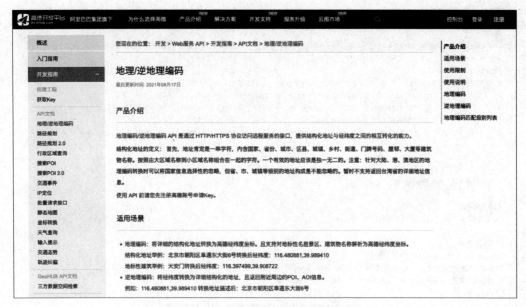

图 5-15　高德开放平台地理/逆地理编码 API

restapi.amap.com/v3/geocode/geo？address＝浙江省杭州市 &key＝〈用户的 key〉"，果然得到了杭州的正确经纬度——经度 120.209947、纬度 30.245853，如图 5-16 所示。

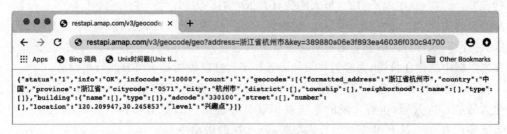

图 5-16　经纬度查询结果

有了这个 API 接口，只要开发人员修改地址就可以快速得到需要的经纬度，可是仍然要查询 3 000 多次。这时候，开发人员就可以根据这个 API 接口进行程序开发，通过几行简单的代码就能够自动获取到某个地址的经纬度，如图 5-17 所示。

这时大家再回顾一下 API 接口的定义，开发人员通过简单的几行代码访问高德开放平台的地理/逆地理编码 API 接口，就具备了根据地址采集经纬度数据的能力，且无须理解高德开放平台中是如何实现转换的，更无须访问这个 API 的源码。

基于互联网的应用正变得越来越普及，在这个过程中，有更多的企业和组织将自身的资源通过 API 接口的方式开放给外界调用。例如：全国天气预报数据、实时空气质量数据、实时汇率数据等，任何人都可以通过 API 接口进行数据采集。

2）日志数据采集

系统日志是计算机系统中一种非常重要的功能组件，可以记录计算机系统中的硬件、软件、网络等组成部分的运行信息，通常包括系统日志、应用程序日志和安全日志。

最初，系统日志的主要面对对象是 IT 工程师，因为日志信息对于决定故障的根本原因或者缩小范围来说是非常关键的信息，工程师们通过读取日志信息来排查问题。

```python
# -*- coding: utf-8 -*-
import requests

r = requests.get("http://restapi.amap.com/v3/geocode/geo?key=<用户的key>&address=浙江省杭州市")
loc = r.json()
print(loc)
# 打印的结果是：{'status': '1', 'info': 'OK', 'infocode': '10000', 'count': '1',
#              'geocodes': [{'formatted_address': '浙江省杭州市', 'country': '中国',
#                  'province': '浙江省', 'citycode': '0571', 'city': '杭州市', 'district': [],
#                  'township': [], 'neighborhood': {'name': [], 'type': []},
#                  'building': {'name': [], 'type': []}, 'adcode': '330100', 'street': [], 'number': [],
#                  'location': '120.209947,30.245853', 'level': '兴趣点'
#               }]
#             }
# 与在浏览器输入地址的结果一致

# 获取经纬度
location = loc['geocodes'][0]['location']

# 分割字符串
loc_arr = location.split(',')
print(f"杭州的经度是：{loc_arr[0]}，纬度是：{loc_arr[1]}")
# 打印的结果是：杭州的经度是：120.209947，纬度是：30.245853
```

图 5-17　Python 代码访问 API 接口

如今，系统日志除了将系统运行的每一个状况都使用文字记录下来外，还普遍用于记录使用者的业务处理轨迹，这些信息大家可以理解为是设备或是普通人在数字虚拟世界的行为记录和投影。例如，在电商平台上，每天都会有大量的用户访问，会产生大量的访问日志数据，对用户的页面浏览、加入购物车、下订单、付款等一系列流程，都可以通过埋点获取用户的访问路径以及访问时长等日志数据。通过对这些日志信息进行采集，然后进行数据分析，挖掘业务平台日志数据中的潜在价值，为经营决策和服务器平台性能评估提供可靠的数据保证。

在 IT 技术已经普遍应用在各行各业的今天，许多企业和组织的各种平台每时每刻都会产生大量的日志数据，也有大量的系统夜以继日处理这些日志数据供各种离线和在线的分析系统使用并生成具有可读性的日志报告，以此帮助做出决策。

如图 5-18 和图 5-19 所示，分别为某微信公众号应用程序生成的应用程序日志和交互日志报告，记录了微信粉丝与该微信公众号之间的信息交互过程。

direction	from	to	type	stamp	content
0	o9gFdv3Q5MGzEMQMoFvOTTr	gh_497281143b2d	event	1644726147	<xml><ToUserName><![CDATA[gh_497281143b2d]]></ToUserName>
1	gh_497281143b2d	o9gFdv_ECRx5AFTvLqtG	text	1644594306	{"touser":"o9gFdv_ECRx5AFTvLqtGecQxvbG4","text":{"content":"您好！感谢关注问途
0	o9gFdv_ECRx5AFTvLqtGecQxv	gh_497281143b2d	event	1644594305	<xml><ToUserName><![CDATA[gh_497281143b2d]]></ToUserName>
0	o9gFdvyEVdcHRLgoLXpRzaxK	gh_497281143b2d	event	1644477925	<xml><ToUserName><![CDATA[gh_497281143b2d]]></ToUserName>
1	gh_497281143b2d	o9gFdvyEVdcHRLgoLXpR	news	1644476781	{"news":{"articles":[{"picurl":"http://image.dossm.com/image1/M00/00/05/rBoACl2le7iA
1	gh_497281143b2d	o9gFdvyEVdcHRLgoLXpR	news	1644476775	{"news":{"articles":[{"picurl":"http://image.dossm.com/image1/M00/00/05/rBoACl2le7iA
1	gh_497281143b2d	o9gFdv7LWwjT84PkKffNO	text	1644464958	{"touser":"o9gFdv7LWwjT84PkKffNOloxQPtY","text":{"content":"1、\t会员中心：http://w
1	gh_497281143b2d	o9gFdv7LWwjT84PkKffNO	text	1644464958	<xml><ToUserName><![CDATA[o9gFdv7LWwjT84PkKffNOloxQPtY]]></ToUserName>
0	o9gFdv7LWwjT84PkKffNOloxQP	gh_497281143b2d	text	1644464958	<xml><ToUserName><![CDATA[gh_497281143b2d]]></ToUserName>
1	gh_497281143b2d	o9gFdv7LWwjT84PkKffNO	text	1644464948	<xml><ToUserName><![CDATA[o9gFdv7LWwjT84PkKffNOloxQPtY]]></ToUserName>

图 5-18　微信公众号应用程序日志

大数据环境下的日志数据采集，主要就是收集业务平台日常产生的大量日志数据，供离线和在线的大数据分析系统使用。而采集这些日志数据需要特定的方法和工具，这些方法和工具通常具有以下特征。

① 构建产生日志数据的应用系统和分析日志数据的分析系统之间的桥梁，并将它们之

交互发起	微信用户	交互类型	交互内容	交互时间
用户上行		事件推送	取消关注	2022-02-13 12:22:27
公众号下行		文本消息	文本消息（客服接口），您好！感谢关注问途官方服务号。我们为旅游及酒店企业提供"MarTech营销自动化"和"SalesTech在线直销"整体解决方案，致力于提升旅游及酒店企业营销效果。我们在这里与您分享旅游及酒店企业的数字营销和运营领域的前沿观点、行业发展趋势及优秀指导案例。更多信息，请访问 www.wintour.cn 申请开通系统请访问 www.dossm.com ***************** 初次见面，小途这厢有礼了！为了更好的服务您并向您提供准确的内容，大侠请亮下身份吧？您是（回复数字即可） 101、已经是问途系统用户的甲方老爷！ 102、对问途MarTech营销技术感兴趣的客户大人！ 103、对问途数字营销课程感兴趣的未来宗师！ 104、希望与问途建立合作关系的伙伴！ 105、其他（您可以留言告诉小途）！	2022-02-11 23:45:06
用户上行		事件推送	关注公众号	2022-02-11 23:45:05
用户上行		事件推送	菜单点击 跳转链接推事件：http://ng2.dossm.com/6xVpuX默认菜单 / 问途新知 / 白皮书报告	2022-02-10 15:25:25
公众号下行		图文消息	图文消息（客服接口），奥克伍德酒店客房预订	2022-02-10 15:06:21
公众号下行		图文消息	图文消息（客服接口），奥克伍德酒店客房预订	2022-02-10 15:06:15
公众号下行		文本消息	文本消息（客服接口），1、会员中心：http://wx83cbd1526afb9231.wx.dossm.net/memberCenter.html 2、我的订单：http://wx83cbd1526afb9231.wx.dossm.net/member/ordersPresent.html 3、我的卡劵：http://wx83cbd1526afb9231.wx.dossm.net/member/vouchers.html 4、客房预订：http://wx83cbd1526afb9231.wx.dossm.net/index.html 5、微信官网：http://wx83cbd1526afb9231.wx.dossm.net/home.html 6、优惠促销：http://wx83cbd1526afb9231.wx.dossm.net/hotelPromotionList-1.html 7、商城精选：http://wx83cbd1526afb9231.wx.dossm.net/mall.html 8、限时秒杀：http://wx83cbd1526afb9231.wx.dossm.net/mall.html?catalogId=-3 9、限时团购：http://wx83cbd1526afb9231.wx.dossm.net/mall.html?catalogId=-2 10、员工端：http://d3video.corp.dossm.com	2022-02-10 11:49:18
公众号下行		文本消息	文本消息（实时回复），WOW~我是问途君，暂时没找到相关内容哦！	2022-02-10 11:49:18
用户上行		文本消息	201	2022-02-10 11:49:18
公众号下行		文本消息	文本消息（实时回复），WOW~我是问途君，暂时没找到相关内容哦！	2022-02-10 11:49:08

图 5-19　微信公众号交互日志报告

间的关系解耦。

② 支持近实时的在线日志采集和分布式并发的离线日志采集。

③ 具有高可扩展性，即当日志数据量增加时，可以通过增加节点进行拓展。

目前使用较为广泛的、用于大数据日志采集的数据采集工具有以下几种。

（1）Apache Flume。Flume 是 Apache 旗下的一款开源、高可靠、高扩展、容易管理、支持客户扩展的数据采集系统，其图标如图 5-20 所示。Flume 支持在日志系统中定制各类数据发送方，用于收集数据。同时，具有对数据进行简单处理并写到各种数据接收方的能力。其核心是把数据从数据源收集过来，简单处理后再将收集到的数据送到指定的目的地。

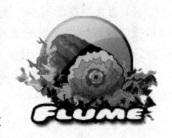

图 5-20　Apache Flume 图标

（2）Logstash。Logstash 是 Elastic Stack 技术栈下的一款开源的数据收集引擎，具备实时管道处理能力，其图标如图 5-21 所示。简单来说，Logstash 作为数据源与数据存储分析工具之间的桥梁，能够极大方便日志数据的处理与分析。它可以动态统一不同来源的数据，并将数据标准化到需要的目标输出地。Logstash 还提供了大量插件，可帮助人们解析、丰富、转换和缓冲任何类型的数据。

（3）Beats。Beats 也是 Elastic Stack 技术栈下的一款轻量级的数据采集平台。Beats 平台集合了多种单一用途的数据采集器，其图标如图 5-22 所示。目前包含下述 6 种采集工具。

① Packetbeat：网络数据（收集网络流量数据）。

② Metricbeat：指标（收集系统、进程和文件系统级别的 CPU 和内存使用情况等数据）。

③ Filebeat：日志文件（收集文件数据）。

④ Winlogbeat：Windows 事件日志（收集 Windows 事件日志数据）。

⑤ Auditbeat：审计数据（收集审计日志）。

⑥ Heartbeat：运行时间监控（收集系统运行时的数据）。

相比同属 Elastic Stack 技术栈的 Logstash，Beats 所占系统的 CPU、内存等资源消耗几乎可以忽略不计。

图 5-21　Elastic Logstash 图标

图 5-22　Elastic Beats 图标

3）数据库数据采集

各种企业和组织一般都会使用传统的关系型数据库（如 MySQL、Oracle 等）来存储每时每刻产生的大量业务数据，这些数据以一行行记录的形式被直接写入数据库中保存。

大数据分析一般是基于历史海量数据、多维度分析，且分析过程不能直接在原始的业务数据库上直接操作，因为分析所需要使用的一些复杂的数据查询操作会明显地影响业务数据库的响应效率，导致业务系统的处理速度降低甚至不可用。所以，大数据系统通常需要通过数据库数据采集的方式与业务后台数据库服务器对接，通过合适的同步方式来采集大数据分析处理所需要的数据，然后输出到分析数据库或者 HDFS 上，再由大数据处理系统对这些数据进行后续的数据处理操作。

数据库数据采集根据同步的方式，可以分为以下 3 种。

(1) 直接数据源同步。直接数据源同步是指直接连接业务数据库，通过规范的数据源接口去读取源数据库中记录的数据。这种方式比较容易实现，但是对于数据量比较大的数据源，则会对源数据库的性能有一定的影响。

JDBC 就是一种标准 Java 数据源接口，用来连接 Java 应用程序和各种不同的数据库，如图 5-23 所示。

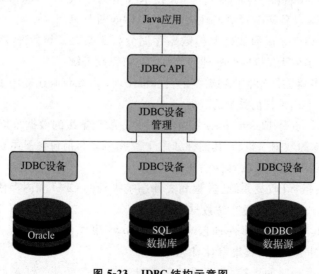

图 5-23　JDBC 结构示意图

（2）生成数据文件同步。生成数据文件同步是指从目标数据库生成数据文件，然后通过文件系统同步到大数据分析数据库中。通过这种方式进行同步，在数据文件传输前后必须做校验，同时还需要进行文件压缩和加密，以提高效率、保障数据安全。

绝大多数数据库都可以将数据记录导出为多种常用格式的数据文件。如图5-24和图5-25所示，分别为MySQL数据库的数据记录导出操作界面和导出的文件内容。

图5-24　MySQL数据记录导出操作界面

```
"7"   "9"   "教学课件学习"   "0"      "0"   "标签的认知与设置"   "1633768369"
"8"   "9"   "实验任务说明"   "0"      "0"   "标签认知与设置" "1633768328"
"9"   "9"   "实验步骤引导"   "0"      "0"   "标签认知与设置" "1633768361"
"10"  "9"   "参考视频""1"        "0"   "根据用户行为打标签的设置"  "1630374600"
"44"  "8"   "abc" "2"    "2"    "0"      "1630985863"   "15672"
"45"  "8"   "abd" "3"    "2"    "0"      "1630985916"   "3203637"
"46"  "8"   "word"   "2"   "2"   "0"      "1630990588"   "126024"
"49"  "8"   "bbbb"   "3"   "2"   "0"      "1630991847"   "3236495"
"51"  "9"   "test"   "4"   "8"   "0"      "1630999302"   "262380"
"53"  "9"   "test"   "2"   "3"   "0"      "1631000019"   "14382"
"54"  "9"   "教学课件""0"        "0"   "电子券的发行"   "1631956695"
"55"  "9"   "教学课件""0"        "0"   "客房产品信息采编"   "1631956889"
"56"  "9"   "考核点及要求"   "0"      "0"   "标签认知与设置" "1633768350"
"58"  "8"   "学习视频""1"        "0"   "会员体系搭建"   "1634541742"
"59"  "9"   "知识拓展阅读"   "0"      "0"   "营销自动化"  "1636009790"
"60"  "9"   "实验任务说明"   "0"      "0"   "营销自动化设置" "1636014889"
"61"  "9"   "考核点及要求"   "0"      "0"   "营销自动化设置" "1636015147"
"62"  "9"   "实验步骤引导"   "0"      "0"   "营销自动化设置" "1636092372"
"63"  "9"   "教学课件学习"   "0"      "0"   "营销自动化设置" "1636441827"
"76"  "12"  "考核说明""0"        "0"      "1637635311"
"77"  "12"  "系统实操考核点" "0"      "0"         "1637635318"
"79"  "17"  "教学课件学习"   "0"      "0"   "标签的认知与设置"   "1633768369"
"80"  "17"  "实验任务说明"   "0"      "0"   "标签认知与设置" "1633768328"
"81"  "17"  "实验步骤引导"   "0"      "0"   "标签认知与设置" "1633768361"
"82"  "17"  "参考视频""1"        "0"   "根据用户行为打标签的设置"  "1630374600"
```

图5-25　MySQL数据记录导出文件内容

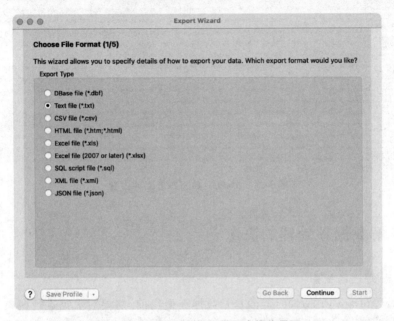

(3) 数据库日志同步。数据库日志同步是指基于源数据库的日志文件进行同步。现在大多数数据库都支持生成数据日志文件,并且支持用数据日志文件来恢复数据,因此可以使用数据日志文件来进行增量同步。这种方式对源数据库的性能影响较小,同步效率也较高。MySQL 数据日志文件内容如图 5-26 所示。

```
20220213 02:30:00,virtual-simulation,d0sSM2012,172.26.0.47,85655,93796974,QUERY,wintour_virtual_simulation,'update wintour_virtual_simulation.t_base_guest set project_id=1, student_id=
ags=2101250 where id=74922807',0
20220213 02:30:00,virtual-simulation,d0sSM2012,172.26.0.47,85655,93796975,QUERY,wintour_virtual_simulation,'update wintour_virtual_simulation.t_base_guest set project_id=1, student_id=
ags=1179652 where id=74922808',0
20220213 02:30:00,virtual-simulation,d0sSM2012,172.26.0.47,85655,93796976,QUERY,wintour_virtual_simulation,'update wintour_virtual_simulation.t_base_guest set project_id=1, student_id=
ags=270338 where id=74922809',0
20220213 02:30:00,virtual-simulation,d0sSM2012,172.26.0.47,85655,93796977,QUERY,wintour_virtual_simulation,'update wintour_virtual_simulation.t_base_guest set project_id=1, student_id=
ags=278532 where id=74922810',0
20220213 02:30:00,virtual-simulation,d0sSM2012,172.26.0.47,85655,93796978,QUERY,wintour_virtual_simulation,'update wintour_virtual_simulation.t_base_guest set project_id=1, student_id=
ags=589826 where id=74922811',0
20220213 02:30:00,virtual-simulation,d0sSM2012,172.26.0.47,85655,93796979,QUERY,wintour_virtual_simulation,'update wintour_virtual_simulation.t_base_guest set project_id=1, student_id=
ags=2101252 where id=74922812',0
20220213 02:30:00,virtual-simulation,d0sSM2012,172.26.0.47,85655,93796980,QUERY,wintour_virtual_simulation,'update wintour_virtual_simulation.t_base_guest set project_id=1, student_id=
ags=2101250 where id=74922813',0
20220213 02:30:00,virtual-simulation,d0sSM2012,172.26.0.47,85655,93796981,QUERY,wintour_virtual_simulation,'update wintour_virtual_simulation.t_base_guest set project_id=1, student_id=
ags=2129922 where id=74922814',0
20220213 02:30:00,virtual-simulation,d0sSM2012,172.26.0.47,85655,93796982,QUERY,wintour_virtual_simulation,'update wintour_virtual_simulation.t_base_guest set project_id=1, student_id=
ags=540674 where id=74922815',0
20220213 02:30:00,virtual-simulation,d0sSM2012,172.26.0.47,85655,93796983,QUERY,wintour_virtual_simulation,'update wintour_virtual_simulation.t_base_guest set project_id=1, student_id=
ags=528386 where id=74922816',0
20220213 02:30:00,virtual-simulation,d0sSM2012,172.26.0.47,85655,93796984,QUERY,wintour_virtual_simulation,'update wintour_virtual_simulation.t_base_guest set project_id=1, student_id=
ags=1081348 where id=74922817',0
20220213 02:30:00,virtual-simulation,d0sSM2012,172.26.0.47,85655,93796985,QUERY,wintour_virtual_simulation,'update wintour_virtual_simulation.t_base_guest set project_id=1, student_id=
ags=1052674 where id=74922818',0
20220213 02:30:00,virtual-simulation,d0sSM2012,172.26.0.47,85655,93796986,QUERY,wintour_virtual_simulation,'update wintour_virtual_simulation.t_base_guest set project_id=1, student_id=
ags=2101250 where id=74922819',0
20220213 02:30:00,virtual-simulation,d0sSM2012,172.26.0.47,85655,93796987,QUERY,wintour_virtual_simulation,'update wintour_virtual_simulation.t_base_guest set project_id=1, student_id=
ags=557060 where id=74922820',0
20220213 02:30:00,virtual-simulation,d0sSM2012,172.26.0.47,85655,93796988,QUERY,wintour_virtual_simulation,'update wintour_virtual_simulation.t_base_guest set project_id=1, student_id=
ags=2113538 where id=74922821',0
```

图 5-26　MySQL 数据日志文件内容

二、了解数据预处理的概念

1. 数据预处理的概念

数据预处理(Data Preprocessing)是指数据在使用前,需要对数据进行调整、补充、合并或删除,以提高数据质量,确保数据在后续运算能提高性能,在数据挖掘过程中能增加数据结果的准确度与可信度。企业通过不同的采集方法及渠道取得了一定的数据,但由于各行各业都在收集和处理大量数据,而现实世界的数据往往是不完整的、有噪声的和不一致的,在数据采集过程中若控制得不好,往往容易产生误导性的结果。如对某商品销售价的信息收集中,对商品金额单位的描述,有使用货币符号人民币“¥”“CNY”,也有使用“元”“万元”不同等级单位。若不经过数据预处理,保留对同一概念有不同表达方式的数据,就会导致分析结果出现超出范围的数值、不可能的数据组合、缺失的数值等情况,最终产生误导性的结果。

经过数据预处理,应该使数据具备准确性、完整性、一致性、时效性、可信性、可解释性,使其能够描述数据的整体特征、预测趋势并最终产出决策。因此,如何从这些海量的数据中找到更深层次的重要信息,为数据应用更好地实现以及提高营销结果转化打下良好基础,数据预处理起着至关重要的作用。

2. 数据预处理的方法

数据预处理相关的工作,在整个数据应用、数据挖掘过程中占据了一半以上的时间,也是数据分析师所需掌握的一项必备技能。数据预处理的标准其实是对数据特征的分析和处理过程,针对采集数据的任务和数据集属性的不同,数据预处理可以划分为以下几个类别。

1) 单特征

单特征数据预处理,实际是针对采集数据中的某一字段或属性进行数据处理的过程,是特征工程中首先需要处理的模块。经过处理后的数据,需要保证单数据特征的统一性和可读性。

单特征数据处理需要处理数据的缺失值、标准化及离散化数据,完成数据变换,如图 5-27 所示。

以表 5-2 某酒店采集的客人入住订单信息数据为例,其中针对 8 月 2 日入住、8 月 3 日离店的订单,不存在订单确认号与预订的房间数信息,是属于订单统计中的无效信息,应做删除;针对到店及离店日期显示方式的不同,考虑日期的可读性,可以统一标准化为"yy-mm-dd"格式,若考虑计算机运算的有效性,就应该将时间都统一为时间戳的展示方式;同理,针对预订客房及房价、价格、状态、性别不同的显示方式,都需要按照统一标准进行整理。

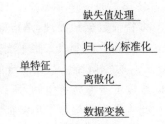

图 5-27 单特征数据预处理方法

表 5-2 某酒店采集客人入住订单数据(局部)

到店日期	离店日期	客人 Id	房数	预订客房	预订房价	价格/元	成人数	状态	确认号	性别
10 月 12 日	10 月 13 日	NULL	1	DXKN	CORC	438	1	7	1481021	M
9 月 14 日	9 月 15 日	0	1	SDKS	CORB	418	1	6	1559325	M
2021 年 3 月 14 日	2021 年 3 月 15 日	NULL	1	豪华大床房	前台订购价	378	1	离店	1748633	男性
2021 年 11 月 1 日	2021 年 11 月 2 日	0	1	商务大床房	协议渠道优惠价	368	1	取消	2941301	男性
8 月 2 日	8 月 3 日	NULL	0	BUKN	CORB	448	1	6	0	M
2021-03-31	2021-04-01	882456	1	A2DS	前台预订价	0	1	3	3495985	M
2021-06-28	2021-06-30	NULL	1	SDTN	提前三天优惠价	378	1	6	3526533	M
3 月 28 日	3 月 31 日	NULL	1	DXTN	CORS1	448	1	6	3555697	F

经过多个单特征的数据预处理后的表格如表 5-3 所示。

表 5-3 单特征数据预处理后订单数据(局部)

到店日期	离店日期	客人 Id	房数	预订客房	预订房价	价格/元	成人数	状态	确认号	性别
2021-03-14	2021-03-15	NULL	1	SDTN	CORB	378	1	6	1748633	M
2021-03-28	2021-03-31	NULL	1	DXTN	CORS1	448	1	6	3555697	F
2021-03-31	2021-04-01	882456	1	A2DS	CORB	0	1	3	3495985	M
2021-06-28	2021-06-30	NULL	1	SDTN	ABR3	378	1	6	3526533	M
2021-09-14	2021-09-15	NULL	1	SDKS	CORB	418	1	6	1559325	M
2021-10-12	2021-10-13	NULL	1	DXKN	CORC	438	1	7	1481021	M
2021-11-01	2021-11-02	NULL	1	BUKN	CORB3	368	1	4	2941301	M

2)多特征

多特征数据预处理,是指根据所需研究对象,将数据的维度特征数减少的方法,如将三维立体空间数据变成二维平面数据,常用的有数据降维和特征选择两种方法。

(1)数据降维。数据降维的原则是将高维度特征空间里的点向低维度空间转化,新的空间维度低于原特征空间,所以维度减少了。在这过程中,原特征空间的维度不再存在,新的空间维度中则保留了原特征空间的一部分属性或性质,如图5-28所示。

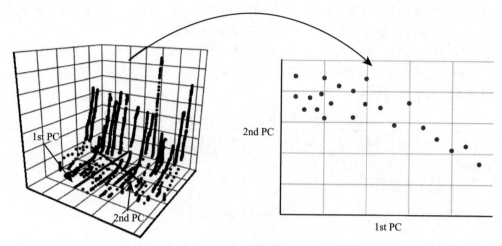

图5-28 三维立体数据降维到二维平面示意图

如表5-4所示,某集团需要分析集团下各个单店所在地客单价的差异对比,其中收集整理了客房订单收入统计数据,与客单价相关的数据属性维度有房间数、入住天数、单价。

表5-4 某集团客房入住订单数据(局部)

确认号	房间数	入住天数	单价/元	预订客房	预订房价	成人数	所在地
1748633	1	1	378	SDTN	CORB	1	GZ
3555697	2	1	448	DXTN	CORS1	1	GZ
3495985	1	1	378	A2DS	CORB	1	HZ
3526533	1	2	378	SDTN	ABR3	1	SH
1559325	2	2	418	SDKS	CORB	1	BJ
1481021	1	1	438	DXKN	CORC	1	GZ
2941301	2	1	368	BUKN	CORB3	1	HZ

已知客单价=入住间夜(房间数×入住天数)×单价,因此在降维数据预处理过程中,就可以将表5-4中的房间数、入住天数及单价三个维度进行删除,新增客单价维度。通过数据预处理,就将三个维度降为一个维度,如表5-5所示。

表5-5 数据降维后的入住订单数据(局部)

确认号	预订客房	预订房价	成人数	客单价/元	所在地
1748633	SDTN	CORB	1	378	GZ
3555697	DXTN	CORS1	1	896	GZ

续表

确认号	预订客房	预订房价	成人数	客单价/元	所在地
3495985	A2DS	CORB	1	378	HZ
3526533	SDTN	ABR3	1	756	SH
1559325	SDKS	CORB	1	1 672	BJ
1481021	DXKN	CORC	1	438	GZ
2941301	BUKN	CORB3	1	736	HZ

（2）特征选择。特征选择的最终目的也是实现数据的降维，从而优化减少数据计算的复杂度。与数据降维对比，特征选择是从多个数据特征中，通过算法选择出最符合或贴近所需处理业务的数据维度，从而舍弃其他数据维度的方法，保留的数据维度就是原数据字段（或属性）本身，数据并没有发生任何变化。

如表 5-6 所示，某旅游目的地需要对景区客源地的客户消费频次与消费水平进行分析对比，目前能够获取客户来源地的数据有从微信公众号授权获取的微信客源地、从用户预留的手机号前七位获取的手机所在地，以及在回馈客户福利活动中客人预留的礼物收货地址。在数据预处理的特征选择阶段，就需要对微信来源地、手机号码归属地以及收货地址之间进行相关性分析，从而得出与实际最接近的客源地字段，删除其他字段。同时，仍需判断其他字段保留的必要性。

表 5-6　某旅游目的地客源地与消费数据表（局部）

客人 ID	微信来源	手机号码	收货地	订单数	客单价/元
881620＊＊＊	江苏盐城	1391254＊＊＊＊	江苏南京	2	378
881620＊＊＊	冰岛	1501574＊＊＊＊	广东佛山	1	448
881620＊＊＊	浙江杭州	1324854＊＊＊＊	浙江杭州	2	328
88162＊＊＊	上海	1822166＊＊＊＊	上海	8	485
881624＊＊＊	北京	1898001＊＊＊＊	北京	1	548
881620＊＊＊	广东深圳	1501254＊＊＊＊	广东深圳	1	388
88162＊＊＊	南极洲	1344587＊＊＊＊	上海	2	480

经过特征选择后的数据如表 5-7 所示。

表 5-7　特征选择后的所在地与客单价关系表

收货地	订单数	客单价
江苏南京	2	378
广东佛山	1	448
浙江杭州	2	328
上海	8	485
北京	1	548
广东深圳	1	388
上海	2	480

3）衍生变量

衍生变量是特征构造的一个过程，指在原数据不能满足完全预测的基础上，根据一个或者多个原数据特征进一步加工、特征组合，衍生出新的数据变量。针对衍生的数据变量，有可能对业务或对数据预测分析有益，也可能是无用的。因此，衍生变量的应用依赖于对业务知识了解的深入程度及对业务数据逻辑的感知敏感度。

衍生变量可体现在对类别、数值、图像、文本、声音等不同数据属性上，如图5-29所示。

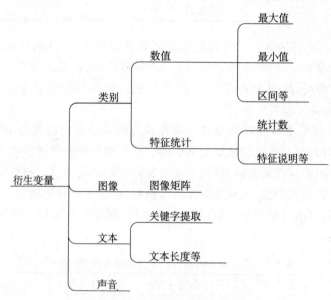

图5-29 衍生变量数据预处理方法

如表5-6中展示的手机号，根据手机号码的前3位数字，可以衍生出"运营商"数据维度；根据手机号码前7位数字，衍生出"手机归属地"，再进一步划分所在地，可以继续衍生出"归属省""行政区域"等更多的数据维度，如表5-8所示。

表5-8 根据手机号码衍生变量表

手机号码	运营商	手机归属地	归属省	行政区域
1391254****	移动	盐城	江苏	长三角
1501574****	移动	佛山	广东	珠三角
1324854****	联通	杭州	浙江	长三角
1822166****	移动	上海	上海	直辖市
1898001****	电信	成都	四川	西南地区
1501254****	移动	深圳	广东	珠三角
1344587****	移动	上海	上海	直辖市

又如在用户访问交互数据中，记录客人每天登录的最后时间，根据业务需求，可以衍生出"最近30天登录""最近7天登录"等数据属性。

衍生变量过程中，并不是衍生越多的特征越有价值，需要重视新变量新特征与目标的相关性，从这个变量是否对目标有实际意义、特征的重要性、特征的独特性的角度考虑，对最后数据预测结果产生影响。

3. 数据预处理的主要步骤

1) 数据清洗

数据清洗(Data Cleaning)是指通过去除异常值、替换缺失值、平滑噪声数据和纠正不一致数据来"清理"数据的技术。数据清洗不仅是擦除信息为新数据腾出空间,也是找到一种方法来最大化数据集的准确性。数据清洗主要针对数据的以下几种情况进行处理。

缺失值:是指数据采集阶段由于各种原因采集的数据不完整。如在问卷调研阶段,用户不愿意留下真实姓名及手机号等联系方式,但可以从用户在官网商城的下单或调研回访过程获取用户信息,这种情况下就需要对缺失数据尽可能补充;针对有效数据量少、对整体数据没有影响的数据则直接删除。

异常值:是指非真实数据,对异常值数据进行删除处理。如用户账户中出现"test""123"等无效数据,可直接删除;数据中出现两个数据源,同样的数据,但是取值记录得不一样,除了有人工误入,还有可能是因为货币计量的方法不同、汇率不同、税收水平不同、评分体系不同造成数据冲突,这种情况下需要对数据分析后再进行处理。

无关值:是指数据中与所需业务无关联、无影响的数据,通常直接删除。如进行会员数据统计过程,通过 CRM 系统导出的会员数据中有 ID 标识,系统 ID 是用于数据库记录的内容字段,在实际业务环节中通过会员号(Memberid)进行记录,这种情况下会员 ID 可直接删除。

重复值:是指对于收集数据的核心字段出现相同数据,需要对比分析后将重复的数据进行删除。如会员系统中,用户的手机号应该是唯一的,但实际数据采集过程中,出现了两个不同的账号使用同一部手机注册的情况,这时候就需要经过比对与核实,将错误的无效数据删除。

数据清洗除了删除以外,还需包含更多的补充及纠错,例如,对空字段、缺失代码的处理和识别重复数据点等。

2) 数据分析

(1) 采样处理。采样是从特定的概率分布中抽取样本点的过程。目的是将复杂分布的数据简化为离散的样本数据,最简单的处理不均衡数据的方法是随机采样。当总体数据量不够时,除了简化模型,就可以通过随机采样的方法,对每个类进行采样。采样一般分为过采样(Over-Sampling)和欠采样(Under-Sampling)。随机过采样是从少数类的数据中有放回地随机重复抽取样本,随机欠采样是从多数类的数据中随机选取较少样本。例如,统计某个地区居民生活指数满意度调研,过采样会从不满意的意见中重复抽取多个样本放回整体调研数据(抽取的样本有可能存在重复);欠采样就是从满意的数据中抽个别结果放回整体调研数据。随机过采样会扩大数据规模,容易造成过拟合,即结果趋近;随机欠采样可能损失部分有用信息,造成欠拟合,失去部分真实性。

(2) 类型转化。数据类型可以简单划分为数值型和非数值型。类型转换的目的是将数据都统一成数值型,以方便机器学习算法后续处理。数值型分为连续型(Continuous)和离散型(Discrete)。非数值型分为类别型和非类别型,其中类别型特征中如果类别存在排序问题则为定序型(Ordinal),若不存在排序问题则为定类型(Nominal);非类别型是字符串型(String)。例如,居民满意度调研数据获取分为线上和线下调研问卷,线上调研问卷对满意度调研结果的统计方式为离散型的数值:5(非常满意),3(满意),1(不满意),0(非常不满意);线下问卷调研结果则是直接定序型的字符串文字显示,这时候就需要将线下数据进行统一转化。

(3) 数据归一。经过数据分析后数据结果类型完成统一。为了消除数据特征之间的量纲(个体的定量描述)影响,数据分析师需要对特征进行归一化处理,使相同或临近的指标之间具有可比性。例如,分析一个人的身高和体重对健康的影响,如果使用米(m)和千克(kg)作为单位,每个个体数据为真实身高及体重的具体值,则无法针对某个群体进行有效分析,这时就需要将具体数值统一为区间值,将符合区间值的数据进行归一化,如身高为 1.6~1.65m、体重为 40~45kg 等,将所有数据按照划分的新区间进行归类。数据归一化可以将所有特征都统一到一个大致相同的区间内,以便进行分析。

3) 数据整合

数据整合也称为数据集成,就是将多个数据源中的数据合并,存放在一个一致的数据存储中,这些数据源可能包括多个数据库、文本文件,最终将所有有关联的数据都进行整合合并,形成一份可直接用于数据挖掘、数据分析的有效源数据。数据整合,就是解决数据源中字段的语义差异、结构差异、字段间的关联关系,以及数据的冗余重复的问题。

(1) 字段意义。在整合数据源的过程中,很可能出现以下情况。

两个数据源中都有一个字段名字叫"Payment",但其实一个数据源中记录的是税前的薪资,另一个数据源中是税后的薪资。两个数据源都有字段记录税前的薪水,但是一个数据源中字段名称为"Payment",另一个数据源中字段名称为"Salary"。造成这个问题的原因在于现实生活中语义的多样性以及企业数据命名的不规范。因此在数据分析阶段,需要针对性地进行业务调研,确认每个字段的实际意义,不要被不规范的命名误导。

(2) 字段结构。数据结构问题在数据采集中几乎都会存在。在整合多个数据源时,如何用统一、规范的标准约定表示同样的数据特征和属性,这样的问题就是字段结构问题。

① 字段名称不同。例如,同样是存储员工薪水,一个数据源中字段名称是"Salary",另一个数据源中字段名是"Payment"。

② 字段数据类型不同。例如,同样是存储员工薪水的 Payment 字段,一个数据源中存为 INTEGER 型(整型),另一个数据源中存为 CHAR 型(字符串型)。

③ 字段数据格式不同。例如,同样是存储员工薪水的 Payment 数值型字段,一个数据源中使用逗号分隔,另一个数据源中用科学记数法。

④ 字段单位不同。例如,同样是存储员工薪水的 Payment 数值型字段,一个数据源中单位是万元人民币,另一个数据源中是美元。

⑤ 字段取值范围不同。例如,同样是存储员工薪水的 Payment 数值型字段,一个数据源中允许空值,即 NULL 值,另一个数据源中不允许。

上面这些问题都会对后续数据整合造成影响。因此,在数据预处理阶段需要尽量明确数据字段结构。

(3) 数据冲突。数据冲突就是两个数据源,同样的数据,但是取值记录得不一样。造成这种原因,除了有人工误入,还有可能是因为货币计量的方法不同、汇率不同、税收水平不同、评分体系不同等原因。对待这种问题,就需要对实际的业务知识有一定的理解。同时,对数据进行调研,尽量明确造成冲突的原因。如果数据的冲突实在无法避免,就要考虑冲突数据是否都要保留、是否要进行取舍、如何取舍等问题。

三、了解数据存储和管理的技术

1. 大数据存储的概念

1)数据存储

身处科技与信息时代,生活方方面面都离不开网络、计算及存储。信息的存储从数万年前的洞穴壁画、刻在泥板上的楔形文字,发展到当今大家熟知的硬盘、云存储,信息存储的脚步从未停止,人类的大脑是最原始、精密的存储器。

数据存储(Data Store)是指数据流在加工过程中产生的临时文件或加工过程中需要查找的信息。特指在计算机存储环境下,根据数据类别的不同,通过不同的格式记录在计算机内部或外部的存储介质上。最早的机械化信息存储形式可以追溯到19世纪美国统计专家赫曼·霍列瑞斯博士(Herman Hollerith,以下简称为"霍列瑞斯")在1880年首次发明的穿孔制表机(Punched Card),并用于1890年美国人口普查,此前的人口普查只能通过人工手工统计,流程烦琐且历时多年才能完成。此次的人口普查使用的穿孔卡片及机器,仅花费6周时间就完成了统计。这次人口普查统计应用的成功,标志着半自动化处理数据系统时代的开始。霍列瑞斯后来创建的公司,就是发展至今的IBM,因此打孔卡又称霍列瑞斯式卡或IBM卡。

随后,进入20世纪,开始使用磁带(Magnetic Tape)将音频通过信息电流的变化将声音进行记录;也出现了通过不同形式的磁盘(Magnetic Disk)记录不同数据,其中就包括硬盘(Hard Disk Drive,HDD)及软盘(Floppy Disk Drive,FDD),如使用至今的CD/DVD,闪存卡、SD卡、U盘等,如图5-30所示。

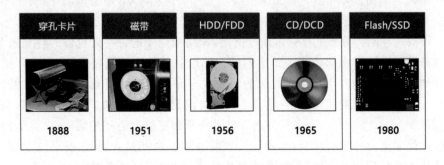

图 5-30 数据存储介质发展历程

发展至21世纪,随着数据存储空间增加、数据存储信息复杂度提升、存储数据间数据交互需要、数据存储时限增加及数据存储成本高昂等问题的出现,传统的物理数据存储介质开始转向云空间存储(Cloud Store)。云存储是一种网上在线存储模式,通过把数据存放在网上的多台虚拟服务器中,通过Web服务应用程序接口(API)或经过浏览器端优化的用户界面进行访问的方式,替代传统必须通过物理机器的方式存储数据。至此,数据存储又进入了一个新的时代,微软、谷歌、苹果、阿里、百度等巨头公司也纷纷推出了自己的云存储产品。

2)大数据存储

大数据存储(Big Data Store)是在大数据采集、处理、应用的过程中,对大数据进行存储的技术。大数据存储系统依赖大规模的并行处理数据库来分析从各种来源摄入的数据,与传统文本、通过 Excel 等文件保存数据方式不同,大数据存储存在以下特点。

(1) 存储数据量大。物理设备的数据存储中,最大到 TB,但大数据的计量单位至少是 PB(相当于 1 000TB),甚至采用 EB(相当于 100 万 TB)或者 ZB(相当于 10 亿 TB)单位。

(2) 数据多样化。目前,大数据采集大多源于搜索引擎服务、用户社交网络、电子商务、在线服务、个人数据业务、地理信息、企业数据等多种不同渠道,且数据类型、数据呈现的方式也是多种多样的。可以是结构化、半结构化或非结构化的数据形态,如网络日志、音视频、图片等。

由于数据的多样性,传统的数据存储方式无法满足大数据存储的需求,多样性也会造成数据管理过程更加复杂。

(3) 对数据服务需求要求高。大数据存储是为了将数据进行大数据处理及应用,因此数据要求是需要实时在线,能够随时调用和计算的。同时,大数据的价值密度相对较低,但在数据增长速度快、处理需求高、时效反应要求快的情况下,如何能有效地根据实际业务需求,有效地对数据进行存储、提取及管理,挖掘数据背后的价值,大数据存储需要具备高效存储的能力。

2. 大数据存储技术

1) 数据存储方式

由于存储的数据结构、数据量级的不同,数据存储方式分为集中式存储和分布式存储。

(1) 集中式存储。传统的数据存储由于数据量及数据复杂度的要求较低,通常采用集中式存储的方式,集中式存储是将数据存放在一台或多台计算机组成的存储服务器中,系统的所有业务及数据的存储、读取、控制与处理都集中在存储服务器中完成,客户端负责将数据进行输入与输出。集中式存储最大的特点是部署结构简单,服务器集中,对于不涉及大量数据交互处理的业务及企业而言,集中式存储是一个较优的选择。

(2) 分布式存储。分布式存储是通过网络,使用企业中的每一台机器的存储磁盘空间,并将这些分散的存储资源组建成一个虚拟的存储设备的数据存储技术,分布式存储的数据分散在存储企业机器的各个角落。传统的集中式存储通过存储服务器存放所有资源,存储的服务器会成为系统性能的瓶颈,存储服务器一旦出现性能缺陷或安全性问题,影响的是所有存储的数据。与之相对应,分布式网络存储系统采用可拓展的系统结构,在灵活性上可以通过多台存储服务器分担存储负荷,利用位置服务器定位存储信息;在安全性上,由于数据的分散及分布式数据的处理机制,分布式存储在系统的可靠性、可用性、安全性上有了极大提升,同时这种结构还易于进行拓展。

大数据存储技术是大数据领域的一项关键技术,使用分布式存储也是大数据存储的重要特点:通过分布式存储代替集中式存储,使用更廉价的机器代替昂贵的机器,让海量存储的成本大大降低、提高数据安全性是大数据存储需要解决的问题。

2) 数据存储方法

数据的存储是利用数据库将不同类型的数据进行存储,常用的数据存储分为关系型数据库和非关系型数据库两类。

(1) 关系型数据库(Relational Database)。关系型数据库通常采用集中式存储,主要以行和列的方式存储数据以便用户理解,它运用了现实世界中的事物关系来解释数据库中抽象的数据结构,一系列的行及列组成数据表,一组表构成一个数据库,常用的关系型数据库有 Oracle、MySQL 等,如图 5-31 所示。

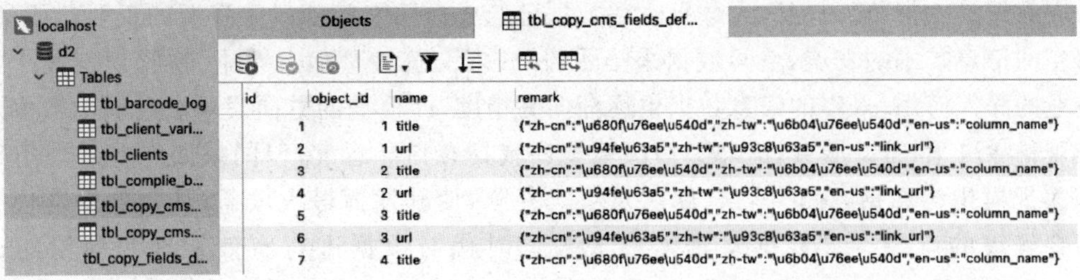

图 5-31　MySQL 数据库、数据表与数据

(2) 非关系型数据库(Non-Relational Database)。非关系型数据库是随着 Web 2.0 网站的兴起,传统的关系型数据库已经逐渐出现无法克服的问题而衍生出的为了解决大规模数据集合、数据并发、多重数据种类及大数据应用的数据库存储方式。非关系型数据库可以理解为与关系型对应的"无关系型(Non-Relational)"或"不仅仅是数据库(Not Only SQL)"。在大数据大行其道的今天,由于互联网时代业务的不确定性导致数据库的存储模式也在不停变更,NoSQL 的提出是一项全新的数据库革命。基于其非关系型、分布式、开源、易拓展等特点,NoSQL 迅速被众多企业及开发者接受与信赖。大数据核心存储技术,也是基于 NoSQL 通过分布式框架存储得以实现,常用的 NoSQL 数据库包括键值存储数据库、文档型数据库、图形数据库。

① 键值(Key-Value)存储数据库:通常使用哈希表,在这个表中有特定的键(Key)与一个指针指向的特定数据值(Value),常用的存储方式有 Redis。

② 文档型数据库:文档型数据库的灵感来自 Lotus Notes 办公软件,与键值存储相似,该类型的数据模型是版本化的文档,半结构化的文档以特定的格式存储,同时允许文件之间嵌套键值,常用的存储格式如 JSON。文档型数据库比键值存储数据库的查询效率更高,常用的存储方式有 MongoBD。

③ 图形数据库:图形数据库是使用灵活的图形模型,能够拓展到多个服务器,由于 NoSQL 没有标准的查询语言,对数据库查询需要指定数据模型,常用的存储数据库有 Info-Grid。

3) 常用的大数据存储技术

(1) Hadoop 分布式文件系统(HDFS):Hadoop 是 Apache 开源软件基金会开发的运行于大规模普通服务器上用于大数据存储、计算、分析的一种分布式存储系统。HDFS 是 Apache Hadoop 的核心子项目,基于流数据访问模式,支持海量数据的存储,允许部署在价格低廉的硬件上,允许用户把成百上千的计算机组成集群。HDFS 是目前最普遍的大数据分析引擎,通常可与不同类型的 NoSQL 数据库相结合。

(2) HBase:HBase 也是 Apache Hadoop 项目的其中一个子项目,是一个分布式的、非关系型数据库,它使用 HDFS 作为大数据项目的持久性存储,以 Google Big Table 为模型,能够承载数十亿列(行)的表,HBase 提供了对大数据的随机、实时读写访问。

(3) Elasticsearch:Elasticsearch 是使用 Java 语言开发,基于 Lucene 库的搜索引擎,提供分布式多用户能力的全文搜索引擎。在存储海量数据的使用场景中,查询往往需要模糊查询和检索,实时性要求较高,Elasticsearch是目前比较理想的解决方案。

3. 大数据管理技术

大数据是一把"双刃剑",大数据时代数据已经成为国家基础战略资源的重要组成部分。随着空间信息技术的发展,空间数据采集手段的多元化,地理信息技术、视觉识别技术在各行各业的深入应用,采集的信息数据也逐渐向高精度、广覆盖的方向发展。存储的数据对国家宏观科学决策、公共服务、应急舆情决策等领域具有指导意义,但同时如何有效地组织与管理大规模指向数据,保护国家、团队及个人安全,使其发挥最大效益,是大数据管理中迫切需要解决的难题。大数据管理是在大数据时代对数据进行有效管理和利用的重要手段。

1) 数据加密

随着互联网的快速发展和计算机技术在互联网上的广泛使用,人们在互联网的不同节点都会留下个人信息,独立单一的信息不容易暴露用户的隐私,但随着大数据分析将用户在不同节点下的信息进行综合关联,就容易暴露用户的大量信息,隐私信息安全显得尤为重要。因此,无论是在数据存储过程,还是在数据传输过程,都需要考虑数据加密。数据加密技术不仅可以对数据进行加密和解密,还可以实现数字签名、认证和取证等功能,从而保证网络数据传输的保密性、完整性和确认性。

2) 数据集成

数据信息量的增加及数据类型的复杂化,使得大数据的数据集成管理变得复杂多样:一方面,采集数据的不同来源,具有结构化、半结构化、非结构化的特征;存储方式及方法的不同,需要经过复杂的转化才能最终集成管理。同时,在数据集成管理过程中,需要对无效信息进行筛选处理,集成管理在处理数据筛选时无法统一标准。集成数据的管理,有人认为可以通过数据仓库(Data Warehouse)的方式,利用数据仓库进行单个数据存储,用于分析性报告和决策支持目的,通过对数据存储、整合及输出,对数据进行集中分层次管理。大数据管理任重道远。

国务院于2015年颁布《关于印发促进大数据发展行动纲要的通知》,明确鼓励高校设立数据科学和数据工程相关专业,重点培养专业化数据工程师等大数据专业人才。2018年,教育部公布全国5所普通高校成功申报"大数据管理与应用"本科专业,2019年,增加到25所,到2020年,增长至51所。大数据管理已成为未来大数据发展人才需求的一个重要方向。

 【主要术语】

1. 数据采集(Data Acquisition,DAQ):也称为数据获取,是指使用设备或工具对测量现实世界中的物理条件的信号进行采样,并将所得到的样本转换成可由计算机处理的数值的过程。

2. 大数据采集(Big Data Acquisition):是指从传感器、智能设备、在线IT系统、离线IT系统、社交网络系统和互联网平台等各种数据源获取数据的过程,更多的是指通过互联网技术和物联网技术获得的各种类型的海量数据。

3. 酒店能耗管理系统(Hotel Energy Consumption Management System):是指基于先进的智能控制技术和有线/无线物联网技术,实现能耗数据的大数据采集。酒店能耗管理系统可以实时采集供水、供电、供气、空调等相关能源组件的动态数据,实现数据集中管理,达到提高质量、提高效率、降低成本、减少库存的目的。

4. 结构化数据(Structured Data)：是指可以用二维表结构来表达的数据，通过关系型数据库进行存储和管理，通常以行为单位，一行数据代表一个实体的信息，每行数据的属性都相同，严格遵守数据格式和长度规范，数据的存储和排列是有规律的。

5. 非结构化数据(Unstructured Data)：是指没有固定结构，不能用传统的二维表结构表示并存储在传统数据库中的数据。

6. 半结构化数据(Semi-Structured Data)：是指介于结构化数据和非结构化数据之间的数据，具有一定的结构，但不能完全结构化，结构变化很大。

7. 网络数据采集(Web Data Collection)：是指通过网络爬虫、API 接口等方式从互联网网站获取数据信息的过程。

8. 网络爬虫(Web Crawler)：又称网络蜘蛛、网络机器人，是一种按照既定规则操作，自动浏览和抓取互联网信息的程序。

9. 应用程序接口(Application Programming Interface，API)：是一组定义、程序及协议的集合，通过 API 接口实现计算机软件之间的相互通信，而无须访问对方系统的源码，也无须理解对方系统的内部工作机制。API 的一个主要功能是提供通用功能集。API 同时也是一种中间件，为各种不同平台提供数据共享。

10. 系统日志(System Log)：是计算机系统中一种非常重要的功能组件，可以记录计算机系统中的硬件、软件、网络等组成部分的运行信息，通常包括系统日志、应用程序日志和安全日志。

11. Flume：是 Apache 旗下的一款开源、高可靠、高扩展、容易管理、支持客户扩展的数据采集系统。Flume 支持在日志系统中定制各类数据发送方，用于收集数据。同时，具有对数据进行简单处理并写到各种数据接收方的能力。其核心是把数据从数据源收集过来，简单处理后再将收集到的数据送到指定的目的地。

12. Logstash：是 Elastic Stack 技术栈下的一款开源的数据收集引擎，具备实时管道处理能力。简单来说，Logstash 作为数据源与数据存储分析工具之间的桥梁，能够极大方便日志数据的处理与分析。它可以动态统一不同来源的数据，并将数据标准化到需要的目标输出地。Logstash 还提供了大量插件，可帮助人们解析、丰富、转换和缓冲任何类型的数据。

13. Beats：是 Elastic Stack 技术栈下的一款轻量级的数据采集平台。相比同属 Elastic Stack 技术栈的 Logstash，Beats 所占系统的 CPU、内存等资源消耗几乎可以忽略不计。目前包含下述 6 种采集工具：Packetbeat(收集网络流量数据)、Metricbeat(收集系统、进程和文件系统级别的 CPU 和内存使用情况等数据)、Filebeat(收集文件数据)、Winlogbeat(收集 Windows 事件日志数据)、Auditbeat(收集审计日志)、Heartbeat(收集系统运行时的数据)。

14. 直接数据源同步(Direct Data Source Synchronisation)：是指直接连接业务数据库，通过规范的数据源接口去读取源数据库中记录的数据。这种方式比较容易实现，但是对于数据量比较大的数据源，则会对源数据库的性能有一定的影响。

15. JDBC：是一种标准 Java 数据源接口，用来连接 Java 应用程序和各种不同的数据库。

16. 生成数据文件同步(Generate Data File Synchronisation)：是指从目标数据库生成数据文件，然后通过文件系统同步到大数据分析数据库中。通过这种方式进行同步，在数据文件传输前后必须做校验，同时还需要进行文件压缩和加密，以提高效率、保障数据安全。

17. 数据库日志同步(Database Log Synchronization):是指基于源数据库的日志文件进行同步。现在大多数数据库都支持生成数据日志文件,并且支持用数据日志文件来恢复数据,因此可以使用数据日志文件来进行增量同步。这种方式对源数据库的性能影响较小,同步效率也较高。

18. 数据预处理(Data Preprocessing):是指数据在使用前,需要对数据进行调整、补充、合并或删除,以提高数据质量,确保数据在后续运算中能提高性能,在数据挖掘过程中能增加数据结果的准确度与可信度。

19. 数据降维(Data Dimensionality Reduction):是将高维度特征空间里的点向低维度空间转化,新的空间维度低于原特征空间,所以维度减少了。在这个过程中,原特征空间的维度不再存在,新的空间维度中则保留了原特征空间的一部分属性或性质。

20. 特征选择(Feature Selection):最终目的是实现数据的降维,从而优化减少数据计算的复杂度。从多个数据特征中,通过算法选择出最符合或贴近所需处理业务的数据维度,从而舍弃其他数据维度的方法,保留的数据维度就是原数据字段(或属性)本身,数据并没有发生任何变化。

21. 衍生变量(Derivative Variables):是特征构造的一个过程,指在原数据不能满完全预测的基础上,根据一个或者多个原数据特征进一步加工、特征组合,衍生出新的数据变量。

22. 数据清洗(Data Cleaning):是指通过去除异常值、替换缺失值、平滑噪声数据和纠正不一致数据来"清理"数据的技术。数据清洗不仅是擦除信息为新数据腾出空间,也是找到一种方法来最大化数据集的准确性。在数据清洗过程中,主要处理的是缺失值、异常值、无关值和重复值。数据清洗除了删除以外,还需包含更多的补充及纠错,例如对空字段、缺失代码的处理和识别重复数据点等。

23. 采样(Sampling):是从特定的概率分布中抽取样本点的过程。目的是将复杂分布的数据简化为离散的样本数据,最简单的处理不均衡数据的方法是随机采样。当总体数据量不够时,除了简化模型,就可以通过随机过采样的方法,对每个类进行过采样。

24. 随机过采样(Random Over-Sampling):是从少数类的数据中有放回地随机重复抽取样本。随机过采样会扩大数据规模,容易造成过拟合,即结果趋近;

25. 随机欠采样(Random Under-Sampling):是从多数类的数据中随机选取较少样本。随机欠采样可能损失部分有用信息,造成欠拟合,失去部分真实性。

26. 类型转换(Type Conversion):由于数据类型可以简单划分为数值型和非数值型,类型转换的目的是将数据都统一成数值型,以方便机器学习算法后续处理。

27. 数据归一(Data Normalisation):是指经过数据分析后数据结果类型完成统一。为了消除数据特征之间的量纲(个体的定量描述)影响,因此需要对特征进行归一化处理,使相同或邻近的指标之间具有可比性。

28. 数据整合(Data Integration):也称为数据集成,就是将多个数据源中的数据合并,存放在一个一致的数据存储中,这些数据源可能包括多个数据库、文本文件,最终将所有有关联的数据都进行整合合并,形成一份可直接用于数据挖掘、数据分析的有效源数据。是为了解决数据源中字段的语义差异、结构差异、字段间的关联关系,以及数据的冗余重复的问题。

29. 数据存储(Data Store):是指数据流在加工过程中产生的临时文件或加工过程中需要查找的信息,特指在计算机存储环境下,根据数据类别的不同,通过不同的格式记录在计算机内部或外部的存储介质上。

30. 云存储(Cloud Storage)：是一种网上在线存储模式，通过把数据存放在网上的多台虚拟服务器中，通过 Web 服务应用程序接口(API)或经过浏览器端优化的用户界面进行访问的方式，替代传统必须通过物理机器的方式存储数据。

31. 大数据存储(Big Data Store)：是在大数据采集、处理、应用的过程中，对大数据进行存储的技术。大数据存储系统依赖大规模的并行处理数据库来分析从各种来源摄入的数据。

32. 集中式存储(Centralised Storage)：是指将数据存放在一台或多台计算机组成的存储服务器上，系统的所有业务及数据的存储、读取、控制与处理都集中在存储服务器中完成，客户端负责将数据进行输入与输出。

33. 分布式存储(Distributed Storage)：是通过网络，使用企业中的每一台机器的存储磁盘空间，并将这些分散的存储资源组建成一个虚拟的存储设备的数据存储技术，分布式存储的数据分散在存储企业机器的各个角落。

34. 关系型数据库(Relational Database Management System，RDBMS)：通常采用集中式存储，主要以行和列的方式存储数据以便用户理解，它运用了现实世界中的事物关系来解释数据库中抽象的数据结构，一系列的行及列组成数据表，一组表构成一个数据库，常用的关系型数据库有 Oracle、MySQL 等。

35. 非关系型数据库(Non-Relational Database)：是随着 Web 2.0 网站的兴起，传统的关系型数据库已经逐渐出现无法克服的问题而衍生出的为了解决大规模数据集合、数据并发、多重数据种类及大数据应用的数据库存储方式。

36. 键值存储数据库(Key-Value Storage Databases)：通常使用哈希表，在这个表中有特定的键(Key)与一个指针指向的特定数据值(Value)，常用的存储方式有 Redis。

37. 文档型数据库(Document-Based Databases)：文档型数据库的灵感来自 Lotus Notes 办公软件，与键值存储相似，该类型的数据模型是版本化的文档，半结构化的文档以特定的格式存储，同时允许文件之间嵌套键值，常用的存储格式如 JSON。文档型数据库比键值存储数据库的查询效率更高，常用的存储方式有 MongoBD。

38. 图形数据库(Graphical Databases)：是使用灵活的图形模型，能够拓展到多个服务器，由于 NoSQL 没有标准的查询语言，对数据库查询需要指定数据模型，常用的存储数据库有 InfoGrid。

39. Hadoop 分布式文件系统(Hadoop Distributed File System，HDFS)：Hadoop 是 Apache 开源软件基金会开发的运行于大规模普通服务器上用于大数据存储、计算、分析的一种分布式存储系统。HDFS 是 Apache Hadoop 的核心子项目，基于流数据访问模式，支持海量数据的存储，允许部署在价格低廉的硬件上，允许用户把成百上千的计算机组成集群。HDFS 是目前最普遍的大数据分析引擎，通常可与不同类型的 NoSQL 数据库相结合。

40. HBase：是 Apache Hadoop 项目的其中一个子项目，是一个分布式的、非关系型数据库，它使用 HDFS 作为大数据项目的持久性存储，以 Google Big Table 为模型，能够承载数十亿列(行)的表，HBase 提供了对大数据的随机、实时读写访问。

41. Elasticsearch：是使用 Java 语言开发，基于 Lucene 库的搜索引擎，提供分布式多用户能力的全文搜索引擎。在存储海量数据的使用场景中，查询往往需要模糊查询和检索，实时性要求较高,Elasticsearch 是目前比较理想的解决方案。

42. 数据加密(Data Encryption):无论是在数据存储过程,还是在数据传输过程,都需要考虑进行数据加密,数据加密技术不仅可以对数据进行加密和解密,还可以实现数字签名、认证和取证等功能,从而保证网络数据传输的保密性、完整性和确认性。

【练习题】

一、自测题

1. 如何实现数据采集?
2. 在企业管理中不同应用场合的数据采集后,可以采用统一的数据分析方法和数据反馈界面,提供给不同部门使用吗?
3. 大数据采集的数据源有哪些分类方式?
4. 请结合现实生活中的数据,举例说明什么是非结构化数据。
5. 大数据采用常用方法和工具有哪些?
6. 网络爬虫除了搜索引擎功能外,还有哪些功能?
7. 使用 Python 进行爬虫工具编写,有哪些优点?
8. 大数据日志采集工具有哪些?
9. 大数据分析能在原始的业务数据库上直接操作吗?请说明原因。
10. 什么是数据预处理?
11. 为什么要做数据预处理?经过数据预处理后的数据有什么差异?
12. 单特征数据预处理方法有哪些?
13. 多特征数据预处理中,有哪些处理方法?
14. 特征选择和数据降维相比,有什么区别?
15. 衍生变量过程中,所有衍生的特征都是有价值的。这种说法正确吗?
16. 数据清洗主要目的是擦除信息,为新数据腾出空间。这种说法正确吗?
17. 在数据整合时,哪些问题会造成数据的冗余重复?
18. 大数据存储有哪些特点?
19. NoSQL 数据库与 MySQL 数据库的差异是什么?
20. 常用的大数据存储技术有哪些?
21. 大数据管理的手段有哪些?

二、讨论题

1. 大数据的采集方法多种多样,以小组为单位,选择旅游或者住宿业中使用的大数据采集方法,至少结合三个应用场景进行举例说明。
2. 有人说"一个成功的数据分析师,80%的时间都在开展数据预处理",请分小组讨论数据预处理对大数据应用的重要性。

三、实践题

请搜索数据存储在世界的发展史,做成一个图文并茂的 PPT,向同学们进行介绍;同时,结合大数据管理技术,探讨大数据背景下,应该具备哪些大数据技术技能以适应时代的发展需求。

学习任务 5.2 了解数据的处理与分析

【任务概述】

数据必须经过加工处理后形成信息,才能变成具有时效性与逻辑性的、有一定含义与价值的、对现实世界的描述。所以,大数据的处理与分析过程,在整个大数据领域就显得尤为重要,可以说是决定最终形成的信息是否有价值的决定性因素。

大数据的处理系统,目前普遍使用分布式计算技术。目前主流的分布式计算模型有三种:分布式批处理计算框架、分布式流处理计算框架、分布式混合处理计算框架。

大数据挖掘是提取未知的已知数据的潜在价值的计算机科学,常用的分析算法有分类分析、聚类分析、关联分析和回归分析。机器学习技术包含机器学习、深度学习与人工智能,核心技术包括自然语言处理、图像识别处理。

大数据分析是基于大数据处理层,使用适当的统计分析方法对经过采集和预处理的大量数据进行分析,提取有用信息并形成结论的研究和概括总结的过程。数据挖掘技术和机器学习技术是大数据分析的基础技术,而数据的可视化技术既是数据分析的关键技术,也是数据分析结果呈现的关键技术。

一、大数据的处理与分析技术

1. 大数据处理与分析的概念

数据必须经过加工处理后形成信息,才能变成具有时效性与逻辑性的、有一定含义与价值的、对现实世界的描述。而大数据的"4V"特性,特别是其中体量大(Volume)、种类多(Variety)、速度快(Velocity)三个属性,无不体现了大数据不断增长的复杂性。所以,大数据的处理与分析过程,在整个大数据领域就显得尤为重要,可以说是决定最终形成的信息是否有价值的决定性因素。

1)大数据处理

大数据的处理系统,目前普遍使用分布式计算技术。

分布式计算是和集中式计算相对的概念,一个分布式计算网络由可相互连接的若干台计算机组成,由于每台计算机都拥有独立的计算能力,因此可以将原来集中在单台计算机上处理的大量计算任务分散指派给多台计算机并行处理,最后再合并为最终的计算结果。

尽管分布式计算网络中的单台计算机的计算能力不强,但是多台计算机同时计算,其整体的计算能力仍会远远高于集中式计算技术的单台计算机。

随着数据规模的急剧增长,传统集中式计算技术单纯通过增加计算机的处理器数量、内存和存储容量等手段来增强单台计算机的计算能力,已经无法适应大数据时代的需求。例如,在12306网站上购买火车票,每秒可能有高达数万次的访问请求;再如,百度搜索引擎,需要在服务器上存储和检索数以亿计的中文网页信息。为了解决大数据处理时存储量和计算量都超过单一计算机容量的问题,分布式计算技术成为不二之选。

分布式计算技术其实早在大数据兴起之前就存在了,但由于分布式计算理论比较复杂,技术实现比较困难,一直没有被广泛应用,直到 2004 年谷歌(Google)公司公布了经过商业实践的、成熟的分布式技术 MapReduce 开发模式之后才流行起来。可是谷歌公司并没有向外界开源基于 MapReduce 开发模式的软件系统,真正让大数据技术飞跃发展的是按照谷歌公司理论模型实现的开源免费软件 Hadoop。

目前主流的分布式计算模型有 3 种:分布式批处理计算框架、分布式流处理计算框架、分布式混合处理计算框架。具体实践中采用何种分布式计算技术,与数据的存储方式、数据类型、处理速度等方面的需求相关,如图 5-32 所示。

框架名称	优势	弊端	使用场合
Hadoop	Java编写性能高	时延高 处理流程固定	批处理 对延迟不敏感 离线数据处理
Storm	实时接收数据流 更高的容错能力 开发简单	依赖其他组件较多 内存控制不好 多语言支持不好	实时性 流数据处理 分布式RPC计算
Spark	算法实现简单 数据缓冲内存 计算方法更通用 任务执行时可以交互	需要较大内存 增量更新效率差	批处理 迭代性质的任务 大部分大数据处理任务

图 5-32 分布式计算模型对比

2) 大数据分析

数据分析是数据处理与分析流程的核心。要挖掘大数据的价值,必然要对大数据的内容进行计算和分析。而数据分析能力的高低,决定了大数据中价值发现过程的好坏和成败。

大数据分析是基于大数据处理层,使用适当的统计分析方法对经过采集和预处理的大量数据进行分析,提取有用信息并形成结论的研究和概括总结过程。数据挖掘技术和机器学习技术是大数据分析的基础技术,而数据的可视化技术既是数据分析的关键技术,也是呈现数据分析结果的关键技术。

数据挖掘技术是从大量的、不完全的、有噪声的、模糊的、随机的数据中提取隐含在其中的、人们事先不知道的、但又是潜在有用的信息和知识的过程。乌萨玛·法耶德(Usama M. Fayyad)和格雷戈里·皮亚特斯基-夏皮罗(Gregory Piatetsky-Shapiro)在1996年提出的定义是：数据挖掘是从海量的数据库中选择、探索、识别出有效的、新颖的、具有潜在效用的乃至最终可理解的模式以获取商业价值的非平凡的过程。由于社会不断发展，技术也不断进步，大数据时代下对于数据挖掘的定义也发生了变化。例如，数据量级已经从海量变化到了巨量，数据处理的样本规模也从采样变化到了全量，而数据挖掘的目的也不仅是为了经济效益，也对社会生产力的提高和社会管理水平提供了巨大的支持，如图5-33所示。

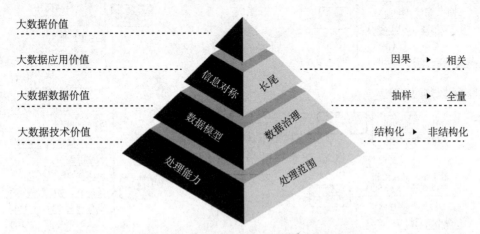

图5-33 大数据挖掘与数据挖掘的差异

1959年，斯坦福大学的亚瑟·塞缪尔(Arthur Samuel)教授就提出：机器学习技术研究和构建的是一种特殊算法(而非某一种特定的算法)，能够让计算机自己在数据中学习从而进行预测。因此，机器学习并非某一种具体的算法，而是包含了很多种不同的算法，深度学习就是其中一种算法。机器学习比较常用的算法如图5-34所示。

如图5-35所示，对于机器学习而言，无论使用什么算法、什么数据，其基本思路都是由以下三步组成。

(1) 将现实生活要解决的问题，抽象为数学模型的问题。

(2) 利用计算机使用数学方法解决数学模型问题，从而解决现实生活要解决的问题。

(3) 根据现实生活的情况，评估该数学模型是否解决了问题、解决效果如何。

2. 常用的大数据处理技术

大数据处理技术虽然包含一系列庞杂的技术，但是分布式计算技术一直都是其核心。目前市面上有很多大数据分布式处理框架，如批处理框架 Apache Hadoop、流处理框架 Apache Storm、混合处理框架 Apache Flink 和 Apache Spark 等。

1) 分布式批处理计算框架

分布式批处理计算框架在应对大量的持久化数据方面表现得非常出色，常常被用于对历史数据进行分析的场景中。

Apache Hadoop(其图标见图5-36)是一种非常流行的、典型的大数据分布式批处理框

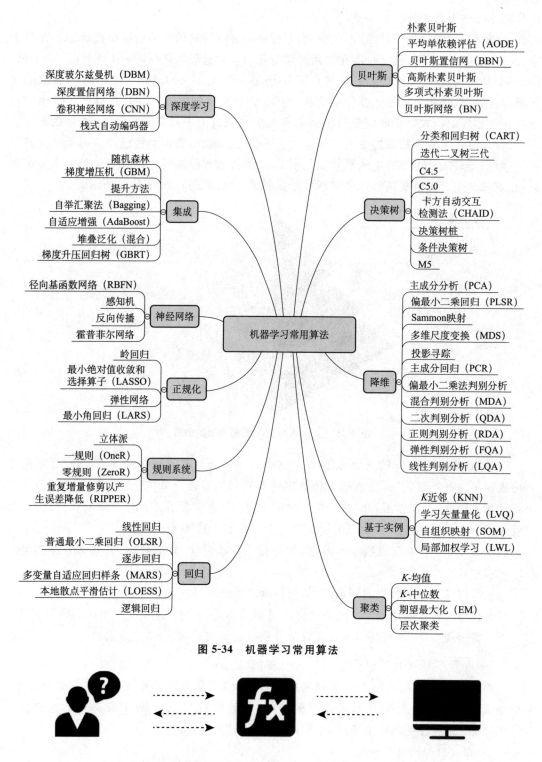

图 5-34 机器学习常用算法

图 5-35 机器学习的基本思路

架,其分布式处理能力来自 MapReduce 引擎,采用了分布式文件系统 HDFS 提供可靠的文件存储。但是 Apache Hadoop 严重依赖持久存储,每个分布式任务都需要多次执行磁盘读取和写入操作,因此速度相对较慢。可从另一个角度来看,由于磁盘空间通常是计算机上的最丰富的资源,这意味着 Apache Hadoop 可以处理非常巨大的数据集。同时,由于对内存的需求较少,这也意味着 Apache Hadoop 可以在低端廉价的硬件上运行。而且,MapReduce 引擎具备极佳的伸缩性能,在实际生产环境中已经出现过数万个分布式节点的应用。

作为一种典型的批处理框架,Apache Hadoop 同样也具有处理时延较高的局限性,难以处理实时数据任务。但是尽管如此,Hadoop 却是处理对时间要求不高的海量数据集任务的一种非常合适的处理框架。

2) 分布式流处理计算框架

相对于分布式批处理框架,流处理计算框架是用来处理实时计算任务的分布式大数据处理框架。Apache Storm(其图标见图 5-37)是由 Twitter 推出的基于流式计算的分布式处理框架,它在一定程度上解决了 Apache Hadoop 框架中延迟较大、后期运维复杂等缺点,并具有批处理框架所不能支持的实时性优点。在实时数据的处理中,Apache Storm 具有非常高的效率。

图 5-36 Apache Hadoop Logo

图 5-37 Apache Storm Logo

Apache Storm 拥有很多功能组件,但其主要功能是基于 Nimbus 和 Supervisor 两个组件展开的,并通过 Zookeeper 对组件进行全生命周期的监视。Nimbus 负责分布式任务的分配与状态监视,而 Supervisor 则负责每个分布式节点的工作进程控制。

对于时间延迟需求很高的大数据处理框架,Apache Storm 可能是最合适的技术。可是 Apache Storm 同样具有一定局限性,默认情况下 Apache Storm 提供"至少一次"的处理保证,也就是说每条数据至少可以被处理一次,但在复杂的计算环境和业务逻辑下,这也意味着 Apache Storm 无法确保可以按照每条数据的特定顺序进行处理。

3) 分布式混合处理计算框架

分布式混合处理计算框架就是在解决分布式批处理、流处理计算框架的不足之处的基础上发展起来的,Apache Flink 和 Apache Spark 就是混合处理计算框架的典型代表。

Apache Flink(其图标见图 5-38)是一种可以处理批处理任务的流处理计算框架,主要设计思想是将批处理任务作为流处理的子集进行处理,同时对批处理的工作负载进行了一定的优化,是目前分布式大数据处理框架领域的一项独特的技术。Apache Flink 以处理流处理任务为先的方式,可提供低延迟、高吞吐率、近乎逐项处理的能力。同时,该技术还可兼容原生 Apache Storm 和 Apache Hadoop 程序。也许,Apache Flink 是最适合有极高流处理需求,并有少量批处理任务的组织。

而 Apache Spark(其图标见图 5-39)是一种包含流处理能力的下一代批处理框架,但其批处理模式与传统的 MapReduce 不一样,Apache Spark 的数据处理工作全部在内存中进行,只需要在开始和结束时与持久存储层进行读写交互,所有的中间态处理信息均存储在内存中。因此,Apache Spark 的重要优势是速度,在先进的内存技术策略和并行任务调度机制的帮助下,Apache Spark 可以用更快的速度处理同样的大数据集。而 Apache Spark 的另一个重要优势是多样性,该框架可以运行批处理和流处理,即运行一个集群就可以处理不同类型的大数据计算任务。因此,Apache Spark 是多样化工作负载处理任务的最佳选择,既可以更高的内存占用为代价为批处理模式提供无与伦比的速度优势,又可为重视吞吐率而非时间延迟的工作负载提供流处理模式。

图 5-38 Apache Flink Logo

图 5-39 Apache Spark Logo

在未来的框架发展中,数据量肯定会比现在的量级更加庞大,对计算框架的可扩展性有较大的考验,要求计算的时间消耗有一定的限制;数据的复杂性会更加难以控制,对框架的架构和计算模式会提出更高的要求。针对一些特殊的应用场景,不同的分布式框架也需要对相应的不同应用展开优化和升级。

结合当今的研究方向,分布式框架未来的发展方向会在以下几方面展开。

(1) 分布式计算框架会在架构上进行更进一步的优化,在架构上更加清晰,Apache Hadoop 在第二代推出分布式计算框架 YARN 则是对 Apache Hadoop 的架构进行优化。通过良好的架构设计让框架更加容易维护,计算过程更加清晰。

(2) 在未来的分布式计算架构中,计算模式也会更加优化,从当今分布式计算框架可以看出从批量计算的 Apache Hadoop 到流式计算 Apache Storm,然后到函数式编程的 Apache Spark。通过一个良好的计算模式,让开发框架上的应用程序更加容易、便利。

(3) 分布式计算框架的基础架构也会在一定程度上展开研究,用来支撑上层的分布式计算框架。在大数据计算中,分布在不同机器上的数据的传输需要花费较大的代价,所以基础架构的发展也会促进分布式计算框架性能上的提升。

二、数据挖掘技术

1. 数据挖掘的概念

1) 什么是数据挖掘

数据挖掘(Data Mining)是一个跨学科的计算机科学分支,指从数据库大量的、不完整的、模糊的、随机的数据中,通过一定的算法搜索提取出隐藏的、未知的并有潜在价值信息的过程。数据挖掘也是一种决策支持过程,基于人工智能、机器学习、统计学、数据库等学术基础,高度自动化地分析企业的数据,做出归纳性的推理,从中挖掘出潜在的模式,帮助决策者调整市场策略,减少风险,做出正确的决策。因此,数据挖掘又称数据库知识发现(Knowledge Discovery in Database,KDD),即"从数据中挖掘知识"。

近年来,随着数据科学的兴起,数据挖掘引起了信息产业界的极大关注。数据科学家作为一种新生职业被提出,数据研究高级科学家 Rachel Schutt 将其定义为"计算机科学家、软件工程师和统计学家的混合体"。而数据挖掘作为一个横跨多个学科的学术领域,在大量数据的存在可以被广泛应用的基础上,迫切需要它将这些数据转换成有用的信息和知识。零售商、银行、制造商、电信提供商和保险公司等都在使用数据挖掘来发现各事项之间的关系,从价格优化、促销和人口统计到经济、风险、竞争和社交媒体如何影响其业务模式、收入、运营和客户关系。

2) 数据挖掘的起源及意义

20 世纪 90 年代,随着数据库系统的广泛应用和网络技术的高速发展,数据库技术也进入一个全新的阶段,即从过去仅管理一些简单数据发展到管理由各种计算机所产生的图形、图像、音频、视频、电子档案、Web 页面等多种类型的复杂数据,并且数据量也越来越大。数据库在给人们提供丰富信息的同时,也体现出明显的海量信息特征。信息爆炸时代,海量信息给人们带来许多负面影响,最主要的就是有效信息难以提炼,过多无用的信息必然会产生信息状态转移距离(信息状态转移距离是对一个事物信息状态转移所遇到障碍的测度,简称为"DIST 或 DIT")和有用知识的丢失。这也就是约翰·内斯伯特(John Nalsbert)所称的"信息丰富而知识贫乏"窘境。

因此,人们迫切希望能对海量数据进行深入分析,发现并提取隐藏在其中的信息,以更好地利用这些数据。但仅以数据库系统的录入、查询、统计等功能,无法发现数据中存在的关系和规则,无法根据现有的数据预测未来的发展趋势,更缺乏挖掘数据背后隐藏知识的手段。正是在这样的条件下,数据挖掘技术应运而生,它可以看作信息技术自然进化的结果。

3) 数据挖掘的过程

数据挖掘的实际工作是对大规模数据进行自动或半自动的分析,以提取过去未知的有价值的潜在信息,例如:数据的分组(通过聚类分析)、数据的异常记录(通过异常检测)和数据之间的关系(通过关联式规则挖掘),如图 5-40 所示。这通常涉及数据库技术,如空间索引。这些潜在的信息可通过对输入数据处理之后的总结来呈现,之后可以用于进一步分析,比如机器学习和预测分析。举个例子,进行数据挖掘操作时可能要把数据分成多组,然后可以使用决策支持系统以获得更加精确的预测结果。前面学习的数据采集、数据预处理和后面将学习的数据可视化等都不算数据挖掘的步骤,但是它们确实属于"数据库知识发现"(KDD)过程的其中一环节。

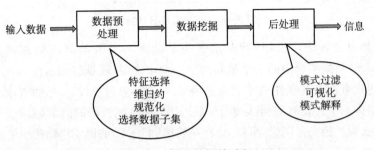

图 5-40 数据挖掘的过程

数据挖掘有多种不同的算法,从任务目标和应用广泛程度上来说,主要分为分类算法、聚类算法、关联规则和回归分析 4 种,这 4 种基本上涵盖了目前商业市场对数据挖掘算法的绝大部分需求。

2. 分类分析的方法及应用

1) 什么是分类分析

分类分析(Classification Analysis)是一种重要的数据挖掘技术,其目的是根据数据集的特点构造一个分类函数或分类模型(也常称作分类器),该模型能把未知类别的样本映射到给定的类别当中。

虽然每一个人都不喜欢被分类、被贴标签,但是数据挖掘的基础正是给数据"贴标签"进行分类。类别分得越准确,数据挖掘的结果就越有价值。

通常分类分析所获得的模型可以表示为分类规则形式、决策树形式或数学公式形式。例如,给定一个顾客信用信息数据库,通过学习所获得的分类规则可用于识别顾客具有良好的信用等级或一般的信用等级。分类规则也可用于对今后未知所属类的数据进行识别判断,同时也会更好地帮助用户了解数据库中的内容。

2) 分类分析的常用算法

分类分析的算法有多种,常见的算法有以下几种。

(1) 近邻(K-Nearest Neighbor,KNN)算法,是一种基于实例的非参数分类方法。KNN算法的思路非常直观,如果在一个样本的 K 个最相似(向量距离最短)的邻居中大多数都属于某个类别,则该样本也属于该类别。如图 5-41 所示,样本 X 在 $K=5$ 时,有 4 个最相似的邻居属于类别 1,1 个属于类别 3,由此人们就认为样本 X 属于类别 1。

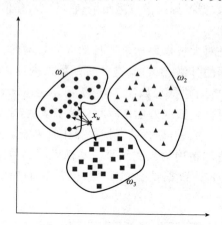

图 5-41 KNN 算法分析结果

(2) 贝叶斯分类算法,是以贝叶斯定理为基础的一类分类算法的总称。贝叶斯定理(Bayes Theorem)是概率论中的一个重要知识。简单来说,就是已知事件 A 在事件 B 下的条件概率,如何得到事件 B 在事件 A 下的条件概率。例如,经过统计,大家知道,班里男同学都穿长裤,而女同学则一半穿长裤、一半穿裙子;那么看见一个穿长裤的同学,大家十有八九会猜是男同学。为什么呢?因为男同学(事件 A)在穿长裤(事件 B)的同学里面比率最大,在没有其他可用信息的时候,人们会选择条件概率最大的类别。这就是贝叶斯分类的思想基础。

(3) 决策树(Decision Tree)算法,是以实例为基础的归纳学习算法,是目前应用最为广泛的归纳推理算法之一,具有分类精度高、生成模式简单、对噪声数据有很好的健壮性等特点。举个通俗易懂的例子,如图 5-42 所示,决策树分类的思想就像母亲要给自己女儿介绍男朋友的对话。

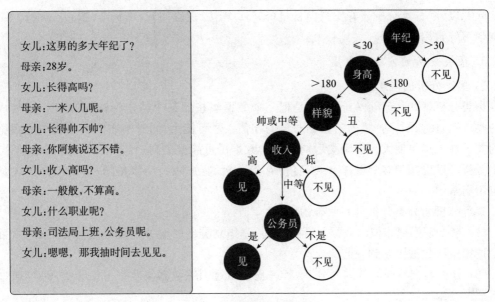

图 5-42 决策树算法示例

(4) 神经网络算法,是一种模仿大脑神经网络结构和功能而建立的自适应数学模型。特别是当特征变量的数目较大时,神经网络算法可以有效地发现数据中的隐含模式。神经网络算法的基本构成是感知器(也被称为神经元),一种能通过学习来自动调整权重和偏移量的线性分类模型。现实生活中挑选西瓜的过程,就是一个形象的感知器例子,如图 5-43 所示。大家挑西瓜要看颜色、纹路、瓜蒂和听回音,这些能直接获取的特征变量信息就是输入层信息,然后通过输入层来判断西瓜是不是沙瓤、够不够甜等隐藏层信息,最后再综合考虑所有信息来判断这个西瓜好不好,也就是输出层决策;西瓜被买回切开并被尝过后,人们就可以根据结果来调整自己对各个特征的考虑权重;就这样经过多次重复的尝试和调整,大家就成为挑选西瓜的能手了。

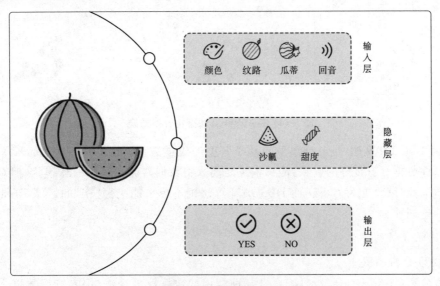

图 5-43 神经网络感知器示例

除此以外,分类分析还有支持向量机(SVM)算法、逻辑回归(Logistic Regression)算法、深度学习等常用算法。

3. 聚类分析的方法及应用

1) 聚类分析的概念

聚类分析(Clustering Analysis)是把一个数据集按照某个特定标准(如距离)分割成不同的类或簇,使得同一个簇内的数据对象的相似性尽可能大,同时不在同一个簇中的数据对象的差异性也尽可能大。即聚类后同一类的数据尽可能聚集到一起,不同类数据尽量分离。聚类分析可以应用到客户群体分类、客户背景分析、客户购买趋势预测、市场细分等大量实际应用场景中。

聚类分析与分类分析具有明确的区别。

(1) 聚类是指把相似的数据划分到一起,具体划分的时候并不关心这一类的标签,目标就是把相似的数据聚合到一起。

(2) 分类是把不同的数据划分开,其过程是通过训练数据集获得一个分类器,再通过分类器去预测未知数据。

2) 聚类分析的常用算法

聚类分析主要可以分为划分式聚类方法(Partition-Based Clustering Method)、基于密度的聚类方法(Density-Based Clustering Method)、层次化聚类方法(Hierarchical Clustering Method)等类型,常用算法有 K-Means 算法、DBSCAN 算法。

(1) K-Means 算法,是一种经典的划分式聚类方法,需要事先指定簇类 K 的数目,通过反复迭代,直至最后达到"簇内的点足够近、簇间的点足够远"的目标,如图 5-44 所示。K-Means 算法还有很多经典变体算法,如 K-Means++、Bi-Kmeans、Kernel K-Means 等。

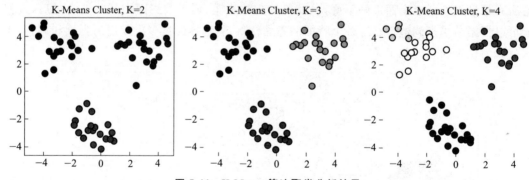

图 5-44　K-Means 算法聚类分析结果

(2) DBSCAN 算法,是一种典型的基于密度的聚类方法,如图 5-45 所示。K-Means 算法对于凸性数据具有良好的效果,能够根据距离来将数据聚类为不同的球簇状,但对于非球簇状的数据点,就无能为力了。而 DBSCAN 算法则不单单能挖掘"密"的区域,还能判断这些区域的连通性。

4. 关联分析的方法及应用

1) 关联分析的概念

关联分析(Association Analysis)是一种常用的数据挖掘算法,用来挖掘数据之间的内

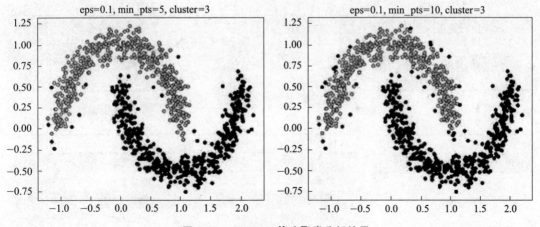

图 5-45 DBSCAN 算法聚类分析结果

在关联,即根据一个事务中某些项的出现可导出另一些项在同一事务中也出现,即隐藏在数据间的关联或相互关系。虽然逻辑简单,但是功能强大,可以在诸多领域进行使用。

关联分析的具体应用场景有如下几个。

(1) 产品推荐与引导。对于个性化不强的场景,比如根据购买记录,通过关联分析发现群体购买习惯的内在共性,指导超市产品摆放;对于偏个性化场景,比如给目标用户推荐产品,可以先找出购买习惯与目标用户相似的人群,对此特定人群的购买记录进行关联分析,然后将分析出的规则与目标用户的购买记录结合,进行推荐。

(2) 发掘潜在客户,精准营销。当通过关联分析,发现许多购买 A 产品的顾客还会购买 B 产品,即有规则 A 产品→B 产品,即可通过有购买 B 产品行为的顾户,找到 A 产品的潜在意向顾户,进行精准营销。

(3) 特征筛选。在数据预处理的特征工程中,需要对特征进行筛选。对特征筛选包括:保留与目标变量关联大的特征,删除高度相关的特征。在一般使用的相关性系数方法中,只能判断两个变量之间的相关性,而通过关联分析得到的规则,可以判断多个变量之间的关系。

2) 关联分析的常用算法

(1) Apriori 算法,是为了发现事物之间联系的最经典的关联分析算法。比如大家熟知的啤酒与尿布故事,某超市在对顾客购物习惯分析时,发现男性顾客在购买婴儿尿布的同时,常常会顺便搭配几瓶啤酒来犒劳自己,于是尝试推出了将啤酒和尿布摆在一起的促销手段,最后使得啤酒与尿布销量双双提升。Apriori 算法通常用于在规模数据集中寻找数据关系的任务,这些关系可以有两种形式:频繁项集或者关联规则。频繁项集是经常出现在一块的物品的集合,如图 5-46 所示,关联规则暗示两种物品之间可能存在很强的关系。而关联规则是否有效,依据指标最重要的是支持度、置信度和提升度。

(2) FP-Growth 算法,是 Apriori 算法的性能优化改进版本。在 Apriori 算法当中,每一次从候选集当中筛选出频繁项集的时候,都需要扫描一遍全量的数据来计算支持度,尤其当数据量较大时,计算开销很大。而 FP-Growth 算法通过引入 FP-Tree 数据结构,只需扫描数据集两次即可完成操作。

交易序列	购买商品列表
1	牛奶、纸巾、矿泉水
2	饼干、纸巾、口香糖
3	牛奶、饼干、纸巾、口香糖
4	饼干、口香糖

候选项集C1	支持度
牛奶	2/4=0.5
饼干	3/4=0.75
纸巾	3/4=0.75
矿泉水	1/4=0.25
口香糖	3/4=0.75

频繁项集L1	支持度
牛奶	2/4=0.5
饼干	3/4=0.75
纸巾	3/4=0.75
口香糖	3/4=0.75

频繁项集L3	支持度
饼干、纸巾、口香糖	0.5

候选项集L2	支持度
牛奶、纸巾	2/4=0.5
饼干、纸巾	2/4=0.5
饼干、口香糖	3/4=0.75
纸巾、口香糖	2/4=0.5

候选项集C2	支持度
牛奶、饼干	1/4=0.25
牛奶、纸巾	2/4=0.5
牛奶、口香糖	1/4=0.25
饼干、纸巾	2/4=0.5
饼干、口香糖	3/4=0.75
纸巾、口香糖	2/4=0.5

图 5-46　Apriori 算法查询频繁项集示例图

5. 回归分析的方法及应用

1）什么是回归分析

回归分析（Regression Analysis）是在掌握大量数据的基础上，利用数理统计方法进行数学处理，确定因变量（目标）和自变量之间的相关关系，并建立一个相关性较好的回归模型（函数表达式）。利用得到的回归方程式，就可以预测因变量的变化。

回归分析按照涉及自变量的数量，可分为一元回归分析和多元回归分析；按照因变量的数量，则分为简单回归分析和多重回归分析；而按照自变量和因变量之间的函数关系，可以分为线性回归分析和非线性回归分析。

回归分析是一种预测性的建模技术，主要解决的问题有：

（1）确定变量之间是否存在相关性关系，并建立回归模型。

（2）根据实测数据来求解模型的各个参数，并检验模型的拟合度。

（3）识别判断影响因变量的重要自变量。

（4）根据一个或几个自变量的值，预测一个或几个因变量的值，并估计这种预测的精确度。

回归分析在自然科学、管理科学和社会、经济等领域应用十分广泛，是解决数据处理问题的一个强有力的工具。在大数据时代，要解决一些大数据问题或计算量较大的问题时，必须借助一些数据处理软件，MATLAB 就是这样的一种软件。

2）回归分析的常用算法

（1）线性回归（Linear Regression），是最广为人知的回归分析算法之一。线性回归通常是人们在学习预测模型时首选的技术之一。在这种技术中，因变量是连续的，自变量可以是连续的也可以是离散的，回归线的性质是线性的，如图 5-47 所示。

（2）逻辑回归（Logistic Regression），是用来计算"事件＝Success"和"事件＝Failure"的概率。当因变量的类型属于二元（1/0，真/假，是/否）变量时，应该使用逻辑回归分析，如图 5-48 所示。

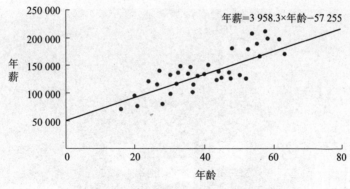

图 5-47 线性回归分析应用示意图

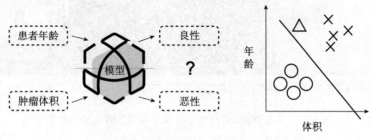

图 5-48 逻辑回归分析应用示例图

除此之外,回归分析还有多项式回归(Polynomial Regression)、逐步回归(Stepwise Regression)、岭回归(Ridge Regression)等各种各样的分析算法。

三、机器学习技术

1. 机器学习、深度学习与人工智能

1) 三者关系

人工智能(AI)从 1956 年诞生至今已历经半个多世纪,随着人工智能技术的不断发展与进步,人工智能技术应用日益完善。人工智能包括算法、算力(计算能力)、数据及场景,而机器学习是人工智能的一类算法,它可以让计算机基于数据的输入,在不需要直接针对问题进行编程的情况下,根据输入数据量的增加,而对输出性能不断提升。复杂的机器学习则会涉及深度学习,深度学习是以人工神经网络为基础的机器学习子集,因此深度学习可以将输入的数据转化为信息以供特定场景的预测工作,可以透过数据自身进行处理及学习。三者关系如图 5-49 所示。

如图 5-50 所示,以在水果店挑选苹果为例,人工智能相当于模拟人的大脑,从多种水果中识别判断出哪一种是苹果;机器学习,则是根据输入水果的特征进行识别,随着逛的水果摊位、见识过的苹果及其他水果数据越来越多,辨别苹果的能力和准确度就会越强,不会再把雪梨当成苹果;深度学习,则是在水果摊位中有 3 种不同品种的苹果,通过数据分析比对,把苹果和品种数据建立联系,通过水果的颜色、形状、大小、产地等信息,分辨苹果是属于蛇果、红富士还是其他品种。

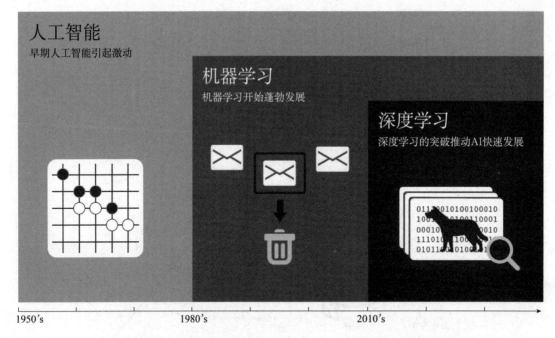

图 5-49 人工智能、机器学习与深度学习三者关系示意图

图 5-50 通过人工智能、机器学习与深度学习挑选苹果

2）机器学习（Machine Learning，ML）

机器学习是让计算机从数据中，通过数学模型分类自动发现、学习的一种演算方法。这种方法通过采集提供大量的基础数据源与标准答案，在学习过程中根据选择的数据模型，辅以调整训练资料，一旦机器学习发现适用数据模型和结果后，接下来处理的数据越多，预测也越准确。

关于机器学习的定义，来自卡内基梅隆大学（Carnegie Mellon University，CMU）机器学习系的前任主席、著名的机器学习研究者汤姆·米切尔（Tom Mitchell，以下简称"米切尔"）教授在 1997 年出版的《机器学习》："对于某类任务 T 和性能度量 P，如果一个计算机程序在 T 上以 P 衡量的性能随着经验 E 而自我完善，那么我们称这个计算机程序在从经验 E 中学习"，这一定义被广泛传播与引用。米切尔教授认为机器学习需要明确任务的类型（任务，Task）、衡量任务性能优化的标准（度量，Performance）以及获取经验的来源（经验，Experience），强调的是学习的效果；另一本由斯坦福大学统计系的特里瓦·哈斯蒂（Trevor Hastie）等人编写的《统计学习基础》则认为"机器学习就是'抽取重要的模式和趋势，理解数据的内涵表达，即从数据中学习'"，这种定义则突出了学习任务的分类。无论哪种说法，其共同的特点都强调了数据与经验的重要性,机器学习是需要从数据中提取知识、结果的方法。

机器学习算法按照不同类型有不同的划分方式,主要体现在使用方法、输入及输出的数据类型及解决问题类型上而有所不同:如按函数的相关性可以分为线性模型和非线性模型;按学习准则的不同可以划分为统计方法和非统计方法。最常用的则是根据训练样本提供的信息及反馈方式的不同,将机器学习算法划分为监督学习、非监督学习和强化学习。

(1)监督学习(Supervised Learning)。监督学习算法是建立在一个或多个输入数据和一个期望输出结果基础上的数学模型,如图 5-51 所示。简单来说,每一个输入的数据都与一个对应的指标(Lable)进行关联,例如,通过监督学习识别汽车,在输入的一系列照片中,每张照片都会标记是汽车、摩托车、飞机或是其他内容。当计算机输出错误结果,给予告知并纠正,不断地调整预测模型,直到模型的预测结果达到预期的准确率。监督学习算法也可以看作一种映射关系,每一个输入数据 X,都有一个对应的 Y。

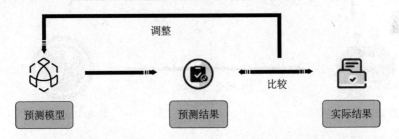

将预测结果与实际结果进行比较,根据比较来调整预测模型,最大化模型的预测准确率

图 5-51 监督学习算法过程说明

监督学习算法包括分类分析算法和回归分析算法,其目标是使用相似性函数来学习两个对象之间的关联度,常用于人像识别、数据推荐、排名等领域。

(2)非监督学习(Unsupervised Learning)。在现实生活中的大部分数据都是未被标记的,若所有的输入学习的数据都需要先标记,无疑是一项巨大且复杂的工作量。因此,与监督学习相对的,非监督学习算法中,只包含输入的数据,数据本身并不被标识,在这个情况下学习数据内部自有的结构和规律。非监督学习不是对输入数据做出反馈或响应,而是识别出数据中的相似共通点,并根据每条新的数据中是否存在共性做出反应。例如,当听到两种不同的声音,声音音频作为数据输入,声音的来源是未知的,这时候就可以通过非监督学习,将输入的声源与其他数据比对,找出其类型或者相似的其他声音。

最常使用的非监督学习算法就是聚类,常用于集群的管理、社交网络关系的分析、客户细分市场分析以及天文数据分析等领域。

(3)半监督学习(Semi-Supervised Learning)。半监督学习属于监督学习与非监督学习之间,使用标记和未标记的数据来执行监督学习或者非监督学习,换言之,在面对大量无标记数据或只有部分标记数据时,将两者数据合并在一起运用,就是半监督学习。半监督学习的提出,看似很好地解决了更好地利用未标记数据的问题,减轻对于大规模数据标记的依赖,但同时也存在没有充分考虑在不同环境下噪声干扰情况导致无标记数据分布的不确定性及复杂度,在实际应用中通常难以得到确认无噪声的数据以及全局的最优解。

对目前半监督学习未来的发展主要着重在对其理论分析的深入、抗干扰与可靠性方向。随着对数据安全与个人隐私保护的重视,半监督学习也开始应用在隐私问题方向,如在差分隐私机器学习的应用,差分隐私技术最开始是为了解决用户信息泄露导致的差分攻击,通过添加噪声或去除关键标记的方式,使得攻击者无法还原用户数据的同时,又满足相应机器学习与数据分析的需求。

(4) 强化学习(Reinforcement Learning)。强化学习是机器学习中非常重要的一个领域,智能终端通过指定学习目标,在迈向目标的每一个过程或动作行为中,提供针对该动作的"奖励"信息反馈。根据反馈,智能终端会在每次的学习过程中找出可以最大化获取奖励的行为,如图5-52所示。这种反馈奖励的信息输入不像监督学习中的数据拥有明确和直接的标记,它属于一种弱监督学习。

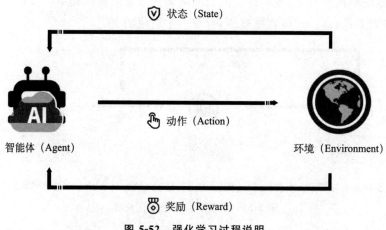

图 5-52 强化学习过程说明

举个类似的案例,训练小狗完成坐下指定口令动作中,小狗虽然无法识别理解人类语言"坐"代表的含义,但能通过在口令"坐"发出后,正确完成坐下的动作得到零食奖励的信息反馈;当口令发出后,如果没有坐下则得不到零食奖励的过程中,就能逐渐理解当主人喊出"坐"的时候,就需要坐下。这就是类似机器学习中强化学习的过程。由于其通用性,强化学习在很多学科领域中都被用以研究,如智能机器人的对话问答、汽车自动驾驶技术。

3) 深度学习(Deep Learning)

经典机器学习是利用人类先验知识,将原始数据预处理成各种特征进行标记分类,但分类的效果高度取决于特征选取的好坏。传统的机器学习专家花费了大量的时间精力在如何更好地选取合适的特征,这个过程也就是特征工程。后来,随着神经网络发展,开始通过神经网络自我抓取数据特征,替代人工特征标记参与的过程,但相应弊端是机器自我学习出来的特征,仅存在于机器语言,超出了人类理解范围。于是为了让神经网络学习性能表现得更好,更多层次的神经元参与共同构成人工神经网络,如图5-53所示。深度学习就是一种包括多个隐含层的多层感知机,通过组合底层的特征,形成更具象的高层表示,用于描述识别对象的高级属性或特征。

如图5-54所示,利用机器学习与深度学习对汽车的识别过程对比,机器学习中,通过人工标记的方式输入汽车特征数据,利用监督学习的方法识别出哪些是汽车,哪些不是;深度学习,则是输入一系列数据,机器进行自我学习与识别,判断出是否为汽车的结果。

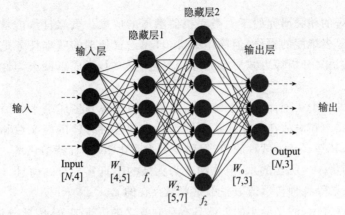

图 5-53 人工神经网络的一般结构

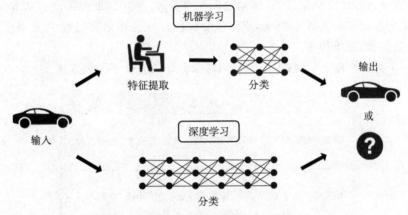

图 5-54 机器学习与深度学习过程对比

深度学习目前在生活中也随处可见,如在对影像语音表情的识别方面,有内置在苹果系统的 Siri 智能语音助手、即时视觉翻译——通过摄像拍摄捕捉获取图片中文字进行其他语言的自动翻译;还有可以结合行业、语境及上下文内容的智能机器翻译、机器人、汽车无人驾驶等。

深度学习将是人工智能发展的一个重要方向。要模拟人工神经网络,必然需要大量的数据资料训练出统计模型,这也是随着深度学习的发展,大数据显得逐渐重要的因素之一。再者,承载大量数据的处理与运算,必然对服务器硬件有一定的要求,随着数据量与运算需求的不断增加,硬件条件已逐渐成为深度学习发展的限制因素之一。

2. 自然语言处理技术

1) 自然语言处理技术的概念

自然语言处理(Natural Language Processing)是研究和实现人类与计算机系统之间使用自然语言进行有效通信的各种理论和方法。

语言是人类区别其他动物的本质特性。在所有动物中,只有人类才具有语言能力。人类的多种智能都与语言有着密切的关系:人类的逻辑思维以语言为形式,人类的绝大部分知识也是以语言文字的形式记载和流传下来的。因此,自然语言处理是计算机科学领域的一个重要方向。

自然语言处理的相关研究始于人类对机器翻译的探索。虽然自然语言处理涉及语音、语法、语义、语用等多维度的操作,但简单而言,自然语言处理的基本任务是基于本体词典、词频统计、上下文语义分析等方式对待处理语料进行分词,形成以最小词性为单位,且富含语义的词项单元。

在自然语言处理中实现计算机系统对自然语言的理解和生成是十分困难的,其根本原因在于自然语言文本和对话在各个层次上广泛存在的各种各样的歧义性和多义性。例如,中文词语"黄色",其基本义为某种颜色,但引申义为腐化堕落,且特指色情。又如,中文词语"水分",基本义为物体内所含的水,但比喻义为夹杂的不真实成分。而且,歧义性和多义性的情况在英语、法语等各种自然语言中都是普遍存在的。

由于在自然语言中,词是最小的能够具有独立意义的语言成分,因此分词是自然语言处理的第一项核心技术。与英文为代表的拉丁语系语言不同,英文以空格作为天然的分隔符,而中文由于继承自古代汉语的传统,词语之间没有分隔。同时,现代汉语的基本表达单元虽然为词,但是词和词组的边界很模糊,难以区分。因此在自然语言处理的分词技术上,中文比英文要复杂得多、困难得多。

如图 5-55 所示的几个示例,不同的分词结果会导致完全不同的意思。

中文句子	分词结果1	分词结果2
研究生命的意义	研究/生命/的/意义	研究生/命/的/意义
乒乓球拍卖完了	乒乓/球拍/卖/完/了	乒乓球/拍卖/完/了

图 5-55 中文分词示例

现有的成熟中文分词算法可以分为以下三大类。

(1) 基于字符串匹配的分词方法,又叫作机械分词方法,是按照一定的策略将待分析的中文句子与词典中的词条进行匹配识别。按照扫描方向的不同,匹配分词方法可分为正向匹配和逆向匹配;按照不同长度优先匹配的情况,可分为最大(最长)匹配和最小(最短)匹配。

(2) 基于理解的分词方法,是通过让计算机模拟人对句子的理解,达到识别词的效果。其基本思想就是在分词的同时进行句法、语义分析,利用句法信息和语义信息来处理歧义和多义现象。这种分词方法需要使用大量的语言知识和信息。

(3) 基于统计的分词方法,是在给定大量已经分词的文本的前提下,利用统计机器学习模型学习词语切分的规律(称为训练),从而实现对未知文本的切分。基本原理是根据字符串在语料库中出现的统计频率来决定其是否构成词。词是字的组合,相邻的字同时出现的次数越多,就越有可能构成一个词。因此字与字相邻共现的频率或概率能够较好地反映它们成为词的可信度。

到底哪种分词方法的准确度更高,目前并无定论。任何一个成熟的分词系统,都不可能单独依靠某一种算法来实现,都是需要综合不同的算法并根据应用场景进行有针对性的优化。

自然语言处理的另一个核心技术为语义分析。语义分析是一个非常宽泛的概念,任何对语言的理解都可以归纳为语义分析的范畴。从具体任务的分析粒度上,语义分析可以分为:词法分析、句法分析、语用分析。

(1) 词法分析,包括词形分析和词汇分析两个方面。词形分析主要表现在对单词的前缀、后缀等进行分析;而词汇分析则表现在对整个词汇系统的控制,从而能够较准确地分析用户输入信息的特征,最终准确地完成搜索过程。

(2) 句法分析,是对自然语言进行词汇短语的分析,目的是识别句子中的句法结构,以实现自动句法分析的过程。

(3) 语用分析,是对上下文、语言背景、语境等的分析,即从文章的结构中提取出意象、人际关系等附加信息,是一种更高级的语言学分析。

随着计算机科学的不断发展,自然语言处理技术也在不断发展当中。从20世纪五六十年代开始至今,自然语言处理技术的发展可以分为下述三个阶段。

(1) 基于规则的自然语言处理,最早期的自然语言处理技术是基于规则来建立的。优点是精确、简单、快捷,因为规则是基于人类已有知识来定义的;缺点则是覆盖面窄、泛化能力和实践性差,因为规则的定义和优化需要多个领域的专家配合,研究强度大。

(2) 基于经典机器学习的自然语言处理,从20世纪90年代开始,基于统计的机器学习技术开始流行,很多自然语言处理技术也开始使用经典机器学习的方法。主要思路是利用带标注的数据,基于人工定义的特征建立机器学习系统,并利用数据经过学习确定系统参数。机器翻译、搜索引擎等应用都是利用基于经典机器学习方法获得了成功。

(3) 基于深度学习的自然语言处理,进入21世纪后,自然语言处理领域的研究者开始把目光转向深度学习技术,尝试通过深度学习建模来进行模型训练,可以应用于语言模型与文本生成、文本分类、机器翻译等多个自然语言处理领域并取得长足进展,从而出现了深度学习的热潮。

2) 自然语言处理技术的常用算法

在整个自然语言处理领域的不同技术方向中,有着大量各种各样的算法。下面针对在旅游大数据系统中广泛使用的文本特征提取、文本情感分析的常用算法进行分别介绍。

文本的表示及其特征项的选取是文本挖掘、信息检索的一个基本问题,目的是从文本中抽取出特征词并进行量化以表示文本信息,从而将一个无结构的原始文本转化为结构化的、计算机能够识别处理的信息。即对文本进行科学的抽象,建立它的数学模型,用以描述和代替文本。经过文本特征提取后,计算机能够通过对这种模型的计算和操作来实现对文本的后续操作。

一般来说,文本特征项需具备以下特点。

① 特征项能真实标识文本内容。
② 特征项具有将文本与其他文本相区分的能力。
③ 特征项的数量不能过多。
④ 特征项应能易于分离。

因此,文本特征提取的主要功能是在不损伤文本核心信息的情况下尽量减少要处理的单词数,以此来降低向量空间维数,从而简化计算,提高文本处理的速度和效率。

(1) TF-IDF 算法。TF-IDF(Term Frequency-Inverse Document Frequency,词频—逆文档频率)算法是一种基于统计的文本特征提取方法,用以评估某个词对于一个文章集或一个语料库中的其中一篇文章的重要程度。词频(Term Frequency)是指某个词在文章中的出现次数被归一化后的数值(TF＝该词出现次数/文章的总词数)。但是,并非出现次数越多的词就越能表达文章主题,例如:"首先""然后"等一些通用词语就不符合真实标识文章内容、区分其他文章的特征项特点。因此,如果某个词在当前文章的出现频率高,同时在所有统计的文章中只在少数文章中出现,那么这样的词才具有很强的文章主题预测能力。而逆文档频率(Inverse Document Frequency)的引入就是要解决这个问题。如果在某个语料库中,包含某个词的文章数量越少,则该词的 IDF 越大,表示其具有很好的文章区分能力,关系式为:IDF＝log[语料库的文章总数/(包含该词的文章数＋1)]。所以,如果文章中的某个词既高频率出现,又在语料库中有低文章频率,那么这个词对于当前文章来说就具有高特征权重(TF-IDF＝TF×IDF)。TF-IDF 算法可以有效评估一个词对于一篇文章的重要程度。因为它综合表征了该词在文章中的重要程度和文章区分度。通过 TF-IDF 算法,可以过滤掉常用和不重要的词语,保留重要的词语。例如,某篇文章共有 1 000 个词,其中的三个关键词"亚洲""技术""网络"都分别出现了 20 次,因此其 TF 值均为 0.02;通过 Microsoft Bing 搜索发现包含"的"字的网页共有 23.8 亿张,假定这就是中文网页的总数;再分别在 Microsoft Bing 上搜索包含上述三个关键词的网页数量,就可以计算得到对应的 IDF 值;从而可以计算得到这三个关键词在当前文章中的 TF-IDF 权重了,如图 5-56 所示。

关键词	包含该词的文档数	TF	IDF	TF-IDF
亚洲	0.57亿	0.02	1.62	0.032 4
网络	3.71亿	0.02	0.807	0.016 14
技术	3.43亿	0.02	0.841	0.016 82

图 5-56　TF-IDF 算法示意图

(2) TextRank 算法。TextRank 算法,是一种基于图的用于文章关键词抽取和文章摘要的排序算法,由谷歌的网页重要性排序算法 PageRank 改进而来。它能够从一篇文章中抽取出该文章的关键词、关键词组,并使用抽取式的自动文摘方法抽取出该文章的关键句。TextRank 算法的基本思想是通过把文章分割成若干组成单元(单词、句子)并建立图模型,利用投票机制对文章中的重要成分进行排序,仅利用单篇文章本身的信息即可实现关键词提取、文摘。与其他文本特征项提取算法不同的是,TextRank 算法不需要事先对多篇文章进行统计或学习训练,从而因其简洁高效而得到广泛应用。而和 TF-IDF 算法相比,TextRank 算法进一步考虑了文章内词条之间的语义关系。也就是说,考虑到这个词条的上下文,如果这个词的上下文都是一些很重要的词,那么这个词大概率也是很重要的词。例如,对于"卖鲜花的女孩在买鲜花"这段话应用 TextRank 算法来提取关键词的过程如图 5-57 所示。

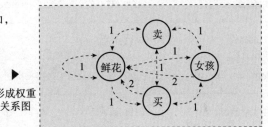

图 5-57 TextRank 算法示意图

文本情感分析,是另一种常见的自然语言处理方法的应用,是对带有情感色彩的主观性文本进行分析、处理、归纳和推理,利用一些情感得分指标来量化定性数据的方法。在自然语言处理中,情感分析属于典型的文本分类问题,即把需要进行情感分析的文本划分为其所属类别,目前主流的文本情感分析方法有以下 3 种。

(1) 基于情感词典的方法,主要通过制定一系列的情感词典和规则,对文本分词、文本特征项提取、计算情感值,最后通过情感值来作为文本的情感倾向依据。现有的情感词典大部分都是人工构造,按照划分的不同粒度,现有的情感分析任务可以划分为词、短语、属性、句子、篇章等级别。分别如图 5-58 和图 5-59 所示,举个对句子进行文本情感分析的例子。

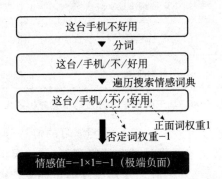

图 5-58 基于情感词典的文本情感分析过程

(2) 基于传统机器学习的方法。随着机器学习的发展,目前情感分析的机器学习算法也比较成熟。机器学习是一种通过给定的数据训练模型,预测结果的一种学习方法。基于机器学习的情感分析方法是指通过大量有标注的或无标注的语料,使用统计机器学习算法,抽取特征,最后再进行情感分析输出结果。基于传统机器学习的情感分类方法主要在于情感特征的提取以及分类器的组合选择,不同分类器的组合选择对情感分析的结果存在一定的影响,这类方法在对文本内容进行情感分析时常常不能充分利用上下文的语境信息,存在忽略上下文语义的问题,因此对其分类准确性有一定的影响。根据具体使用算法不同,可分为朴素贝叶斯、最大熵和 SVM(支持向量机)三种方法,而其中 SVM 的效果最好,如图 5-60 所示。

情感词典名称	情感词典介绍
SentiWordNet	包含正、负以及中性3种情感极性
台湾大学NTUSD词典	包含8 276个贬义词和2 812个褒义词
知网Hownet词典	包含9 142个英文评价词语和9 193个中文评价词语,词语分为正、负两种极性
WordNet	包含5种情感极性
Sentiment Lexicon	包含2 006个褒义词汇和4 783个贬义词汇
中文情感词汇本体库	包括词语词性种类、情感类别、情感强度及极性等内容,将情感分为7大类21小类
SnowNLP	包括中文分词、词性标注、情感分析等内容,自带语料库主要是电商评论数据

图 5-59 常用情感词典

数据集	模型方法	分类情况	准确率/%
手动爬取(影视、教育、房产、计算机、手机五个主题数据集)	SVM+Bi Grams特征表示+信息增益特征选择	二分类	97.60
微博数据集	SVM+多特征融合	五分类	82.40
IMDB数据集	NB(Naive Bayes)	二分类	65.57
Twitter数据集	半监督学习	二分类	75.00
Twitter数据集	贝叶斯网络	二分类	82.90

图 5-60 基于机器学习方法的情感分析效果

③ 基于深度学习的情感分析方法。基于深度学习的情感分析方法是使用神经网络技术来实现的,深度学习适合做文字数据处理和语义理解,结构灵活,其底层利用词嵌入技术可以避免文字长短不均带来的处理困难。使用深度学习抽象特征,可以避免大量人工提取特征的工作。深度学习可以模拟词与词之间的联系,有局部特征抽象化和记忆功能。正是这几个优势,使得深度学习在情感分析,乃至文本分析理解中发挥着举足轻重的作用。未来的情感分析方法将更加专注于研究基于深度学习的方法,并且通过对预训练模型的微调,实现更好的情感分析效果,如图 5-61 所示。通过对预训练模型的微调,可以实现较好的情感分类结果,最新的预训练模型有 ELMo、BERT、XL-NET、ALBERT 等。

文本情感分析的应用非常广泛,如用户在购物网站、旅游网站、电影评论网站上发表的评论分成正面评论和负面评论;或为了分析用户对于某一产品的整体使用感受,抓取产品的用户评论并进行情感分析,等等;又或为个人、企业及机构提供决策支持、网络舆情风险分析、信息预测等。

数据集	模型方法	分类情况	准确率/%
OSCAR corpus	BobBERT	二分类	95.144
哔哩哔哩弹幕数据	ALBERT-CDNN	二分类	93.900
爱奇艺弹幕数据			93.800
腾讯视频弹幕数据			93.700

图 5-61 基于深度学习的情感分析效果

3. 图像识别技术

1）什么是图像识别技术

图像识别（Image Recognition）是指对图像进行信息处理，以识别各种不同模式的目标和对象的技术。图像识别技术是信息时代的一门重要技术，其产生目的是让计算机代替人类去处理大量的图片信息。随着计算机技术的发展和大数据时代的来临，人类对图像识别技术的认识越来越深刻，图像识别技术也广泛应用在人类日常生活的方方面面。

其实图像识别技术背后的基本原理并不高深，与人类的图像识别在原理上并没有本质的区别。人类识别图像，都是首先依靠图像所具有的本身特征对其进行分类，然后通过各个类别所具有的特征迅速将图片识别出来。当人们看到一张图片时，大脑会迅速反应是否曾经见过这张图片或类似图片。这个过程其实就是大脑根据存储记忆中已经分类好的图像类别进行识别，看看是否有与该图像具有相同或相似特征的记忆，从而识别出该图像。

计算机的图像识别技术也是这样，通过图像分类来提取重要特征并排除不重要的信息，从而据此来识别图像。也就是说，在计算机图像识别技术中，图像是通过图像特征来进行描述和处理的。图像识别技术的过程分为图像预处理、特征抽取和选择、分类器设计、分类决策，如图 5-62 所示。

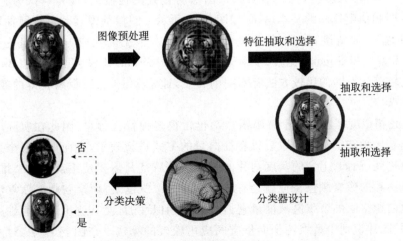

图 5-62 图像识别过程说明

特征是某一类对象区别于其他类对象的相应特点或特性，或是这些特点和特性的集合，是通过测量或处理能够抽取的数据。对于图像而言，每一幅图像都具有能够区别于其他类图像的自身特征，有些是可直观感受到的自然特征，如亮度、边缘、纹理和色彩等；有些则是需要通过变换或处理才能得到的，如矩、直方图及主成分等。

（1）图像预处理主要是指图像处理中的去噪、平滑、变换等操作，从而加强图像的重要特征。

（2）特征抽取和选择是指在图像识别中，需要进行特征的抽取操作和特征选择操作。因为在抽取中得到的许多特征并非对识别都是有用的，所以需要对抽取的特征进行选择。

（3）分类器设计是指通过训练而得到一种识别规则，通过此识别规则可以得到一种特征分类，使图像识别技术能够得到高识别率。

（4）分类决策是指在特征空间中对被识别对象进行分类，从而更准确、更有效率地识别所研究的对象具体属于哪一类。

2）图像识别技术的常用算法

在整个图像识别过程中，图像预处理、特征抽取和选择、分类器设计、分类决策等各个步骤都有很多不同的算法，以分别应对不同的使用场景。

图像特征的相似性一直是图像识别技术的热门研究方向之一。图像相似度至今没有一个统一的概念，一般是基于图像的全局特征来判断两幅图像的相似度。所以，图像特征抽取、匹配（分类器设计与分类器决策）是图像处理研究领域的基础课程，也是计算机图像识别的关键技术。目前图像特征提取和匹配的算法较多，不同的算法适应于不同的图像分析任务。

下面分别介绍几个图像特征提取和匹配的基本算法。

（1）直方图相似度算法。图像直方图是广泛应用在很多计算机视觉中的基础知识。通过直方图对图像进行特征提取，并选择合适的相似性算法设计分类器，是图像识别过程的最简单和直观的实现。图像是由像素构成的，像素的颜色特征是图像一个很重要的特征（其他还有纹理特征、形状特征、空间关系特征等）。图像直方图就是反映一个图像像素分布的统计表，其横坐标代表了像素的颜色（可以是灰度，也可以是彩色），纵坐标则代表了每一种颜色在图像中的像素总数或占比。如果两张图像的直方图很接近，就可以认为它们很相似。这就是直方图相似度算法的基本思路，如图 5-63 所示。图像的像素颜色特征抽取为直方图后，就可以选择一种衡量直方图相似度的对比标准。常见的比较方法有相关性（Correlation）比较、卡方（Chi-Square）比较、十字交叉性（Intersection）比较、巴氏距离（Bhattacharyya distance）比较等。不同的比较方法有不同的特点，通常来说，巴氏距离获得的效果最好，但计算最为复杂。

（2）余弦相似度算法。由于每幅图像都包含很多种特征信息，因此在实际应用中往往是把图像的若干种特征经过提取后以特征向量的方式进行表示，进而形成一个多维甚至是高维的向量空间（例如，上文的灰度图片的像素颜色特征只需要使用灰度一个维度来表示，如果是彩色图片的像素颜色特征就会有红、绿、蓝三个维度）。而余弦相似度算法是通过测量两个向量内积空间的余弦值来度量它们之间的相似性的，尤其适用于任何维度的向量比较中，因此是图片识别中高维特征向量空间应用较多的算法。在图 5-64 中，对两幅图像分别使用直方图相似度算法和余弦相似度算法进行相似性比较，其结果就很能说明在图像识别中特征抽取和匹配算法的显著区别，如图 5-64 所示。

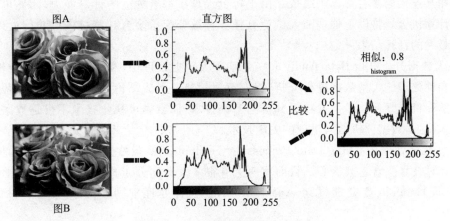

图 5-63 直方图相似度算法示意图

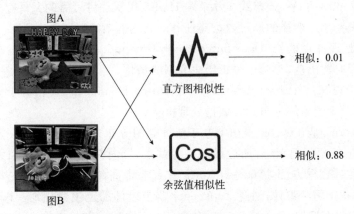

图 5-64 余弦相似度算法示意图

计算机的图像识别发展到目前,除了传统的图像识别技术,还涌现出大量的神经网络算法识别技术。在神经网络图像识别技术中,以卷积神经网络为基础结合形成的深度学习模型可谓是人工智能领域的新星,在诸多人工智能领域,特别是图像识别领域取得了令人瞩目的进展。

随着性能强大的计算机芯片如 NVIDIA GPU(其图标见图 5-65)和顶尖的图像识别深度学习算法的出现,比如 Alex Krizhevsky 等在 2012 年创造的 AlexNet 算法、Kaeming He 等在 2015 年创造的 ResNet 算法、Forrest Landola 等在 2016 年创造的 SqueezeNet 算法、Gao Huang 等在 2016 年创造的 DenseNet 算法等,让自定义人工智能模型通过学习一组图片中的事物进而识别其他同类型事物成为可能。

图 5-65 NVIDIA 芯片 Logo

【主要术语】

1. 分布式计算(Distributed Computing):与集中式计算相对的概念。分布式计算网络由可以相互连接的多台计算机组成。由于每台计算机都有独立的计算能力,因此可以集中在一台计算机上。将以上处理的大量计算任务分散分配给多台计算机进行并行处理,最终组合成最终的计算结果。

2. 大数据分析(Big Bata Analysis):是基于大数据处理层,利用适当的统计分析方法,对收集和预处理的大量数据进行分析,提取有用信息并形成结论的研究和总结过程。数据挖掘技术和机器学习技术是大数据分析的基础技术,而数据可视化技术不仅是数据分析的关键技术,也是数据分析结果呈现的关键技术。

3. 大数据处理技术(Big Data Processing Technology):虽然包括一系列复杂的技术,但分布式计算技术一直是其核心。目前市面上有很多大数据分布式处理框架,比如批处理框架 Apache Hadoop、流处理框架 Apache Storm、混合处理框架 Apache Flink 和 Apache Spark 等。

4. Apache Hadoop:是一种非常流行和典型的大数据分布式批处理框架。其分布式处理能力来自 MapReduce 引擎,分布式文件系统 HDFS 用于提供可靠的文件存储。是一个非常适合处理对时间要求不严格的海量数据集任务的处理框架。

5. 分布式批处理计算框架(Distributed Batch Computing Framework):在处理大量持久化数据方面表现非常出色,常用于分析历史数据的场景。

6. 流处理计算框架(Stream Processing Computing Framework):相对于分布式批处理框架,是处理实时计算任务的分布式大数据处理框架。

7. Apache Storm:是 Twitter 推出的基于流计算的分布式处理框架。一定程度上解决了 Apache Hadoop 框架延迟大、后期运维复杂等缺点,同时具有批处理框架无法支持实时的优势。在处理实时数据方面,Apache Storm 有着非常高的效率。它的主要功能是基于 Nimbus 和 Supervisor 两个组件,通过 Zookeeper 监控组件的全生命周期。Nimbus 负责分布式任务的分发和状态监控,而 Supervisor 负责每个分布式节点的工作进程控制。

8. 分布式混合处理计算框架(Distributed Hybrid Processing Computing Framework):是在解决分布式批处理和流处理框架的不足的基础上发展起来的。Apache Flink 和 Apache Spark 是分布式混合处理计算框架的典型代表。

9. Apache Flink:是一种可以处理批处理任务的流处理计算框架,主要设计思想是将批处理任务作为流处理的子集进行处理,同时优化批处理的工作量。分布式大数据处理框架领域的一项独特技术。Apache Flink 的流处理优先方法提供了低延迟、高吞吐量和近乎逐项处理能力。同时,该技术还兼容原生的 Apache Storm 和 Apache Hadoop 程序。

10. Apache Spark:是一种包含流处理能力的下一代批处理框架。Apache Spark 的数据处理工作全部在内存中进行,只需要在开始和结束时与持久化存储层进行读写交互,所有中间状态处理信息都保存在内存中。因此,Apache Spark 是各种工作负载处理任务的最佳选择,它以更高的内存占用为代价为批处理模式提供无与伦比的速度优势,并为重视吞吐量随时间延迟处理模式的工作负载提供流处理模式。

11. 数据挖掘(Data Mining):是计算机科学的一个交叉学科分支,是指从数据库中大量的、不完整的、模糊的、随机的数据中,通过一定的算法搜索提取出隐藏的、未知的并有潜在价值信息的过程。

12. 数据科学家(Data Scientist):随着数据科学的兴起,数据挖掘引起了信息产业的高度关注。数据科学家被提议成为一个新生的职业,由数据研究高级科学家雷切尔·舒特(Rachel Schutt)定义为"计算机科学家、软件工程师和统计学家的混合体"。

13. 信息状态转移距离(the Distance of Information-State Transition):也称为"DIST"或"DIT",是对一个事物信息状态转移所遇到障碍的测度。这也就是约翰·内斯伯特(John Nalsbert)所说的"信息丰富而知识贫乏"窘境。

14. 分类分析(Classification Analysis):是一种重要的数据挖掘技术,其目的是根据数据集的特点构造一个分类函数或分类模型(也常称为分类器),可以对未知类别的样本进行分类。映射到给定的类别。

15. K近邻(K-Nearest Neighbor)算法:简称为"KNN",是一种基于实例的非参数分类方法。KNN算法的思路非常直观。如果在一个样本的 K 个最相似(向量距离最短)的邻居中大多数都属于某个类别,那么该样本也属于这个类别。

16. 贝叶斯分类(Bayesian Classifier):基于贝叶斯定理的一类分类算法的总称。贝叶斯定理是概率论中的重要知识。简单来说就是事件 A 在事件 B 下的条件概率,如何求出事件 B 在事件 A 下的条件概率。

17. 决策树(Decision Tree):是一种基于实例的归纳学习算法,是目前应用最广泛的归纳推理算法之一,具有分类精度高、生成模式简单、对噪声数据有很好的健壮性。

18. 神经网络(Neural Network):是通过模仿大脑神经网络的结构和功能建立的自适应数学模型。特别是当特征变量的数量很大时,神经网络算法可以有效地发现数据中的隐藏模式。神经网络算法的基本构建块是感知器(也称为"神经元"),是一种学习自动调整权重和偏移量的线性分类模型。

19. 聚类分析(Clustering Analysis):将一个数据集按照一定的标准(如距离)划分为不同的类或簇,使同一个簇中数据对象的相似度尽可能大,同时它们不在同一个集群中。集群中的数据对象也尽可能多样化。也就是聚类后,同一类型的数据尽量聚在一起,不同类型的数据尽量分开。聚类分析可以应用于客户群体分类、客户背景分析、客户购买趋势预测、市场细分等大量实际应用场景。

20. K-Means算法(K-Means Algorithm):是经典的划分式聚类方法。需要事先指定簇类 K 的数目,通过反复迭代,直至最后达到"簇内的点足够近、簇间的点足够远"的目标。K-Means算法对于凸性数据具有良好的效果,能够根据距离将数据聚类为不同的球簇状。

21. DBSCAN算法(DBSCAN Algorithm):是一种典型的基于密度的聚类方法。对于非球簇状的数据点,DBSCAN算法不仅可以挖掘"密集"区域,还可以判断这些区域的连通性。

22. 关联分析(Association Analysis):是一种常用的数据挖掘算法,用于挖掘数据之间的内部关联,即根据事务中某些项目的出现,可以推导出其他项目也出现在同一个事务中,即隐藏在数据中的关联或相互关系。

23. Apriori算法(Apriori Algorithm):是为了发现事物之间联系的最经典的关联分析算法。通常用于在大规模数据集中查找数据关系的任务,这些关系可以采取两种形式:频繁项集或关联规则。

24. FP-Growth算法(FP-Growth Algorithm):是 Apriori 算法性能优化的改进版。在 Apriori 算法中,每次从候选集中选出频繁项集,都需要扫描全量数据来计算支持度,尤其是在数据量很大时,计算成本非常高。FP-Growth算法通过引入 FP-Tree 数据结构,只需扫数据集两次即可完成操作。

25. 回归分析(Regression Analysis)：在掌握大量数据的基础上，利用数理统计方法进行数学处理，确定因变量(目标)和自变量之间的相关关系，建立一个相关性较好的回归模型(函数表达式)。利用得到的回归方程式，可以预测因变量的变化。

26. 线性回归(Linear Regression)：是著名的回归分析算法之一。线性回归通常是人们在学习预测模型时喜欢的技术之一。在这种技术中，因变量是连续的，自变量可以是连续的或离散的，回归线本质上是线性的。

27. 逻辑回归(Logistic Regression)：是用来计算"事件＝Success"和"事件＝Failure"的概率。当因变量的类型属于二元(1/0,真/假,是/否)变量时，应该使用逻辑回归分析。

28. 机器学习(Machine Learning)：简称为 ML，是让计算机从数据中，通过数学模型分类自动发现学习的一种演算方法。这种方法通过大量采集提供基础数据源与标准答案，在学习过程中根据选择的数据模型，辅以调整训练资料，一旦机器学习发现适用数据模型和结果后，接下来处理的数据越多，预测也越准确。

29. 监督学习(Supervised Learning)：基于一个或多个输入数据和一个期望输出结果的数学模型。每个输入数据都关联了一个对应的指标，也可以看成一种映射关系。每个输入数据 X 都有对应的 Y。监督学习算法包括分类分析算法和回归分析算法。目标是利用相似度函数来学习两个物体之间的关联程度，常用于人像识别、数据推荐、排名等领域。

30. 非监督学习(Unsupervised Learning)：只包含输入数据，数据本身不被识别，在这种情况下，学习数据的内部结构和规律。无监督学习不是对输入数据提供反馈或响应，而是识别数据中的相似性，并根据每条新数据是否存在共性做出响应。最常用的无监督学习算法是聚类，它常用于集群的管理、社交网络关系的分析、客户细分的分析以及天文数据的分析。

31. 半监督学习(Semi-Supervised Learning)：介于监督学习和非监督学习之间，使用有标签和无标签数据进行监督学习或非监督学习，换句话说，在面对大量无标签数据或仅对其中一部分数据进行标注时，将两个数据组合在一起称为半监督学习。

32. 强化学习(Reinforcement Learning)：是机器学习中非常重要的一个领域。智能终端通过指定学习目标，为每个过程中的动作或朝着目标的动作行为提供"奖励"信息反馈。智能终端会根据反馈，找出在每个学习过程中能够最大化奖励的行为。这种反馈奖励的信息输入不像监督学习中的数据那样具有清晰直接的标签，属于弱监督学习。

33. 深度学习(Deep Learning)：是基于人工神经网络的机器学习的一个子集，因此深度学习可以将输入数据转化为特定场景下的预测信息，并可以通过数据本身进行处理和学习。是一种包括多个隐含层的多层感知机，通过组合底层的特征，形成更具象的高层表示，用于描述识别对象的高级属性或特征。

34. 自然语言处理(Natural Language Processing)：是利用自然语言研究和实现人与计算机系统之间有效交流的多种理论和方法。自然语言处理涉及语音、语法、语义、语用等多维度的操作。简单而言，自然语言处理的基本任务是基于本体词典、词频统计、上下文语义分析等方式对待处理语料进行分词，形成以最小词性为单位，且富含语义的词项单元。

35. 词法分析(Lexical Analysis)：包括词形分析和词汇分析两个方面。词形分析主要表现在对单词的前缀、后缀等进行分析；而词汇分析则表现在对整个词汇系统的控制，从而能够较准确地分析用户输入信息的特征，最终准确地完成搜索过程。

36. 句法分析(Syntactic Analysis)：是对自然语言中的词汇短语进行分析,目的是识别句子中的句法结构,以实现自动句法分析的过程。

37. 语用分析(Pragmatic Analysis)：是对上下文、语言背景、语境等的分析,即从文章的结构中提取出意象、人际关系等附加信息,是一种更高级的语言学分析。

38. 词频-逆文档频率(Term Frequency-Inverse Document Frequency)：简称为 TF-IDF,是一种基于统计的文本特征提取方法,用于评估某个词对于一个文章集或一个语料库中的其中一篇文章的重要程度。可以过滤掉常用和不重要的词语,保留重要的词语。

39. 词频(Term Frequency)：是指某个词在文章中的出现次数被归一化后的数值(TF=该词出现次数/文章的总词数)。

40. TextRank 算法：是一种基于图的用于文章关键词抽取和文章摘要的排序算法,由谷歌的网页重要性排序算法 PageRank 改进而来。基本思想是通过把文章分割成若干组成单元(单词、句子)并建立图模型,利用投票机制对文章中的重要成分进行排序,仅利用单篇文章本身的信息即可实现关键词提取、文摘。与其他文本特征项提取算法不同的是,不需要事先对多篇文章进行统计或学习训练。

41. 文本情感分析(Text Sentiment Analysis)：是一种常见的自然语言处理方法的应用,是对带有情感色彩的主观性文本进行分析、处理、归纳和推理,利用一些情感得分指标来量化定性数据的方法。

42. 朴素贝叶斯(Naive Bayesian)：是应用最为广泛的分类算法之一。朴素贝叶斯方法是在贝叶斯算法的基础上进行了相应的简化,即假定给定目标值时属性之间相互条件独立。

43. 最大熵(Maximum Entropy)：该原理由 E. T. Jaynes 在 1957 年提出。其主要思想是,在只掌握关于未知分布的部分知识时,应该选取符合这些知识但熵值最大的概率分布。因为在这种情况下,可能有不止一个概率分布符合已知知识。

44. 支持向量机(Support Vector Machine)：简称为"SVM",又名支持向量网络,是在分类与回归分析中分析数据的监督式学习模型与相关的学习算法。

45. 图像识别(Image Recognition)：是指对图像进行信息处理,以识别各种不同模式的目标和对象的技术。图像识别技术是为了让计算机代替人类去处理大量的图片信息。

46. 直方图相似度算法(Histogram Similarity Algorithm)：图像直方图是广泛应用在很多计算机视觉中的基础知识。通过直方图对图像进行特征提取,并选择合适的相似性算法设计分类器,是图像识别过程的最简单和直观的实现。

47. 余弦相似度算法(Cosine Similarity Algorithm)：是通过测量两个向量内积空间的余弦值来度量它们之间的相似性,尤其适用于任何维度的向量比较中,因此是图片识别中高维特征向量空间应用较多的算法。

【练习题】

一、自测题

1. 数据库知识发现过程包括哪几个环节?
2. 利用数据挖掘进行数据分析常用的方法有哪几种?
3. 分类分析的学习算法、决策树和贝叶斯网络之间的区别是什么?
4. 决策树应用于什么场景?

5. 聚类分析常用的算法 K-Means 中，K 指的是什么？Means 指的是什么？

6. Apriori 算法的运算方法是什么？存在什么问题？解决的方法是什么？

7. 回归分析主要研究哪些问题？可应用到市场营销的哪些方面？

8. 回归分析根据自变量和因变量之间的关系，可采用哪几种分析方法？

9. 使用多元线性回归分析，可以分析数据之间的哪些关系？（是否存在/强度/关系的结构）

10. 常用的回归模型有哪几种？它们之间的区别是什么？

11. 人工智能核心技术有哪些？

12. 计算机视觉可分为哪五大类？

13. 机器学习的方法是什么？

14. 循环神经网络（RNNS）指的是什么？可处理怎样的任务？

15. 图像识别的流程有哪几个步骤？

16. 简单讲述图像识别的原理。

二、讨论题

1. 大数据处理中，通过数据挖掘可以发现数据潜在的价值，请分小组讨论对比大数据挖掘中，分类分析、聚类分析、关联分析及回归分析 4 种算法的特点及分别适合的应用场景。

2. 请分小组讨论，人工智能、机器学习与深度学习三者之间的关系及各自领域的应用场景。

3. 请举例说明自然语言处理技术、图像识别技术的应用场景。

三、实践题

随着大数据处理技术的日益成熟，人工智能机器人、智能图像识别摄像头、无人驾驶车辆等已经逐渐融入日常生活，请分小组讨论研究大数据技术目前应用的领域。展望未来 30 年，探讨大数据发展给生活带来的影响。

学习任务 5.3 了解数据的可视化

【任务概述】

数据可视化存在于生活的方方面面，理解并运用数据可视化，可以帮助人们分析数据内容的信息传递。常见数据可视化包括关注三维现象与空间数据关系的科学可视化，处理几何结构的信息可视化及以可视交互界面作为分析基础的可视化分析。

掌握数据可视化流程及方法，了解数据可视化映射，可根据数据特征、目的、来源不同实现不同维度数据可视化。常用的数据可视化方法包括数据可视化图表、文本信息可视化、区域空间可视化、抽象概念可视化。利用 Excel、EChart、Python 的不同数据可视化工具，快速实现数据可视化。

大屏数据可视化是指利用大屏幕作为展示载体的可视化设计，利用面积大、展示数据多的特点,常用于数据分析与监测。酒店与旅游业的大屏大数据可视化,可实现对旅游目的地舆情监测及预警,打造智慧旅游目的地、智慧城市。

一、理解数据可视化的概念与原理

1. 数据可视化概述

1) 数据可视化的概念

数据可视化(Data Visualization)是关于数据视觉表现形式的科学技术研究。日常生活的方方面面都离不开数据,每个人的身高、年龄;课程的成绩、排名;企业营收、KPI;等等;都是数据。大量的数据本身是枯燥且难读的,但人们的双眼容易受到颜色和图案的吸引:大家能够快速区分不同颜色、形状。大家的文化,包括从艺术、广告到电视、电影在内的一切,都是可视化的。

为了传递数据信息,通常可以通过图形、图表及可视化工具,对看似杂乱无章的数据进行展现。与传统的数据建模的技术方法相比,数据可视化涵盖的领域会广泛很多,既包括计算机图形学和图像处理,也涉及将数据转化为图形、图表后的展示方式,如大屏幕显示技术;同时也涵盖展示方式的交互处理技术和方法,可以说数据可视化是可视化艺术的另一种形式。从本质上说,数据可视化需要能快速吸引浏览者的兴趣,并反映出事物的真实规律、趋势或异常情况。

2) 数据可视化的类型

(1) 科学可视化(Science Visualization)。科学可视化是数据可视化中的一个跨学科研究与应用领域,早在1987年美国国家科学基金会在关于"科学计算领域之中的可视化"报告中正式被提出。科学可视化主要关注三维现象与空间数据的可视化,主要反映对客观事物的体、面及光源等的逼真渲染,使科学家能够从数据中了解、收集及分析规律。常用于气象学、医学、生物学。如医院体检的X光片,B超;气象台预报的台风风向图等。

(2) 信息可视化(Information Visualization)。信息可视化是一门跨学科领域,与科学可视化的区别在于,科学可视化处理的数据具有一定的几何结构,如磁感线,热力图;信息可视化主要研究大规模的非规律的抽象数据,通过利用图形、图像方面的技术与方法,帮助理解和分析数据。信息可视化处理的抽象数据包括数字和非数字数据,如位置坐标、文本信息。常见的柱状图、趋势图、流程图、树状图等都属于信息可视化,这些图形的设计都将抽象的概念转化成为可视化信息。

(3) 可视化分析(Visual Analytics)。可视化分析被定义为一门以可视交互界面为基础的分析推理科学。它综合了图形学、数据挖掘和人机交互等技术,以可视交互界面为通道,将人的感知和认知能力以可视的方式融入数据处理过程,如图5-66所示。

在美国学者詹姆斯·J.托马斯(James J. Thomas)和克里斯汀·A.库克(Kristin A. Cook)的分析推理过程的"感知循环"(见图5-67)研究中,说明了数据可视化与可视化分析之间的关系是共生的:良好的数据可视化使可视化分析更加有效,并向用户显示更好的见解,而更好的见解则使可视化更具吸引力;更容易为用户更好地了解他们的数据,共同帮助企业和个人确定如何提高效率、增加收入并获得超越竞争对手的竞争优势。

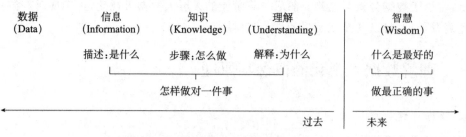

图 5-66　可视化分析研究方向与发展

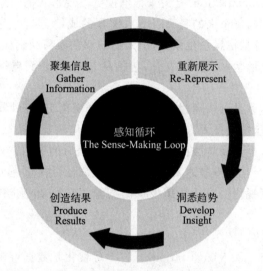

图 5-67　James J. Thomas 与 Kristin A. Cook"感知循环"分析推理过程

2. 数据可视化的原理

1) 数据可视化流程

完整的数据可视化流程，往往是从社会问题和自然问题发展产生，经过数据采集、数据处理和变换、可视化映射、用户感知，到最后知识和灵感解决最终问题六大阶段，若处理分析的数据量十分庞大复杂，在可视化映射阶段还会加入人机交互，如图 5-68 所示。

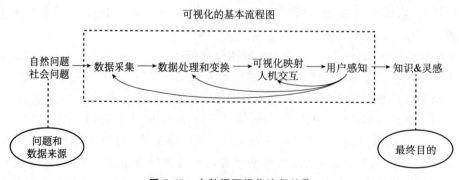

图 5-68　大数据可视化流程总览

将上述流程简单划分，可以归纳为数据分析、数据处理及数据呈现三大阶段，如图 5-69 所示。

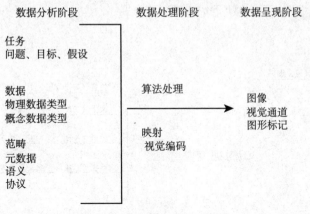

图 5-69 数据可视化流程总览

（1）数据分析。在开始数据可视化前，需要明确为什么需要开展当前可视化工作及当前可视化的任务目标。根据遇到的问题、展示所需信息及最后的结论需求完成数据收集工作。数据承担的信息类别多种多样，针对完成收集的数据需要进行归类分析，如数据的类型、数据结果、数据维度，针对抽象的数据进行视觉编码及转换。

（2）数据处理。数据处理过程，可以划分为对数据的处理和对视觉编码的处理。对数据的处理包括对数据进行数据清洗、数据集成及数据转换。数据经过处理后能提高数据的完整性、有效性、准确性、一致性及可用性，使得后续对数据的呈现和结果的反馈能更为精准。

设计视觉编码则是利用位置、颜色、大小、长度、形状、角度等视觉通道，将不同的数据维度通过视觉通道进行映射呈现。数据通过色彩图形、图像呈现的处理结果如图 5-70 所示。

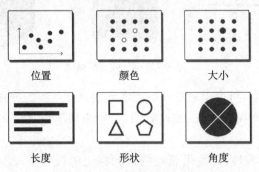

图 5-70 视觉编码图形属性

（3）数据呈现。数据呈现即最终结果的展示，根据可视化的目的或目标的不同，利用不同的显示设备将上述分析及设计过程呈现。数据呈现过程会根据呈现的结果是否足够反映事物特征而进行不断优化。

2）可视化映射

可视化映射是整个数据可视化流程的核心，是指将处理后的数据信息映射成可视化元素的过程。可视化映射需要先对数据进行可视化编码，最后完成将数据字段到图形属性的映射，如图 5-71 所示。

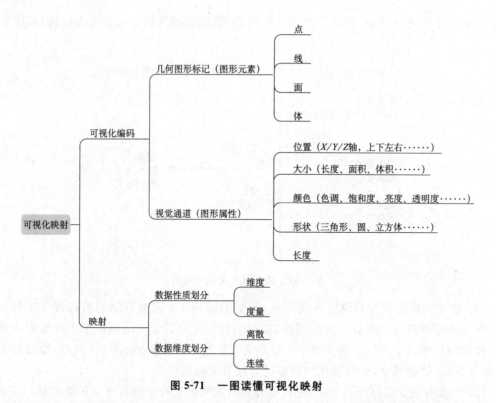

图 5-71　一图读懂可视化映射

（1）可视化几何图形标记（图形元素）。基本的图形元素：点、线、面、体，分别具有零维、一维、二维、三维自由度，如图 5-72 所示。

图 5-72　点、线、面、体

这几个基本图形元素，可以组成更多的图形元素，如：点线的连接、多边形等。如大家常见的散点图、折线图、矩形树状图、三维柱状图，分别采用了点、线、面、体这 4 种不同类型的标记，如图 5-73 所示。

（2）视觉通道（图形属性）。数据属性的值到标记的视觉呈现参数的映射，叫作视觉通道，通常用于展示数据属性的定量信息。常用的视觉通道有：位置、颜色、大小、长度、形状、角度等，如图 5-74 所示。

（3）映射（数据字段到图形属性的映射）。图形元素和图形属性是可视化编码的两个方面，在将数据映射到图形属性前，围绕数据本身，要开展数据的定义和分类。根据数据的性质将其分为维度（见图 5-75）及度量（见图 5-76）两类。

根据数据的形态将其分为离散和连续两类。

离散：可以列举的数据，大多为分类型信息。典型特征是可以计数以及任意排序。通常配合独立标签、独立颜色。

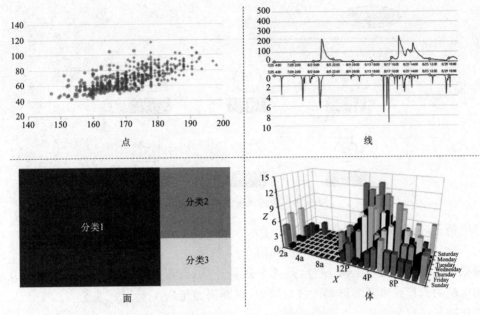

图 5-73 点、线、面、体对比示意图

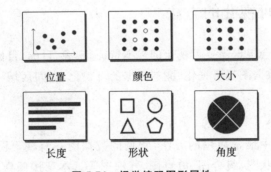

图 5-74 视觉编码图形属性

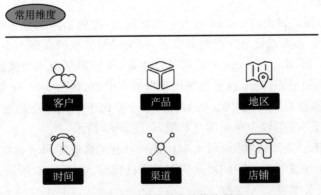

图 5-75 数据映射常用维度展示

连续:指任意两个数据点之间可以细分出无限多个数值。典型特征是可以度量以及按数值大小排序。通常配合数轴、渐变颜色。

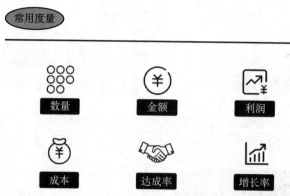

图 5-76　数据映射常用度量展示

举个例子,冰桶里有一部分冰块化成了水。其中冰块是离散的,可以数;而水是连续的,可以量,如图 5-77 所示。

根据数据字段是维度还是度量,是离散还是连续,选取与其相匹配的图形元素及图形属性进行映射,进而完整地将数据信息进行可视化表达。

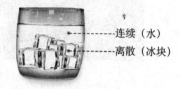

图 5-77　水(连续)与冰块(离散)的对比

二、理解数据可视化的方法

数据可视化的方法会根据需要可视化的数据特征、来源、目的、目标等的不同有多种不同可视化方法及维度,如数据图表可视化、文本数据的可视化、空间区域可视化、抽象概念可视化等。

1. 数据可视化图表

数据图表是可视化中最常使用的方法,常见的数据图表有柱形图、折线图、饼图、条形图,此外还有面积图、点状图、组合图、散点图、气泡图等。本章按照数据联系、对比关系,将不同图表进行了以下归类整理。

1) 占比关系图表

(1) 饼图/环形图。饼图(Pie Chart)也称为饼状图,将圆形内划分为多个扇形的统计图表,用于描述百分比、频率或百分比的相对关系,每个扇形区域的面积大小表示数据的比例。

相比饼图,环形图(Ring Diagram)的可读性更高,环形图是由两个及两个以上大小不一的饼图叠在一起,去除空心部分,将重点突出数据放在中间,如图 5-78 所示。

(2) 百分比堆积条形图/柱状图。可对比同一个分组下不同分类的百分比占比,当分组较多时使用条形图,当分组较少时使用柱状图,如图 5-79 所示。

(3) 矩形树状图。矩形树状图(Treemap)是一种利用嵌套矩形表示层次结构的方法,通过面积大小、排列顺序或颜色的不同展示内部的占比情况,如图 5-80 所示。

2) 项目对比关系图表

(1) 直方图/条形图。直方图(Histogram)与条形图(Bar Chart)都是以长条图的形式表现数据,直方图是通过图形面积表示各组数据情况,一个坐标表示频数或频率,另一个坐标是数据的连续分布情况,每组数据长度或高度都有意义,如图 5-81(左)所示。

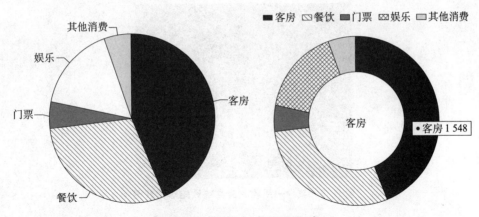

图 5-78 饼图(左)与环形图(右)

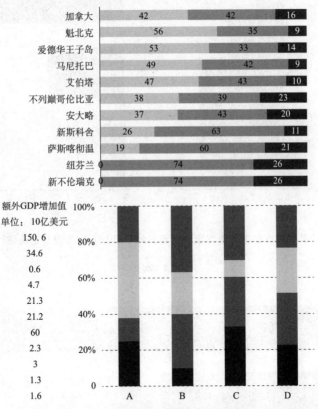

图 5-79 百分比堆积条形图(上)与柱状图(下)

条形图是用相同宽度的条形高度或长度代表数据多少的图表,条形图有简单的条形图,如图 5-81(右)所示,也有复杂的条形图,如图 5-82 所示的堆积条形图。

(2)雷达图。雷达图(Radar Chart)是将同一属性的多个不同维度分类映射到坐标轴的二维图表,从中心同一个点开始的轴上表示三个或更多个定量变量,用于了解事物的综合情况及相同属性之间的差异,如图 5-83 所示。

图 5-80　某地一周收入分类统计矩形树状图

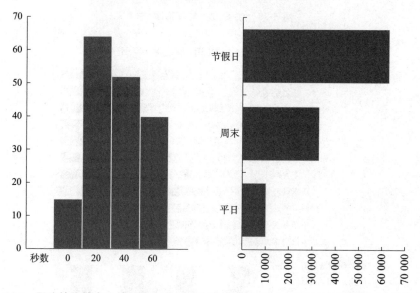

图 5-81　网站某分钟点击情况直方图（左）与某地平日/周末/节假日客流统计条形图（右）

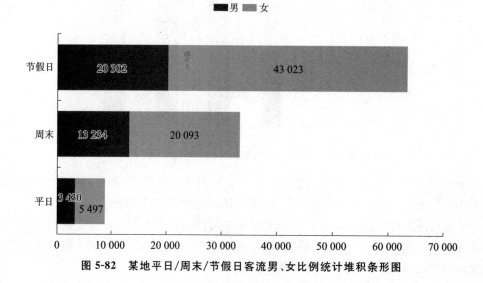

图 5-82　某地平日/周末/节假日客流男、女比例统计堆积条形图

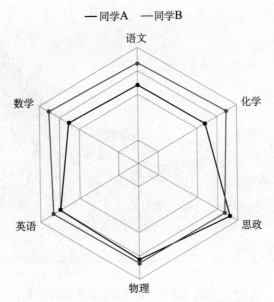

图 5-83　期中考同学 A/B 各科成绩对比雷达图

3) 时间序列对比关系图表

(1) 折线图/折线堆积图。折线图(Line Chart)是通过多个点间使用直线连接形成的统计图表，如图 5-84 所示。

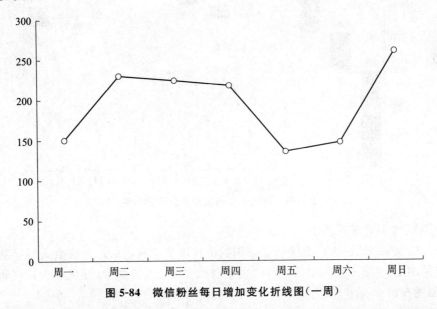

图 5-84　微信粉丝每日增加变化折线图(一周)

堆积图是在面积图的基础上，将不同的数据项目层层堆叠，既能看出数据趋势也能反映整体规模和数据项之间的占比情况，折线堆积图就是在折线图的基础上进行面积堆积，如图 5-85 所示。

(2) 瀑布图。瀑布图(Waterfall Plot)顾名思义因其形似瀑布流水而得名，瀑布图采用绝对值与相对值结合的方式，表达多个特定数值之间的数量变化关系，一般适用于汇报数量的增减。比如一年中各月销售额、用户数等指标的变化，如图 5-86 所示。

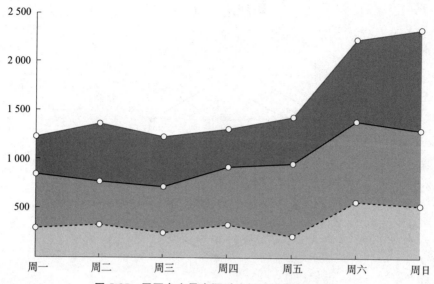

图 5-85　网页点击量来源对比折线堆积图（一周）

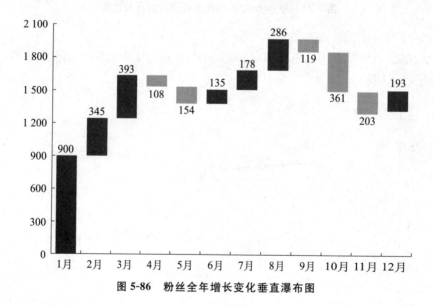

图 5-86　粉丝全年增长变化垂直瀑布图

4）频率分布对比关系图表

（1）人口金字塔图。人口金字塔图是用类似古埃及金字塔的形象描绘人口年龄和性别分布状况的图形，它属于旋风图的一种。主要应用在社会人口学中，能表明人口现状及其发展类型，如图 5-87 所示。

（2）分布曲线图。分布曲线图是以变数值为横坐标，以累积频率为纵坐标的曲线图，即概率分布函数的图形。例如正态分布曲线，如图 5-88 所示。

（3）箱型图。箱型图（Box Plot）是用于显示一组数据分散情况的统计图，因形状与箱子相似而得名。常见于品质管理，反映原始数据分布的特征，还可以进行多组数据分布特征的比较，如图 5-89 所示。箱型图的优点是不受异常值的影响，能直观明了地识别数据中的异常数值。

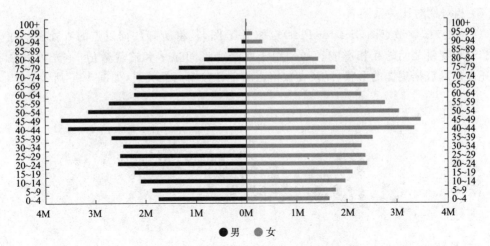

图 5-87　各年龄段男、女比例人口金字塔图

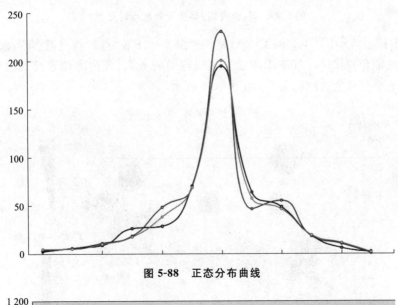

图 5-88　正态分布曲线

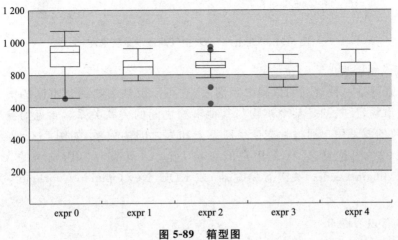

图 5-89　箱型图

5）相对性对比关系图表

（1）散点图。散点图（Scatter Plot）也称 X-Y 图，是将所有数据以点的方式展示在坐标系上，标识变量之间的互相影响。通常用于两个变量间显示和比较数值，不光可以显示趋势，还能显示数据集群的形状，以及在数据云团中各数据点的关系，如图 5-90 所示。

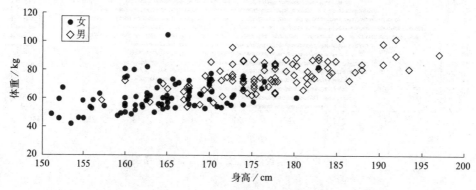

图 5-90 男、女身高/体重比例散点对比图

（2）气泡图。气泡图（Bubble Chart）是一种多变量图表，可以将气泡图看成散点图与百分比区域图的结合变化体。气泡图通常通过气泡间的关系、气泡的位置及气泡面积大小来比较和展示三个变量值之间的关系，如图 5-91 所示。

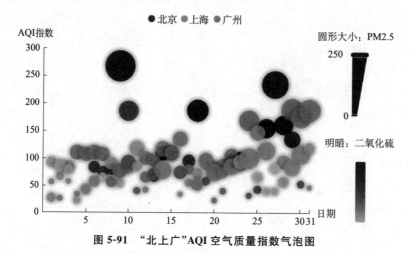

图 5-91 "北上广"AQI 空气质量指数气泡图

6）依赖关系图表

网络关系图是一种常见的依赖关系图表，它可以反映事物通过不同的渠道或关系联系上的人或事物，反映的是某个事物与其他事物之间的关联关系。常见的社交媒体网络关系图，反映的就是用户通过社交途径联系人和人之间的关系，如图 5-92 所示。若单个用户的网络关系图越复杂，代表用户的影响力越大，具有一定影响力的人，就可称为 KOL（Key Opinion Leader，关键意见领袖）或 KOC（Key Opinion Consumer，关键意见消费者）。

2. 文本信息可视化

文本是传递信息的最主要载体，与图形、图表相比较，文本信息的传递速度更快，且占比

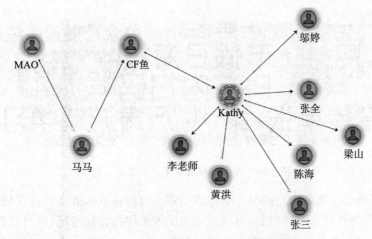

图 5-92 社交媒体用户分享网络关联图

小,并更容易生成。通过文本可视化,人们可以快速了解文本中的语义特征及逻辑关系,厘清事物内在联系及发展变化。

常用的文本可视化方式有树状图和词云。

1) 树状图

树状图(Tree Diagram)是一种将数据层次结构化构建的图表,是枚举法的一种表现方式。数据的开始相当于树根,从树根开始支持分支出多个下级结构,如图 5-93 所示。

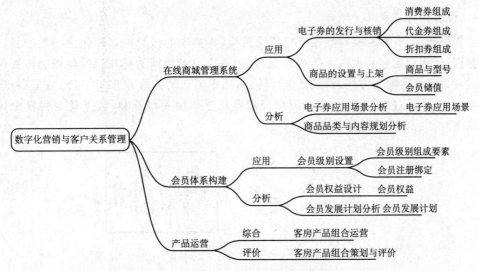

图 5-93 数字化营销与客户关系管理能力/技能/知识关系树状图

2) 词云

词云又称文字云,由词汇组成类似云的彩色图形,用于展示大量文本数据。通常用于描述网站上的关键字或标签,用于突出文本中每个词的重要性,对于词频高的关键词以突出大字或鲜艳的颜色显示,如图 5-94 所示。

3. 区域空间可视化

区域空间可视化充分利用了地理信息技术的空间数据可视化能力,用地图的方式进行

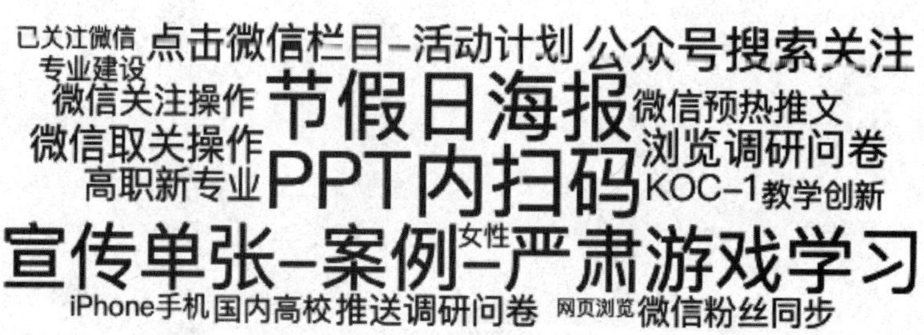

已关注微信
点击微信栏目-活动计划
公众号搜索关注
专业建设
微信关注操作
节假日海报
微信预热推文
微信取关操作
浏览调研问卷
高职新专业
PPT内扫码
KOC-1
教学创新
宣传单张-案例-严肃游戏学习
女性
iPhone手机
国内高校
推送调研问卷
网页浏览
微信粉丝同步

图 5-94　个人销售线索用户画像词云图

可视化表达，解决了大数据中空间位置表达的问题。当指标数据的主体与区域相关时，人们一般选择地图作为背景。这样，用户可以直观地了解整体的数据情况，也可以根据地理位置快速定位某个区域，查看详细的数据。

1）区域热点图

区域热点图(Heat Spot Map)是通过使用不同标记将展示区域按照受关注程度的不同加以标记呈现的分析图表，通过展示颜色的深浅、点的疏密及呈现比重的形式反映。

2）流向地图

流向地图(Flow Map)是在地图上显示信息或物体从一个位置到另一个位置的移动流向及移动数据，单一的流向线可以通过粗细代表流向移动的数据量大小，通常可用于显示人、动物或产品的迁移数据。

4. 抽象概念可视化

数据可视化，有时需要对数据进行概念转换，将抽象的指标数据转化为熟悉的、易于感知的数据，使用户更容易理解图形的含义，可加深用户对数据的感知。抽象概念可视化，可以通过对比或者比喻的方式，将数据进行转化，如中国烟民数量有 32 000 万，数据很难让人有具象感知，但通过图 5-95 对比中国烟民数量超过美国人口总和，数据就变得具象化了。这是采用对比的方式将数据可视化。

超过
中国烟民数量
320 000 000
美国人口总和

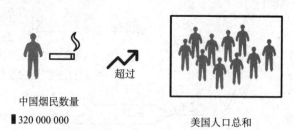

图 5-95　中国烟民与美国人口对比

又如雅虎在做邮箱宣传，体现使用电子邮箱替代纸张节省地球环境资源的优点，它提出雅虎邮箱每小时处理的电子邮件有 1.2TB，相当于 644 245 094 张打印纸，若将这些纸张首尾相连，可绕地球 4 圈多。这种方式就巧妙地将抽象数据通过比喻的方式直观展现。

数据可视化，需要学会根据不同场景选择合适的方法将数据值图形化、数据属性图形化(如天气预报中不同天气的图标展示)、数据关系图形化、时间和空间可视化、数据概念具象化,最后还可以结合呈现的终端,让可视化结果动起来。

无论采用哪种数据可视化方法,其目的都在于通过图形和色彩将关键数据和特征直观地传达出来,从而实现对于看似无章而又庞大复杂的数据的深入洞察与分析。数据可视化并非单纯的数据呈现,可视化的过程本身需要加入设计者对问题的思考、理解,甚至是一些假设,从而使得可视化后的信息能一目了然,帮助阅读者获得客观数据层面的认知、思考、引导以及验证,帮助解决问题。

三、掌握数据可视化常用工具的使用

1. Excel 数据可视化

1) Excel 简介

Excel 软件(其图标如图 5-96 所示)是微软(Microsoft)公司为 Windows、macOS、Android 和 iOS 几种操作系统开发的电子表格软件,作为 Microsoft Office 配套软件的一部分,与 Word 及 PPT 并称"微软三剑客"。Excel 除了具备常用的计算、绘图工具、数据透视表等功能外,还支持 Visual Basic 宏语言(Visual Basic for Applications,VBA),它使 Excel 形成了独立的编程环境。使用 VBA 和宏,可以把手工步骤自动化。

图 5-96　Excel 软件图标

Excel 简洁直观的界面和强大的计算功能和图表工具,再加上大量的使用推广,使得它成为企业运营工作中的一项必备技能。Excel 拥有强大的数据库及函数、支持多种方式的数据图表、图形自动可视化,支持用户自定义图形、图表,能同时满足用户从入门级到高级数据分析呈现的不同需求。

2) 常用 Excel 可视化方法

(1) 图表。Excel 提供内置条形图、柱形图、折线图、面积图、饼图、环形图、散点图、气泡图及组合图等多种图表,其中包括二维平面图和三维立体图等多种形式,分别如图 5-97、

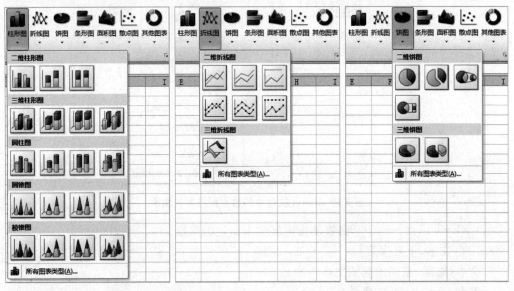

图 5-97　Excel 软件中的柱形图、折线图与饼图

图 5-98和图 5-99 所示,初学者可以将数据导入 Excel,利用插入图表功能一键生成。对于软件生成的图片,还可以针对图表的标题、颜色、大小等样式进行个性化定义,是目前经常使用的数据图表可视化方式之一。

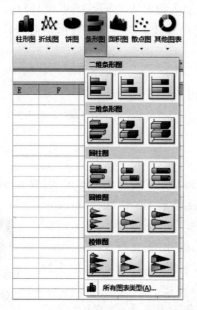

图 5-98　Excel 软件中的条形图与面积图

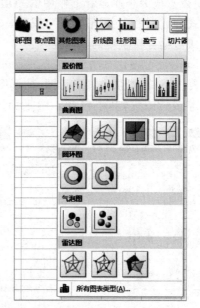

图 5-99　Excel 软件中的散点图与其他图表

(2) REPT 函数。REPT 函数是指重复文本给定的次数。

REPT(文本,重复次数):

·文本(必需,需要重复的文本内容)。

·重复次数(必需,正整数)。

通过REPT函数,可以生成自定义形状或图标的长条图,通过图形的不同组合,可以形成多种图形、图表。

REPT("|",成绩)& 成绩,如图5-100所示。

课程	成绩	展示图
酒店营销实务	60	||||||||||||||||||||||||||||||||||||||||||||||||||||||||||||60
酒店经营管理	82	||||||||||||||||||||||||||||||||||||||||||||||||||||||||||||||||||||||||||||||||||82
酒店实用英语	92	||||||||||||||||||||||||||||||||||||||||||||||||||||||||||||||||||||||||||||||||||||||||||92
葡萄酒知识与文化	72	||||||||||||||||||||||||||||||||||||||||||||||||||||||||||||||||||||||72
酒店督导管理	65	||||||||||||||||||||||||||||||||||||||||||||||||||||||||||||||||65

图 5-100 学科成绩对比条形图

REPT("|",数量),如图5-101所示。

指标	数量	展示图
页面浏览数	102	||||||||||||||||||||||||||||||||||||||||||||||||||||||||||||||||||||||||||||||||||||||||||||||||||||||
独立访客数	74	||||||||||||||||||||||||||||||||||||||||||||||||||||||||||||||||||||||||||
重复访客数	42	||||||||||||||||||||||||||||||||||||||||||
单访客的页面浏览数	15	|||||||||||||||
新访客数	9	|||||||||

图 5-101 网站访问漏斗图

REPT("★",推荐指数),如图5-102所示。

电影	推荐指数	展示图
《反贪风暴》	4	★★★★
《战狼》	7	★★★★★★★
《高山下的花环》	10	★★★★★★★★★★
《我和我的祖国》	8	★★★★★★★★
《狙击手》	6	★★★★★★

图 5-102 电影推荐评分展示图

左侧表达式1:男 &"-"& REPT("|",男/10)

右侧表达式2:=REPT("|",女/10)&"-"& 女

如图5-103所示。

(3) 条件格式。利用条件格式可将符合要求的色块进行颜色变化匹配、插入图表集,或将数据转化成数据条,从而突出选中的区间数或数据,结合应用场景形成主次分明的可视化图表,分别如图5-104~图5-106所示。

某地区人口性别、年龄分布

年龄	男	男	女	女
80岁以上	128-||||||||||||	128	156	||||||||||||||-156
75~79岁	152-|||||||||||||	152	169	||||||||||||||-169
70~74岁	226-|||||||||||||||||	226	206	||||||||||||||||-206
65~69岁	263-|||||||||||||||||||	263	289	|||||||||||||||||||-289
60~64岁	306-|||||||||||||||||||||	306	326	||||||||||||||||||||-326
55~59岁	358-||||||||||||||||||||||||	358	398	||||||||||||||||||||||||-398
50~54岁	412-|||||||||||||||||||||||||||	412	401	|||||||||||||||||||||||||||-401
45~49岁	526-|||||||||||||||||||||||||||||||||	526	548	||||||||||||||||||||||||||||||||||-548
40~44岁	668-|||||||||||||||||||||||||||||||||||||||	668	636	||||||||||||||||||||||||||||||||||||||-636
35~39岁	725-|||||||||||||||||||||||||||||||||||||||||||	725	701	|||||||||||||||||||||||||||||||||||||||||-701
30~34岁	603-|||||||||||||||||||||||||||||||||	603	658	||||||||||||||||||||||||||||||||||||-658
25~29岁	589-||||||||||||||||||||||||||||||||	589	568	||||||||||||||||||||||||||||||||||-568
20~24岁	658-||||||||||||||||||||||||||||||||||	658	618	||||||||||||||||||||||||||||||||||-618
15~19岁	550-||||||||||||||||||||||||||||||	550	498	||||||||||||||||||||||||||||||-498
10~14岁	426-|||||||||||||||||||||||	426	389	|||||||||||||||||||||||-389
5~9岁	368-|||||||||||||||||||	368	304	|||||||||||||||||-304
0~4岁	289-|||||||||||||||	289	226	||||||||||||-226

图 5-103 人口金字塔图

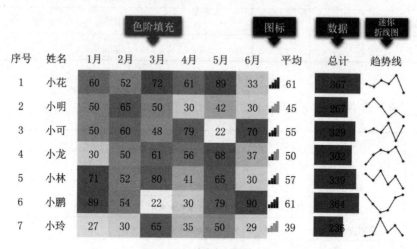

图 5-104 班级成员成绩表

（4）数据透视图。数据透视图用于面对大量且有多项分类明细的项目数据时，需要对数据按照不同分类进行归类汇总的情况，如图 5-107 为某家庭 1~3 月支出分类统计。又如，面对酒店全年 PMS 导出的客房预订入住记录，需要快速统计每月的不同客房产品收入，就可以使用数据透视图，如图 5-108 所示。

2. ECharts 数据可视化

ECharts（其图标见图 5-109）是一款基于 JavaScript 的开源数据可视化图表库，提供直观、美观、可交互、可个性化定制的数据可视化图表，可方便流畅地直接运行在各种计算机、

员工考勤表

缺勤类型	V 休假	■ 事假	S 病假															
1月						缺勤日期												
	二	三	四	五	六	日	一	二	三	四	五	六	日	一	二	三	四	五
员工姓名	1	2	3	4	5	6	7	8	9	10	11	12	13	14	15	16	17	18
小花								■			S							
小明			V	V				■							S			
小可				■						S								
小龙							V		V					S				
小林							S											
1月汇总				2	1		1	2	1		2			1	2			

图 5-105　员工考勤表

某酒店官网及微信服务号搭建项目计划		按计划	延期								
阶段		开始日期	结束日期	时长	M1				M2			
					W1	W2	W3	W4	W1	W2	W3	W4
需求调研与网站原型												
项目计划安排	制订项目计划时间表	D1	D1	1								
	提交项目计划时间表	D1	D1	1								
	回传确定项目进度安排表和双方联系人	D2	D2	1								
需求调研	确定网站栏目结构和页面风格	D2	D2	6								
	项目需求调研	D2	D4									
	项目需求评审和修改	D5	D7									
	项目需求确认	D7	D7									
网站原型	首页和关键内页原型设计	D8	D10	3								
	网站原型内容准备	D8	D10									
	网站原型制作	D11	D15	5								
	网站原型评审和修改	D16	D19	4								
	网站原型确认	D20	D20	1								
第三方网页设计与制作												
网页设计需求确认	栏目结构和功能需求	D21	D21	1								
	首页和关键内页原型	D21	D21									
	交互流程原型	D22	D22									

图 5-106　项目计划表

家庭开支数据

月份	类别	金额
一月	交通	￥230.00
一月	教育	￥2,350.00
一月	餐饮	￥1,750.00
一月	娱乐	￥1,000.00
二月	交通	￥680.00
二月	教育	￥1,800.00
二月	餐饮	￥2,830.00
二月	娱乐	￥980.00
三月	交通	￥250.00
三月	教育	￥2,370.00
三月	餐饮	￥1,670.00
三月	娱乐	￥1,200.00

对应数据透视图

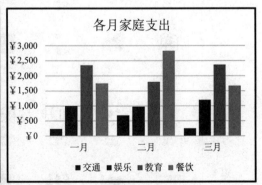

图 5-107　某家庭支出分类统计数据透视图

手机的主要浏览器上。ECharts 最初由百度团队开发，于 2018 年初捐赠给 Apache 基金会，成为 ASF 孵化级项目。于 2021 年 1 月正式成为 Apache 顶级项目。

图 5-108　某酒店客房预订统计数据透视图

图 5-109　ECharts Logo

与 Excel 相比，ECharts 提供的图表展现形式更丰富多彩，使用者只需下载相关组件，了解 JavaScript 的基本编程方法，就能将提供的图表应用在不同项目中，分别如图 5-110～图 5-112所示。

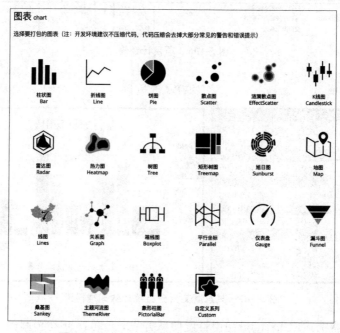

图 5-110　ECharts 提供的图表选择打包下载

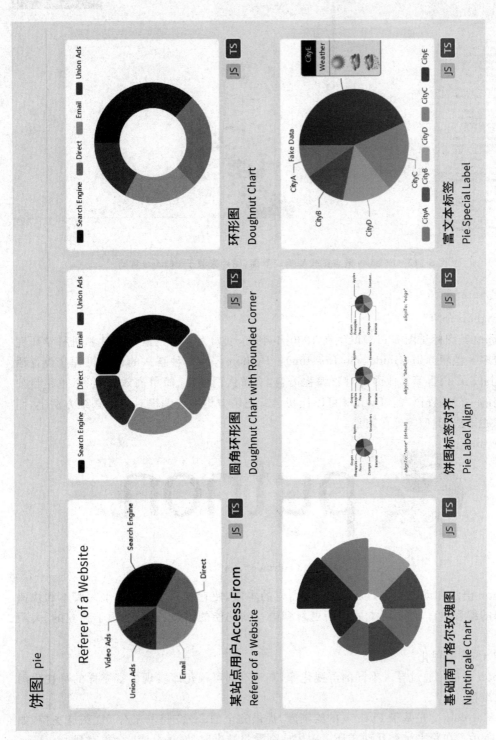

图 5-111 ECharts 饼图样式

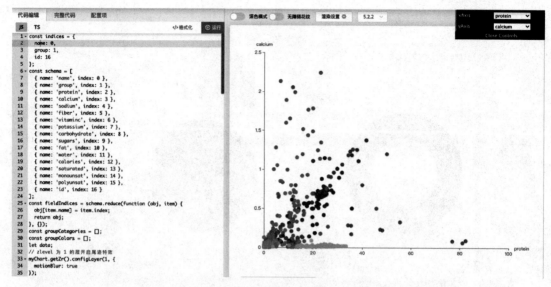

图 5-112　ECharts 散点图代码编辑界面（图片来源于 ECharts 官网）

3. Python 数据可视化

1）Python 介绍

Python（其图标见图 5-113）诞生在 1990 年年初，创始人是荷兰数学和计算机科学研究学会的吉多·范罗苏姆（Guido van Rossum）。Python 作为一种新兴的计算机程序设计语言，对比 Java、C 语言等其他面向对象编程语言，有着入门容易、简单高效的美称，也是目前较受欢迎的一门编程语言。Python 可以让初学者把精力集中在编程对象和思维方法上，而不用去担心语法、类型等外在因素。

图 5-113　Python Logo

Python 语法和动态类型，以及解释型语言的本质，使它成为多数平台上写脚本和快速开发应用的编程语言，随着版本的不断更新和语言新功能的添加，逐渐被用于独立的、大型项目的开发。

2）Python 可视化

Python 可视化通过导入不同的可视化库，基于不同可视化库实现丰富多样的可视化图表自定义编程。

（1）Matplotlib：是基于 Python 的绘图库，提供完全的 2D 支持和部分 3D 图像支持，如图 5-114 所示。在跨平台和互动式环境中生成高质量数据时，Matplotlib 会很有帮助。Matplotlib 也可以用于动画制作。

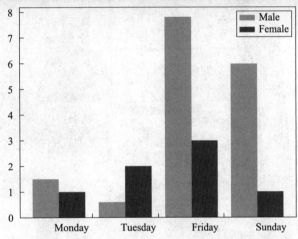

图 5-114 通过 Matplotlib 编程生成的柱形图

（2）Seaborn：是基于 Matplotlib 库可提供更多展示信息量和界面选择的可视化程序库，实现了尽可能方便快捷地调用 Matplotlib，能够生成复杂的可视化图形。Seaborn 具有内置主题、调色板、可视化单变量数据、双变量数据等多种功能，如线性回归数据、数据矩阵及统计型时序数据等。

四、掌握旅游与酒店业常用的数据可视化方法

1. 大屏数据可视化

1）大屏数据可视化简介

大屏数据可视化是以大屏为主要展示载体的数据可视化设计，如图 5-115 所示。"大面积、炫酷动效、丰富色彩"，大屏易在观感上给人留下震撼印象，便于营造某些独特氛围、打造

图 5-115 大数据可视化大屏在实际场景中的应用

仪式感。电商双 11 类大屏利用此特点打造了热烈、狂欢的节日氛围,原本看不见的数据在可视化后,便能调动人的情绪、引发人的共鸣,传递企业文化和价值。

利用面积大、可展示信息多的特点,通过关键信息大屏共享的方式可方便团队讨论、决策,故大屏也常用来做数据分析监测使用。大屏数据可视化目前主要有信息展示、数据分析及监控预警三大类。

2) 大屏数据可视化设计流程

大屏数据可视化的设计流程相当于一个产品设计流程,需要经过需求调研、需求分析、产品设计、设计调整到最后定稿开发四阶段。前期在产品需求调研过程中,需要根据业务场景抽取关键指标,关键指标是一组或者一系列的数据,关键指标数量多少,决定了最后数据大屏展示模块应该划分的模块数。确认关键指标后,根据业务需求将指标分为主要、次要及辅助三个优先层级。

确认可视化的展现方式。可视化界面能否让浏览者一眼读懂并了解关键数据,取决于数据可视化的展示方式是否符合事物特征,以及是否使用了正确的可视化方法。数据图表可视化根据展示数据表达的规律或信息,可以从四个维度进行切入:关联、对比、分布、构成,如图 5-116 所示。

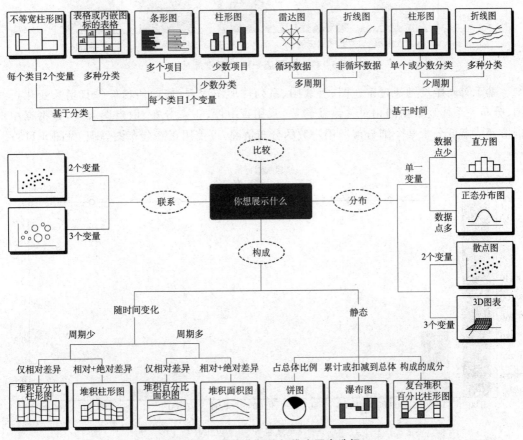

图 5-116 确立指标分析维度图表选择

关联体现数据之间的相互依赖关系,表现方式有散点图、气泡图;对比关系体现数据之间的差异变化关系,基于分类维度可通过柱状图、条形图表现。例如,分析同一时间段内,分类维度为客房产品的预订收入,可利用柱状图呈现,如图5-117所示。

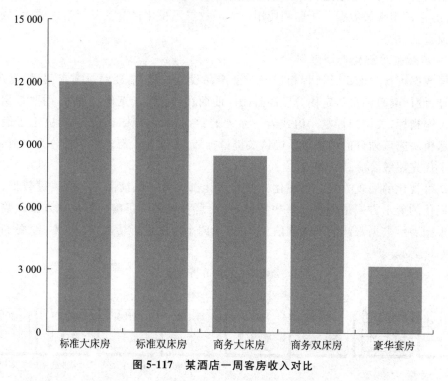

图 5-117　某酒店一周客房收入对比

基于时间维度则通过雷达图、折线图、系列柱形图表现,如微信粉丝每日增长变化折线图;分布关系体现数据的相对关系及趋势,常用直方图、正态分布、散点图表现,如根据用户价值评估高低分析某个细分市场用户数的分布情况,可使用正态分布图呈现(见图5-118)。

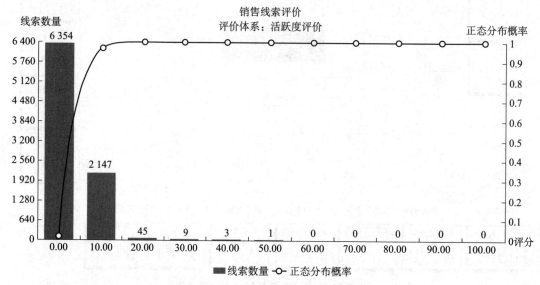

图 5-118　销售线索评价正态分布图

多维度的分布关系,还可通过 3D 图表展示,如用户价值评估 RFM 模型(见图 5-119)。

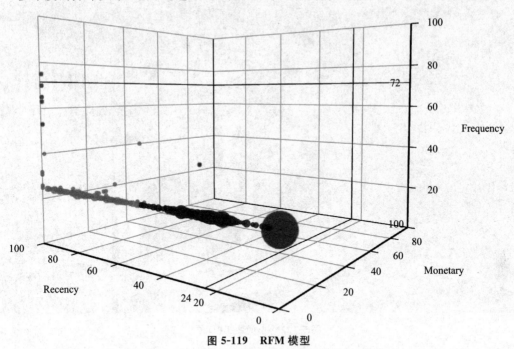

图 5-119　RFM 模型

若构成关系体现数据的占比关系,基于时间维度可通过堆积柱形图、堆积面积图表现,静态数据通过饼图、瀑布图、复合堆积柱形图表现。如统计每日网站点击量(PV)的来源数据量,通过堆积图展示(见图 5-120)。

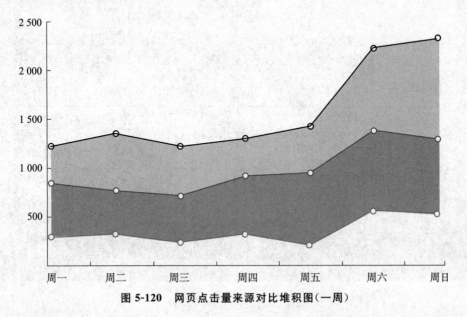

图 5-120　网页点击量来源对比堆积图(一周)

页面布局及模块。大屏数据可视化,是通过不同的大屏终端设备将信息进行展示,常见的数据大屏有不同点间距的 LED 屏幕(见图 5-121)、液晶拼接屏(见图 5-122)、Web 端大屏、虚拟沙盘(见图 5-123)等。

图 5-121 小间距 LED 屏

图 5-122 拼接屏

在开始可视化设计前,需要确认屏幕的物理尺寸比例及屏幕分辨率。尺寸比例的大小及呈现的硬件设备,会影响可视化模块的切分及每模块数据的展示空间布局,如使用拼接屏在拼接缝隙需要避免出现图形跨越,容易产生图形形状偏移(见图 5-124)。

项目 5　认识大数据的核心技术实践

图 5-123　虚拟沙盘

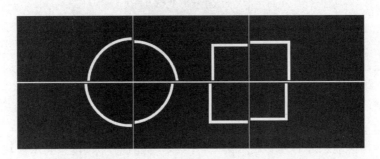

图形跨屏可能出现的展示问题：图形的基础形状会发生偏移

图 5-124　图形跨越拼接屏缝隙导致的形状偏移

使用不同宽度的屏幕需要考虑浏览者最佳浏览空间位置，从而确定每个版块展示空间大小，如图 5-125 所示。

确认尺寸后对页面的布局进行划分，如图 5-126 所示。首先，主要核心业务指标应放置在屏幕中间位置，占据大面积，突出交互展示。如旅游大数据客源分析大屏（见图 5-127），主要指标通过客流省份排名展现国内客源主要来源；智慧城市管理大屏，主要指标展示了城市主要交通枢纽的实时监控数据。其次，按照优先级围绕主要指标展开，相关的指标邻近排列以便浏览者理解，提高信息传递效率。最后，在确认各个板块布局后，将板块拆为分子模块，在可视化设计中依次将数据可视化元素填充到子模块中。

可视化设计。根据业务场景确认大屏整体风格及框架模块，完善主要指标上展示信息的基本元素。如地理信息展示，可以加入立体空间、流动光效互动效果增加现代科技感。在进行可视化设计时要注意如下几点。

（1）图形图标：对于复杂抽象的数据指标或数据属性需要先通过图形、概念转化为易于

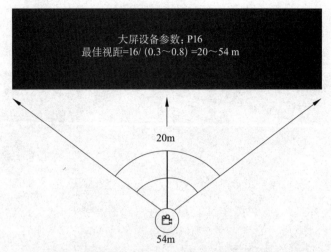

图 5-125　不同间距的大屏最佳视距参考(最佳视距＝像素间距/(0.3～0.8))

图 5-126　大屏排版布局

读懂的可视化方式,如对天气指标的转化(见图 5-128)。

(2)文字:考虑文字信息的可识别性、是否具备商用条件。

(3)颜色:考虑显示屏对色彩展示偏差,背景尽可能选择深暗色;展示模块数据、图形选择色彩明度及饱和度差异显著、对比鲜明的色系,避免使用临近渐变的配色。

(4)页面布局:主次分明,适当留白,合理利用展示空间,避免关键数据被分割。

2. 旅游与酒店业大数据可视化及应用

伴随着中国旅游市场的高速发展和政府部门对产业生态圈旅游的重视,旅游行业作为国家战略性支柱产业正迅速发展。移动互联网与大数据技术的普及,为旅游与酒店业大数据可视化分析的发展提供了良好的孕育土壤。由于全球疫情的影响,旅游与酒店业也面临着全新的挑战和变化,客人出行方式、旅游目的地的选择,网络热点旅游发展趋势的提高,人口流量管理、交通、生态环境保护、安全性等众多难题的产生,智慧旅游数据可视化大屏的普及及应用、酒店业未来趋势发展预测等日益重要,如图 5-129、图 5-130 所示。

在国内,旅游大数据建设方面主要集中在旅游管理、游客服务、旅游营销等领域,广泛应用于旅游景区管理、旅游企业产品策划、精准营销,以及旅游行政管理部门应急、监管。

旅游业大数据可视化主要统计分析旅游目的地或景区数据,通过数据图表大屏的方式呈现。例如,针对景区游客的即时人流量、停留时长、新老客人占比、男女占比、出游方式、游客构成等,可实时了解景区客流数据情况开展客流管控;针对景区消费情况

项目 5 认识大数据的核心技术实践

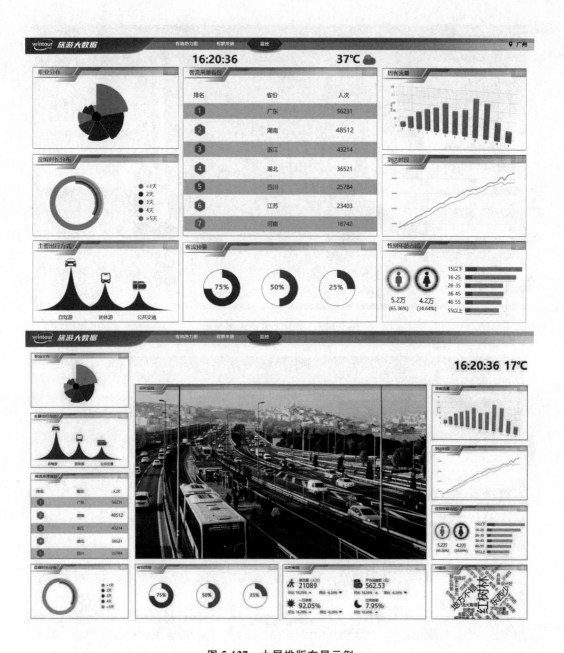

图 5-127 大屏排版布局示例

2021-10-22 星期五

16:20:36 37℃

图 5-128 天气指数图标转化

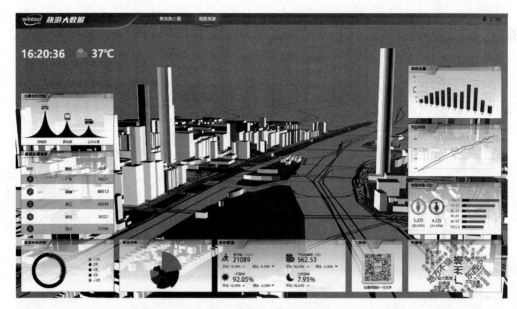

图 5-129 旅游大数据大屏展示

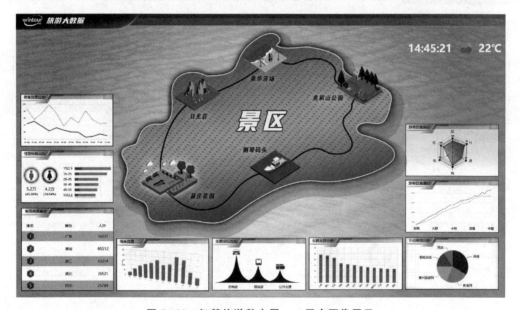

图 5-130 智慧旅游数大屏——用户画像展示

的收入支出、消费产品、消费类别等,了解景区运营趋势,从而调整经营项目与相关市场活动。

在旅游管理方面,国内各大运营商及互联网公司,通过 LBS 定位及手机信号定位,可实现对景区及重点区域内的游客人流监测、预警。旅游大数据客源分析大屏展示的客源地流向地图,帮助了解景区全国各省客源情况,对重要来源地可开展针对性的推广宣传;客流分析实时展示客流量、平均消费额,帮助工作人员即时查询相匹配监控点的人流量情况,通过对全旅游景区重要地区进行实时监测和异常提醒,提升预警信息处理工作能力。同时,基于网络文本数据的挖掘,分析文旅热搜及正负面热点信息,将关键词文本信息可视化,利用词云方式呈现,实现对旅游目的地舆情监测及预警。

在酒店业,数据信息已悄然成为企业增长优势必不可少的驱动力,酒店业大数据可视化突出体现在年度白皮书的信息呈现与未来发展预测。一系列的行业发展白皮书和行业研究报告为企业的创新型发展提供包括酒店现状分析、酒店发展趋势、新兴消费者需求、行业突破口、战略发展方向、酒店业生态创新和数字化转型等方面的数据。

2020年中国酒店行业白皮书中针对2014—2020年国内旅游人次变化趋势柱状图显示,国际旅游环境——2020年国际游客人次断崖式下降74%;国内旅游环境——2020年疫情重创整体旅游市场,相比出入境减幅81.3%,国内游同比仅下滑52.1%。如图5-131所示,通过图表可视化将2019—2020年的变化情况直观展现,让浏览者能一眼找到关键核心数据。

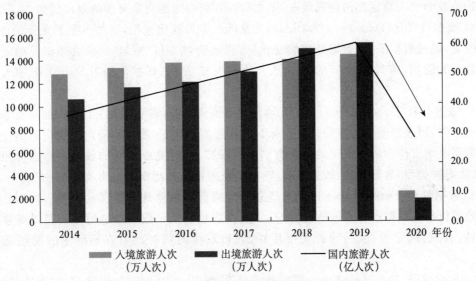

图5-131 2014—2020年国内旅游人次变化趋势图

资料来源:2020年中国酒店行业白皮书。

【主要术语】

1. 数据可视化(Data Visualization):为了传达数据信息,看似杂乱无章的数据通常可以通过图形图表和可视化工具来呈现。与传统的数据建模的技术方法相比,数据可视化所涉及的领域要广泛得多,既包括计算机图形学和图像处理,也涉及将数据转化为图形图表后的展示方式,如大屏幕显示技术;同时也涵盖展示方式的交互处理技术和方法。从本质上讲,数据可视化需要能够迅速吸引浏览者的兴趣,反映事物的真实规律、趋势或异常情况。

2. 科学可视化(Science Visualization):主要关注三维现象与空间数据的可视化,主要反映对客观事物的体、面及光源等的逼真渲染,使科学家能够从数据中了解、收集及分析规律。

3. 信息可视化(Information Visualization):主要关注大规模的非规律的、抽象数据,通过利用图形图像方面的技术与方法,帮助理解和分析数据。信息可视化处理的抽象数据包括数字和非数字数据,如位置坐标、文本信息。常见的柱状图、趋势图、流程图、树状图等都是信息可视化的一部分,这些图形的设计将抽象的概念转化为视觉信息。

4. 可视化分析(Visual Analytics):被定义为一门以可视交互界面为基础的分析推理科学。综合了图形学、数据挖掘和人机交互等技术,以可视交互界面为通道,将人的感知和认知能力以可视的方式融入数据处理过程。

5. 感知循环(The Sense-Making Loop):在美国学者托马斯·J. 詹姆斯(Thomas J. James)和克里斯汀·A. 库克(Kristin A. Cook)的分析推理过程的"感知循环"研究中,数据可视化和可视化分析之间的共生关系:良好的数据可视化使可视化分析更加有效,并向用户显示更好的见解,而更好的见解则使可视化更具吸引力;更容易让用户更好地了解他们的数据,共同帮助企业和个人确定如何提高效率,增加收入并获得超越竞争对手的竞争优势。

6. 数据可视化(Data Visualization):完整的数据可视化过程,往往产生于社会和自然问题的发展,经过数据采集、数据处理和变化、可视化映射、用户感知,到最后知识灵感解决最终问题六大阶段,若处理分析的数据量十分庞大复杂,在可视化映射阶段还会加入人机交互。

7. 数据分析(Data Analysis):在开始数据可视化之前,需要明确为什么需要进行当前的可视化工作,以及当前的可视化任务目标。根据遇到的问题、展示所需信息及最后结论需求完成数据收集工作。数据承担的信息类别多种多样,针对完成收集的数据需要进行归类分析,如数据的类型、数据结果、数据维度,针对抽象的数据进行视觉编码及转换。

8. 数据处理(Data Processing):可以划分为对数据的处理和对视觉编码的处理。对数据的处理包括对数据进行数据清洗、数据集成及数据转换。数据经过处理后能提高数据的完整性、有效性、准确性、一致性及可用性,使得后续对数据的呈现和结果的反馈能更为精准。

9. 视觉编码(Visual Coding):是指利用位置、颜色、大小、长度、形状、角度等视觉通道,将不同的数据维度通过视觉通道进行映射呈现,将数字通过色彩图形图像呈现处理。

10. 数据呈现(Data Presentation):根据可视化的目的与目标的不同,利用不同的显示设备将上述分析及设计过程呈现。数据呈现过程会根据呈现的结果是否足够反映事物特征而进行不断优化。

11. 可视化映射(Visual Mapping):是整个数据可视化流程的核心,是指将处理后的数据信息映射成可视化元素的过程。需要先对数据进行可视化编码,最后完成将数据字段到图形属性的映射。

12. 视觉通道(Visual Channel):数据属性的值到标记的视觉呈现参数的映射,叫作视觉通道,通常用于展示数据属性的定量信息。常用的视觉通道有:位置、大小、颜色、长度、形状、角度等。

13. 离散(Discrete):可以列举的数据,大多为分类型信息。典型特征是可以计数以及任意排序。通常配合独立标签、独立颜色。

14. 连续(Continuous):指任意两个数据点之间可以细分出无限多个数值。典型特征是可以度量以及按数值大小排序。通常配合数轴、渐变颜色。

15. 数据图表(Data Graphs)：是可视化中最常使用的方法，常见的数据图表有柱形图、折线图、饼图、条形图，此外还有面积图、点状图、组合图、散点图、气泡图等。

16. 百分比堆积条形图(Percentage Stacked Bar Chart)：可对比同一个分组下不同分类的百分比，当分组较多时使用百分比堆积条形图。

17. 矩形树状图(Rectangular Tree Diagram)：通过面积、排列顺序或颜色的差异来显示内部占用情况。

18. 雷达图(Radar Chart)：将多个不同类别的同一属性映射到坐标轴上的二维图表，用于了解实物的综合情况和相同属性之间的差异。

19. 垂直瀑布图(Vertical Waterfall Chart)：一般适用于汇报数量的增减，比如一年中各月销售额、用户数等指标的变化。

20. 人口金字塔图(Population Pyramid)：是一种描述人口年龄和性别分布的图形，其形象类似于古埃及的金字塔，属于旋风图的一种。主要用于社会人口学，显示人口的现状和发展类型。

21. 分布曲线图(Distribution Plot)：是以变数值为横坐标，以累积频率为纵坐标的曲线图，即概率分布函数的图形。例如，正态曲线。

22. 箱型图(Box Plot)：用于显示一组数据分散情况的统计图，因形状与箱子相似而得名。常见于品质管理，反映原始数据分布的特征，还可以进行多组数据分布特征的比较。最大的优点就是不受异常值的影响。

23. 散点图(Scatter Plot)：通常用于显示和比较两个变量之间的数值，不仅可以显示趋势，还可以显示数据集群的形状和数据云团中数据点之间的关系。

24. 气泡图(Bubble Plot)：与散点图相似，可用于比对三个变量值之间的关系。与散点图不同，气泡图的每个气泡都有分类信息(显示在点的旁边或作为图例)。

25. 网络关联图(Network Association Plot)：可以反映事物通过不同渠道或关系联系起来的人和事，反映事物与其他事物之间在时间上的关系。常见的社交媒体网络关联图，是对用户通过社交渠道接触的不同人之间关系的反应。

26. 文本(Text)：是信息最重要的载体，与图形图相比，文本信息更快、更小、更容易产生。通过文本可视化人们可以快速了解文本中的语义特征和逻辑关系，厘清事物的内在联系和发展。

27. 词云(Word Cloud)：又称文字云，由词汇组成类似云的彩色图形，用于显示大量的文本数据。通常用于描述网站上的关键词或标签，突出每个词在文本中的重要性，并以大字和或鲜艳的颜色来突出高词频的关键词。

28. 区域空间可视化(Regional Spatial Visualization)：充分利用地理信息技术的空间数据可视化能力，以地图的方式进行可视化表达，解决了大数据中的空间位置表达问题。用户可以直观地了解数据的整体情况，也可以根据地理位置快速定位到某个区域，查看详细数据。

29. 抽象概念可视化(Visualizing Abstract Concepts)：通过比较或类比来转化数据。将抽象的指标数据转化为人们熟悉的、易于感知的数据，使用户更容易理解图表的含义，可以加深用户对数据的感知。

30. Excel：是微软Microsoft为Windows、macOS、Android和iOS几种操作系统开发的

电子表格软件。Excel 除了具备常用的计算、绘图工具、数据透视表等功能外,还支持 Visual Basic 宏语言(Visual Basic for Applications,VBA),这使得 Excel 能够形成一个独立的编程环境。利用 VBA 和宏,可以实现手工步骤的自动化。

31. REPT 函数:是 Excel 中的一种函数,REPT 函数可以按照定义的次数重复显示文本,相当于复制文本。通过 REPT 函数,可以生成自定义形状或图标的长图,通过不同的图形组合,可以形成各种图形的图表。

32. 条件格式(Conditional Format):可以匹配符合要求的色块颜色,插入图表集或将数据转换为数据条,从而突出选定的区间数或数据,并结合应用场景,形成主次分明的可视化图表。

33. 数据透视图(Pivot View):当有大量的项目数据,且有多个类别和细节,需要根据不同的类别对数据进行汇总时使用。例如,面对酒店全年 PMS 导出的客房预订入住记录,需要快速统计每月的不同客房产品收入、入住间夜,就可以使用数据透视图。

34. ECharts:是一款基于 JavaScript 的开源数据可视化图表库。用户只需下载相关组件,了解 JavaScript 的基本编程方法,就能将提供的图表应用在不同项目中。

35. Python:作为一种新兴的计算机编程语言,与 Java、C 语言等面向对象编程语言相比,Python 以入门容易、简单高效而闻名。允许初学者专注于编程对象和思维,而不必担心语法、类型和类型等外在因素

36. Matplotlib:是一个基于 Python 的绘图库。提供完全的 2D 支持和部分 3D 图像支持。Matplotlib 在跨平台和互动环境中生成高质量的数据时,可以起到帮助作用。此外,还可以用作制作动画。

37. Seaborn:是基于 Matplotlib 的一个模块,提供更多展示信息量和界面选择的可视化程序库,实现尽可能方便快捷的调用 Matplotlib,能够生成复杂的可视化图形。Seaborn 具有内置主题、调色板、可视化单变量数据、双变量数据等多种功能,如线性回归数据、数据矩阵以及统计型时序数据等。

38. 大屏数据可视化(Large Screen Data Visualization):大屏数据可视化,是通过不同的大屏终端设备将信息进行展示,常见的数据大屏有不同点间距的 LED 屏幕、液晶拼接屏、WEB 端大屏、虚拟沙盘等,是一种以大屏幕为主要显示载体的数据可视化设计。由于利用面积大、可展示信息多的特点,通过关键信息大屏共享的方式可方便团队讨论、决策。目前主要有信息展示、数据分析及监控预警三大类。

39. RFM 模型(RFM Model):是衡量客户价值和客户创造效益能力的重要工具和手段。在客户关系管理(CRM)的众多分析模型中,RFM 模型被广泛提及。通过三个指标来描述客户的价值状况:客户最近的购买行为、整体购买频率和花了多少钱。

40. 虚拟沙盘(Virtual Sandbox):是运用数字模型和正射影像数据建立起来的三维场景。基于精确的三维地理环境,可以根据需求对场景进行精确的空间分布和文字信息的标注,如地名和路名。

【练习题】

一、自测题

1. 什么是数据可视化?数据可视化类型有哪些?

2. 数据可视化有哪些优点?
3. 可视化分析如何为企业或个人提高效率、增加竞争优势?
4. 数据可视化流程,简单划分为哪三个大阶段?
5. 针对抽象的数据,要进行怎样的处理?
6. 数据经过清洗后,有哪些特点?
7. 影响数据呈现结果的因素有哪些?
8. 什么是可视化映射?
9. 为什么要对数据进行数据可视化?具备什么优点?
10. 数据可视化与传统的数据模型对比,有什么不同?
11. 数据可视化与可视化分析之间存在怎样的关系?
12. 大数据可视化的六大阶段是什么?
13. 可视化流程的核心是什么?
14. 数据的形态有哪些?各自典型特征是什么?

二、讨论题

1. 请结合生活中观察的案例,分别举例说明科学可视化和信息可视化的具体应用场景。
2. 请分组讨论,通过 Xmind 整理汇总出占比、对比、时间序列、频率分布、相对、依赖关系使用的图表说明。
3. 分组讨论 Excel、ECharts 及 Python 三种可视化工具的异同点及应用场景。

三、实践题

调研当地旅游特色景区资源情况,结合大屏数据可视化的设计流程,给当地的旅游特色景区或目的地设计一款大屏可视化展示页面,最终通过 PPT 针对设计的每一模块进行讲解分享。

学习任务 5.4　了解数据的预测

【任务概述】

数据预测,包括估算(Evaluate)和预测(Forecast)两种含义。估算(Evaluate)是指从一个或多个自变量 X 推导估算未知的因变量 Y;而预测(Forecast)则是基于时间序列数据集来预估未来某个时间点的数值。

大数据预测,其实也是数据预测的一种应用方向,本质上都是通过分析发现数据之间的规律,并假设此规律会延续,从而进行数据预测的。

大数据预测与传统的数据预测不同之处在于,大数据预测是基于海量历史数据和实时动态数据进行分析,而传统的数据预测只能基于少量的"随机样本"数据进行分析。当今计算机软硬件技术和大数据技术的高速发展,使得大数据预测广泛应用在日常生活的方方面面之中。

一、了解数据预测的概念与原理

1. 什么是数据预测

中文的"预测",在英文语境中其实有以下两种不同的含义。

(1) 估算(Evaluate)(见图5-132),从一个或多个自变量 X 推导估算未知的因变量 Y。

(2) 预测(Forecast)(见图5-133),基于时间序列数据集来预估未来某个时间点的数值。

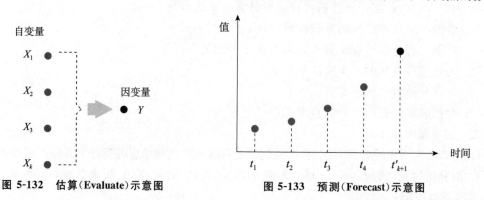

图 5-132　估算(Evaluate)示意图　　　　图 5-133　预测(Forecast)示意图

在估算(Evaluate)的实现方式中,常见有两种不同情况:一是基于个体的已知变量进行分类或根据关联的原则来进行某个个体的未知变量类推估算;二是基于已知变量与目标变量的函数关系进行计算估算。

基于个体的已知变量进行分类,或者基于关联的原则来进行某个个体的未知变量类推估算的方法,也称类推法。也就是先根据个体的已知变量进行归类,然后推导个体的目标变量的估算值。数据分析方法中的分类分析、聚类分析、关联分析等方法常常应用于类推法的归类操作过程中。例如,在某个软件园区对人员进行抽样调查,发现穿格子衬衣、戴眼镜、男性、程序员这几个特征是高度关联的,那么如果园区里有一个人也穿格子衬衣、戴眼镜、男性,那么大家就可以推断这个人的职业很可能也是程序员。

类推法的具体实现思路分两种。

(1) 相似的个体之间通常其特征也具有相似性。也就是说,要估算目标个体的某个未知特征,找到与该目标个体具有相似性的其他个体,然后就可以将相似个体的特征值作为目标个体的特征估算值,如图5-134所示。

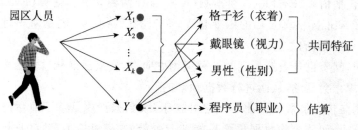

图 5-134　相似个体类推思路示意图

(2) 目标个体的特征通常与归属类群的整体特征值具有相似性。因此,如果一个类群所有个体的某个特征值分布符合正态分布规律,那么类群的该特征均值可以作为群内某个未知个体的特征估算值,如图 5-135 所示。

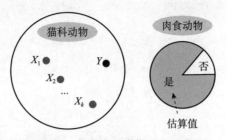

图 5-135　归属类群类推思路示意图

基于已知变量与目标变量的函数关系进行计算估算的方法,也称函数法。函数法的实现思路是,如果在一个已知的观察数据集中,因变量 Y(目标变量)与一个或多个自变量 X 之间具有高度的相关性,那么人们就可以通过数理统计方法得到目标变量与自变量之间的函数关系 $Y=f(x_1,x_2,\cdots)$ 以及函数关系中各个变量的数值,然后基于该函数表达式进行估算,如图 5-136 所示。数据分析方法中的回归分析是函数法的常用分析方法之一。

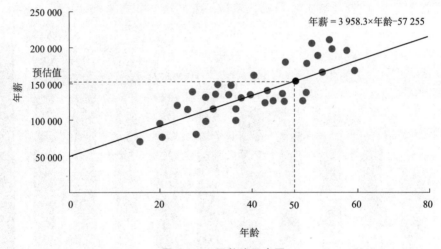

图 5-136　函数法示意图

预测(Forecast)则是基于时间序列数据集的趋势预测。简单来说,时间序列就是按照时间顺序,根据固定的时间间隔取得的一系列观测值。例如,上海股票交易所指数走势图(见图 5-137)、国内生产总值 GDP 走势图(见图 5-138)等。通过编制和分析时间序列数据集,根据时间序列所反映出来的发展过程、方向和趋势,进行类推或延伸,从而预测未来某个时间点可能达到的数值的方法,称为时间序列预测法。

显而易见,时间序列预测法其实是一种回归预测方法,属于定量预测。其基本原理是:承认事物发展的延续性,运用过去的时间序列数据进行统计分析,推测出事物的发展趋势;同时充分考虑到由于偶然因素影响而产生的随机性,并为了消除随机波动影响,利用历史数据进行统计分析,从而对数据进行适当处理,以用于进行趋势预测。

时间序列预测法的常用方法有:算术平均法、移动平均法、加权移动平均法、指数平滑法。

3373.58 ▼ −12.06（−0.36%）

2020/08/25 15:00 已收盘（北京时间）

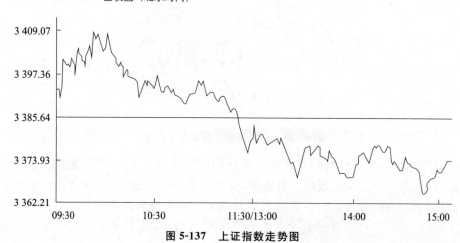

图 5-137 上证指数走势图

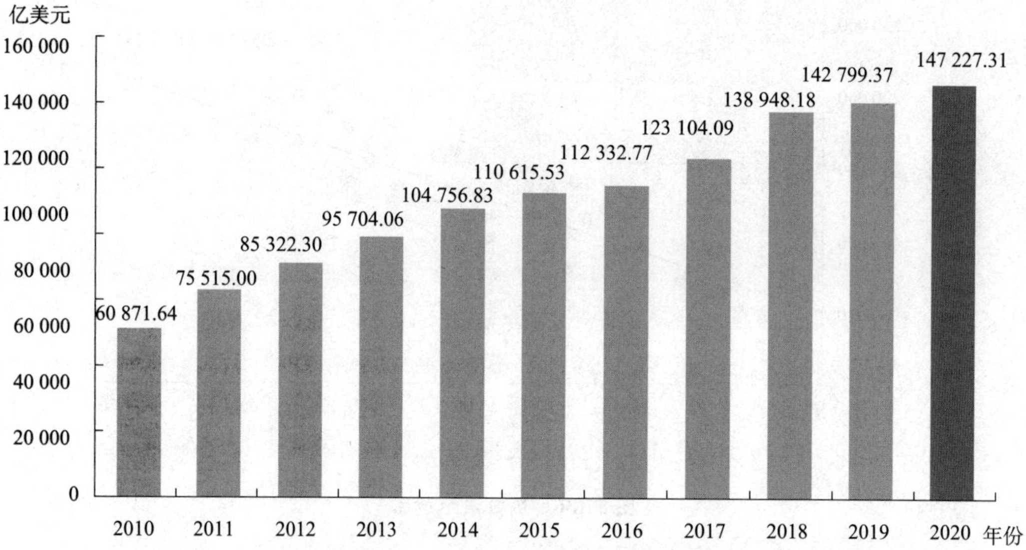

图 5-138 2010—2020 年国内生产总值 GDP 走势图

通过以下某酒店的客房预订量预测，来给大家举例说明前四种常用预测方法。

（1）算术平均法：是用把若干历史时期内观察数据值的算术平均数作为下期预测值的预测方法，如表 5-9、图 5-139 所示。该方法具有计算简单的优点，但是没有考虑到近期的变动趋势，可能导致预测数值有较大的误差。

表 5-9 客房销售量数据对比表（算术平均法）

日期（星期一）	客房销售/间	预测/间	标准误差
2010 年 9 月 7 日	158		
2011 年 9 月 6 日	171	158	13

续表

日期(星期一)	客房销售/间	预测/间	标准误差
2012年9月4日	165	165	0
2013年9月3日	159	165	6
2014年9月2日	167	163	4
2015年9月1日	176	164	12
2016年9月6日	173	166	7
2017年9月5日	183	167	16
2018年9月4日	172	169	3
2019年9月3日	185	169	16
2020年9月7日	178	171	7
2021年9月6日	186	172	14
2022年9月5日		173	8.909 090 909

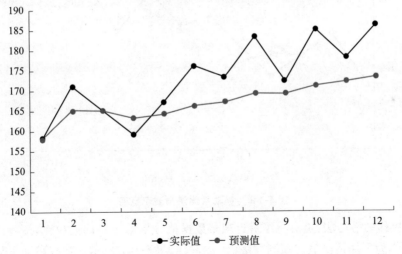

图 5-139 算术平均法预测示意图

（2）移动平均法：是用一组最近观察数据值的算数平均数作为下期预测值的预测方法，如表 5-10、图 5-140 所示。移动平均法是即期预测的常用方法，简单高效，该方法认为远期数据对于预测未来数值的价值不大。

表 5-10 客房销售量数据对比表（移动平均法）

日期(星期一)	客房销售/间	预测/间	标准误差
2010年9月7日	158		
2011年9月6日	171	♯N/A	♯N/A
2012年9月4日	165	♯N/A	♯N/A
2013年9月3日	159	165	♯N/A

续表

日期(星期一)	客房销售/间	预测/间	标准误差
2014 年 9 月 2 日	167	165	＃N/A
2015 年 9 月 1 日	176	164	3.967 460 238
2016 年 9 月 6 日	173	167	6.382 847 385
2017 年 9 月 5 日	183	172	5.392 038 026
2018 年 9 月 4 日	172	177	6.006 169 667
2019 年 9 月 3 日	185	176	4.046 031 435
2020 年 9 月 7 日	178	180	4.936 635 531
2021 年 9 月 6 日	186	178	3.701 851 389
2022 年 9 月 5 日		183	3.371 997 979

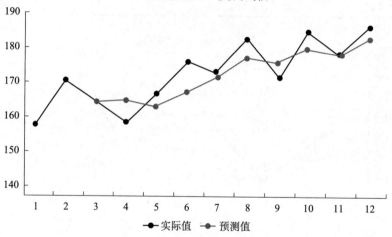

图 5-140 移动平均法预测示意图

（3）加权移动平均法：是对一组最近观察数据值分别给予不同的权数，按不同权数求得移动平均值作为下期预测值的预测方法，如表 5-11、图 5-141 所示。加权移动平均法不像移动平均法那样对移动期内的数据同等看待，而是根据越近数据对预测值影响越大这一特点赋予不同的权数。

表 5-11 客房销售量数据对比表（加权移动平均法）

日期(星期一)	客房销售量/间	预测值/间	标准误差
2010 年 9 月 7 日	158		
2011 年 9 月 6 日	171		
2012 年 9 月 4 日	165		
2013 年 9 月 3 日	159	165	6.4
2014 年 9 月 2 日	167	163	3.8
2015 年 9 月 1 日	176	164	11.8

续表

日期（星期一）	客房销售量/间	预测值/间	标准误差
2016年9月6日	173	170	3.1
2017年9月5日	183	173	10.3
2018年9月4日	172	179	6.6
2019年9月3日	185	176	9.5
2020年9月7日	178	181	2.7
2021年9月6日	186	179	7.1
2022年9月5日		183	6.811 111

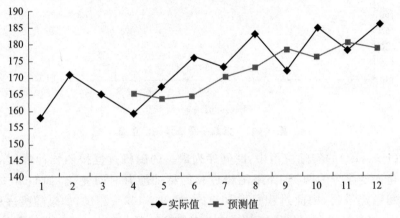

图 5-141 加权移动平均法预测示意图

（4）指数平滑法：实质上是一种改良的加权移动平均法，在不舍弃历史观察数据的前提下，对较近的数据赋予较大的权数，且权数由近到远按指数规律递减，如表 5-12、图 5-142 所示。指数平滑法是广泛使用的一种短期预测方法。

表 5-12 客房销售量数据对比表（指数平滑法）

日期（星期一）	客房销售量/间	预测值/间	标准误差
2010年9月7日	158	158	#N/A
2011年9月6日	171	158	#N/A
2012年9月4日	165	165	#N/A
2013年9月3日	159	165	#N/A
2014年9月2日	167	162	8.212 033 853
2015年9月1日	176	164	4.456 385 867
2016年9月6日	173	170	8.021 212 112
2017年9月5日	183	172	7.476 460 455
2018年9月4日	172	177	9.507 419 834
2019年9月3日	185	175	7.430 150 266

续表

日期(星期一)	客房销售量/间	预测值/间	标准误差
2020年9月7日	178	180	9.397 872 76
2021年9月6日	186	179	6.795 797 796
2022年9月5日		182	7.317 404 925

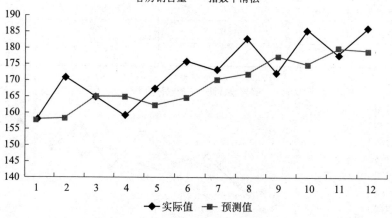

图 5-142 指数平滑法预测示意图

在预测(Forecast)的实际应用中,时间序列数据的随机过程按照统计规律的特征是否随着时间变化而变化分为两类:如果随机过程的特征随着时间变化,如 GDP 的时间序列一般随着时间稳定增长,则此过程是非平稳的(见图 5-143);相反,如果随机过程的特征不随时间而变化,如每年相同季节的气温构成的时间序列是相似的,就称此过程是平稳的(见图 5-144)。随机过程的平稳性决定了将要选择的分析方法和模型的基本形式,不同类型的时间序列需要不同的分析方法。

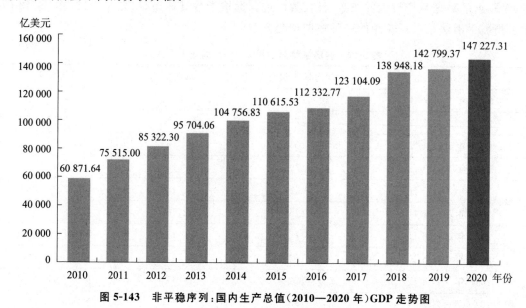

图 5-143 非平稳序列:国内生产总值(2010—2020 年)GDP 走势图

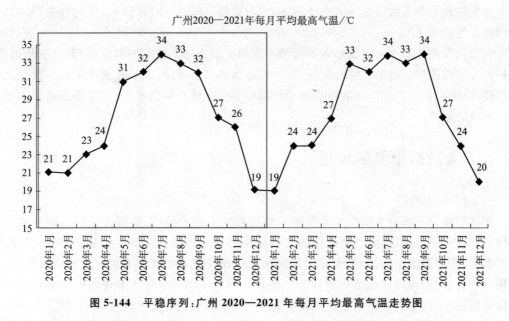

图 5-144　平稳序列：广州 2020—2021 年每月平均最高气温走势图

对时间序列数据进行分析和预测比较完善和精确的算法是博克斯-詹金斯（Box-Jenkins）法，其常用模型包括：自回归模型（AR 模型）、移动平均模型（MA 模型）、自回归移动平均混合模型（ARMA 模型）、差分整合移动平均自回归模型（ARIMA 模型）。

其中，ARIMA 模型是当前时间序列数据分析中最通用的方法，它是先通过差分运算，把长期趋势、固定周期等信息提取出来，将非平稳序列变为平稳序列后进行分析并预测的过程。

2. 什么是大数据预测

大数据预测其实也是数据预测的一种应用方向，本质上都是通过分析发现数据之间的规律，并假设此规律会延续，从而进行数据预测的。

大数据预测与传统的数据预测不同之处在于，大数据预测是基于海量历史数据和实时动态数据进行分析，而传统的数据预测只能基于少量的"随机样本"数据进行分析。当今计算机软硬件技术和大数据技术的高速发展，使得大数据预测广泛应用在日常生活的方方面面之中。大数据预测一般具有以下特点。

（1）时效性。对于海量数据，如果基于传统方式进行预测，往往费时费日，对于一些时效性要求高的应用场景而言无实际价值，例如天气预报中的每小时预报。而大数据技术下的云计算、分布式计算等技术的发展则提供了高速的计算能力，使得基于海量数据的大数据预测的时效性更高。

（2）数据源。对于海量数据，数据源和数据采集是最基础的问题。以前，传统数据预测只能基于少量的样本数据，而大数据技术成熟后，数据源极大丰富、数据采集的成本大幅降低、数据范围和规模则大幅扩大，使得基于大数据技术的分析预测成为可能。

（3）动态性。大数据预测的应用场景大都是有固定规律但极不稳定的领域，譬如天气、股市、疾病。这需要预测系统对每一个变量数据的精准捕捉，并接近实时地调整预测。任何变量的动态变化都可能会引发整个预测系统变化，甚至产生蝴蝶效应。

大数据预测是大数据技术的核心应用,它将数据分析从"面向已经发生的过去"转向"面向即将发生的未来"。

大数据预测是基于大数据和预测模型去预测未来某件事情发生的概率,其思想基础是:每一种非常规的变化事前一定有征兆,每一件事情都有迹可循,如果找到了征兆与变化之间的规律,就可以进行预测。大数据预测无法确定某件事情必然会发生,它更多是给出一个事件会发生的概率。

二、大数据预测的应用

1)用户行为预测

传统的用户分析由于缺少大数据相关的分析技术及手段,未能将大量的未细分的用户群体需求进行精准定位,导致企业提供的营销策略与真实用户需求不匹配。随着大数据时代的到来,利用数据挖掘、情景化的大数据提供的数据细节可以更丰富的刻画用户画像,构建用户行为模型,用以分析用户的行为与喜好。网飞(Netflix)是一家著名的会员订阅制的流媒体播放平台,平台上有成千上万部不同类别的影音视剧。在平台上,不同的影片对应不同标签,如导演、演员、编剧、制片、类型、情节等;用户的每一次点击、播放、暂停、快进、回播等行为,也都会作为一个事件(Event)进行记录,最后所有数据汇总到平台进行大数据分析。根据分析结果,网飞(Netflix)平台会向使用者进行简单的假设提问:例如,是否喜好政治剧?若喜欢政治剧是否也喜欢看大卫芬奇执导的影片?若答案为是,则可以根据使用者的喜好,找出网飞(Netflix)自制政治剧《纸牌屋》的大概率偏好收看人群。根据网飞(Netflix)官网公布的数据,75%的用户认为网飞(Netflix)影片推荐是准确且可接受的。这就是利用大数据对用户行为进行分析预测。

2)交通行为预测

在大数据出现前,交通分析主要依赖出行问卷调查,或征集志愿者随身携带GPS定位设备记录出行路线。这种传统的调研方式存在需要大量人工配合,实施成本、难度大,采集的样本数据量少,数据更新慢等问题。随着网络和电子技术的发展,基于计算机视觉的目标检测跟踪技术日益成熟,道路监控摄像随处可见,个人手机、车载导航等设备也成为日常出行的必需品。这些设备在给日常生活提供便利的同时,也留下海量关于时间、空间的出行及道路数据,所有数据汇总成为交通大数据的信息来源。交通大数据一方面可以利用大数据传感器了解车辆的通行密度,合理进行行车路线规划,如各种地图App提供的行车导航,拥有不同出行方式的路线规划以及实时路况展示;另一方面利用大数据实现即时信号灯调控,提高线路的运输能力。

百度地图智慧交通,通过联合交通行业的高校、科研院所与商业公司及政府机构,推出交通出行大数据报告,对城市交通、城市活力、节假日出行等方面的定期报告,可反映机动车、城市交通运行及居民出行情况,如图5-145所示。

3)设备故障预测

电力发展在国家经济发展中起着重要作用,在信息技术快速发展的背景下,电力大数据的关键技术日新月异,为电力系统在监测与管理过程提供了核心技术支持,使得在电力生产及电能使用的发电、输电、变电、配电、用电和调度各个环节都能进行合理调控。

2022年春节假期全国高速拥堵趋势预测
- 2022年春节假期：2022年1月31日—2月6日，共7天。春节假期的第一天和第二天，即1月31日（除夕夜）和2月1日（正月初一）阖家团圆，出行需求较少。
- 预测2月2日（正月初二）出行需求增加，10:00—12:00出现全国高速拥堵小高峰。
- 预测春节假期最后一天返程出行需求集中，2月6日（正月初六）15:00—17:00出现全国高速返程拥堵高峰。

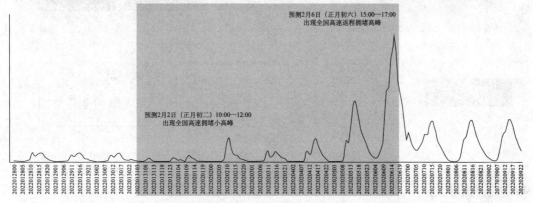

图 5-145 百度地图在 2022 年春节前期发布春节假期出行预测报告（部分截图）

基于大数据技术应用的设备故障分析预测系统，可用于配网故障的用电异常监察及用电抢修。其原理是利用 FP-Growth 改进算法，综合分析用户用电行为数据、设备运行数据以及外部季节性环境因素等影响数据，实现对用电状态的超前预警，构建配网设备故障预测、消除缺陷、缺陷整改，以及抢修维护的全过程管控，最大限度减少用户和供电公司经济损失，及时恢复电力供应。

4）灾难灾害预测

中国幅员辽阔，地理气候条件复杂多样，是世界上受自然灾害非常严重的几个国家之一。地震、洪灾、旱灾、雪灾、台风、森林火灾等每年都有发生，自然灾害表现出种类多、区域性、季节性和阶段性等不同特征，常常造成巨大的人员伤亡及经济损失。如何科学有效地实施防灾减灾，保障人民群众生命财产安全意义重大。

国务院 2016 年颁布的《国家综合防灾减灾规划（2016—2020 年）》中关于加强防灾减灾救灾科技支撑能力建设指出："加强基础理论研究和关键技术研发，着力揭示重大自然灾害及灾害链的孕育、发生、演变、时空分布等规律和致灾机理，推进'互联网＋'、大数据、物联网、云计算、地理信息、移动通信等新理念新技术新方法的应用，提高灾害模拟仿真、分析预测、信息获取、应急通信与保障能力。"2021 年《"十四五"国家应急体系规划》总结："与'十二五'时期相比，'十三五'期间全国自然灾害因灾死亡失踪人数、倒塌房屋数量和直接经济损失占国内生产总值比重分别下降 37.6％、70.8％和 38.9％。"

近年来，大数据和减灾技术的发展为灾害管理和应急响应提供了新的可能性。大数据以其可视化、数据分析和预测灾难的能力，正在深刻地改变着应急救援和灾害管理。运用大数据理念，打造灾情管理与服务能力，提升灾情数据的获取和分析水平；开展实时监控数据收集，利用大数据处理及预测，做到更精准的自然灾害预测；推动灾情数据资源的开放与共享，将灾情大数据打造成新常态下防灾减灾工作提质增效的新动能，如图 5-146 所示。

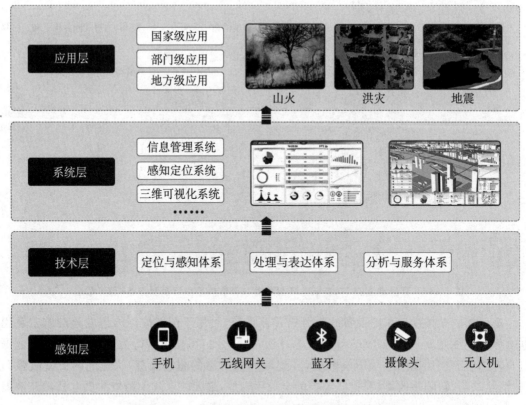

图 5-146 一体化综合减灾智能服务顶层设计示意图

三、大数据预测面临的困境

由于大数据自身具有数据量大、数据类型多、数据处理速度快、真实性强等特点,大数据的关联预测分析为决策提供了有效参考,数据的实时动态分析为公共资源的即时分配提供了优化与帮助,大数据分析的速度提高了决策的及时性。更重要的是,大数据的预测能力有助于提高决策的科学化水平,在指导商业决策、优化资源配置、降低管理成本、提高教育科研水平上都获得显著效果。但同时,大数据预测也存在一定的弊端与困境,大数据预测并不是所有都是正确且成功的,同样会存在失败的预测错误,由于数据采集来源及渠道的多样性及数据处理过程、数据应用的不规范,大数据预测还存在个人隐私数据泄露、信息资源垄断等问题。在面对大数据预测的结果时,需要要求决策者能正确对待大数据预测,在认同大数据预测结果价值的同时,也需了解预测的结果是数据,而非智慧本身。

1. 大数据的安全和隐私问题

随着大数据成为研究和商业领域的热门话题,并被广泛应用于许多行业,大数据的安全和隐私问题受到越来越多的关注。大数据的数据采集、数据处理、数据分析与应用过程往往有可能包含个人隐私、敏感信息或商业机密,诚然安全性、合法性的要求会限制大数据的商业价值的充分应用,但对于社会价值而言,保护其免受未经授权的访问和发布,保障大数据的安全和隐私是值得,也是必需的。

2. 数据完整性与代表性的限制

用于数据预测的大数据来源一般分为两类,一类来自物理世界的科学数据,如观测数据、实验数据;另一类来自人类的社会活动,如互联网社交数据、交易数据、行为轨迹数据等。这两类数据的产生及收集,都存在着一定的局限性。

1) 完整性不足

大数据的完整性不足主要指单一的组织能获取的数据量信息虽然庞大,但所包含的业务及实际信息是十分有限的,这种不完整性主要包括收集信息的维度缺失及维度信息的缺失,也是信息收集的广度及深度问题,单一数据来源难以以此为基础进行复杂的逻辑运算及全面预测。产生"数据孤岛"的原因,一方面是信息共享意识的不普及,数据信息之间的共享不及时、不通畅;另一方面是不同团体或企业,甚至国家对数据潜在价值的保护。

2) 代表性不足

大数据的代表性不足,是指来自物理世界和社会活动的数据不能覆盖整个自然界及人类社会,加上需要考虑道德、法律、宗教等因素,数据本身无法成为"全样本",但遗漏未被收集的数据往往不是随机偏差,在开展预测分析时是不能忽略的。

3. 预测相关性结果的认识论

维克托·迈尔-舍恩伯格作为最早洞见大数据时代发展趋势的科学家之一,出版了《大数据时代》《删除》等代表作,他谈到过:"大数据的核心是预测",而此预测是基于相关关系分析法基础上的。大数据分析的结果强调事物之间的相关关系而忽视了因果关系,有的大数据经验主义者甚至提出了"要相关不要因果"的口号,认为在大数据时代下的分析研究,只需要通过对数据的分析得到包含相关关系的结果,知道应该怎么去做、怎么去有效利用就可以了,对于"为什么"这样的因果性解释,则完全可以忽略或者逃避。维克托·迈尔-舍恩伯格提到,"如果说我们做的每一个决定或者想法只是其他事情的结果,而这个结果又是由其他原因导致的,以此循环往复,那么就不存在人的意志一说了,所有的生命轨迹都只是受因果关系的控制了。"这样,人生就是在这循环关系中走向必然的总结,人生的意义、爱与温暖无法影响这个体系,变得毫无意义。

研究大数据,利用大数据进行预测分析,是为了可以更好地了解、研究、解决处理现实生活中面临的问题。与大数据同行是有一定风险的,大数据有可能会把人们锁定在以往的错误当中,使大家堕入让过去决定未来的陷阱,而预测未来最好的解决办法就是创造未来。

【主要术语】

1. 估算(Evaluate):是指从一个或多个自变量 X 推导估算未知的因变量 Y。在估算的实现方式中,有两种不同的情况:基于个体的已知变量进行分类或根据关联的原则来进行某个个体的未知变量类推估算、基于已知变量与目标变量的函数关系进行计算估算。

2. 预测(Forecast):是基于时间序列数据集的趋势预测。在实际应用中,时间序列数据的随机过程根据统计规律的特征是否随时间变化分为两类:如果随机过程的特征不随时间变化,称为平稳时间序列;反之,称为非平稳时间序列。随机过程的平稳性决定了所选择的分析方法和模型的基本形式。不同类型的时间序列需要不同的分析方法。

3. 类推法(Analogy):是根据个体已知变量的分类或关联原理来进行某个个体的未知变量类推估算的方法。数据分析方法中的分类分析、聚类分析、关联分析等方法常用于类推法的归类操作过程中。

4. 相似个体类推(Similar Individual Analogy):是指相似的个体通常具有相似的特征。也就是说,估算目标个体的某个未知特征,然后将相似个体的特征值作为目标个体的特征估计值。

5. 归属类群类推(Attributed Group Analogy):是指目标个体的特征通常与归属类群的整体特征值相似。因此,如果一个类群中所有个体的某个特征值分布符合正态分布规律,那么类群的该特征均值可以作为群内某个未知个体的特征估算值。

6. 函数法(Function Method):是根据已知变量与目标变量的函数关系进行计算估算的方法。如果在一个已知的观察数据集中,因变量Y(目标变量)与一个或多个自变量X之间具有高度的相关性,那么就可以通过数理统计方法得到目标变量与自变量之间的函数关系$Y=f(x_1,x_2,\cdots)$以及函数关系中各个变量的数值,然后基于该函数表达式进行估算。数据分析方法中的回归分析是函数法的常用分析方法之一。

7. 上证指数(SSE Composite Index):上海证券交易所的主要综合股价指数,为一种市值加权指数,反映挂牌股票总体走势的统计指标。

8. 国内生产总值(Gross Domestic Product,GDP):是一个国家(或地区)所有常住单位在一定时期内进行生产活动的最终结果。是国民经济核算的核心指标,也是衡量一个国家(或地区)经济状况和发展水平的重要指标。

9. 时间序列预测法(Time Series Forecasting Method):通过对时间序列数据集的编译和分析,根据时间序列所反映出来的发展过程、方向和趋势,进行类推或延伸,从而预测未来某个时间点可能达到的数值的方法。时间序列预测法是一种回归预测方法,属于定量预测。常用方法有:算术平均法、移动平均法、加权移动平均法、指数平滑法、ARIMA 模型。

10. 算术平均法(Arithmetic Averaging Method):就是用若干个历史时期内的观测数据值的算术平均数作为下一时期的预测值的方法。该方法的优点是计算简单,但没有考虑到近期的变化趋势,可能导致预测值误差较大。

11. 移动平均法(Moving Average Method):是将一组近期观测数据值的算术平均值作为下一期的预测值的方法,是即期预测的常用方法。该方法的优点是简单高效,但认为远期数据对于预测未来数值的价值不大。

12. 加权移动平均法(Weighted Moving Average Method):是对一组最近观察数据值分别给予不同的权数,按不同权数求得移动平均值作为下期预测值的方法。不像移动平均法那样对移动期内的数据同等看待,根据数据越接近对预测值影响越大的特点,赋予不同的权数。

13. 指数平滑法(Exponential Smoothing Method):是广泛使用的一种短期预测方法。本质上是一种改良的加权移动平均法,在不舍弃历史观察数据的前提下,对较近的数据赋予较大的权数,且权数由近到远按指数规律递减。

14. 博克斯-詹金斯法(Box-Jenkins Method):是一种比较完整和准确的分析和预测时间序列数据的算法。常用的模型包括:自回归模型(AR 模型)、移动平均模型(MA 模型)、自回归移动平均混合模型(ARMA 模型)、差分整合移动平均自回归模型(ARIMA 模型)。

15. 自回归模型(Autoregressive Model):AR 模型是一种处理时间序列的统计方法。

16. 移动平均模型(Moving Average Model):MA 模型不同于使用预测变量的历史值进

行回归,而是使用历史预测误差来构建一个类似回归的模型。

17. 自回归移动平均混合模型(Autoregressive Moving Average Model:):是由 AR 模型与 MA 模型为基础"混合"而成。ARMA 模型是研究时间序列的重要方法。具有适用范围广、预测误差小等特点。

18. 差分整合移动平均自回归模型(Autoregressive Integrated Moving Average Model):ARIMA 模型是目前时间序列数据分析中最常用的方法。通过将差分运算,把长期趋势、固定周期等信息提取出来后,使得非平稳序列变为平稳序列后对其进行分析和预测的过程。

19. 数据预测(Data Prediction):基于少量"随机样本"数据进行分析。

20. 大数据预测(Big Data Prediction):是大数据技术的核心应用,将数据分析从"面向过去"转变为"面向未来",是基于海量历史数据和实时动态数据进行分析。从预测的角度看,大数据的预测能力有助于提高决策的科学化水平,在指导商业决策、优化资源配置、降低管理成本、提高教育科研水平上都获得显著效果。

21. 时效性(Chronergy):大数据预测的"时效性"是指在大数据技术下发展的云计算、分布式计算等技术,提供了高速计算能力,使得基于海量数据的大数据预测的时效性更高。

22. 数据源(Data Source):大数据预测的"数据源"是指大数据技术成熟后,数据源极大丰富,数据采集的成本大幅降低,数据范围和规模则大幅扩大,使得基于大数据技术的分析预测成为可能。一类为来自物理世界的科学数据,如观测数据和实验数据;另一类来自人类的社会活动,如互联网社交数据、交易数据、行为轨迹数据等。

23. 动态性(Dynamicity):大数据预测的"动态性"是指大数据预测的应用场景大都是有固定规律但极不稳定的领域,譬如天气、股市、疾病。这就要求预测系统准确捕捉各个变量的数据,并近乎实时地调整预测,从而为公共资源的实时配置提供优化和辅助。

24. 蝴蝶效应(Butterfly Effect):是指任何变量的动态变化都可能引起整个预测系统的变化。

25. 用户行为预测(User Behaviour Prediction):传统的用户分析,由于缺少大数据相关的分析技术及手段,未能将大量的未细分的用户群体需求进行精准定位,导致企业提供的营销策略与真实用户需求不匹配。随着大数据时代的到来,数据挖掘和情景化的大数据所提供的数据细节可以更加丰富地描述用户画像,构建用户行为模型来分析用户行为和偏好。

26. 交通大数据(Traffic Big Data):基于计算机视觉的目标检测跟踪技术日益成熟,海量关于时间和空间的出行和道路数据,汇总成为交通大数据的数据源。一方面,可以利用大数据传感器了解车辆的通行密度,做出合理的行车路线规划;另一方面,利用大数据实现即时信号灯调控,提高线路运输能力。

27. 设备故障分析预测系统(Equipment Failure Analysis and Prediction System):用于配网故障的用电异常监察及用电抢修。原理是利用 FP-growth 改进算法,综合分析用户用电行为数据、设备运行数据以及外部季节性环境因素等影响数据,实现对用电状态的超前预警,构建配网设备故障预测、消除缺陷、缺陷整改以及抢修维护的全过程管控,最大限度减少用户和供电公司经济损失,及时恢复电力供应。

28. 一体化综合减灾智能服务(Top-Level Design Study for the Integrated Disaster Reduction Intelligent Service):由感知层、技术层、系统层和应用层构成的一体化综合减灾智能服务总体架构,运用大数据理念,打造灾情管理与服务能力,提升灾情数据的获取和分析水平;开展实时监控数据收集,利用大数据处理及预测,做到更精准的自然灾害预测;推动灾情数据资源的开放与共享,将灾情大数据打造成新常态下防灾减灾工作提质增效的新动能。

29. 完整性(Integrity):大数据的完整性不足主要指单一的组织能获取的数据量信息虽然庞大,但所包含的业务及实际信息是十分有限的,这种不完整性主要包括收集信息的维度缺失及维度信息的缺失,也是信息收集的广度及深度问题,单一数据来源难以以此为基础进行复杂的逻辑运算及全面预测。

30. 代表性(Representativeness):大数据的代表性不足是指来自物理世界和社会活动的数据无法覆盖整个自然界及人类社会。此外,还需要考虑道德、法律、宗教等因素,数据本身无法成为"全样本",但遗漏未被收集的数据通常不是随机偏差,在进行预测分析时不能忽略考虑。

31. 数据孤岛(Isolated Data Island):简单说就是数据之间缺乏关联,数据库互不兼容。产生"数据孤岛"的原因,一方面是由于缺乏信息共享意识,数据信息共享不及时、不顺畅;更多的原因是不同的群体或企业,甚至国家对数据潜在价值的保护。

【练习题】

一、自测题

1. Evaluate 估算的实现方式有哪些?(相似个体类推/归属类群类推)
2. 时间序列预测法的常用方法有哪些?
3. 请对比算术平均法、移动平均法、加权移动平均法、指数平滑法各自的优缺点。
4. 当前时间序列数据分析中最通用的方法是什么?
5. 大数据预测一般具有哪些特点?
6. 大数据预测可以应用在哪些方面?
7. 大数据预测存在哪些方面的困境?

二、讨论题

除了任务中提到的大数据预测应用场景外,通过网上收集数据,分小组讨论大数据预测还有哪些应用场景及案例。

三、实践题

随着技术的发展,大数据预测应用的领域越来越广,其预测结果不仅能使得现实业务处理更加简单、客观,还能帮助决策,用于精准预测需求、防患于未然;但同时,大数据预测带来的隐私伦理安全等问题又不容忽视。作为身处大数据浪潮中的一分子,以大数据预测的利与弊、面对大数据时代到来需要做的准备为主题,完成一篇分析报告文章。

学习任务 5.5　了解数据的安全

【任务概述】

传统的数据安全所面临的技术挑战,通常是指数据的机密性、数据的完整性和数据的可用性等方面，主要目的是防止数据资产在传输、存储等处理环节上被泄露、破坏。

而在大数据安全的技术实践当中，人们不仅仅要满足上述的传统需求，同时还面临着大数据特性和大数据应用场景所带来的更多安全与保护技术挑战。与传统的数据安全问题相比，大数据安全所面临的新技术挑战主要包括三方面：大数据平台安全、数据安全防护、隐私安全防护。

一、数据安全与大数据安全

众所周知，大数据技术在给人们带来巨大价值的同时，也面临着诸多的数据安全风险，大数据所导致的隐私保护问题也为用户带来严重的困扰。

传统的数据安全所面临的技术挑战，通常是指数据的机密性、数据的完整性和数据的可用性等方面，主要目的是防止数据资产在传输、存储等处理环节上被泄露、破坏。实现数据安全的常用技术手段是全面评估信息系统所面临的安全威胁类型和严重程度，并在数据安全、应用安全、系统安全、网络安全、物理安全等各个层面有针对性地制定各项安全防护和紧急响应策略，从而满足数据安全需求。

而在大数据安全的技术实践当中，人们不仅要满足上述的传统需求，同时还面临着大数据特性和大数据应用场景所带来的更多安全与保护技术挑战。如图 5-147 所示，与传统的数据安全问题相比，大数据安全所面临的新技术挑战主要如下。

(1) 大数据平台安全，是对大数据平台传输、存储、运算等资源和功能的安全保障，包括传输交换安全、存储安全、计算安全、平台管理安全以及基础设施安全；

(2) 数据安全防护，是指平台为支撑数据流动安全所提供的安全功能，包括数据分类分级、元数据管理、质量管理、数据加密、数据隔离、防泄露、追踪溯源、数据销毁等内容；

(3) 隐私安全防护，是建立在数据安全防护基础之上的对个人敏感信息的更深层次安全防护要求，利用去标识化、匿名化、密文计算等技术保障个人数据在平台上处理、流转过程中不泄露个人隐私或个人不愿被外界知道的信息。

二、大数据平台安全

1. 大数据平台安全与挑战

目前，开源软件框架 Apache Hadoop 已经成为使用最为广泛的分布式大数据处理平台。大数据平台在 Hadoop 开源模式下缺乏整体安全规划，自身安全机制存在局限性。

Hadoop 被设计为在通用计算设备组成的大型集群上执行分布式应用，实现了包括分布式文件系统 HDFS 和 Map/Reduce 计算模型在内的基础架构，并整合了数据库 HBase、数据仓库 Hive 等一系列子项目。

早期 Hadoop 由于自身的业务特点一般都是部署在内网，因而在设计之初就没有考虑平台的安全问题，缺乏整体安全机制。Hadoop 默认整个分布式集群处于可信的计算环境中，集群内所有节点都是可靠值得信赖的。所以，Hadoop 存在以下安全风险。

(1) 缺乏用户以及服务器的安全认证机制。由于缺乏对用户的安全认证机制，导致用户可以冒充他人非法访问集群，越权提交作业、非法修改状态、恶意篡改数据；同时，由

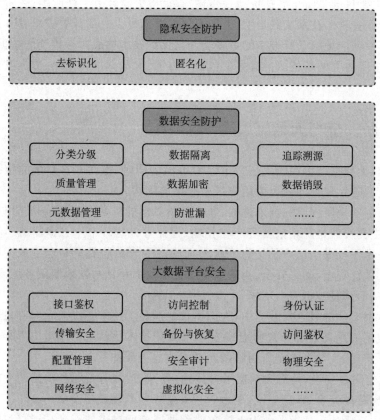

图 5-147 大数据安全的新技术挑战

于缺乏对集群节点的安全认证机制,导致用户可以伪装成合法节点接受平台发布的数据和任务。

(2) 缺乏安全授权机制。由于平台缺少访问控制措施,以至于用户在某些情况下可以不经过认证和授权就可以直接访问读取数据块,并可以随意进行修改;用户甚至还可以任意修改或终止任何其他用户提交的作业,不受任何限制。

(3) 缺乏数据传输和数据存储加密机制。集群各个节点之间的数据传输使用明文方式,缺乏有效的加解密处理措施,使得数据极其容易在传输的过程中被窃取;数据服务器对内存和存储介质中的数据没有存储保护,在恶意入侵、存储介质丢失、服务器维修等情况下,数据容易发生泄露。

(4) 缺乏严格的测试管理和安全认证机制。Hadoop 的开源发展模式也为平台带来了潜在的安全风险,如图 5-148 所示,开源社区在组件研发过程中多注重功能的实现和性能的提高,对代码质量和数据安全关注较少,开源组件缺乏严格的测试管理和安全认证,缺乏对漏洞和恶意后门的防范和关注。

在大数据应用中,平台的服务用户众多、业务场景多样,数据源、数据类型、用户角色和应用需求繁多,传统的访问控制机制难以满足需求。

(1) 多源异构的数据增加了访问控制机制和授权管理的制定难度,存在控制/授权不足、控制/授权过度的两极分化现象。

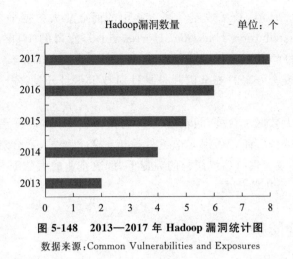

图 5-148　2013—2017 年 Hadoop 漏洞统计图

数据来源：Common Vulnerabilities and Exposures

（2）非结构化和半结构化数据的大量存在，无法采用传统面向结构化数据的访问控制方式进行精确描述，导致无法准确为用户指定可以访问的数据范围，无法遵循传统访问控制机制中的基本原则"最小授权原则"。

（3）分布式计算框架下的大数据存储和传输场景，使得数据加密的实现变成非常困难，海量数据的密钥管理也是亟待解决的问题。

当前的大数据平台基本都是采用大规模的分布式存储和计算模式，在开源 Hadoop 生态中，虽然所有系统的认证、权限管理、加密、审计等功能都是通过对相关组件的配置来完成，但缺乏相关的配置检查和效果评价功能。而且大规模的分布式存储和计算模式也大大增加了安全运维人员的配置工作难度。在已经发生的针对 Hadoop 平台的勒索攻击事件中，整个攻击过程并没有涉及 Hadoop 平台的常规漏洞，而是仅仅利用大数据平台服务器的不安全配置，就轻而易举地对平台数据进行了非法操作。

2. 大数据平台安全技术实践

为了完善 Hadoop 自身的安全性，从 2009 年起 Apache 专门抽出一个团队为 Hadoop 开源社区增加了身份认证、访问控制、数据加密等安全认证和授权机制。部分商业化的安全服务提供商也逐步开发了集中化安全管理、细粒度访问控制等通用的大数据平台安全加固技术和产品。这些安全机制为大数据平台提供了基础的安全保障。

（1）身份认证方面，Hadoop 支持两种身份验证机制：简单机制和 Kerberos 机制。简单机制是默认设置，Kerberos 机制可以实现较强的安全性，同时保证较高的运行性能。

（2）访问控制方面，目前 Hadoop 在访问控制方面主要有基于权限的访问控制、访问控制列表、基于角色的访问控制、基于标签的访问控制和基于操作系统的访问控制等几种方式。

（3）数据加密方面，实现大数据在静态存储及传输过程的加密保护，其难点在于密钥管理。目前 Hadoop 开源技术能够支持通过基于硬件的加密方案，大幅提高数据加解密的性能，实现最低性能损耗的端到端和存储层加密，但必要的密钥管理和分发机制需要使用商业化的密钥管理产品。

商业化大数据安全方案从 2008 年开始起步，经过了大量的测试验证，有众多部署实例，大量的运行在各种生产环境，技术成熟度高。常用的商业化大数据平台，如 Cloudera 公司的 CDH（Cloudera Distribution Hadoop）、Hortenworks 公司的 HDP（Hortonworks Data Platform）、华为公司的 FusionInsight、星环信息科技的 TDH（Transwarp Data Hub）等。由于这类商业化大数据安全方案的安全机制是只针对特定平台开发，安全保障组件仅适用于该平台。

除了上述商业化大数据平台外，目前还有一些在开源 Hadoop 平台上开发商业化通用安全组件的专业安全服务厂商。通用安全组件易于部署和维护，适合对已建大数据系统进行安全加固，可以在不改变现有系统架构的前提下，解决企业的大数据平台安全需求。灵活性强，方便与现有的安全机制集成。

三、数据安全防护

1. 数据安全与挑战

大数据因其蕴藏着非常大的价值，导致数据泄露问题和针对大数据的勒索攻击愈演愈烈，重大数据安全事故频发，数据泄露事件的数量呈现逐年上涨的趋势。根据 Canalys 的报告《网络安全的下一步》所公布的数据，2020 年数据泄露呈现爆炸式增长，短短 12 个月内泄露的记录比过去 15 年的总和还多。

大数据应用程度越高的行业，数据泄露事件越多，且泄露所造成的危害越大。大数据技术使得现实世界在网络空间中的映射愈加具体，物理空间中受到层层保护的信息在网络空间中却唾手可得，大数据应用发展和数据安全之间仍存在脱节。

内部人员仍然是数据泄露的首要因素，其主要目的仍然是获利，这说明组织机构在数据安全教育、风险监控等方面还需要加强。泄露的数据又对其他的数据形成威胁，这种链式反应加速了数据泄露，使越来越多的机构和个人遭受损失。

而大数据的集中化存储管理模式和大数据平台安全方面的隐患，也是大数据平台成为网络攻击重点目标的因素之一。据统计，截至 2017 年 2 月，中国就有 16 046 个 MongoDB 数据库暴露在公共互联网上，存在严重的数据安全问题，如图 5-149 所示。

图 5-149 数据泄露的记录数量统计

数据来源：Gemalto

大数据的体量大、种类多、来源复杂等特点,使得大数据的可信度成为数据安全中一个新的风险和挑战。目前,大数据应用技术中并没有严格的数据真实性、完整性、可靠性等方面的鉴别和监测机制,在数据采集、数据传播、数据加工处理等环节中,尚无法识别和剔除失真、虚假甚至恶意数据,从而导致大数据分析可能出现无意义甚至错误的结果。

虚假伪造或恶意注入的数据是威胁大数据可信度的"凶手"之一,错误的数据将会导致错误的分析结论。而虚假的数据往往隐藏于大量的真实数据之中,意图使用信息安全技术手段来鉴别所有数据的真实性是不可能的。众所周知,在电商平台上的刷单现象一直是误导消费者购买劣质商品的重要原因之一,但由于刻意刷单数据混杂在真实订单数据中,即使每个电商平台都在阻止刷单上投入了大量的技术手段,仍然无法杜绝刷单数据的污染,如图 5-150 所示。

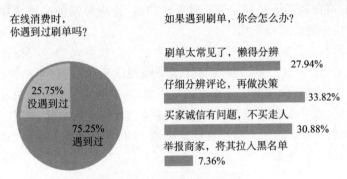

图 5-150　在线消费刷单调研统计

数据来源:人民网官方微博

数据在采集、传播和二次应用等环节中的逐步失真,也是威胁大数据可信度的"凶手"之一。由于在数据采集、预处理和传播的过程中,不可避免出现一些对数据的人工干预操作,而这些人工干预可能会引入误差从而导致数据失真与偏差,并最终体现在大数据分析结果的准确性上。另外,如果使用不准确的数据分析结果进行二次分析应用,也会导致二次分析结果出现甚至放大原有的准确性问题。

2. 数据安全技术实践

除了大数据平台所具有的安全防护机制外,目前所采用的数据安全技术基本上都是在整体数据视图的基础上设置分级分类的动态防护策略。

敏感数据识别与定级机制一直都是重要的数据安全防护技术之一。传统的敏感数据识别技术是通过关键词匹配、正则表达式匹配等方式,结合精确或模糊匹配词典,完成对敏感数据的识别。这种方法简单实用,但是由于人工参与相对较多、自动化程度较低,且分类方式较为粗糙简单,无法准确分级分类,导致数据安全管理存在较大缺陷。如含有"合同"这一关键词的并不一定是法律合同,而含有"协议"但无"合同"关键词的,也有可能是法律合同。而且依靠简单关键词也不能将文档具体细化为何种分类,即不能判断是财务类、人事类、销售类或技术类等。

随着人工智能基于自然语言处理技术的引入,通过机器学习可以实现大量文档的聚类分析,自动生成分类规则库,内容自动化识别程度正逐步提高。通过敏感数据识别技术对结构化数据、半结构化数据、非结构化数据进行整体扫描、分类、分级,并根据分级结果做进一步的安全防护,如细粒度访问控制、加密保存等。

数据防泄露技术,是指通过一定技术手段,防止指定数据以违反数据安全机制等形式泄露流出。针对数据泄露的主要途径,目前采用的主要技术如下。

(1)针对使用泄露和存储泄露,通常采用身份认证管理、进程监控、日志分析和安全审计等技术手段,观察和记录操作员对计算机、文件、软件和数据的操作情况,发现、识别、监控计算机中的敏感数据的使用和流动,对敏感数据的违规使用进行警告、阻断等。

(2)针对传输泄露,通常采取敏感数据动态识别、动态加密、访问阻断、和数据库防火墙等技术,监控服务器、终端以及网络中动态传输的敏感数据,发现和阻止敏感数据通过网络传输的方式泄露出去。

随着数据泄露事件的频繁发生,"事后"追踪和溯源技术变得越来越重要。安全事件发生后,泄露源头的追查和责任的判定是及时发现问题、查缺补漏的关键,同时对安全管理制度的执行也会形成一定的威慑作用。

数字水印技术就是目前常用的追踪溯源技术之一。数字水印是一种将标识信息(如版权信息、机构/员工ID)通过一定的规则与算法隐藏在结构化数据、半结构化数据和非结构化数据中的技术。隐藏后数据的使用价值几乎不变,其主要用于版权保护和泄露追踪溯源。根据嵌入载体不同,数字水印还包括图像水印、视频水印、音频水印、文本水印和软件水印等。其中,最早的数字水印技术是应用在图像领域中,目前在图像领域的数字水印技术也是最为成熟和广泛应用的,如图5-151所示。

原始图像

隐藏水印

隐藏水印后图像

从含水印图像提取的水印

图 5-151 数字水印的隐藏与提取示例图

四、隐私安全防护

1. 隐私安全与挑战

大数据时代的到来,对隐私安全造成危害的绝不仅仅是数据泄露。因为数据的广泛使用,在数据生命周期的每个阶段,从数据采集到数据存储、数据传输、数据处理、数据交换、数据销毁的全过程中,都存在隐私泄露和数据安全的风险。大数据技术对传统的隐私保护框架和技术能力也带来了极大的挑战。

在传统的隐私安全保护技术中,常用方法是针对单个数据集利用去标识化、匿名化等技术来保护隐私数据。其中,去标识化技术是目前重要的数据安全保障措施,在保留了个体颗粒度的基础上,采用假名、加密、哈希函数等技术手段替代对个人信息的标识。例如,"张三,男,广州市天河区"是真实的个人数据,而经过假名去标识化技术处理后生成的假名数据为"ABAB12345,男,广州市天河区"。虽然去标识化技术可以让个人信息无法轻易被识别,但如果非授权第三方有其他外部信息的辅助,仍然可能对去标识化技术处理后的个人信息进行重标识。所以,传统的隐私保护技术因为大数据技术超强的处理分析能力和多源数据分析挖掘技术而面临失效的可能。

传统的去标识化、匿名化等技术多适用于结构化数据和关系型数据库。但在大数据环境下,数据呈现半结构化、非结构化数据居多的特点,而对于大量的半结构化、非结构化数据,大数据平台通常采用非关系型数据库进行存储和处理。目前非关系型数据库尚无严格的访问控制机制及相对完善的隐私保护工具。

2. 隐私安全技术实践

大数据应用场景下,数据安全技术提供了机密性、完整性和可用性的防护基础。而隐私安全保护是在数据安全防护的基础上,保证隐私信息不发生泄露或不被外界知悉。目前应用最广泛的是数据脱敏、匿名化、差分隐私和同态加密技术。

数据脱敏,是对敏感数据通过替换、失真等变换降低数据的敏感度,同时保留一定的可用性、统计性特征。为了达到这个目标,有如下一系列的方法/策略可以使用。

(1) 标准加密/屏蔽技术,加密/屏蔽后完全失去业务属性,属于低层次脱敏,如图 5-152 所示。适用于机密性要求高、不需要保持业务属性的场景。

姓名	年龄	电话
张三	22	18812345678
李四	27	16678945612
王五	32	15211112222
赵六	43	15266662222

→

姓名	年龄	电话
张*	20	188****5678
李*	30	166****5612
王*	30	152****2222
赵*	40	152****2222

图 5-152 数据屏蔽技术示例

(2) 数据失真技术,最常用的是随机干扰、乱序等,是不可逆算法,通过这种算法可以生成"看起来很真实的假数据",如图 5-153 所示。适用于群体信息统计或需要保持业务属性的场景。

姓名	年龄	电话
张三	22	18812345678
李四	27	16678945612
王五	32	15211112222
赵六	43	15266662222

→

姓名	年龄	电话
黄上	20	18812343633
吴五	30	16678942221
郑标	30	15211119874
钟红	40	15266663251

图 5-153 数据失真技术示例

（3）可逆置换技术，兼具可逆和保证业务属性的特征，可以通过位置变换、表映射、算法映射等方式实现，如图 5-154 所示。这类算法都是基于密码学的基本概念自行设计的，通常的做法是在公开算法的基础上做一定的变换，适用于需要保持业务属性或（和）需要可逆的场景。

姓名	年龄	电话
张三	22	18812345678
李四	27	16678945612
王五	32	15211112222
赵六	43	15266662222

置换 →

三	甲
四	乙
五	丙
六	丁

姓名	年龄	电话
张甲	22	18812345678
李乙	27	16678945612
王丙	32	15211112222
赵丁	43	15226662222

图 5-154　可逆置换技术示例

匿名化技术目前是重要的隐私安全保障措施，通过匿名化技术处理后的信息必须不可能被复原为个人信息，无法识别或关联到特定个人。匿名化技术可以实现个人信息记录的匿名，理想情况下无法识别到具体的"自然人"。

K-匿名化模型（K-Anonymity Model）最早由美国学者 Sweeney 提出，通过对个人信息数据库的匿名化处理，可以使得除隐私属性外，其他属性组合相同的值至少有 K 个记录，如图 5-155 所示。当攻击者获得经过 K-匿名化处理的数据时，他将获得至少 K 条不同人的记录，从而无法做出准确的判断。参数 K 表示隐私保护的强度；K 的值越高，隐私保护越强，但损失的信息越多，数据的可用性越低。

身份证号	姓名	性别	手机号	年龄	邮编	公司	薪资状况
110000	张三	男	15100000000	28	1010	C1	60W
310000	李四	女	15200000000	18	3011	C2	45W
110001	王五	男	15300000000	26	1011	C1	50W
310001	赵六	女	15400000000	20	3021	C2	50W

↓ 去除标识

身份证号	姓名	性别	手机号	年龄	邮编	公司	薪资状况
		男		28	1010	C1	60W
		女		18	3011	C2	45W
		男		26	1011	C1	50W
		女		20	3021	C2	50W

↓ 匿名化

身份证号	姓名	性别	手机号	年龄	邮编	公司	薪资状况
		男		>25	101*	C1	60W
		女		<=25	301*	C2	45W
		男		>25	101*	C1	50W
		女		<=20	30*1	C2	50W

图 5-155　数据匿名化处理示例

差分隐私是一种基于数据失真的隐私保护技术,它通过注入噪声,使增加或删除数据记录的操作对输出的影响无法区分,从而保证数据集中个体的隐私。简单来说,差分隐私是对数据发布时数据集中的隐私损失进行量化的数学模型。在数据集中增加了一定数量的"随机噪声",这个噪声通过概率分布产生,噪声保证对隐私保护的同时,数据仍然具有分析价值。

差分隐私技术就是为了解决差分攻击问题的(见图5-156),在差分隐私的保护下,任何单条记录在数据库中的有无都不影响算法的输出结果,所以也就能实现个人隐私的保护。差分隐私保护框架具有严格的数学公理化模型,对攻击者的背景知识没有限制,是一种从数学上严格定义保护强度和数据可用性的隐私保护手段,在保证隐私的同时能够更好地支持隐私安全。

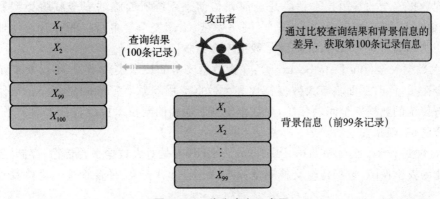

图 5-156　差分攻击示意图

同态加密不同于传统的加密,它是应对新的安全场景出现的一项新型密码技术。它的出现,颠覆了人们对密码算法的认知,使得密文处理和操作,包括检索、统计、甚至 AI 任务都成为可能。同态加密是指满足密文同态运算性质的加密算法,即数据经过同态加密之后,对密文进行特定的计算,得到的密文计算结果在进行对应的同态解密后的明文等同于对明文数据直接进行相同的计算,实现数据的"可算不可见",如图 5-157 所示。

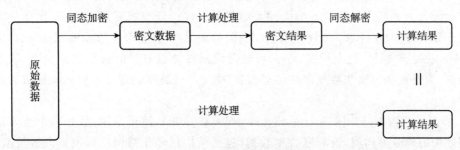

图 5-157　同态加密示意图

根据大数据的实际应用场景,处理和平衡数据可用性和隐私保密性,是大数据时代下的数据安全的关键性问题之一。简单总结上述几种技术的特点如下。

(1)数据脱敏,可以在保留一定的数据可用性、统计性等基础上,通过失真等变换降低数据敏感度。

(2)匿名化,可以通过"去识别化"实现隐私保护。

(3)差分隐私,通过加噪来抵抗差分攻击。

(4)同态加密,将敏感信息直接加密,然后在密文数据上直接统计与机器学习。

当然,这些技术在具体的场景落地时,仍然面临着诸多挑战,如数据可用性和隐私保护如何实现自适应调节,高维、大数据集的效率问题如何优化等是值得深入研究的问题。

【主要术语】

1. 数据安全(Data Security):数据安全所面临的技术挑战通常是指数据机密性、数据完整性和数据可用性等方面,主要目的是防止数据资产在传输、存储等处理环节上被泄露、破坏。实现数据安全的常用技术手段是全面评估信息系统所面临的安全威胁类型和严重程度,并在数据安全、应用安全、系统安全、网络安全、物理安全等各个层面有针对性地制定各项安全防护和紧急响应策略,从而满足数据安全需求。

2. 大数据安全(Big Data Security):在大数据安全的技术实践当中,不仅要满足传统的数据安全需求,同时还面临着大数据特性和大数据应用场景所带来的更多安全与保护技术挑战。与传统的数据安全问题相比,大数据安全所面临的新技术挑战包括大数据平台安全、数据安全防护、隐私安全防护等。

3. 大数据平台安全(Big Data Platform Security):是对大数据平台传输、存储、运算等资源和功能的安全保障,包括传输交换安全、存储安全、计算安全、平台管理安全以及基础设施安全。

4. 数据安全防护(Data Security Protection):是指平台为支撑数据流动安全所提供的安全功能,包括数据分类分级、元数据管理、质量管理、数据加密、数据隔离、防泄露、追踪溯源、数据销毁等内容。

5. 隐私安全防护(Privacy Security Protection):是建立在数据安全保护基础上的对个人敏感信息的更深层次的安全防护要求,利用去标识化、匿名化、密文计算等技术保障个人数据在平台上处理、流转过程中不泄露个人隐私或个人不愿被外界知道的信息。

6. Apache Hadoop:是一种开源软件框架,已经成为应用最广泛的分布式大数据处理平台。被设计为在通用计算设备组成的大型集群上执行分布式应用,实现了包括分布式文件系统 HDFS 和 Map/Reduce 计算模型在内的基础架构,并整合了数据库 HBase、数据仓库 Hive 等一系列子项目。与此同时,存在着缺乏用户以及服务器的安全认证机制、缺乏安全授权机制、缺乏数据传输和数据存储加密机制、缺乏严格的测试管理和安全认证机制等的安全风险。

7. 多源异构数据(Multi-Source Heterogeneous Data):简单地说,就是一个整体是由几个不同来源的成分而构成,既有混合型数据(包括结构化和非结构化),也有离散数据(分布在不同系统或平台的数据)。

8. 最小授权原则(Principle of Least Privilege,PoLP):要求计算环境中特定抽象层的每个模块只能访问当下必要的信息或资源。

9. Kerberos:一种计算机网络认证协议,是 Hadoop 支持的两种身份验证机制之一,可以在确保高操作性能的同时实现强大的安全性。

10. 访问控制(Access Control)：通过某种手段授予和限制访问能力和范围的方法。根据控制对象的粗细程度，访问控制可以分为粗粒度和细粒度。

11. 密钥管理(Key Management)：包括密钥的生成、交换、存储、使用、销毁和更替，并涉及密码学协议设计、密钥服务器、用户程序和其他相关协议的设计。

12. 细粒度访问控制(Fine-Grained Access Control)：将安全控制细化到数据库的行或列级别。

13. MongoDB：是一个基于分布式文件存储的数据库。由C++语言编写。旨在为Web应用提供一个可扩展的、高性能的数据存储解决方案。

14. 敏感数据识别(Sensitive Data Recognition)：是数据安全工作的切入点和基础，通过敏感数据识别技术对结构化数据、半结构化数据、非结构化数据进行整体扫描、分类、分级，并根据分级结果做进一步的安全防护，如细粒度访问控制、加密保存等。

15. 数据防泄露(Data Leakage Prevention)：是指通过一定技术手段，防止指定数据以违反数据安全机制等形式泄露流出。使用泄露和存储泄露、传输泄露是数据泄露的主要途径。

16. 数字水印(Digital Watermarking)：是一种将标识信息（如版权信息、机构/员工ID）通过一定的规则与算法隐藏在结构化数据、半结构化数据和非结构化数据中的技术。隐藏后数据的使用价值几乎不变，其主要用于版权保护和泄露追踪溯源。

17. 去标识化(De-Identification)：是目前重要的数据安全保障措施，在保留了个体颗粒度的基础上，采用假名、加密、哈希函数等技术手段替代对个人信息的标识。

18. 匿名化(De-Anonymization)：是指通过"去识别化"实现隐私保护，是目前重要的隐私安全保障措施。通过匿名化技术处理后的信息必须不可能被复原为个人信息，无法识别或关联到特定个人。匿名化技术可以实现个人信息记录的匿名，理想情况下无法识别到具体的"自然人"。

19. 隐私安全保护(Privacy Security Protection)：是以数据安全防护为基础，确保隐私信息不被泄露或被外界所知。目前应用最广泛的是数据脱敏、匿名化和差分隐私和同态加密技术。

20. 数据脱敏(Data Masking)：是指通过替换、失真等变换降低敏感数据的敏感度。数据脱敏的方式主要有三种：加密、数据失真、可逆置换。

21. 数据失真(Data Distortion)：是指原始真实数据被计算机或人为原因的改变，导致数据结果偏离真实数据的一种现象。

22. 可逆置换(Reversible Permutation)：具有可逆性和保证业务性的特点，可以通过位置变换、表映射、算法映射等方式实现。这类算法都是基于密码学的基本概念自行设计的，通常的做法是在公开算法的基础上做一定的变换，适用于需要保持业务属性或（和）需要可逆的场景。

23. K-匿名化模型(K-Anonymity Model)：通过对个人信息数据库的匿名化处理，可以使得除隐私属性外，其他属性组合相同的值至少有K个记录。当攻击者获得经过K-匿名化处理的数据时，他将获得至少K条不同人的记录，从而无法做出准确的判断。参数K表示隐私保护的强度；K的值越高，隐私保护越强，但损失的信息越多，数据的可用性越低。

24. 差分隐私(Differential Privacy)：是一种基于数据失真的隐私保护技术，通过加噪来抵抗差分攻击,从而保证数据集中个体的隐私。

25. 同态加密(Homomorphic Encryption):将敏感信息直接加密,然后在密文数据上直接统计与机器学习,实现数据的"可算不可见"。

26. 明文(Plaintext):即原始的或未加密的数据。

【练习题】

一、自测题

1. 大数据安全与传统数据安全相比,还面临哪些挑战?
2. 目前主流的大数据处理平台 Apache Hadoop 存在哪些数据安全风险?
3. 大数据平台的安全机制有哪些?
4. 通用安全组件有哪些优点?
5. 造成数据泄露的因素有哪些?
6. 有哪些因素影响大数据的数据可信度?
7. 如何解决传统的敏感数据识别技术存在的问题?
8. 针对数据泄露存在的问题,可以采用哪些技术处理?
9. 安全事件发生后,可以通过什么技术进行追踪和溯源?
10. 目前隐私安全技术应用最广泛的是哪几种?
11. 请对比数据脱敏的方法及其适用场景。

二、讨论题

请分小组收集历史上关于大数据安全的重大事件报道及其影响,讨论数据安全对企业的重要意义。

实训任务 5.1　实现酒店业数据的采集与预处理

【实训预习】

数据采集(Data Acquisition,DAQ)也被称为数据获取,是指利用一种装置或者工具将现实世界中测量物理条件的信号进行采样,并将所得样本转换为可由计算机处理的数字值的过程。

数据预处理(Data Preprocessing)是指数据在使用前,需要对数据进行调整、补充、合并或删除,以提高数据质量,确保数据在后续运算能提高性能,在数据挖掘过程中能增加数据结果的准确度与可信度。企业通过不同的采集方法及渠道取得了一定的数据,但由于各行各业都在收集和处理大量数据,而现实世界的数据往往是不完整的、有噪声和不一致,在数据采集过程若控制得不好,往往容易产生误导性的结果。如对某商品销售价的信息收集中,对商品金额单位的描述,有使用货币符号人民币"￥""CNY",也有使用"元""万元"不同等级单位。若不经过数据预处理,保留对同一概念有不同表达方式的数据,就会导致分析结果出现超出范围的数值、不可能的数据组合、缺失的数值等情况,最终产生误导性的结果。

【实训目的】

  数据采集,即对各种来源的结构化数据、半结构化数据和非结构化数据进行的采集。数据采集的来源可以包括系统日志采集、网络数据采集和设备日志采集。数据预处理,指的是在进行数据分析之前,先对采集到的原始数据所进行的诸如"清洗、填补、平滑、合并、规格化、一致性检验"等一系列操作,旨在提高数据质量,为后期分析工作奠定基础。数据预处理主要包括四个部分:数据清洗、数据集成、数据转换、数据规约。

  复现酒店业数据的采集与预处理操作流程。通过对酒店客房预订过程的操作,实现对酒店第一方数据采集的认知;通过对酒店微信小程序用户信息授权的操作,实现对酒店第二方数据采集的认知;通过对系统汇总后的数据进行数据预处理过程(清洗、规约)的复现,实现对大数据预处理流程的认知;通过对预处理后的数据进行数据分析结果的输出,实现对数据预处理必要性的认知。

【实训要求】

  运用问途大衍 megAnalysis 大数据平台实训任务系统,以小组形式进行实训任务,认知酒店业数据采集的基本来源和方法,掌握大数据预处理的基本流程,并理解大数据预处理的必要性。在进行实训任务前先预习,然后按照操作步骤进行实验,结合实验过程和输出结果,完成拓展练习和实验报告。

【方法与工具】

  1. 方法

  (1) 运用问途学习平台微信小程序虚拟系统,完成酒店客房预订操作。
  (2) 运用问途学习平台微信小程序虚拟系统,完成微信用户信息授权操作。
  (3) 运用问途大衍 megAnalysis 大数据平台实训任务系统,复现汇总数据的预处理过程。
  (4) 运用问途大衍 megAnalysis 大数据平台实训任务系统,实现预处理数据的分析结果输出,并对比不同结果的区别。

  2. 工具

  (1) 问途学习平台微信小程序虚拟系统。
  (2) 问途大衍 megAnalysis 大数据平台实训任务系统。

【操作步骤】

  (1) 使用问途学习平台微信小程序,进入客房预订页面。
  (2) 填写联系人姓名、联系人手机号码等必填信息。
  (3) 确认授权微信小程序获取微信用户信息,包括用户手机号码、地理位置等信息。
  (4) 使用问途大衍 megAnalysis 大数据平台实训任务系统,合并采集到的客房预订和微信用户信息。

（5）基于系统内置程序，清洗合并后的数据。

（6）完成清洗后，根据客房预订联系人手机号码、微信用户手机号码和地理位置信息进行地域统计。

（7）根据输出结果，结合数据预处理流程和各个阶段的特点以及数据预处理的必要性完成实验报告。

【拓展练习】

大数据处理流程除了数据采集和数据预处理外，还有数据存储、数据处理、数据应用等环节，自行查阅资料，认知大数据处理的完整流程。

实训任务 5.2　实现聚类算法在用户画像分析中的使用

【实训预习】

聚类分析（Clustering Analysis）是把一个数据集按照某个特定标准（如距离）分割成不同的类或簇，使得同一个簇内的数据对象的相似性尽可能大，同时不在同一个簇中的数据对象的差异性也尽可能地大。也即聚类后同一类的数据尽可能聚集到一起，不同类数据尽量分离。聚类分析可以应用到客户群体分类、客户背景分析、客户购买趋势预测、市场细分等大量实际应用场景中。

聚类分析主要可以分为划分式聚类方法（Partition-Based Methods）、基于密度的聚类方法（Density-Based Methods）、层次化聚类方法（Hierarchical Methods）等类型，常用算法如下。

（1）K-Means算法，是一种经典的划分式聚类方法，需要事先指定簇类 K 的数目，通过反复迭代，直至最后达到"簇内的点足够近、簇间的点足够远"的目标。K-Means算法还有很多经典变体算法，如 K-Means++、Bi-Kmeans、Kernel K-Means 等。

（2）DBSCAN算法，是一种典型的基于密度的聚类方法。K-Means 算法对于凸性数据具有良好的效果，能够根据距离来将数据聚类为不同的球簇状，但对于非球簇状的数据点，就无能为力了。而 DBSCAN 算法不仅能挖掘"密"的区域，还能判断这些区域的连通性。

【实训目的】

聚类是一种运用广泛的探索性数据分析技术，人们对数据产生的第一直觉往往是通过对数据进行有意义的分组，使相似的对象归为一类，不相似的对象归为不同类。但是大家要明白"相似对象归为一类，不相似对象归为不同类"这两个目标在很多情况下是互相冲突的，是存在悖论的。

本实训通过复现聚类算法分析操作,掌握聚类算法在用户画像分析的使用过程,认知聚类分析是如何把一个数据集按照某个特定标准(如距离)分割成不同的类或簇,以及初步了解不同聚类算法的差异和特点。

【实训要求】

运用问途大衍 megAnalysis 大数据平台实训任务系统,以小组形式进行实训任务,认知聚类算法在用户画像分析中的使用。在进行实训任务前先预习,然后按照操作步骤进行实验,结合实验过程和输出结果,完成拓展练习和实验报告。

【方法与工具一】

1. 方法

(1) 运用问途大衍 megAnalysis 大数据平台实训任务系统,按照操作步骤要求选择不同的聚类算法,进行用户画像分析。

(2) 对比聚类算法的输出结果,简单阐述不同聚类算法的特点。

2. 工具

问途大衍 megAnalysis 大数据平台实训任务系统。

【操作步骤一】

(1) 选择系统内置的 K-Means 算法。

(2) 基于系统给定的用户数据进行运算。

(3) 根据输出的聚类结果和文字说明,初步了解 K-Means 算法是一种经典的划分式聚类方法,是以集群点的平均值作为参考对象,如图 5-158 所示。

(4) 选择 DBSCAN 算法进行运算,如图 5-159 所示。

(5) 对比实验过程输出的聚类结果,分析 K-Means 算法和 DBSCAN 算法的区别。

(6) 结合实训过程,从算法特点、算法区别和运算分析结果等方面完成实验报告。

【方法与工具二】

1. 方法

(1) 运用 Python,按照操作步骤要求选择不同的聚类算法,进行用户画像分析。

(2) 对比聚类算法的输出结果,简单阐述不同聚类算法的特点。

2. 工具

Python。

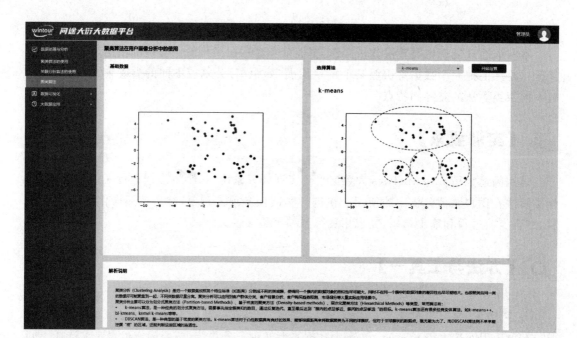

图 5-158　聚类分析 K-Means

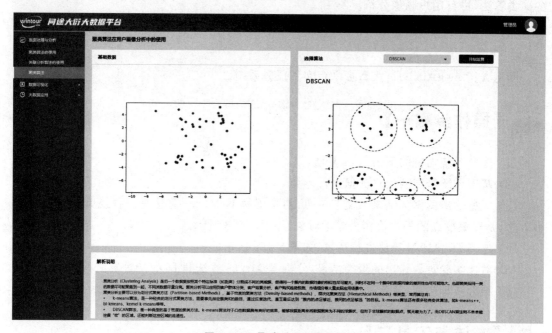

图 5-159　聚类分析 DBSCAN

【操作步骤二】

（1）扫描二维码下载文件。

（2）导入文件到计算机指定文件夹。

（3）加载工具包。

Python 聚类算法

```
import os
from numpy import *
from matplotlib import pyplot as plt
import sklearn.cluster as skc
```

(4) 加载数据集。

```
fileName = os.path.abspath("实验素材路径")
dataSet = []
fr = open(fileName)
for line in fr.readlines():
    # 按 tab 分割字段,将每行元素分割为 list 的元素.
    curLine = line.strip().split('\t')
    # 用 list 函数把 map 函数返回的迭代器遍历展开成一个列表.
    # 其中 map(float, curLine)表示把列表的每个值用 float 函数转成 float 型,并返回迭代器.
    fltLine = list(map(float, curLine))
    dataSet.append(fltLine)
return dataSet
```

(5) 运用 DBSCAN 算法运算。

```
X = array(data)
# DBSCAN 聚类方法 还有参数,matric = ""距离计算方法
db = skc.DBSCAN(eps=1.5, min_samples=3).fit(X)
# 和 X 同一个维度,labels 对应索引序号的值 为它所在簇的序号.若簇编号为 -1,表示为噪声
labels = db.labels_
# 获取分簇的数目
n_clusters_ = len(set(labels)) - (1 if -1 in labels else 0)

for i in range(n_clusters_):
    one_cluster = X[labels == i]
    plt.plot(one_cluster[:, 0], one_cluster[:, 1], 'o')

plt.title("DBSCAN")
plt.show()
```

(6) 查询资料并编写 Python 代码,实现 K-Means 聚类算法。

(7) 对比实验过程输出的聚类结果,分析 K-Means 算法和 DBSCAN 算法的区别。

(8) 结合实训过程,从算法特点、算法区别和运算分析结果等方面完成实验报告。

【拓展练习】

在搜索引擎中,很多用户的查询意图是比较类似的,对这些查询进行聚类,可以使用类内部的词进行关键词推荐,结合本实训任务的实训过程和分析结果。思考聚类算法在搜索引擎查询聚类以进行流量推荐该如何应用。

实训任务 5.3　实现关联分析算法在景区营销设计中的使用

 【实训预习】

关联分析(Association Analysis)是一种常用的数据挖掘算法,用来挖掘数据之间的内在关联,即根据一个事务中某些项的出现可导出另一些项在同一事务中也出现,即隐藏在数据间的关联或相互关系。虽然逻辑简单,但是功能强大,可以在诸多领域进行使用。

关联分析的常用算法有以下两种。

(1) Apriori 算法,是为了发现事物之间联系的最经典的关联分析算法。比如大家熟知的啤酒与尿布故事,某超市在对顾客购物习惯分析时,发现男性顾客在购买婴儿尿布的同时,常常会顺便搭配几瓶啤酒来犒劳自己,于是尝试推出了将啤酒和尿布摆在一起的促销手段,最后使得啤酒与尿布销量双双提升。Apriori 算法通常用于在规模数据集中寻找数据关系的任务,这些关系可以有两种形式:频繁项集或者关联规则。频繁项集是经常出现在一块的物品的集合,关联规则暗示两种物品之间可能存在很强的关系。而关联规则是否有效,依据指标最重要的是支持度、置信度和提升度。

(2) FP-Growth 算法,是 Apriori 算法的性能优化改进版本。在 Apriori 算法当中,每一次从候选集当中筛选出频繁项集的时候,都需要扫描一遍全量的数据来计算支持度,尤其当数据量较大时,计算开销很大。而 FP-Growth 算法通过引入 FP-Tree 数据结构,只需扫描数据集两次即可完成操作。

【实训目的】

关联分析算法是在大量数据事例中挖掘项集之间的关联或相关联系,即根据一个事务中某些项的出现可导出另一些项在同一事务中也出现,即隐藏在数据间的关联或相互关系。通过关联规则分析帮助大家发现交易数据库中不同的商品(项)之间的联系,找到顾客购买行为模式。

通过对关联分析过程的复现,实现对关联分析算法操作流程的认知,掌握计算关联规则的几个常用指标:支持度、置信度、提升度,理解关联分析算法如何应用于景区营销设计,加深对关联分析的原理和应用场景的认知,以及初步理解不同关联分析算法的特点和区别。

【实训要求】

运用问途大衍 megAnalysis 大数据平台实训任务系统,以小组形式进行实训任务,认知关联分析算法在景区营销设计中的使用。在进行实训任务前先预习,然后按照操作步骤进行实验,结合实验过程和输出结果,完成拓展练习和实验报告。

【方法与工具一】

1. 方法

(1) 运用问途大衍 megAnalysis 大数据平台实训任务系统,复现客人景区游览数据的关联分析过程。

(2) 运用问途学习平台,完成针对性的景区营销设计策略。

2. 工具

(1) 问途大衍 megAnalysis 大数据平台实训任务系统。

(2) 问途学习平台。

【操作步骤一】

(1) 基于系统页面展示的商品订单列表数据,指定两个商品。

(2) 计算关联规则的几个常用指标:支持度、置信度、提升度。

(3) 结合运算结果和文字说明初步认知关联算法的几个重要的概念。

(4) 针对系统内置的景区数据,选择 Apriori 算法运算。

(5) 选择 FP-Growth 算法运算。

(6) 对比两种算法的输出结果,分析 Apriori 算法和 FP-Growth 算法的特点和区别,如图 5-160 所示。

(7) 根据实训过程和输出结果,查阅资料,加深对关联分析的原理和应用场景的认知。

(8) 运用问途学习平台,结合关联分析的原理以及景区背景完成针对性的景区营销设计策略。

(9) 结合实训过程,从关联规则常用指标、算法原理、算法特点和景区营销设计等方面总结并完成实验报告。

【方法与工具二】

1. 方法

(1) 运用 Python,按照操作步骤要求选择不同的关联分析算法,理解关联分析算法在景区营销设计中的使用。

(2)运用问途学习平台,完成针对性的景区营销设计策略。

2. 工具

(1) Python。

(2)问途学习平台。

【操作步骤二】

(1)扫描二维码下载文件。

Python 关联分析算法

(2)导入文件到计算机指定文件夹。

(3)加载工具包。

```
from numpy import *
```

(4)加载数据集。

```
fileName = os.path.abspath("实验素材路径")
dataSet = []
fr = open(fileName)
for ine in fr.readlines():
    # 按 tab 分割字段,将每行元素分割为 list 的元素
    curLine = line.strip().split('\t')
    # 用 list 函数把 map 函数返回的迭代器遍历展开成一个列表
    # 其中 map(float, curLine)表示把列表的每个值用 float 函数转成 float 型,并返回迭代器
    fltLine = list(map(float, curLine))
    dataSet.Append(fltLine)
return dataSet
```

(5)运用 Apriori 算法运算。

```
# 创造候选项集 C1,C1 是大小为 1 的所有候选项集的集合
def createC1(dataSet):
    C1 = []
    for transaction in dataSet:
        for item in transaction:
            if not [item] in C1:
                C1.Append([item])
    return list(map(frozenset, C1))
```

```
# 创造 C1
C1 = createC1(dataSet)
D = list(map(set, dataSet))
L1, supportData = scanD(D, C1, minSupport)
L = [L1]
k = 2
# 创造 Ck
while (len(L[k - 2]) > 0):
    Ck = aprioriGen(L[k - 2], k)
    Lk, supK = scanD(D, Ck, minSupport)
    supportData.update(supK)
    L.append(Lk)
    k += 1
return L, supportData
```

(6) 查询资料并编写 Python 代码,实现 FP-Growth 算法。

(7) 对比两种算法的输出结果,分析 Apriori 算法和 FP-Growth 算法的特点和区别。

(8) 运用问途学习平台,结合关联分析的原理以及景区背景完成针对性的景区营销设计策略。

(9) 结合实训过程,从算法原理、算法特点和景区营销设计等方面总结并完成实验报告。

【拓展练习】

结合实训过程和关联分析算法的原理和特点,思考关联分析算法在学校食堂场景该如何使用,通过课外调研,完成营销方案设计。

实训任务 5.4 实现图像识别技术在景点图片分析中的使用

【实训预习】

图像识别(Image Recognition)是指对图像进行信息处理,以识别各种不同模式的目标和对象的技术。图像识别技术是信息时代的一门重要技术,其产生是为了让计算机代替人类去处理大量的图片信息。在计算机图像识别技术中,图像是通过图像特征来进行描述和处理的。图像识别技术的过程分为图像预处理、特征抽取和选择、分类器设计、分类决策。

特征是某一类对象区别于其他类对象的相应特点或特性,或是这些特点和特性的集合,是通过测量或处理能够抽取的数据。对于图像而言,每一幅图像都具有能够区别于其他类图像的自身特征,有些是可直观感受到的自然特征,如亮度、边缘、纹理和色彩等;有些则是需要通过变换或处理才能得到的,如矩、直方图以及主成分等。

下面分别介绍几个图像特征提取和匹配的基本算法。

(1)直方图相似度算法。图像直方图是广泛应用在很多计算机视觉应用中的基础知识。通过直方图对图像进行特征提取,并选择合适的相似性算法设计分类器,是图像识别过程的最简单和直观的实现。图像是由像素构成的,像素的颜色特征是图像一个很重要的特征(其他还有纹理特征、形状特征、空间关系特征等)。图像直方图就是反映一个图像像素分布的统计表,其横坐标代表了像素的颜色(可以是灰度,也可以是彩色),纵坐标则代表了每一种颜色在图像中的像素总数或占比。如果两张图像的直方图很接近,就可以认为它们很相似。这就是直方图相似度算法的基本思路。图像的像素颜色特征抽取为直方图后,就可以选择一种衡量直方图相似度的对比标准。常见的比较方法有:相关性比较(Correlation)、卡方比较(Chi-Square)、十字交叉性比较(Intersection)、巴氏距离比较(Bhattacharyya Distance)等。

(2)余弦相似度算法。由于每幅图像都包含很多种特征信息,因此在实际应用中往往是把图像的若干种特征经过提取后以特征向量的方式进行表示,进而形成一个多维甚至是高维的向量空间(例如,上文的灰度图片的像素颜色特征只需要使用灰度一个维度来表示,如果是彩色图片的像素颜色特征就会有红绿蓝三个维度)。而余弦相似度算法是通过测量两个向量内积空间的余弦值来度量它们之间的相似性,尤其适用于任何维度的向量比较中,因此是图片识别中高维特征向量空间应用较多的算法。

【实训目的】

图像识别技术是人工智能的一个重要领域。它是指对图像进行对象识别,以识别各种不同模式的目标和对象的技术。图像识别技术是以图像的主要特征为基础的。每个图像都有它的特征,对图像识别时眼动的研究表明,视线总是集中在图像的主要特征上,也就是集中在图像轮廓曲度最大或轮廓方向突然改变的地方,这些地方的信息量最大。

通过对图像识别流程的复现,了解图像识别技术的基本流程,理解图像识别技术在景点图片分析中应如何使用,认知不同图像识别技术对于不同图像特征的分析差异,掌握多种图像识别技术的原理和特点。

【实训要求】

以小组形式进行实训任务,掌握图像识别技术在景点图片分析中的应用,认知不同的图像识别算法是从哪方面的特征进行识别分析。在进行实训任务前先预习,然后按照操作步骤进行实验,结合实验过程和输出结果,完成拓展练习和实验报告。

【方法与工具一】

1. 方法

(1) 运用问途大衍 megAnalysis 大数据平台实训任务系统,完成给定图片数据集的图片识别操作。

(2) 按要求自行拍摄若干张图片,运用问途大衍 megAnalysis 大数据平台实训任务系统,完成图片识别操作。

(3) 根据实训结果阐述不同图像识别算法的特点。

2. 工具

问途大衍 megAnalysis 大数据平台实训任务系统。

【操作步骤一】

(1) 基于系统提供的图片集,选择直方图相似度算法运算,如图 5-160 所示。

(2) 选择余弦相似度算法运算,如图 5-161 所示。

(3) 结合运算结果和文字说明,初步理解两种图像识别算法的原理和特点。

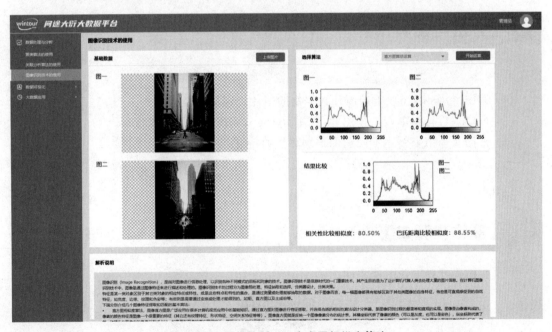

图 5-160　图像识别——直方图相似度算法

(4) 自行拍摄若干张相同建筑物和不同建筑物的图片并上传到系统后台。

(5) 选择上述算法重复计算图片相似度。

(6) 对自行拍摄图片的图像识别结果进行对比分析,若与系统内置图片集的分析结果差异较大,重新拍摄不同图片上传进行图像识别。

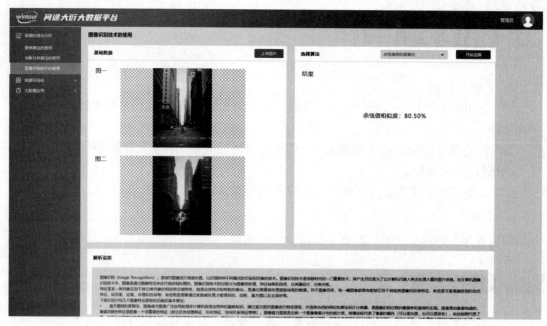

图 5-161　图像识别——余弦相似度算法

（7）回顾实训过程，从算法原理、图像特征和算法差异等方面总结，完成实验报告。

【方法与工具二】

1. 方法

（1）运用 Python，完成给定图片数据集的图片识别操作。
（2）按要求自行拍摄若干张图片，运用 Python，完成图片识别操作。
（3）根据实训结果阐述不同图像识别算法的特点。

2. 工具

Python。

【操作步骤二】

（1）扫描二维码下载图片文件。

Python 图像识别技术

（2）导入图片文件到计算机指定文件夹。
（3）加载工具包。

```
import cv2 as cv
import matplotlib.pyplot as plt
from PIL import Image
from numpy import average, dot, linalg
```

（4）运用直方图相似度算法计算相似度。

```
im = cv.imread("图片路径",0)
# 图像,通道[0]-灰度图,掩膜-无,灰度级,像素范围
hist = cv.calcHist([im], [0], None, [256], [0, 256])
# 相关性比较
HISTCMP_CORREL = cv.compareHist(hist1, hist2, 0)
# 巴氏距离比较
HISTCMP_BHATTACHARYYA = cv.compareHist(hist1, hist2, 3)
print(HISTCMP_CORREL)
print(HISTCMP_BHATTACHARYYA)
```

（5）运用余弦相似度算法计算相似度。

```
image = Image.open("图片路径")
# 对图片进行统一化处理,利用 image 对图像大小重新设置,Image.ANTIALIAS 为高质量的
image = image.resize(size, Image.ANTIALIAS)
images = [image1, image2]
vectors = []
norms = []
for image in images:
    vector = []
    for pixel_tuple in image.getdata():
        vector.append(average(pixel_tuple))
    vectors.append(vector)
    # 求图片的范数(范数 2:元素平方和的开平方根)
    norms.append(linalg.norm(vector, 2))
a, b = vectors
a_norm, b_norm = norms
# dot 返回的是点积,对矩阵进行计算
res = dot(a / a_norm, b / b_norm)
print(res)
```

（6）结合输出结果和实训预习内容,初步理解两种图像识别算法的原理和特点。

（7）自行拍摄若干张相同建筑物和不同建筑物的图片并导入到计算机指定文件夹。

（8）选择上述算法重复计算图片相似度。

（9）对自行拍摄图片的图像识别结果进行对比分析,若与系统内置图片集的分析结果差异较大,重新拍摄不同图片上传进行图像识别。

（10）回顾实训过程,从算法原理、图像特征和算法差异方面进行总结,完成实验报告。

【拓展练习】

结合实训过程的运算结果和图像识别算法的原理,通过查阅资料,简单阐述人脸识别技术的实现流程。

实训任务 5.5 数据可视化的基本操作

 【实训预习】

数据可视化(Data Visualization)是关于数据视觉表现形式的科学技术研究。在日常生活中方方面面都离不开数据,每个人的身高、年龄;课程的成绩、排名;企业营收、KPI等等都是数据。但大量的数据本身是枯燥且难读的,而人们的双眼容易受到颜色和图案的吸引,大家能够快速区分不同颜色、形状。我们的文化,包括从艺术、广告到电视电影在内的一切,都是可视化的。

常用的 Python 数据可视化工具库有:Matplotlib、Pyecharts、Scikit-Plot。Matplotlib 是基于 Python 的绘图库,提供完全的 2D 支持和部分 3D 图像支持,在跨平台和互动式环境中生成高质量数据时,Matplotlib 会很有帮助;Pyecharts 是一个用于生成 ECharts 图表的类库,ECharts 是百度开源的一个数据可视化 JS 库;Scikit-Plot 是由 Reiichiro Nakano 创建的用在机器学习的可视化工具。

 【实训目的】

数据可视化是以图形方式呈现结构化或非结构化数据,从而将隐藏在数据中的信息直接呈现出来。数据可视化有众多展现方式,不同的数据类型要选择适合的展现方法。常用的图表类型:柱状图、折线图、饼图、漏斗图、地图、雷达图等。

通过 Python 数据可视化基本操作实训任务,初步认知柱状图、折线图和饼图的特点,同时初步掌握 Python 中的数据可视化应用,了解常用的 Python 数据可视化工具库。

 【实训要求】

运用问途大衍 megAnalysis 大数据平台实训任务系统,以小组形式进行实训任务,掌握 Python 数据可视化基本操作,初步认知柱状图、折线图和饼图的特点,能够简单使用 Python 编程完成数据可视化。在进行实训任务前先预习,然后按照操作步骤进行实验,结合实验过程和输出结果,完成拓展练习和实验报告。

【方法与工具一】

1. 方法

(1) 运用问途大衍 megAnalysis 大数据平台实训任务系统,生成不同类型的图表。

(2) 结合输出的图表结果,阐述不同图表的特点。

2. 工具

问途大衍 megAnalysis 大数据平台实训任务系统。

【操作步骤一】

(1) 使用系统给定的数据集,生成柱状图、折线图、饼图。
(2) 根据输出结果,从网上查阅资料,认知不同图表类型的特点。
(3) 基于系统提供的 Python 数据可视化工具库:Matplotlib、Pyecharts、Scikit-Plot。
(4) 选择一种工具库,编写 Python 代码。
(5) 使用系统内置 Python 环境运行代码生成图表。
(6) 重复选择不同工具库并编写 Python 代码,运行代码生成不同类型的图表。
(7) 结合实训过程和输出结果,针对不同图表类型特点,结合 Python 编码,完成实验报告。

【方法与工具二】

1. 方法

(1) 运用 Python,生成不同类型的图表。
(2) 结合输出的图表结果,阐述不同图表的特点。

2. 工具

Python。

【操作步骤二】

Python 数据可视化

(1) 扫描二维码下载数据文件。
(2) 导入数据文件到计算机文件夹,读取文件。

```
f = open("文件路径", encoding='UTF-8')
data = f.read()
print(data)
```

(3) 加载工具包。

```
import matplotlib.pyplot as plt
import pyecharts
import scikitplot
```

(4) 生成柱状图、折线图、饼图。

```
# 柱状图
plt.bar(data_x, data_y, 0.4, color="green")
plt.xlabel("x")
plt.ylabel("y")
plt.title("title")
plt.show()
```

(5) 根据运行结果,从网上查阅资料,认知不同图表类型的特点。

(6) 基于 Python 数据可视化工具库:Matplotlib、Pyecharts、Scikit-Plot。

(7) 依次选择不同工具库,编写 Python 代码并运行生成图片。

(8) 结合实训过程和输出结果,针对不同图表类型特点,结合 Python 编码,完成实验报告。

【拓展练习】

假设进行关键词分析,思考该使用哪种类型的图表比较合适,并且怎么使用 Python 编码实现数据可视化。

项目 6

认识大数据的旅游行政监管与应急管理

项目结构

项目6 认识大数据的旅游行政监管与应急管理	学习任务6.1 了解基于大数据的旅游目的地指挥调度
	学习任务6.2 了解基于大数据的旅游舆情应急管理
	实训任务6.1 实现网络爬虫在舆情管理中的使用
	实训任务6.2 实现文本情感分析在舆情管理中的使用

学习目标

学习层次	学习目标
知道	1. 了解旅游目的地指挥调度的概念 2. 了解旅游舆情应急管理的概念 3. 陈述旅游目的地指挥调度系统的常用功能 4. 陈述旅游舆情应急管理系统的常用功能
理解	1. 说明大数据热力图在旅游目的地指挥调度系统中的作用 2. 说明客流监控数据在旅游目的地指挥调度系统中的作用 3. 说明实时天气数据在旅游目的地指挥调度系统中的作用 4. 说明视频监控数据在旅游目的地指挥调度系统中的作用 5. 掌握旅游网络舆情的特点、参与者与生命周期 6. 解释大数据舆情应急管理系统的业务需求和业务流程 7. 说明大数据旅游舆情系统的数据采集与预处理方法 8. 说明大数据旅游舆情系统的文本特征提取与情感分析方法
应用	1. 应用网络爬虫技术实现旅游舆情数据的采集 2. 应用文本情感分析技术实现旅游舆情数据的处理
分析	1. 分析不同关键词提取算法的文本特征提取结果的区别 2. 分析不同情感词典的文本情感分析结果的区别

学习任务 6.1　了解基于大数据的旅游目的地指挥调度

【案例导入】

2021年5月3日22时16分,丽江古城瞬时游客人数达72 858人,景区立即启动三级预警,通过560个智慧应急疏导广播及27块智能引导屏进行安全提示和人流疏导,确保游客游得"舒心",如图6-1所示。

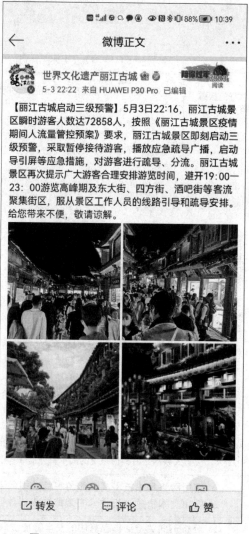

图6-1　丽江古城启动三级预警通知

丽江市以丽江古城建设为抓手，逐步探索旅游管理数据化、旅游服务个性化、旅游景区智能化、旅游安全可视化，以科技赋能八百年历史名城的转型升级，利用高清视频监控点实时监控人流，利用酒吧噪声监控系统实现对酒吧音乐音量超标、超时播放的监管，利用5G无人清扫车、5G无人巡逻车、5G无人机为景区安全管控、环境卫生提供支持。

丽江古城通过对景区内旅游资源的数据化、数字化，形成了集指挥调度平台、综合指挥、智慧安防、智慧厨房、噪声监控、人流监控、视频监控、智慧环保等为一体的综合管理体系，全面保障了景区的安全和有序。

通过上述案例可以看到，丽江古城使用了基于大数据的指挥调度系统来预防突发事件的发生。旅游目的地在不同空间的实时游客数据可以非常清晰的可视化在目的地管理人员眼前，使得丽江古城的管理人员可以进行提前准备和预警，提高了防范和反应能力，降低了旅游事故发生的风险。

【任务实施】

一、旅游目的地指挥调度系统

旅游目的地指挥调度系统是为了全面提升目的地管理的数字化、网络化和智能化水平，借助于视频监控、音视频调度等信息技术，结合旅游目的地现有的监控、SOS报警、广播、GIS、车辆调度等系统，实现对目的地的全方位的监控与调度，从而为游客提供迅速、准确的信息咨询、业务受理、投诉和应急处置等服务的系统，如图6-2所示。

旅游目的地的指挥调度系统与大数据结合后，可以将重要景点、客流集中地段、事故多发地段的实时客流和实时路况数据采集后，与实时天气数据、网络舆情数据等结合，利用网络传输到指挥调度系统所在的指挥调度中心。这些与旅游目的地相关的多源数据通过采集、整合、分析、预测、评估和可视化，就能够形成联动机制，帮助旅游目的地建立以"预防"为主要目标的管理体系，为游客疏导、灾害预防、应急预案制定、实施、指挥调度提供有力保障，如图6-3、图6-4所示。

二、大数据热力图在旅游目的地调度管理中的作用

热力图等同于密度图，常用于空间信息表达，可直观了解地理点位的聚集情况，从宏观上了解密度分布。如果再加上时间序列或者类别序列，那么就可以查看到热力变化的走向和预测发展趋势。

在旅游目的地指挥调度系统中，地图热力图以特殊高亮的方式显示访客行为，在不同区域位置用不同的颜色、亮度表示访客不同的热度，通常红色颜色标注的区域人流最为密集。热力图对于在旅游目的地的重点区域实施区域内游客密度、拥挤程度的监控，对高密度人员景点地区进行预警，实现客流热区监控的实时直观化展示有重要价值。

借助于大数据分析技术，对实时客流数据进行采集处理，可以生成动态的热力图，并展示人流密度，就能实现不间断自动监测和预警，彻底摆脱人力监管能力有限的难题，提高指挥调度的效率，如图6-5所示。

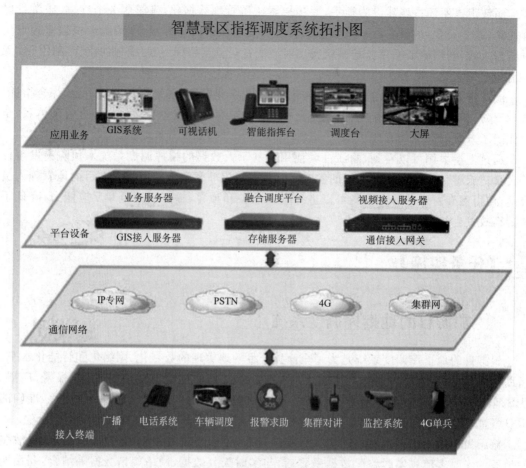

图 6-2 某旅游目的地指挥调度系统

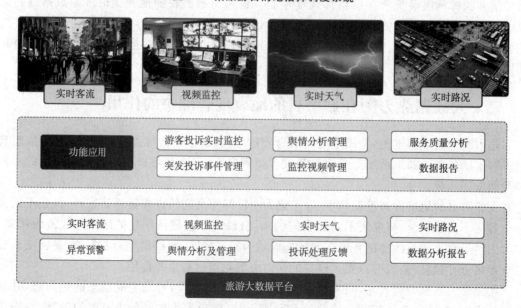

图 6-3 基于旅游大数据的旅游目的地管理平台（1）

项目6 认识大数据的旅游行政监管与应急管理

图 6-4 基于旅游大数据的旅游目的地管理平台（2）

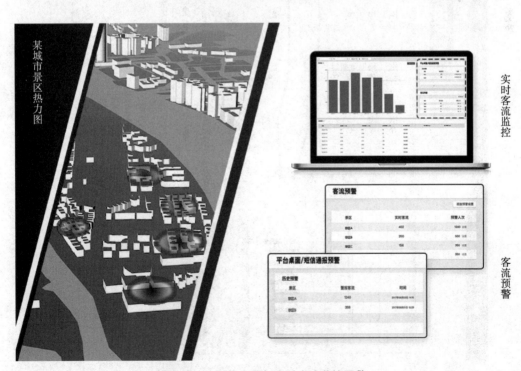

图 6-5 地图热力图与实时客流监控预警

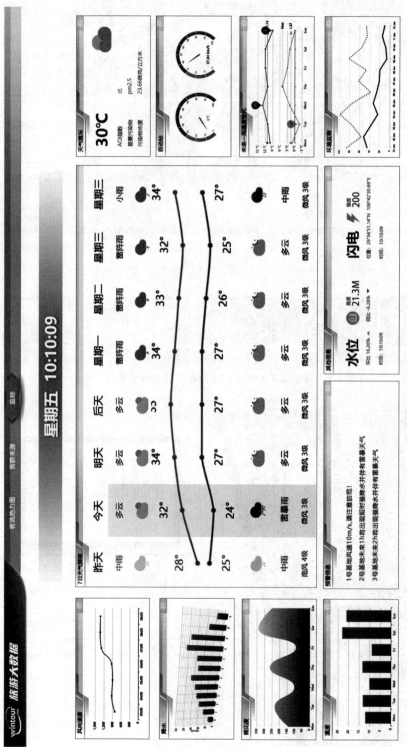

图 6-6 气象大数据系统示意图

三、客流监控数据在旅游目的地调度管理中的作用

2019年6月1日起,八达岭长城景区正式实施全网络实名制预约售票,并实行单日游客总量控制。景区每日游客总量将控制在6.5万人次内,以更好地保障游客游览安全和线路顺畅。根据当天实时监测到的客流情况,八达岭长城景区会启动相应的预警应急程序,游客可以通过景区的官方网站、官方微信、微博,以及高速公路的LED屏和交通广播看到或听到景区发布的预警提示信息。如果景区没有对客流数据进行实时监控,景区管理者或者游客就无法对景区内的客流状况进行了解和预测,在旅游高峰期会有安全隐患。

对于景区管理者,借助于调度系统可以统计景区内外客流数据,实时进行客流分析,对景区游览高峰时段的客流进行数据统计。如果在系统中设置最大游客承载量等数值,系统将基于实时客流数据和预警值数据进行条件判断,实现实时预警,以便管理人员做好客流疏导工作,安排人员调度,从而提高预警处置能力并优化人力资源配置。

对于游客,可以通过景区的官网、公众号等查看景区实时客流监控页面,页面上会显示景区当前状态、最佳人数、最大承载量等数据;当监测平台显示为橙色时,表明景区内游客数量接近警戒值,建议游客更换路线;当监测平台显示为红色时,表明游客数量达到警戒值,再进入景区可能会受到限制;当监测平台显示为黄色时,表示该景区的游客数量处于正常状态;当监测平台显示为绿色时,表示该景区的游客数量未达到警戒值,可以选择前往;当监测平台显示为灰色时,表示该景区未开放。

四、实时天气数据在旅游目的地调度管理中的作用

贵州天气多变,但现在有了由贵州省气象局气象服务中心研发的贵州省智慧旅游气象服务平台,旅游者畅游贵州就有了保障。

贵州省智慧旅游气象服务平台实现了旅游和气象大数据的融合,旅游者可以通过该平台根据天气趋势智能化推荐旅游线路的功能让旅行风雨无阻。该平台不仅为游客出行和旅游计划提供针对性、个性化服务,还能保障在黔游客遇到暴雨、雷电等灾害性天气时及时获得准确的天气信息,帮助公众规避旅游气象灾害,从而为贵州实施大扶贫和大生态战略,打造山地旅游升级版,推动全域旅游发展提供大数据技术支撑。

旅游目的地调度系统可以整合气象部门提供的实时天气数据,数据维度尽量可以到景区为单位,从而能够对当地自然灾害、异常天气进行预警,及时疏散游客,避免旅游突发事件的产生,如图6-6所示。

五、视频监控数据在旅游目的地调度管理中的作用

在武夷山国家公园智能管理中心,大屏幕上清晰展现了玉女峰、天游峰、五曲桥等重要景点的实时视频。此外,还有九曲溪水位情况、门票销售情况、景区客流趋势、景区现有承载量等数据不断更新。这是因为安装在管理中心的"智慧大脑"通过实时视频监控系统不断地动态监测公园内的各项指标,智能大屏上实时统计各个景点的游客数量,并在客流超标的情

况下进行预警信息发布。目前,景区内共有 750 多个监控探头,建立了较为完善的监控网络。通过这些摄像头,平台还可以进行客流分析,当客流过于密集时,可以及时调度特定区域的工作人员,疏导客流,避免事故发生。

旅游目的地调度系统可以整合旅游目的地在不同场所安装的视频摄像头,通过视频数据采集,对景区关键点、人员集聚点、疏散困难区域、游客易逗留区域等特殊区域实行视频监控,现场实时画面回传,帮助管理者及时发现异常情况,提高事件处理效率,防范事故于未然,如图 6-7 所示。

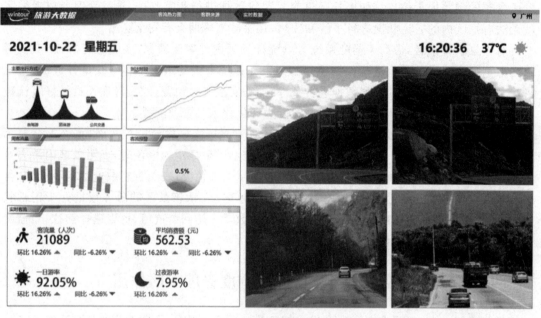

图 6-7 视频监控大数据系统示意图

【主要术语】

1. 智慧安防(Smart Security):可以理解为对图像的传输和存储、数据的存储和处理进行精确和选择性操作的技术系统。一个完整的智能安防系统主要包括门禁、报警和监控三大组成部分。

2. 智慧厨房(Smart Kitchen):是在传统厨房电器的基础上加上 AI 识别和分析功能,然后可以通过手机、电脑或其他移动设备进行远程控制。实现设备之间的互联,以及设备与云平台的连接。

3. 智慧环保(Smart Environmental):是"数字环保"概念的延伸和拓展,利用物联网技术,将传感器和设备嵌入到各种环境监控对象(物体)中,通过超级计算机和云计算将环保领域物联网整合起来,可以实现人类社会和环境业务系统的融合,以更加精细和动态的方式实现环境管理和决策的智慧化。

4. 旅游目的地指挥调度系统(Tourism Destination Command and Dispatch):是为了全面提升目的地管理的数字化、网络化和智能化水平,借助于视频监控、音视频调度等信息技术,结合旅游目的地现有的监控、SOS 报警、广播、GIS、车辆调度等系统,实现对目的地的全方位的监控与调度,从而为游客提供迅速、准确的信息咨询、业务受理、投诉和应急处置等服务的系统。

5. 热力图(Heat Map):等同于密度图,常用于空间信息表达,可直观了解地理点位的聚集情况,从宏观上了解密度分布。如果再加上时间序列或者类别序列,那么就可以查看到热力变化的走向和预测发展趋势。

6. 最大承载量(Maximum Carrying Capacity):是指在一定的时间条件下,在保证游客的人身安全和景区内各景点的旅游资源环境安全的前提下,景区所能容纳的最大游客量。

7. 客流统计(Passenger Flow Statistics):就是通过在经营区域安装客流统计设备,准确统计每个入口的实时客流进出数量。

8. 预警(Early Warning):是指在危险出现之前的警报,其包括信息处理系统的供应链管理,以及包括传感、决策等系统。预警的目的是尽可能多为决策反应单位提供时间,并减少损失。

9. 智慧大脑(Smart Brain):是指大数据、云计算、物联网等新技术在城市管理中的融合,支持城市全要素的数字化、虚拟化,城市全状态的实时化、可视化,城市管理决策的协同化、智能化。

10. 视频监控(Cameras and Surveillance):传统的监控系统包括前端摄像机、传输电缆、视频监控平台。是对各行业重点部门或重要场所进行实时监控的物质基础,管理部门通过它可以获得有效的数据、图像或声音信息,及时监控和记忆突发和异常事件的过程,用于提供高效及时的指挥和调度,安排警力,处理案件。

【练习题】

1. 简述什么是旅游目的地指挥调度系统。
2. 简述大数据热力图在旅游目的地调度管理中的作用。
3. 简述客流监控数据在旅游目的地调度管理中的作用。
4. 简述实时天气数据在旅游目的地调度管理中的作用。
5. 简述视频监控数据在旅游目的地调度管理中的作用。

学习任务 6.2 了解基于大数据的旅游舆情应急管理

【案例导入】

根据《人民日报》报道,2020 年 10 月 6 日早上 6 时 30 分,在抖音平台上出现了"大理双廊古镇,不买鼓就辱骂游客"的视频,大理州旅游市场监管综合调度指挥中心第一时间关注到该视频,并及时跟帖告知游客投诉方式,同时迅速督促大理市旅游市场监管综合调度指挥中心核实情况并依法处置。大理市双廊古镇景区管理委员会综合联动执法大队、大理市旅游综合执法稽查大队双廊片区中队、大理市市场监督管理局双廊片区分局迅速组织专班第一时间对该事件进行调查处置,经调查,情况属实。已责令涉事经营户廊乐手鼓店立即关停整改,停业整改时间为30天,对该店经营者和员工进行批评教育并要求该店加强员工服务意识培训。双廊镇将加大对餐饮、客栈、商铺的管理力度,杜绝此类事件再次发生。整改结束后,经大理市双廊古镇景区管理委员会综合联动执法大队同意后方可恢复营业。涉事店员认识到自己的不当言辞伤害了当事人、网友的感情,通过个人抖音号正式作出道歉,游客公开接受道歉。

【任务实施】

一、了解旅游网络舆情

1. 旅游网络舆情的概念

旅游网络舆情是指在一定的社会空间内,以互联网为载体,围绕特定旅游事件的发生、发展和变化,大众和媒体对该旅游事件所表达的观点、态度、情绪和价值观的综合反映以及后续影响力的集合。

在移动互联网时代,网络舆情借助于丰富的互联网传播渠道,可以如"病毒"般迅速传播。在传播过程中,网络舆情往往是由微末信息发酵而成,但会在极短时间内由普通事件上升为热点事件,极端情况下甚至会升级为社会群体事件和全国事件。网络舆情具有突发性、高互动性、去中心化、全方位立体性扩散、传播数据量庞大的特点。借助于微博、微信朋友圈、抖音等社交媒体的发布、点赞、评论、转发等互动功能导致的高跟帖率、高转发率,使得议题迅速扩展为网络舆情。此外,在网络舆情事件中,由于参与传播者的匿名性、隐蔽性和便捷发布能力,再加上诸多自媒体迎合热点和大众喜好的行为,导致众多谣言掺杂其中,部分不明真相或者别有用心的人士跟风起哄、捕风捉影,掀起了网络上的"惊涛骇浪",产生严重的社会影响,后果堪比"众口铄金,积毁销骨"。

在旅游业,网络舆情对当事的旅游机构的影响是巨大的,正面的网络舆情带来的效果与机构自身的主动宣传相比事半功倍;而负面的网络舆情造成的结果可以让机构经营多年的品牌形象瞬间万劫不复。因此,旅游目的地和旅游企业必须高度重视网络舆情的管理,通过对网络舆情的监测预警与管理,提升应急管理能力,保障旅游市场安全,维护旅游目的地和企业的品牌形象。

因此,旅游目的地和旅游企业的管理者有必要对旅游网络舆情的参与者、网络舆情内容、网络舆情的形成——传播——演化过程进行监测,从而制定旅游网络舆情监测预警与管理的方法。

2. 旅游网络舆情的参与者

旅游网络舆情的形成、传播和演化的全过程,之所以能够在短短时间内引起轩然大波,主要原因是有众多参与者全过程广泛的多层次传播与相互作用,除了当事旅游机构或者当事人之外,还有关键意见领袖(Key Opinion Leader,KOL)、媒体和网民,而网络舆情不断发酵演变,是因为有了社交媒体这个"放大器"。

(1) 关键意见领袖:关键意见领袖(Key Opinion Leader,KOL)是指在相关领域有权威性和影响力的人、媒体或者组织,且拥有众多认同和信任其观点和理念的拥趸。因而在旅游网络舆情中,KOL 具有更为广泛的影响力和说服力,能够使得舆情的传播速度加快。关键意见领袖所表达的观点对受众网民的观点有加大的影响力,但由于条件限制,其表达的观点未必全面和准确。

(2) 媒体:旅游媒体包括官方媒体、网络门户旅游频道、专业旅游媒体、旅游领域自媒体。官方媒体主要是从中央到各地旅游主管部门的网站和社交媒体;网络平台的旅游频道是指新浪、搜狐、凤凰、腾讯等互联网门户的旅游频道;专业旅游媒体是指专注在旅游领域内容创造的网站,如马蜂窝旅游网;旅游领域自媒体指专注在旅游领域且有一定影响力的个人媒体账号。

(3) 网民:网民在网络舆情中起着主体作用,在舆情事件中与其他传播者处于平等的地位。网民既是舆情信息的受众听众,也是舆情信息的积极传播者。在网民中,既有"吃瓜群众"等非专业人士,也有旅游领域的专业人士。网民往往是舆情传播的源头,而关键意见领袖和各类网络媒体在舆情传播中起着推波助澜的作用,将舆情事件迅速推向关注热点。

3. 旅游网络舆情的内容

酒店业的舆情事件主要表现在卫生乱象、隐私泄露、服务质量、食品安全、数据安全等问题上。这些舆情事件在网络上有很多。例如,2017 年哈尔滨某五星级酒店用马桶刷刷杯子;2018 年上海一酒店客房付费食品过期 7 个月;2018 年华住酒店集团旗下酒店的用户信息在"暗网"售卖;2019 年海口某酒店被投诉提供过期洗护用品;2020 年苏州某酒店用"开房"记录威胁住客删除差评等。

旅游业的舆情事件主要表现在游客素质、导游服务、旅游体验、景区游客容量、旅游事故、消费者权益保护、食品安全、环境保护、在线服务等问题上。例如,2017 年导游"鸠占鹊巢",六旬游客被安排住到酒店员工间;2019 年迪士尼人偶雪莉玫被拉耳朵;2019 年烟台景区氢气球绳断裂 2 人遇难;2020 年甘肃敦煌"陷阱厕所"等。

4. 旅游网络舆情的生命周期

网络舆情的产生和发展往往难以准确预测,但却是有迹可循的。网络舆情从萌芽到消退的整个过程就是网络舆情的生命周期。楚国宋玉《风赋》中说:"夫风生于地,起于青蘋之末。"无独有偶,美国一个名叫洛伦茨的气象学家在解释空气系统理论时说,亚马逊雨林一只蝴蝶偶尔振动翅膀,也许两周后就会引起美国得克萨斯州的一场龙卷风。个体产生的微妙影响会导致蝴蝶效应的产生,网络舆情的生命周期也是从"风起于青蘋之末"开始,分为不同的阶段。

网络舆情的生命周期有多种划分方法,例如,分为三阶段的"潜伏期、爆发期和消散期";分为四阶段的"酝酿期、爆发期、扩散期、恢复期"或者"潜伏期、成长期、成熟期和衰退期"。但由于旅游网络舆情演化模式的多样性,容易出现舆情反转。有学者将网络舆情分为潜伏、发酵、爆发、蔓延、消退/潜伏共 5 个阶段。其中,在网络舆情危机潜伏阶段,舆情事件相关网络内容的浏览量较高,但网民转发量、评论量较少;在发酵阶段,舆情事件相关话题的用户参与数增多,转发量、评论量增多;在爆发阶段,用户的群体利益诉求导向明确,通过发布舆情相关信息、评论、转发等行为反映自身诉求,通过多种方式表达观点寻求"共鸣",形成较大范围的网络"合意空间";在蔓延阶段,舆情事件的最新关注用户逐渐增多,关注舆情事件进展的公众不断增多;在消退/潜伏阶段,受持续时间、治理措施等因素影响,公众关注度逐渐降低,但该阶段如果危机主体采取不当的舆情治理或引导措施,极易引发次生舆情的新一轮传播(蔡礼彬、王飞,2020)。

二、旅游网络舆情的应急管理与大数据应用

1. 旅游网络舆情应急管理的内容

旅游业作为信息密集但又高度不对称的行业,极易受到网络舆论的影响。旅游网络舆情传播迅速,影响范围广,难以控制。处理不当会严重损害旅游目的地或者旅游企业的形象。因此,通过有效手段加强对舆情的应急管理是至关重要的。

舆情管理的主要内容包括舆情监测、分析研判和舆情疏导,这也是舆情管理工作的细分过程。

(1)舆情监测。通过对互联网海量信息的自动抓取、自动分类聚类、话题检测和主题聚焦等方式,实现对网络舆情的监测,形成可视化图表等分析结果,以便及时掌握舆情动态,为做出正确的舆论引导提供分析依据。借助大数据技术,将文本分类、文本聚类、文本摘要、倾向性分析与语料库、知识库相结合,建立舆情语义分析基础设施,提高舆情研判的准确性。

(2)分析研判。在网络舆情监测的基础上,通过数据分析和科学归纳,收集具体的舆情信息,分析舆情的特点和规律,预测未来的舆情趋势,提出科学的舆情应对和引导建议,指导相关舆情应对工作。突发事件在受到公众广泛关注之前,会经历一个舆论积累和发酵的过程。此时,舆论还没有完全显露出来,多是隐性的,处于爆发前的量化阶段,众说纷纭,没有比较集中的共同话题和较强的统一力量,所以这个阶段是舆情应对的最佳时机。在收到系统推送的舆情预警信息后,负责舆情的相关部门和岗位要保持足够的敏感度,利用大数据舆情管理工具对自己的舆情趋势、网民话题讨论等数据进行分析,迅速应对。

(3)舆情疏导。面对复杂的社会环境和网络环境,某些网络舆情信息不可避免地会爆发出舆情危机事件。网络舆情在一定程度上反映了网民的参与目的和利益诉求,代表了网民的思想观念和价值取向。对于信息发布主体来说,信息发布要做到迅速及时、真实客观、简洁明了、口径统一、直截了当、尊重民意。对突发事件的第一时间信息发布,应做到摆事实、重态度、慎结论。在发布信息时,要注意措辞,准确表达。正确的信息发布不仅可以起到平息负面舆论的作用,有时甚至能够化危为机。

2. 大数据技术在旅游舆情应急管理中的应用

1)大数据旅游舆情系统的业务流程

互联网的飞速发展促进了很多新媒体的发展,任何人都可以通过手机在各种点评网站、微博或者微信朋友圈上发表评论、分享自己的所见所想。无论是热点新闻还是八卦话题,其传播速度远超想象。在大数据时代,面对如此海量的信息、爆炸式的传播方式,如何才能够从中精确抓取并分析出有用的舆情数据呢?

上述的舆情场景,对大数据旅游舆情应急管理系统在业务上提出了以下需求。

(1) 海量原始互联网数据的采集：要实现互联网舆情监控，首先需要有原始互联网数据的采集。要抓取大量门户网站、自媒体网页的内容，必须使用分布式爬虫技术，在抓取前需要进行去重，抓取后还需要进行子网页的分析提取。

(2) 原始网页数据的预处理：抓取到的原始网页数据需要进行一系列的预处理，才能将半结构化的网页数据转变为结构化数据，例如标题、摘要、正文等。

(3) 舆情数据的处理与分析：对于经过预处理的结构化数据，就可以利用大数据技术对舆情数据进行业务上的处理和分析，最基础的操作是进行文本特征提取、舆论情感分析，另外根据业务需求还有热点话题分析、舆情影响力分析、传播路径分析等等。

(4) 舆情分析数据的可视化输出：对于舆情数据的处理与分析过程产生的大量中间和结果数据，需要通过直接、直观的数据可视化页面和检索展示页面呈现给业务部门，供其进行决策参考。

(5) 重大舆情事件的实时预警：对于舆情数据的处理与分析结果，除了正常的可视化和检索页面展示外，当有重大事件出现时，还需要能够做到实时的预警。

针对上述业务需求，大数据旅游舆情应急管理系统的业务流程大体如图 6-8 所示。

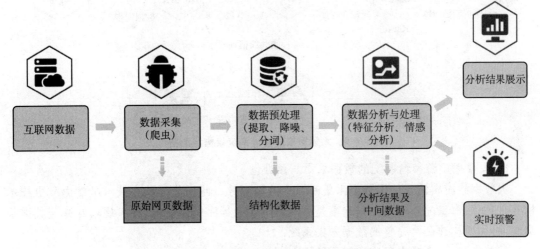

图 6-8　大数据旅游舆情系统的业务流程

2) 大数据旅游舆情系统的技术架构

大数据旅游舆情系统，不仅需要具备强大的数据采集和处理能力，还需要具备强大的数据挖掘能力。构建强大的舆情应急管理系统，往往面临巨大的技术挑战。

(1) 数据全面：针对海量的互联网信息，构建强大的数据采集系统，保证数据全面、不遗漏，是舆情应急管理能力保障的基础。

(2) 精准研判：除数据采集全面外，信息挖掘研判的准确性往往是衡量系统能力的重要指标，通过不断提升敏感信息研判和相似度判定的准确性，可以最大化降低系统误判率。

(3) 预警及时：舆情环境瞬息万变，所有系统使用者都期望第一时间掌握舆情动态；舆情监测需要提供 7×24 小时、近实时信息预警，具备及时的采集、处理、研判和下发机制。

因此，大数据旅游舆情系统在技术架构上必须实现两类的计算类型。

(1) 实时计算，包括海量网页内容实时抽取、网页数据清洗、情感词分析、舆情结果存储等。

（2）离线计算，系统需要对历史数据进行回溯、结合人工标注等方式优化情感词库、对实时计算的结果进行矫正等。

大数据旅游舆情系统在技术架构设计上，需要选择一套既可以做实时计算又能做批量离线计算的系统。在开源大数据技术框架中，Spark体系恰好可以满足这些需求，既支持海量数据批量离线计算处理，同时也支持流式的实时处理。基于开源大数据技术实现的大数据旅游舆情系统，一般技术架构设计如图6-9所示。

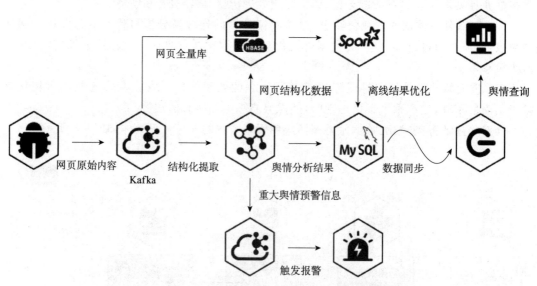

图 6-9　大数据旅游舆情系统架构示意图

3）大数据旅游舆情系统的数据采集与预处理

大数据旅游舆情系统中数据采集是一个关键部分。此部分的核心技术虽然由爬虫技术构建，但抓取海量的互联网数据绝不是靠一两个爬虫程序就能搞定，在大规模互联网数据采集时，必须要构建一个完整的数据采集系统。

简单来说，一个爬虫程序的组成结构如下。

（1）爬虫调度器（程序的入口，用于启动整个程序）。

（2）url 管理器（用于管理未爬取的 url 及已经爬取过的 url）。

（3）网页下载器（用于下载网页内容用于分析）。

（4）网页解析器（用于解析下载的网页，获取新的 url 和所需内容）。

（5）网页输出器（用于把获取到的内容以文件的形式输出）。

网络爬虫的组成结构示意如图 6-10 所示。

Python、PHP、Java 等常见的语言都可以用于编写网络爬虫工具，各有优势。Python 具有很多可供选择的开源爬虫框架，比如 Scrapy、PySpider 等，效率会更高，而且功能也会更加完善。

爬虫采集回来的是半结构化的 HTML 文件数据，如图 6-11 所示，在对其进行后续的处理分析前，还必须对 HTML 源码进行数据清洗操作，提取有效文本内容。数据清洗操作包括网页内容提取、无用内容去除、中文分词等主要操作步骤。

项目 6　认识大数据的旅游行政监管与应急管理

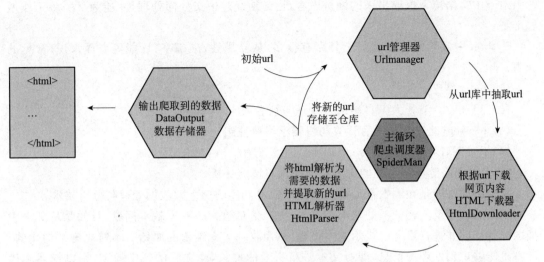

图 6-10　网络爬虫的组成结构示意

图 6-11　HTML 网页内容提取的结果

HTML 网页数据清洗目前有三种流行的方法,分别如下。

(1) 通过 HTML 标签进行内容提取,网页浏览器在收到网站服务器返回的 HTML 源码后,会将网页解析为 DOM 树。HTML 标签提取技术是基于 DOM 树的特征进行提取,被广泛用于网页抽取。

(2) 利用正则表达式进行内容提取,是在 HTML 源码的基础上做字符串级别的检索。要详细了解如何利用正则表达式进行网页抽取,需要了解正则表达式的基本用法,与网页特征无关。

(3) 基于机器学习进行内容提取,其重心偏向于新闻、博客、百科类网站的网页内容自动抽取,程序可以自动输出网页的标题、正文、时间等信息。其结构化数据较为单一,抽取目标明确,能够较好设计使用的机器学习算法。

对于中文语境下提取出来的网页内容,还必须经过中文分词处理,才能为下一步工作做好准备。

Python 中常用的中文分词工具库有很多,从易用性、准确率、性能等方面来说,常见的如下。

(1) jieba 结巴分词。

(2) THULC(清华大学自然语言处理与社会人文计算实验室)。

(3) pkuseg(北京大学语言计算与机器学习研究组)。

(4) SnowNLP。

4) 大数据旅游舆情系统的文本特征提取与情感分析

文本特征提取是在大数据旅游舆情系统普遍使用的一个大数据处理与分析技术。

文本的表示及其特征项的选取是文本挖掘、信息检索的一个基本问题,目的是从文本中抽取出特征词并进行量化以表示文本信息,从而将一个无结构的原始文本转化为结构化的、计算机能够识别处理的信息,即对文本进行科学的抽象,建立它的数学模型,用以描述和代替文本。经过文本特征提取后,计算机能够通过对这种模型的计算和操作来实现对文本的后续操作,如图 6-12 所示。

(1) TF-IDF(Term Frequency-Inverse Document Frequency,词频—逆文档频率)算法是一种基于统计的文本特征提取方法。

(2) TextRank 算法,是一种基于图的用于文章关键词抽取和文章摘要的排序算法,由谷歌的网页重要性排序 PageRank 算法改进而来。

文本	文本特征提取结果
2月27日0—24时,31个省(自治区、直辖市)和新疆生产建设兵团报告新增确诊病例234例。其中境外输入病例147例(广东53例,上海45例,北京20例,广西11例,福建4例,山东4例,黑龙江3例,四川3例,河南2例,江苏1例,云南1例),含13例由无症状感染者转为确诊病例(广东10例,四川3例);本土病例87例(广东40例,其中深圳市30例、东莞市10例;内蒙古11例,均在呼和浩特市;广西11例,均在防城港市;天津9例,其中滨海新区7例、东丽区1例、北辰区1例;湖北5例,均在武汉市;山西4例,其中太原市2例、晋中市2例;黑龙江4例,其中牡丹江市3例、黑河市1例;云南2例,均在临沧市;辽宁1例,在葫芦岛市)。无新增死亡病例。新增疑似病例5例,均为境外输入病例(均在上海)。	24时 2月27日0 31个省 上海45例 东丽区1例 东莞市10例 云南1例 云南2例 其中境外输入病例147例 其中太原市2例 其中深圳市30例 其中滨海新区7例 其中牡丹江市3例 内蒙古11例 北京20例 北辰区1例 含13例由无症状感染者转为确诊病例

图 6-12 文本特征项提取结果示意图

文本情感分析也是在大数据旅游舆情系统普遍使用的另一个大数据处理与分析技术。文本情感分析是一种常见的自然语言处理方法的应用,是对带有情感色彩的主观性文本进行分析、处理、归纳和推理,利用一些情感得分指标来量化定性数据的方法,如图 6-13 所示。

常用的文本情感分析方法有以下三种。

(1) 基于情感词典的方法,主要通过制定一系列的情感词典和规则,对文本分词、文本特征项提取、计算情感值,最后通过情感值来作为文本的情感倾向依据。

(2) 基于传统机器学习的方法,是一种通过给定的数据训练模型,预测结果的一种学习方法。根据具体使用算法不同,可分为朴素贝叶斯、最大熵和 SVM 支持向量机三种方法,而其中 SVM 支持向量机的效果最好。

(3) 基于深度学习的方法,是使用神经网络技术来实现的。深度学习适合做自然语言处理和语义理解,结构灵活,其底层利用词嵌入技术可以避免文字长短不均带来的处理困难,避免大量人工提取特征的工作。

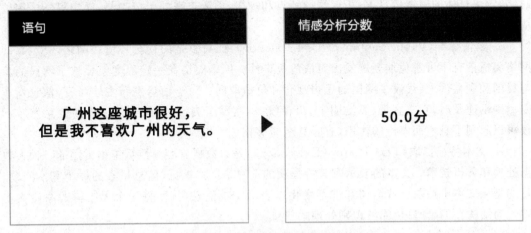

图 6-13　文本情感分析判断结果

5) 大数据旅游舆情系统的技术发展趋势

大数据技术和人工智能技术的发展日新月异,而舆情信息的处理和分析的细粒度需求,如负面关注度、文本相关性等,也越来越趋于差异化和定制化。

在大数据旅游舆情应急管理系统中,随着近几年人工智能发展进入快车道,各种自然语言分析技术框架和分析手段层出不穷,为舆情信息挖掘提供了丰富的工具,不再局限于分词、实体识别、情感判定、特征词提取等底层文本分析技术,诸如主动事件发现、智能化预警研判、智能化信息检索等方向也逐渐落地应用。

同时,大数据旅游舆情应急管理系统也在不断探索新的分析场景,例如针对 KOL 的细粒度监测、针对短视频等流媒体的信息挖掘等,不断与时俱进。

【主要术语】

1. 网络舆情(Online Public Sentiment):在传播过程中,网络舆情在很短的时间内就能从普通事件上升为热点事件,极端情况下甚至会升级为社会群体事件和国家事件。具有突发性、高互动性、去中心化、全方位立体性扩散、传播数据量庞大的特点。

2. 旅游网络舆情(Tourism Online Public Sentiment):是指在一定的社会空间内,以互联网为载体,围绕该旅游事件的发生、发展和变化,对公众和媒体所表达的观点、态度、情绪和价值观的综合反映和后续影响的集合。

3. 关键意见领袖(Key Opinion Leader,KOL):是指在相关领域具有权威性和影响力的个人、媒体或组织,拥有大量分享和信任其观点和主张的追随者。

4. 舆情监测(Public Sentiment Monitoring):通过对互联网海量信息的自动抓取、自动分类聚类、话题检测和主题聚焦,实现对网络舆情的监测,形成可视化图表等分析结果,及时掌握舆情动态,为做出正确的舆论引导提供分析依据。借助大数据技术,将文本分类、文本聚类、文本摘要、倾向性分析与语料库、知识库相结合,建立舆情语义分析基础设施,提高舆情研判的准确性。

5. 分析研判(Analysis and Research):在网络舆情监测的基础上,通过数据分析和科学总结,收集具体的舆情信息,分析舆情的特点和规律,预测未来的舆情趋势,提出科学的舆情应对和引导建议,指导相关舆情应对工作。

6. 舆情疏导(Public Sentiment De-Escalation):面对复杂的社会环境和网络环境,某些网络舆情信息不可避免地会爆发出舆情危机事件。网络舆情在一定程度上反映了网民的参与目的和利益诉求,代表了网民的思想观念和价值取向。对于信息发布主体而言,信息发布要做到迅速及时、真实客观、简洁明了、口径统一、直截了当、尊重民意。正确的信息发布不仅可以起到平息负面舆论的作用,有时甚至能够化危为机。

7. 文本特征提取(Text Feature Extraction):是大数据旅游舆情系统中常用的一种大数据处理和分析技术。文本的表示及其特征项的选取是文本挖掘、信息检索的一个基本问题,目的是从文本中抽取出特征词并进行量化以表示文本信息,从而将一个无结构的原始文本转化为结构化的、计算机能够识别处理的信息。

8. 词频—逆文档频率算法(Term Frequency-Inverse Document Frequency,TF-IDF):是一种基于统计的文本特征提取方法。

9. TextRank算法(TextRank Algorithm):是一种基于图形的文章关键词提取和文章摘要的排序算法,由Google公司的网页重要性排序PageRank算法改进而来。

10. 文本情感分析(Text Sentiment Analysis):是大数据旅游舆情系统中常用的一种大数据处理和分析技术。文本情感分析是自然语言处理方法的一种常见应用,对带有情感色彩的主观文本进行分析、处理、归纳和推理,利用一些情感得分指标来量化定性数据的方法。常用方法有基于情感词典、基于传统机器学习和基于深度学习的方法。

【练习题】

一、自测题

1. 网络舆情具有哪些特点?
2. 旅游网络舆情的参与者包括哪些角色?
3. 网络舆情的生命周期有哪几种划分方法?
4. 舆情管理的主要内容包括哪些方面?
5. 如何利用大数据技术进行舆情监控?
6. 面对网络舆情事件,信息发布主体应如何处理?
7. 简述大数据旅游舆情系统的业务流程。
8. 大数据旅游舆情系统在技术架构上必须实现的计算类型是哪两种?
9. 有哪些HTML网页数据清洗的方法?请列举三个。
10. 常用的文本情感分析方法有哪三种?

二、讨论题

请分小组讨论及分享旅游及酒店业更多舆情应急管理的实际应用场景。

三、实践题

调研当地旅游特色景区在舆情应急管理的应用情况,结合本课知识点,尝试分析大数据技术的应用场景,最终通过PPT进行讲解分享。

实训任务6.1 实现网络爬虫在舆情管理中的使用

【实训预习】

网络爬虫又称网络蜘蛛、网络机器人,是一种按照制定的规则运行,自动化地浏览和抓取互联网信息的程序。随着大数据时代的来临,网络爬虫在互联网中的地位将越来越重要。互联网中的数据是海量的,如何自动高效地获取互联网中大家感兴趣的信息并为我所用是一个重要的问题,而爬虫技术就是为了解决这些问题而生的。

爬虫采集回来的是半结构化的 HTML 文件数据,在对其进行后续的处理分析前,还必须对 HTML 源码进行数据清洗操作,提取有效文本内容。数据清洗操作包括网页内容提取、无用内容去除、中文分词等主要操作步骤。

对清洗后的内容进行文本特征提取。文本特征提取是在大数据旅游舆情系统普遍使用的一个大数据处理与分析技术。

文本的表示及其特征项的选取是文本挖掘、信息检索的一个基本问题,目的是从文本中抽取出特征词并进行量化以表示文本信息,从而将一个无结构的原始文本转化为结构化的、计算机能够识别处理的信息。即对文本进行科学的抽象,建立它的数学模型,用以描述和代替文本。经过文本特征提取后,计算机能够通过对这种模型的计算和操作来实现对文本的后续操作。

(1) TF-IDF(Term Frequency-Inverse Document Frequency,词频—逆文档频率)算法是一种基于统计的文本特征提取方法。

(2) TextRank 算法是一种基于图的用于文章关键词抽取和文章摘要的排序算法,由谷歌的网页重要性排序算法 PageRank 算法改进而来。

【实训目的】

网络爬虫的本质就是浏览器 http 请求,通过网络爬虫模拟客户端发送网络请求,接收请求响应,自动去抓取互联网信息。因而网络爬虫也被叫作网络机器人,可以代替人们自动地在互联网中进行数据信息的采集与整理。

通过复现舆情管理的数据采集、数据清洗以及提取关键词等操作步骤,掌握网络爬虫在舆情管理系统中的使用过程和应用场景,实现对网络爬虫知识的认知,并掌握不同关键词提取算法的基本原理。

【实训要求】

运用问途大衍 megAnalysis 大数据平台实训任务系统,以小组形式进行实训任务,复现网络爬虫在舆情管理的操作流程,实现对网络爬虫知识的认知,掌握数据清洗流程,认知不同关键词提取算法的基本原理。在进行实训任务前先预习,然后按照操作步骤进行实验,结合实验过程和输出结果,完成拓展练习和实验报告。

【方法与工具一】

1. 方法

运用问途大衍 megAnalysis 大数据平台实训任务系统,按照操作步骤要求进行数据爬取、清洗和关键词提取。

2. 工具

问途大衍 megAnalysis 大数据平台实训任务系统。

【操作步骤一】

(1) 输入关键词作为搜索条件。
(2) 选择百度搜索引擎或必应搜索引擎。
(3) 爬取网页列表和网页 URL。
(4) 选择其中一个网页 URL,爬取网页 HTML 源码,如图 6-14 所示。
(5) 对爬取回来的 HTML 源码进行清洗。

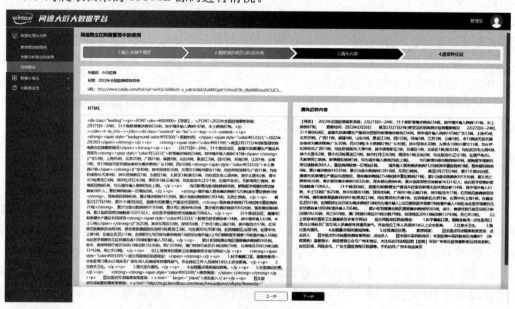

图 6-14　爬虫抓取数据展示

(6) 基于清洗后的内容,选择 TF-IDF 关键词提取算法提取关键词并计算权重。

(7) 另选择 TextRank 关键词提取算法提取关键词并计算权重。

(8) 对比两种算法的输出结果,结合算法介绍,分析两种算法的特点。

(9) 结合实训过程,从网络爬虫、数据清洗、关键词提取算法等方面总结,完成实验报告。

【方法与工具二】

1. 方法

运用 Python,按照操作步骤要求进行数据爬取、清洗和关键词提取。

2. 工具

Python。

【操作步骤二】

(1) 扫描二维码下载数据文件。

Python 网络爬虫

(2) 选择实验提供的文本内容或者自己输入文本内容。

(3) 加载工具包。

```
from bs4 import BeautifulSoup
import re
import urllib.request, urllib.error, urllib.parse
import requests
import random
```

(4) 爬取指定 URL 的网页内容。

```
req = requests.get(url = url)
req.encoding = encoding
html = req.text
```

(5) 提取 HTML 中文文本信息。

```
content = BeautifulSoup(html, "lxml").get_text()
content = re.sub('<br(\s+)?/>(\s+)?', "", content)
content = re.sub('/', "", content)
```

(6) 使用 TF-IDF 关键词提取算法提取关键词。

```
# 实例化
vectorizer = CountVectorizer()
transformer = TfidfTransformer()
# 词频
X = vectorizer.fit_transform(corpus)
# 向量化与 TF-IDF 预处理
tfidf = transformer.fit_transform(X)
word = vectorizer.get_feature_names_out()
```

(7) 查询资料并编写 Python 代码,实现 TextRank 关键词提取算法。

(8) 对比两种算法的输出结果,结合算法介绍,分析两种算法的特点。

(9) 结合实训过程,从网络爬虫、数据清洗、关键词提取算法等方面总结,完成实验报告。

【拓展练习】

网络爬虫作为舆情管理很重要的一个环节,频繁请求目标服务器获取网页信息,可能会请求失败,也就是触发了网站的反爬虫机制,思考该如何应对网站反爬虫策略并阐述常用的反反爬虫策略。

实训任务 6.2 实现文本情感分析在舆情管理中的使用

【实训预习】

文本情感分析是在大数据旅游舆情系统普遍使用的另一个大数据处理与分析技术。文本情感分析是一种常见的自然语言处理方法的应用,是对带有情感色彩的主观性文本进行分析、处理、归纳和推理,利用一些情感得分指标来量化定性数据的方法。

常用的文本情感分析方法如下。

(1) 基于情感词典的方法,主要通过制定一系列的情感词典和规则,对文本分词、文本特征项提取、计算情感值,最后通过情感值来作为文本的情感倾向依据。

(2) 基于传统机器学习的方法,是一种通过给定的数据训练模型,通过模型预测结果的一种学习方法。根据具体使用算法不同,可分为朴素贝叶斯、最大熵和 SVM 支持向量机三种方法,而其中 SVM 支持向量机的效果最好。

朴素贝叶斯(Naive Bayesian):是应用最为广泛的分类算法之一。朴素贝叶斯方法是在贝叶斯算法的基础上进行了相应的简化,即假定给定目标值时属性之间相互条件独立。

支持向量机(Support Vector Machine,SVM):又名支持向量网络,是在分类与回归分析中分析数据的监督式学习模型与相关的学习算法。

【实训目的】

情感分析是一种常见的自然语言处理的应用,它是对带有情感色彩的主观性文本进行分析、处理、归纳和推理,利用一些情感得分指标来量化定性数据的方法。在自然语言处理中,情感分析属于典型的文本分类问题,即把需要进行情感分析的文本划分为其所属类别,现在主流的情感分析方法有两种:一种基于情感词典的方法;另一种是基于机器学习算法的方法。

通过复现舆情管理的文本情感分析操作,掌握文本情感分析在舆情管理系统中的使用过程和应用场景,认知不同情感词典的差异,理解不同分析模型的原理和特点。

【实训要求】

运用问途大衍megAnalysis大数据平台实训任务系统,以小组形式进行实训任务,复现舆情管理的文本情感分析操作,掌握文本情感分析在舆情管理系统中的使用过程和应用场景,认知不同情感词典的差异,理解不同分析模型的原理和特点。在进行实训任务前先预习,然后按照操作步骤进行实验,结合实验过程和输出结果,完成拓展练习和实验报告。

【方法与工具一】

1. 方法

(1)运用问途大衍megAnalysis大数据平台实训任务系统,按照操作步骤要求选择不同的情感词典,进行文本情感分析操作。

(2)对比不同情感词典的输出结果,简单阐述。

(3)运用问途大衍megAnalysis大数据平台实训任务系统,按照操作步骤要求选择不同的分析模型,进行文本情感分析操作。

(4)对比不同分析模型的输出结果,简单阐述。

2. 工具

问途大衍megAnalysis大数据平台实训任务系统。

【操作步骤一】

(1)基于系统内置的文本内容或自行输入文本内容。

(2)选择情感分析方式:情感词典分析。

(3)选择Sentiwordnet情感词典进行分析。

(4)输出分析结果,结合情感词典介绍,认知Sentiwordnet情感词典的特点。

(5) 选择 Hownet 情感词典,分析文本内容。
(6) 对比两种词典的输出结果,结合情感词典的介绍,分析不同情感词典的区别。
(7) 切换情感分析方式:算法模型分析;
(8) 选择 Naive Bayes 算法模型进行分析。
(9) 输出分析结果,认知 Naive Bayes 算法模型的基本原理和特点。
(10) 选择 SVM 算法模型,分析文本内容。
(11) 对比两种算法模型的输出结果,分析不同算法模型的区别。
(12) 结合实训过程和输出结果,从情感词典特点、算法模型原理和算法模型准确度等方面总结并完成实验报告。

【方法与工具二】

1. 方法

(1) 运用 Python,按照操作步骤要求选择不同的情感词典,进行文本情感分析操作。
(2) 对比不同情感词典的输出结果,简单阐述。
(3) 运用 Python,按照操作步骤要求选择不同的算法,进行文本情感分析操作。
(4) 对比不同算法的输出结果,简单阐述。

2. 工具

Python。

【操作步骤二】

(1) 扫描二维码下载数据文件。

Python 文本情感分析

(2) 选择实验提供的文本内容或者自己输入文本内容。
(3) 加载工具包。

```
from snownlp import SnowNLP
from snownlp import sentiment
import os
import jieba
import re
import math
from openpyxl import load_workbook
```

(4) 使用 SnowNLP 情感词典分析文本情感。

```
s = SnowNLP(word)
s.sentiments
```

(5) 基于实验提供的中文情感词汇本体库素材,编写 Python 代码,实现中文情感词汇本体库情感分析。

(6) 对比两种词典的输出结果,结合情感词典的介绍,分析不同情感词典的区别。

(7) 查询资料并编写 Python 代码,实现 Naive Bayes 算法和 SVM 算法,完成文本情感分析。

(8) 对比两种算法的输出结果,分析不同算法的区别。

(9) 结合实训过程和输出结果,从情感词典特点、算法原理和算法准确度等方面总结并完成实验报告。

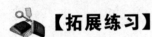

【拓展练习】

SnowNLP 是一个中文的自然语言处理的 Python 库,专门针对中文文本进行文本挖掘的,也可以用于中文文本情感分析。自行查阅资料,理解 SnowNLP 情感分析的原理和特点,阐述该如何使用 SnowNLP 进行文本分析以及如何提高情感分析的准确率。

项目 7

认识大数据的旅游与酒店智慧营销

项目结构

项目7 认识大数据的旅游与酒店智慧营销	学习任务7.1	了解基于大数据的客户价值分析
	学习任务7.2	了解基于大数据的市场细分
	实训任务7.1	实现酒店客户价值分析
	实训任务7.2	实现酒店精准营销设计

学习目标

学习层次	学习目标
知道	1. 了解 LRFMC 模型的概念 2. 了解 Logistic 回归模型的概念 3. 了解市场细分的概念 4. 了解第一方数据、第三方数据的概念 5. 认识监督学习
理解	1. 掌握 RFM 模型 2. 掌握数据预处理方法 3. 掌握 K-Means 聚类的使用场景 4. 说明旅游及酒店业市场细分的划分 5. 说明相关性与线性分析 6. 说明基于用户协同过滤推荐算法的基本原理
应用	1. 应用 K-Means 聚类进行客户价值分析 2. 应用 Kohonen 聚类分析对 K-Means 聚类结果进行优化 3. 应用安索夫矩阵完成细分市场划分
分析	1. 分析 RFM 模型下不同价值客户营销方法 2. 分析细分市场合理性 3. 分析产品组合营销方案

学习任务 7.1　了解基于大数据的客户价值分析

【案例导入】

信息时代的来临使得企业的营销重点从以产品为中心组逐渐转向以客户为中心,客户关系管理成为企业运营的核心问题。客户关系管理的关键是如何通过客户分群分类,区分高价值客户和低价值客户,企业再针对不同价值客户开展不同的营销策略,优先集中有限的资源到重要价值客户,实现企业利益的最大化。

某旅游目的地的多家酒店都在暑假即将来临前,推出了十分优惠的营销活动来吸引更多的客人,A 酒店作为当地一家老牌知名酒店,拥有一定的客户数量、较为完善的软硬件设施设备以及相对标准的对客服务流程。但面对日益激烈的市场竞争,A 酒店在选择加入了促销价格战后,也逐渐面临宣传成本提高、盈收金额降低的问题,陷入了客人流失、竞争力下降和企业内有限资源未充分利用等经营危机。

随着大数据技术的发展,A 酒店决定利用大数据筛选出酒店的不同价值客户群体,通过建立合理的客户价值评估模型,对客户进行分群,比较不同客群的客户价值,制定相应的营销策略。针对重要发展、重要保持的高价值客户提供个性化客户服务,通过企业本身的关键 KOC 客户,进行分享奖励与维系。利用口口相传的口碑与可信赖的服务与硬件设施保障,打造拥有酒店特色的多款专属客户定制服务,增加企业竞争力。

【任务实施】

一、思路引导

随着旅游与酒店业的竞争日益剧烈,如何改善个性化服务、提高客户满意度是企业在体验经济时代必须面对的问题。面对海量数据,传统的统计无法再与客户的多样化需求匹配,利用大数据挖掘处理企业的客户价值分析显得尤为重要。数据挖掘技术应用到旅游与酒店业,可以实现对企业现有数据价值的挖掘,针对不同的客群提供个性化营销方案。

在本案例中的实施流程如下。

(1) 基于旅游及酒店的用户数据,在企业历史数据和经验的基础上,选择 RFM 模型进行用户价值分析。

(2) 对采集数据预处理,进行数据清洗。

(3) 建立模型,通过 K-Means 聚类实现大数据用户价值分析。

(4) 根据聚类结果,进行精准营销。

二、案例解析

1. RFM 模型客户价值评估

传统的客户价值分析使用 RFM 模型进行分析,如图 7-1 所示。

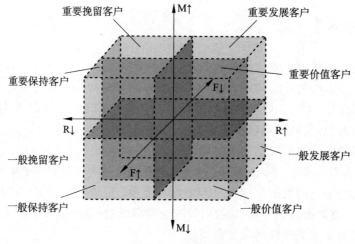

图 7-1　RFM 模型

Recency 译为最近购买日期,表示用户最近一次的购买时间和分析时间点间隔的天数。一般认为最近的一次消费统计时间离间隔点越近,表明顾客在短期内有过购买行为,该客户是企业的优质客户。针对下一次的促销,该用户购买的概率更高,这类顾客的价值可能比较高。

Frequency 译为各时期购买频率,表示用户消费的次数。一般来说,用户购买频率越高,这类用户忠诚度越高,相应客户价值越大。

Monetary 译为一段时间内的消费总和。指在统计时间段内,用户所有购买行为的订单消费总金额,一般来说客户购买消费金额越高,顾客价值越大。

RFM 模型是以 Recency 为 X 轴,Frequency 为 Y 轴,Monetary 为 Z 轴形成的一个三维立体模型,通过 X、Y、Z 轴将客户分为八种不同的客户价值:其中最重要的是满足最近有消费,且消费总金额较高,频次较高的重要价值客户,其次依次为重要发展客户、一般发展客户、一般价值客户、一般保持客户、一般挽留客户、重要保持客户、重要挽留客户。不同的价值用户需要采用不同的营销手段,尽可能地将低价值用户向高价值用户进行转化升级。如当前用户满足消费频次高、消费金额高,但最近消费日期较远的客户,在 RFM 模型中属于重要保持客户,就需要通过系统发送问候或人工回访的方式,重新联系客人,了解客户最近不消费的原因,从而将客户升级为重要价值客户。

在不同行业领域的大部分情况下,RFM 模型可以有效地预测用户在今后可能的消费行为和消费金额,后续就能分析出短期内的客户价值。在此基础上还针对某些特殊行业进行了拓展,如航空业 LRFMC 模型。在 RFM 模型中,消费金额是一段时间内客户的消费总额。但航空业由于其特殊性,航空运输受到距离、舱位、闲忙时等众多因素影响,机票的价格会随供需市场的需求变化有强烈的波动,同样消费金额的客户对于航空公司而言价值也是不同的。因此,在 RFM 模型的基础上,航空业多采用 LRFMC 模型进行评估。LRFMC 模型是在 RFM 的基础上增加了 L——客户关系长度,指客户加入会员到当前观察数据时间;C——折扣系数的平均值,表示客户在购买商品时获得的平均折扣系数,数值越小表示折扣越大。

2. 数据采集与预处理

开展客户价值分析前,第一步针对企业数据进行数据选取,选定的时间段需要与当前时间段尽可能地接近,且时间周期、选取的数据量需要尽可能的丰富与完整。

完成数据选取后,对数据进行预处理。考虑后续进行的数据挖掘建模,需要对筛选数据做数据清理,删除数据中缺少关键属性无法匹配的数据;删除与核心 RFM 模型不相关的字段,如客户的预订订单号;对于数据表中的核心缺失值,考虑使用平均值补充;对数据进行标准化处理,将不同特征量的单位统一为特定的小区间,如用户的具体年龄,可统一为年龄段区间。

3. 大数据处理

完成数据预处理,通过 K-Means 聚类实现用户价值分析,输出聚类分析表,如表 7-1 所示。K-Means 聚类是通过事先指定需要归类 K 的数量后进行反复迭代,最终达到每个类别下的点尽可能的足够近,类别和类别之间足够远的一种聚类算法。

表 7-1 RFM 分析结果统计表示意表

人群	客户数	R 最近购买	F 消费频次	M 消费总额	客户价值
1	1 254	−0.3	2.424	2.48	重要保持客户
2	1 487	1	−0.14	2.35	重要发展客户
3	9 584	−0.42	−0.13	2.124	重要挽留客户
4	24 587	−0.5	−0.21	−0.25	基础客户

通过 K-Means 聚类可以将不同用户价值属性的用户进行归类区分,根据聚类的结果,针对不同维度客户制定不同的营销策略。

重要保持客户:这个客户属于企业高价值客户,也是理想型的客户。客户比重小,但个体价值贡献大。对于此类客户,应该挖掘其个性化需求,为客户提供特殊化服务以及增值服务。根据二八法则,企业应该把更多的时间和精力放在这类客户的身上,采取措施提高这类客户的满意度和忠诚度。

重要发展客户:高潜力客户。这类客户比重较小,但个体价值相对较大。对于此类客户,应该进行员工跟进,做到快速响应,通过个性化服务促进客户升级。

重要挽留客户:这类客户比重较大,总体价值贡献较大。对于此类客户,可以利用促销优惠、卡券积分等形式引导客户消费升级。将这类客户定为保持联系对象,应经常通过不同互动方式提供优惠、活动等信息,延长客户的生命周期。

基础客户:这类客户比重大,个体价值贡献小。对于此类客户,应该以批量的广告营销为主,注重信息传达率,保持黏性,及时进行引导。

企业的大数据用户价值评估,除了上述提到的方法以外,还可以通过抽取会员的基础数据与互动数据,选定目标变量进行用户价值分析。如选择了"消费偏好",收集的基础数据经过大数据工具进行清洗后,使用监督学习生成客户的价值特征。通过输入变量——消费偏好,生成特征下:高单价产品消费、中档产品消费和平价产品消费的三个类别的特征关联数据。进而可以构建 Logistic 回归模型来生成基于不同客户消费的不同产品分类的特征属性。根据 Logistic 回归模型的结果,进而判断高价值客户的特征由哪些变量决定。

【主要术语】

1. 关键意见消费者(Key Opinion Consumer,KOC):指能够影响其朋友、追随者并产生消费行为的领导者。关键意见消费者对垂直用户的决策有很大的影响,可以推动其他潜在消费者的购买行为。

2. RFM 模型(RFM Model):是以 Recency 为 X 轴,Frequency 为 Y 轴,Monetary 为 Z 轴形成的三维模型,通过 X、Y、Z 轴将顾客分为八种不同的顾客价值:其中最重要的是满足最近有消费,且消费总金额较高,频次较高的重要价值客户,其次依次为重要发展客户、一般发展客户、一般价值客户、一般保持客户、一般挽留客户、重要保持客户、重要挽留客户。不同的价值客户需要不同的营销手段,尽可能地将低价值客户转化和提升为高价值客户。

3. K-Means 聚类(K-Means Clustering):是通过事先指定需要归类 K 的数量后进行反复迭代,最终达到每个类别下的点尽可能的足够近,类别和类别之间足够远的一种聚类算法。

4. 重要保持客户(Key Maintain Customers):在 RFM 模型中属于企业高价值客户,也是理想型的客户。客户比重小,但个体价值贡献大。对于此类客户,应该挖掘其个性化需求,为客户提供特殊化服务以及增值服务。根据二八法则,企业应该把更多的时间和精力放在这类客户的身上,采取措施提高这类客户的满意度和忠诚度。

5. 重要发展客户(Key Development Customers):在 RFM 模型中属于高潜力客户。客户比重较小,但个体价值相对较大。对于此类客户,应该进行员工跟进,做到快速响应,通过个性化服务促进客户升级。

6. 重要挽留客户(Key Retention Customers):在 RFM 模型中,这类客户比重较大,总体价值贡献较大。对于此类客户,可以利用促销优惠、卡券积分等形式引导客户消费升级。将这类客户定为保持联系对象,应经常通过不同互动方式提供优惠、活动等信息,延长客户的生命周期。

7. 基础客户(Basic Customers):在 RFM 模型中,这类客户比重大,个体价值贡献小。对于此类客户,应该以批量的广告营销为主,注重信息传达率,保持黏性,及时进行引导。

8. LRFMC 模型(LRFMC Model)。是在以 Recency 为 X 轴,Frequency 为 Y 轴,Monetary 为 Z 轴形成的 RFM 模型的基础上,增加了 L——客户关系长度,指客户加入会员到当前观察数据时间;C——折扣系数的平均值,表示客户在购买商品时获得的平均折扣系数,数值越小表示折扣越大。航空业多采用 LRFMC 模型评估客户价值。

【练习题】

1. 可以通过哪些模型进行客户价值分析?
2. 在对大数据处理时可以采用哪些分析法,将不同用户价值属性的用户进行归类区分?

3. RFM 模型分为哪八种不同的客户价值?
4. 在 RFM 模型中的哪类型客户需要投入更多时间和精力,它们具备哪些特点?
5. 针对重点挽留客户,可以通过哪些营销手段延期客户的生命周期?
6. LRFMC 模型与 RFM 模型相比,增加了哪两个维度?具体代表的是什么含义?

学习任务 7.2　了解基于大数据的市场细分

【案例导入】

国内旅游业发展从 20 世纪 90 年代初开始,主要以单一的景点景区观光游、购物游为主,逐渐到 21 世纪初发展出度假旅游 1.0 时代,开拓了农家乐、度假酒店等产品。至 2017 年,响应美丽乡村建设政策号召,也随着国内出游人群旅游经验的丰富与收入水平的提高,度假旅游迈入 2.0 时代,出现主题游、深度游、私人定制游等高价值产品。

A 酒店集团是一家分店遍布在国内多个旅游目的地的综合性旅游度假酒店集团,每家度假区内除酒店客房外,还拥有大型的游乐设施、购物美食中心、电影院、儿童游乐设施设备等。每逢周末节假日,度假区内会举办不同的主题活动与客人进行互动。度假区及在区内的店铺都拥有不同的线上社交媒体公众号、会员系统、预订系统等,因此 A 酒店集团拥有非常庞大的用户基础数据。

由于新冠疫情的影响,酒店的核心消费群体和客户消费习惯都悄然发生了变化。A 酒店集团管理层迫切希望对后疫情时代的客户消费习惯和客群特点进行重新分析,以建立合适的细分市场。一方面可以用于指导制定有效的市场营销战略,针对不同需求的客户实施有计划的市场营销;另一方面可以有针对性地重新将现有产品资源进行整合优化,打包成新的特色产品,以满足不同细分市场的客户消费需求。

【任务实施】

一、旅游与酒店业市场细分

市场细分就是依据消费者的需求差异,将一个行业大市场划分为若干个子市场的过程,每个不同的细分市场拥有相同或相近的用户需求、价值观念、购买行为及习惯。市场细分所采取的标准应该有利于企业目标的实现,细分的结果能明显的区分出在各细分市场下消费者的需求及购买方式的差别。最后,企业可以根据这些差别,整合企业资源,用于发掘新的市场营销机会、制定营销策略组合,帮助旅游企业确定经营方向,取得有利的竞争地位。

市场细分需要满足以下 4 个原则。

(1) 可衡量性,是指旅游市场细分的标准和细分后的市场需要是可以衡量的,各个细分市场的规模、购买能力大小是能具体测定的。如每个细分市场的人数规模,在当前细分市场下满足"二八原则"的重要价值客人情况需要是明确可衡量的。

(2)可进入性,是指细分后的市场是有深入开发价值,且在企业当前软硬件设施的实际情况下,是可以进入的。

(3)可盈利性,是指企业能在细分后的市场取得良好经济效益,当前细分市场下的客户群体具备一定的购买能力,且数量能达到盈利转化的可观数量。

(4)稳定性,是指细分后的市场相对具备稳定性,能帮助企业制定中长期的市场营销策略,从而有效地开展营销活动并占领相应的目标市场。

旅游及酒店业面临数据庞大、错综复杂的客源情况,企业需要结合自身的实际情况,如旅游目的地的地理位置、行政区域特性,酒店的星级、档次及服务,相应软、硬件设施设备等情况综合选择面对的细分市场及目标客源。

二、利用大数据开展市场细分

1. 思路引导

在大数据技术盛行的今天,如何运用大数据来分析庞大的用户数据、识别用户消费偏好和消费行为,设计高价值、个性化、高适用和多元化的服务与产品,是企业形成核心竞争力的关键。为了做到这些,首先可以通过用户数据平台,整合多方渠道的数据,利用细分模型通过标签特征化客户,根据用户特点(用户画像)将这些客户分为截然不同的类别(细分市场)。最后,自然可以利用这些从数据中得到的数据特征来制定其市场营销战略,给其潜在的客人提供更多目标性的信息,实现企业新的产品组合。

在本案例中的实施流程如下。

(1)基于旅游及酒店的用户数据,在企业自身历史数据的基础上(第一方数据),将数据脱敏后与第三方数据合并,形成用户个人属性及社会属性完整的用户数据。

(2)对采集数据预处理,进行数据清洗,删除无效数据,统一数据标准,以便后续利用数据进行挖掘分析。

(3)利用大数据软件对采集数据进行相关性和共线性监督学习,筛选出影响变量。

(4)利用数据挖掘非监督学习,Kohonen聚类分析对K-Means聚类结果进行优化,提高结果的可靠性和准确性。

(5)基于安索夫矩阵的基本概念,建立酒店客户细分市场,并对比测试集和验证集进行结果检验。

(6)提出关于现有产品组合的营销建议。

2. 案例解析

企业要针对不同客户群展开有效的管理并采取差异化的营销手段,就需要区分出不同的客户群。在实际操作中,传统的市场细分变量,如人口因素、地理因素、心理因素等由于只能提供较为模糊的客户轮廓,难以为精准营销决策提供可靠的依据。

大数据时代,利用大数据技术能在收集的海量非结构化信息中快速筛选出对公司有价值的信息,对客户行为模式与客户价值进行准确判断与分析,使人们有可能甚至深入了解

"每一个人",而不只是通过"目标人群"来进行客户洞察和提供营销策略,如图 7-2 所示。

图 7-2 通过人群细分实现营销增长

传统营销用户细分市场的划分,通过用户画像,可将用户按照不同维度进行划分:如单一维度性别,可按"男/女"比例;出行目的,可按"旅游度假/商务/家庭";地理区域,可按行政区域、国家、地区、气候、空间等进行划分。细分市场划分也可以是多维度的组合,如用户活跃度,可根据用户访问、浏览、点击、订购等行为的频次综合评估;用户消费偏好,可按用户对不同产品、活动商品页面的互动行为综合评估。结合大数据,用户群体的划分不能再基于个人用户画像上的单一维度,必须结合数据挖掘,将大量的用户数据进行有效清洗及分类。

1) 数据整合

从实际业务角度出发,企业拥有的第一方数据为用户及实际业务相关的基础数据,如用户姓名、性别、联系方式、预订信息(如金额、产品等),但企业对用户的社会属性,如用户职业、婚姻状态、消费水平等信息无法收集。因此,在进行细分市场分析前,需要将企业自身脱敏后的第一方数据与获取的第三方数据整合,得到无用户个人身份属性的完整用户数据。需要注意的是,第一方数据只有脱敏后无用户个人信息的数据,才能与第三方数据整合,整合后的数据无法匹配到具体的自然人,以确保个人隐私数据安全。随着《个人信息保护法》、《网络安全法》的发布与推行,在利用大数据开展营销活动的过程中,需要特别留心与关注。

2) 数据预处理

在进行数据整合前,需要对基础数据进行预处理,其中包括数据清洗,数据分析与数据整合。经过预处理的数据,删除了无效、错误的数据,并统一了数据中的字段定义与数据结构,确保了数据的有效性与可用性。

3) 大数据处理

本案例中需要挖掘新的细分市场与数据特征,由于新的细分市场数据特征无明确的数据规范标准,也无其他已知数据作为数据输入源,因此需要尽可能地找出影响市场细分的指标与变量。可以通过构建 Logistic 回归模型来生成不同用户的特征属性,筛选出影响变量。Logistic 回归模型中因变量的取值在 0 和 1 之间,表示事件发生的概率,如图 7-3 所示。

根据 Logistic 回归模型筛选出影响变量后,就可以通过非监督学习建模技术来生成客户的特征。非监督模型采用的是无须明确标记的输入数据,利用算法找出数据中的关联关系。非监督学习中常用聚类分析。在整合的数据中利用数据挖掘非监督学习,Kohonen 聚类分析对两步聚类和 K-Means 聚类结果进行优化,目的是提高数据结果的可靠性和准确度。

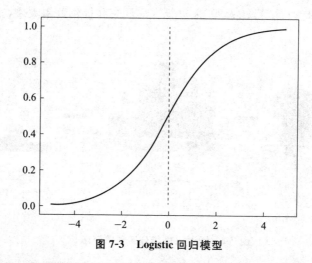

图 7-3　Logistic 回归模型

两步聚类可以找出某类别下的用户关联属性。利用 K-Means 聚类可以逐层找出与消费偏好强相关的数据,再利用 Kohonen 网络抓住数据内在结构特征,并且通过最终的 Kohonen 网络反映出这种结构特征,进而将这些特征组合作为细分群体的数据特征。

4)验证与校验

通过大数据算法分析,得到客户细分市场,最后通过安索夫矩阵,围绕现有市场与新市场、现有产品与新产品,在市场渗透、市场拓展、新产品开发、多元化维度结合数据分析结果,就可结合企业经营情况制定有效的市场营销策略,提出关于现有产品组合的营销建议,开展精准营销,如图 7-4 所示。

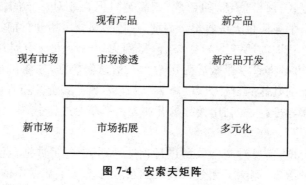

图 7-4　安索夫矩阵

【主要术语】

1. 市场细分:就是依据消费者的需求差异,将一个行业大市场划分为若干个子市场的过程,每个不同的细分市场拥有相同或相近的用户需求、价值观念、购买行为及习惯。市场细分所采取的标准应该是有利于企业目标的实现,细分的结果能明显的区分出在各细分市场下消费者的需求及购买方式的差别。最后,企业可以根据这些差别,整合企业资源,用于发掘新的市场营销机会、制定营销策略组合,帮助旅游企业确定经营方向,取得有利的竞争地位。

2. 可衡量性:是指旅游市场细分的标准和细分后的市场需要是可以衡量的,各个细分市场的规模、购买能力大小是能具体测定的。如每个细分市场的人数规模,在当前细分市场下满足"二八原则"的重要价值客人情况需要是明确可衡量的。

3. 可进入性:是指细分后的市场是有深入开发价值,且在企业当前软硬件设施的实际情况下,是可以进入的。

4. 可盈利性:是指企业能在细分后的市场取得良好经济效益,当前细分市场下的客户群体具备一定的购买能力,且数量能达到盈利转化的可观数量。

5. 稳定性:是指细分后的市场相对具备稳定性,能帮助企业制定中长期的市场营销策略,从而有效地开展营销活动并占领相应的目标市场。

6. 市场细分(Market Segmentation):企业要针对不同客户群展开有效的管理并采取差异化的营销手段,就需要区分出不同的客户群。细分消费者市场的基础归纳起来主要有人口因素、地理因素、心理因素、行为因素、受益因素这五种形式。

7. 用户画像(User Profile):根据用户特征、业务场景和用户行为等信息,由各种算法和模型将大量的用户数据整理和归类成标签,将典型用户标签化。利用大数据技术能在收集的海量非结构化信息中快速筛选出对公司有价值的信息,对客户行为模式与客户价值进行准确判断与分析,使人们有可能甚至深入了解"每一个人",而不只是通过"目标人群"来进行客户洞察和提供营销策略。

8. 第一方数据(First Party Data):从旅游与酒店业的实际业务角度出发,企业拥有的第一方数据为用户及实际业务相关的基础数据,如用户姓名、性别、联系方式、预订信息(如金额、产品等)。

9. 数据预处理(Data Preprocessing):在进行数据整合前,需要对基础数据进行预处理,其中包括数据清洗、数据分析与数据整合。经过预处理的数据,删除了无效、错误的数据,并统一了数据中的字段定义与数据结构,确保了数据的有效性与可用性。

10. Logistic回归模型(Logistic Regression Model):是一种广义的线性回归分析模型。在挖掘新的细分市场与数据特征时,通过构建Logistic回归模型来生成不同用户的特征属性,筛选出影响变量。Logistic回归模型中因变量的取值在0和1之间,表示事件发生的概率。根据Logistic回归模型筛选出影响变量后,就可以通过非监督学习建模技术来生成客户的特征。

11. 非监督学习(Unsupervised Learning):采用的是无须明确标记的输入数据,利用算法找出数据中的关联关系。常用于聚类分析(Cluster Analysis)、关系规则(Association Rule)、维度缩减(Dimensionality Reduce)。

12. Kohonen聚类(Kohonen Clustering):是2001年芬兰科学家Kohonen提出的,是自组织竞争型神经网络的一种,为数据挖掘中的非监督学习算法,能够识别环境特征并自动聚类。

13. 两步聚类(Two-Step Clustering):可以找出某类别下的用户关联属性。

14. K-Means聚类(K-Means Clustering):是通过事先指定需要归类K的数量后进行反复迭代,最终达到每个类别下的点尽可能的足够近,类别和类别之间足够远的一种聚类算法。利用K-Means聚类可以逐层找出与消费偏好强相关的数据。

15. 安索夫矩阵(Ansoff Matrix):以产品和市场作为两大基本面向,围绕现有市场与新兴市场,现有产品与新产品,在市场渗透、市场拓展、新产品开发、多元化维度,结合数据分析结果,就可结合企业经营情况制定有效的市场营销策略,提出关于现有产品组合的营销建议,开展精准营销。是应用非常广泛的营销分析工具之一。

【练习题】

1. 企业在整合用户数据时,可采用哪些数据,采用的数据有哪些方面需要注意?
2. 在未知的新市场细分中,利用已有的用户数据,可以通过什么模型找出影响市场细分的指标与变量?
3. 可以采用哪些方法提高数据结果的可靠性和准确度?
4. 安索夫矩阵的作用是什么?
5. 市场细分需要满足哪四个原则?

实训任务 7.1　实现酒店客户价值分析

【实训预习】

RFM 模型(RFM Model)是以 Recency 为 X 轴,Frequency 为 Y 轴,Monetary 为 Z 轴形成的三维模型,通过 X、Y、Z 轴将顾客分为八种不同的顾客价值:其中最重要的是满足最近有消费,且消费总金额较高,频次较高的重要价值客户;其次依次为重要发展客户、一般发展客户、一般价值客户、一般保持客户、一般挽留客户、重要保持客户、重要挽留客户。不同的价值客户需要不同的营销手段,尽可能地将低价值客户转化和提升为高价值客户。

K-Means 聚类(K-Means Clustering)是通过事先指定需要归类 K 的数量后进行反复迭代,最终达到每个类别下的点尽可能的足够近,类别和类别之间足够远的一种聚类算法。

【实训目的】

由于服务营销强调要创造客户价值、满足客户的需求和维护客户忠诚,并以此来增加市场份额,扩大市场占有率,从而获取并巩固企业的竞争优势,因此,进行酒店客户价值分析是十分重要和必要的。

通过复现酒店客户价值分析操作,掌握 RFM 模型分析方法和大数据 K-Means 聚类算法的使用过程,认知不同分析方法的差异和特点。基于 RFM 模型对酒店客户进行价值分析,并理解 RFM 模型分析方法的基本原理。基于大数据聚类算法对酒店客户进行价值分析,并理解大数据 K-Means 聚类算法的基本原理。认知 RFM 模型分析方法和大数据 K-Means 聚类算法的应用区别。

【实训要求】

运用问途大衍 megAnalysis 大数据平台实训任务系统,以小组形式进行实训任务,复现酒店客户价值分析操作流程,掌握 RFM 模型分析方法和大数据 K-Means 聚类算法的使用过程,认知 RFM 模型分析方法和大数据 K-Means 聚类算法的应用区别。在进行实训任务前先预习,然后按照操作步骤进行实验,结合实验过程和输出结果,完成拓展练习和实验报告。

【方法与工具一】

1. 方法

(1) 根据给定的酒店客户消费数据,使用 RFM 模型分析方法进行客户价值分析操作,观察分析结果。

(2) 根据给定的酒店客户消费数据,使用大数据 K-Means 聚类算法进行客户价值分析操作,观察分析结果。

(3) 对比两种分析方法的实训结果,并简单阐述应用区别。

2. 工具

问途大衍 megAnalysis 大数据平台实训任务系统。

【操作步骤一】

(1) 选择系统内置的 RFM 模型分析方法。
(2) 基于系统给定的客户数据进行运算。
(3) 根据输出的 RFM 模型图,查阅资料,理解 RFM 模型分析方法的基本原理。
(4) 选择 K-Means 聚类算法进行运算。
(5) 输出聚类分析表,对比 RFM 模型图,分析 RFM 模型分析方法和 K-Means 聚类算法的区别。
(6) 结合实训过程,从算法原理、分析结果对比和应用区别等方面总结并完成实验报告。

【方法与工具二】

1. 方法

运用 Python,按照操作步骤要求,完成酒店客户价值分析。

2. 工具

Python。

【操作步骤二】

(1) 扫描二维码下载文件。

Python 客户价值分析

(2) 导入文件到计算机指定文件夹。

(3) 加载工具包。

```
from numpy import *
from matplotlib import pyplot as plt
```

(4) 查询资料并编写 Python 代码,实现 K-Means 聚类算法,完成客户价值分析。

```
# 每个质心有 n 个坐标值,总共要 k 个质心
centroids = mat(zeros((k, n)))
# 遍历特征值
for j in range(n):
    # 计算每一列的最小值
    minJ = min(dataSet[:, j])
    # 计算每一列的范围值
    rangeJ = float(max(dataSet[:, j]) - minJ)
    # 计算每一列的质心,并将其赋给 centroids
    centroids[:, j] = minJ + rangeJ * random.rand(k, 1)
```

(5) 从 K-Means 算法原理、分析结果对比和应用等方面总结并完成实验报告。

【拓展练习】

通过 K-Means 聚类算法实现用户价值分析,输出聚类分析表,思考该从哪方面针对不同维度的客户进行分析以及如何制定不同的营销策略。

实训任务 7.2 实现酒店精准营销设计

【实训预习】

协同过滤(Collaborative Filtering)作为推荐算法中最经典的类型,包括在线的协同和离线的过滤两部分。在线协同,就是通过在线数据找到用户可能喜欢的物品,而离线过滤,则是过滤掉一些不值得推荐的数据,比如推荐值评分低的数据,或者虽然推荐值高但是用户已经购买的数据。

协同过滤的模型一般为 m 个物品,m 个用户的数据,只有部分用户和部分数据之间是有评分数据的,其他部分评分是空白,此时要用已有的部分稀疏数据来预测那些空白的物品和数据之间的评分关系,找到最高评分的物品推荐给用户。

常用的协同过滤推荐类型有:基于用户(User-Based)的协同过滤和基于商品(Item-Based)的协同过滤。基于用户(User-Based)的协同过滤主要考虑的是用户和用户之间的相

似度,只要找出相似用户喜欢的物品,并预测目标用户对对应物品的评分,就可以找到评分最高的若干个物品推荐给用户。而基于商品(Item-Based)的协同过滤和基于用户的协同过滤类似,只不过这时要转向找到物品和物品之间的相似度,只有找到了目标用户对某些物品的评分,那么就可以对相似度高的类似物品进行预测,将评分最高的若干个相似物品推荐给用户。比如你在网上买了一本机器学习相关的书,网站马上会推荐一堆机器学习、大数据相关的书给你,这里就明显用到了基于商品的协同过滤思想。

【实训目的】

精准营销针对现有客户激励品牌忠诚度和购买行为,在很大程度上依赖于市场细分:一种将市场细分为更小、更具体、有独特需求的客户群的技术。而市场细分又依赖于收集的关于客户行为的数据。

通过复现酒店精准营销设计操作流程,设计和模拟不同的客户购买行为,复现要求显示的推荐结果,理解基于用户的协同过滤推荐算法的基本原理;通过设计和模拟不同的客户购买行为,复现要求显示的推荐结果,理解基于商品的协同过滤推荐算法的基本原理;认知基于用户和基于商品两种推荐算法的应用区别。

【实训要求】

开始实训任务前先进行预习,然后根据给定的推荐结果复现要求,按照基于用户的协同过滤推荐算法的基本原理,设计若干个不同客户的购买行为,并由小组内的同学在微信小程序商城上分别模拟进行购买,观察购买后的推荐结果;将的推荐算法切换为基于商品的协同过滤推荐算法,根据给定的推荐结果复现要求,按照基于用户的协同过滤推荐算法的基本原理,设计若干个不同客户的购买行为,并由小组内的同学在微信小程序商城上分别模拟进行购买,观察购买后的推荐结果;对比两种推荐算法的实训结果,简单阐述应用区别并完成拓展练习和实验报告。

【方法与工具】

1. 方法

(1) 运用问途大衍 megAnalysis 大数据平台实训任务系统,针对两种不同的推荐算法,分别设计不同客户的购买行为。

(2) 运用问途学习平台微信小程序虚拟系统,针对两种不同的推荐算法,分别完成酒店商城模拟订购操作。

2. 工具

(1) 问途学习平台微信小程序虚拟系统。

(2) 问途大衍 megAnalysis 大数据平台实训任务系统。

【操作步骤】

(1) 使用问途大衍 megAnalysis 大数据平台实训任务系统,选择基于用户的协同过滤推荐算法。

(2) 使用问途学习平台微信小程序虚拟系统,进入"商城"。

(3) 小组内的同学选择若干个商品,依次按步骤完成购买行为。

(4) 根据系统展示的图表数据和微信小程序推荐的商品,认知基于用户的协同过滤推荐算法的基本原理。

(5) 选择基于商品的协同过滤推荐算法,重复商城购买商品操作。

(6) 对比两种算法的推荐结果,结合基于商品的协同过滤推荐算法的基本原理,分析两种算法的特点和区别。

(7) 从商品推荐结果、算法原理和应用区别等方面总结并完成实验报告。

【拓展练习】

根据实训过程和输出结果,阐述协同过滤推荐算法对于商城个性化推荐的重要性和必要性。

项目 8

认识大数据的旅游客流统计与预测

项目结构

项目8 认识大数据的旅游客流统计与预测	学习任务8.1 了解基于大数据的客流统计
	学习任务8.2 了解基于大数据的客流预测
	学习任务8.3 认识旅游统计与基于大数据的旅游统计
	实训任务8.1 实现旅游大数据大屏展示界面设计
	实训任务8.2 实现酒店客流预测实操

学习目标

学习层次	学习目标
知道	1. 了解基于大数据的客流统计的概念 2. 了解基于大数据的客流预测的概念 3. 了解旅游统计的概念与意义 4. 了解基于大数据的旅游统计的概念
理解	1. 掌握基于大数据的客流统计实施步骤 2. 说明基于大数据的客流统计的常用应用场景 3. 掌握基于大数据的客流预测方法 4. 掌握传统的旅游统计方法 5. 正确理解旅游统计的局限性 6. 说明传统旅游统计与基于大数据的旅游统计的区别
应用	1. 应用数据可视化技术实现旅游大数据大屏展示界面的设计 2. 应用数据预测技术实现酒店客流的预测
分析	1. 分析不同数据可视化方式的适用场景 2. 分析不同数据预测技术的适用场景

学习任务 8.1　了解基于大数据的客流统计

【案例导入】

中国移动湖北公司充分发挥自身资源优势,利用移动公司自有的移动基站资源,通过构建大数据处理能力及大数据算法模型,实现对景区人流量的分析、统计以及游客流量的动态监测和安全预警,大大提升了景区的运营能力,为游客提供了更舒适的旅游体验,推动了湖北"智慧旅游"建设。

湖北移动"智慧客流"大数据平台可提供景区实时人流量、游客驻留时长、游客来源地、单日游客密度等各类有价值的信息,并按分钟、小时、天、月、年等多种时间维度,以线图、饼图、热力图等形式直观展示,反映景点的人流趋势。在平台上,景区、旅游管理部门可提取实时游客数量、客流规律和客流趋势走向等数据,精确衡量公共设施使用效率,及时准确制定应急预警、安全保障等相应对策,并通过各种渠道适时发布景区舒适度指数、景区流量、流量预测,有效指导游客出行。

2021年"十一"黄金周期间,智慧客流平台成功运用于恩施部分景区和武汉园博会客流监控,通过搜集旅游热点景区信令数据信息,对黄金周期间游客人流情况进行了实时全方位分析,并预测了元旦等重要节假日景区游客人数,为景区建设、安全管理、营销宣传等提供数据支撑和依据。

【任务实施】

一、了解用于旅游大数据客流统计的数据来源

美国麻省理工学院的教授,2014年图灵奖得主迈克尔·斯通布雷克教授(Prof. Michael Stonebraker)认为,用大数据进行应用研究更重要的是从数据还原真实的场景。借助于大数据技术,就可以还原游客移动的情况。在基于大数据技术的旅游目的地客流统计项目领域,目前国内大部分项目都是通过已有的移动能基站或新布设的采集设备来采集客人移动设备的通信信令数据,然后通过对信令数据的统计分析,实现对旅游目的地及景区内的游客人流的监测实现对旅游目的地及景区内的游客人流的监测。

从事移动通信业务的运营商主要通过移动通讯基站向智能手机用户提供服务。基站用来确保覆盖范围内的智能手机随时随地保持信号,保证通话、上网、收发信息的需求。当智能手机用户发生上网、位置移动等行为的时候,都会触发信令数据的产生,通过分析收集到的信令数据,就可以了解用户的位置变化信息,勾勒出用户的活动轨迹。这就是运营商在为旅游目的地提供客流分析的优势,通过设置在相应区域的基站或采集设备,就可以实现实时客流监控、客流分析,如图8-1所示。

项目8 认识大数据的旅游客流统计与预测

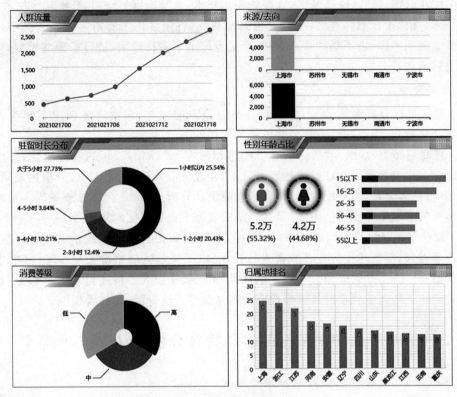

图 8-1 大数据客流统计

二、掌握基于旅游大数据的客流统计实施步骤

1. 数据采集

（1）利用游客位置信息，推算景区的接待总量。目前，游客的位置信息通常来自手机信令、GPS、相关 App 等提供的位置信息。目前，比较成熟和广泛使用的是三大运营商（中国移动、中国联通和中国电信）的手机信令数据。手机的广泛普及使得基于海量手机信令数据分析用户出行特征、获取规划和管理所需信息成为可能。与传统的交通调查技术相比，手机信令数据具有覆盖面广、分析样本大、实施成本低、长期连续监测等优点，因此迅速成为当前研究应用的热点。

（2）采集移动网络中用户手机产生的各种信令事件；根据基站地理位置与目标旅游目的地地理位置信息的归属关系，对采集到的信令事件进行分类，形成目标旅游目的地的时间相关的游客人数集合；根据游客人数排名结合相应的交通可达路线，生成目标旅游目的地的热门路线。

2. 数据预处理

（1）确定游客的停留点。一些现代旅游集团为了实现对游客的管理和统计分析，要求实现对游客在整个景区内各区域的进出和消费情况进行跟踪和记录。实时显示当前每个区域的人数，随时定位每个人的位置，统计每个区域的人员情况。

(2) 游客识别。景区通过采用 AI 生物识别技术、人脸识别算法、IoT 物联网技术、BI 商业智能技术,准确统计双向客流,实时掌握客源状况,将景区内所有游客都纳入其中,例如,对游客什么时间入园,去了哪些景点,在每个景点停留了多长时间,进行了哪些消费,何时离园等信息进行统计分析。

3. 数据分析

(1) 景区可以分析客流的变化规律,分析各景点的人气,根据客流情况了解游客的行程。根据历史数据,可以准确衡量公共设施的使用效率。

(2) 在此基础上,对出入口、区域等范围进行时间、日、周、月、年的客流统计,计算出景区、景点的人流数据;根据高峰时段的客流分析,合理分散人流,配置人员;分析比较周末、节假日、日常的游客流量,合理配置资源;利用客流统计分析,评价景区的管理效果。管理者可以对客流大的区域采取预防措施,对景区当前的实际客流数量实时观测等。

(3) 旅游景区通过官方网站、入口处等明显位置公布游客最大承载量的核定数据,实行门票预约等方式,对景区接待游客数量进行控制,以提高景区的旅游安全水平。《中华人民共和国旅游法》规定,景区应当公布最大承载量,景区接待游客不得超过最大承载量,要求游客数量可能达到最大承载量时景区要提前公布并及时采取分流、疏导等措施。

三、总结基于旅游大数据的客流统计分析方法

1. 热度分析:适用于区域监测和预警分析

(1) 游客关注度分析:通过分析客户停留的客流热力图,客观了解游客对各景点的关注程度,并结合景点项目的分析,更深入地挖掘游客的需求,从而改善景区的管理,提高景区的运营能力。

(2) 游客路线分析:通过对客流热度分布的长期统计,从时间维度进行客流热度图分析,可以统计出游客在景区的主要行走路线,进而对景点进行有序的管理和路线规划,有利于景区管理的优化。

(3) 热力图的可视化:便于人们快速掌握,与用户需求无缝对接,如果用户点击进去,就可以一览整个景区的热力图,不仅可以针对本景区,也可以体现全市乃至全国各地的景区的实时热力。

2. 轨迹分析:适用于分析游客的轨迹模式

用户的行为轨迹很大程度上反映了用户的日常行为模式和个人习惯。利用 GPS 终端收集和分析用户行为轨迹数据,可以在位置服务的智能化中发挥积极作用(齐凌艳、陈荣国、温馨,2014)。基于每个游客的轨迹,可以分析出游客的轨迹模型,有助于分析和刻画游客的行为模式,从而对游客的行为有更深入的了解,为旅游活动提供支持。通过研究游客的时空行为轨迹(移动节点),挖掘游客历史轨迹中经常出现的地点,可以得到游客在不同感知区域的位置相关性,有助于发现游客之间的联系和时空活动模式。

【主要术语】

1. 智慧客流(Intelligent Passenger Flow):利用大数据技术,提供景区实时人流量、游客

驻留时长、游客来源地、单日游客密度等各类有价值的信息,并以折线图、饼图、热力图等形式按分钟、小时、天、月、年等不同时间维度直观展示,反映景点的人流趋势。

2. 热力图(Heat Map):是一种通过颜色分布来描述人群分布、密度和变化趋势等的图示,能够非常直观地呈现原本不容易理解或表达的数据,如密度、频率、温度等。

3. 信令数据(Signalling Data):当智能手机用户发生诸如上网或移动他们的位置等行为时,会触发信号数据的产生。通过分析收集到的信令数据,可以了解用户的位置变化信息,勾勒出用户的活动轨迹。

4. LBS定位(Location Based Service):一般适用于手机用户,是通过电信和移动运营商的无线电通信网络(如GSM网络、CDMA网络)或外部定位方式(如GPS)获取移动终端用户的位置信息(地理坐标,或大地坐标),在GIS(地理信息系统)平台上使用,为用户提供相应服务的一种基于位置的服务,属于增值服务。

5. 基站(Base Station,BS):是固定在一个地方的高功率多信道双向无线电发射站。从事移动通信业务的运营商主要通过移动基站向智能手机用户提供服务。基站的作用是确保覆盖区域内的智能手机随时保持信号,保证通话、上网和收发信息的畅通。通过在相应区域建立基站,运营商能够实时监测和分析客流。

6. 客流监控(Passenger Flow Monitoring):可为各类场所的运营者提供人流高峰、累计人数、人流区域分布热力图等基本信息,以及进入某个区域的概率、驻留率等分析信息。还可以将某一区域(如某一景点)的人流情况和整个场所的人流变化趋势以图表形式呈现出来。

7. 客流统计(Passenger Flow Statistics):在景区场景中,可以根据客流情况分析客流的变化规律,进而分析各个景点的人气,了解游客的行程,为景区后期的运营维护建设提供数据支持。

8. 最大承载量(Maximum Carrying Capacity):在保障游客人身安全、旅游设施设备和旅游资源环境安全的前提下,景区在开放时间内所能容纳的最大游客量。

9. 客流热力图(Heat Map of Passenger Flow):根据颜色的深浅来判断景区的人气,一般颜色越深的区域块,人群越集中;颜色越浅,人群越分散。基于时间和空间两个维度,对指定区域的人群聚集程度进行分析,客观了解游客对各景点的关注程度,并结合景点项目分析,深入挖掘游客的需求,从而改善景区管理,提升景区运营能力。

10. 用户行为轨迹数据(User Behavior Trajectory Data):利用GPS终端收集和分析用户行为轨迹数据,可以在智能提供位置服务方面发挥积极作用。根据每个游客的轨迹,可以分析出游客的轨迹模型,这有助于分析和描绘游客的行为模式,从而更深入地了解游客的行为,为旅游活动提供支持。通过研究游客的时空行为轨迹(移动节点),挖掘游客历史轨迹中经常出现的地点,可以得到游客在不同感知区域的位置相关性,这有助于发现游客之间的联系和时空活动模式。

【练习题】

1. 从提供移动通信业务的运营商角度分析如何实现实时客流监控?
2. 手机信令数据具备哪些优点?
3. 基于旅游大数据的客流统计分析方法有哪些?

4. 热度分析法适用于怎样的场景？

5. 如果需要研究游客的时空行为轨迹，挖掘时空活动模式，应采用哪种分析法？

学习任务8.2　了解基于大数据的客流预测

【案例导入】

2021年9月28日，杭州旅游经济实验室发布国庆出游提醒：预计假期来杭游客总量与去年同期基本持平，10月2日、3日是客流高峰日，人气指数排名前五的旅游关键词分别为漂流、西溪湿地、西湖、千岛湖和法喜寺。这是"网红"法喜寺首次登上杭州假期旅游热门榜，预计10月1—5日游客接待量都将处于高位，建议游客错时错峰进入景区。根据城市大脑文旅系统预订数据，预计国庆期间来杭的省内游客占比有所回落，比例降至60%；省外游客中，30%来自长三角地区，深圳、成都、广州、北京等地来杭游客较端午、中秋小长假有明显上升。得益于中长线旅游市场的恢复，预计国庆假期航空客运将恢复至2019年同期九成水平，七天假期中的客运量分布较为均衡，日均搭乘飞机的来杭游客近2万人次。从七天来杭游客住宿预订情况来看，住宿峰值日出现在10月2日。可以推测，国庆档游客出行高峰日将出现在10月2日、3日。而10月1—5日，出行高峰时间预计出现在下午的1:30—4:30，建议市民游客错时、错峰出行。根据往年假期客流分布情况，预计今年湖滨商圈、来福士万象城商圈的客流量将位列前两位，新天地、城西银泰城、杭州嘉里中心依然是年轻游客乐于停留的商圈。

杭州旅游经济实验室相关负责人解释，假日预测数据是基于城市大脑文旅系统的研判，结合网络搜索、网络预订、客流监测、城市活动等多维度数据分析的结果。该实验室作为全国首个地方旅游数据分析研究平台，于2017年成立，主要职能便是发挥大数据分析应用、服务平台建设以及杭州旅游经济数据监测预警等作用，形成旅游产业数据采集、整合、分析、服务体系。特别是法定节假日到来前，实验室会根据海量的预订数据，结合本地市场的特性，最终生成假日旅游服务信息。大数据的核心在于"用"。他表示，刚刚过去的中秋小长假，实验室预计日均来杭游客近67万人次，三天实际接待来杭游客180.59万人次，基本符合预判。针对今年的国庆假期，大数据通过"游客画像"发现，20～30岁年轻层游客占比高达近70%，紧随其后的是20岁以下与30～40岁的游客，可以看出"年轻父母＋低龄儿童"组合是出游主力，"这一趋势，就足以解释'网红'法喜寺会登上国庆热门榜的原因了"。

【任务实施】

一、了解旅游大数据客流预测以及数据来源

游客数量的快速增长带来了游客拥挤、超载等问题，导致安全事故频发。旅游景区最大

项目 8 认识大数据的旅游客流统计与预测

承载量的管理是保证游客人身安全和旅游资源环境安全的重要措施,而对景区瞬时人数的实时测算是实现瞬时承载量预警的关键。传统方法没有充分考虑客流和游览时间等实时因素,不利于最大承载量预警的实施。游客数量的急剧增加造成游客拥挤、超载等问题,容易导致安全事故的发生。

目前的客流统计数据主要来自于旅行社、景区及其周边酒店等机构部门的事后统计和推算,发布时间相对较晚,且往往以月度或季度为单位。网络搜索数据记录了游客在成为游客之前的需求和偏好,数据本身具有前置性和实时性,是对游客行为痕迹的直接记录,数据的质量不依赖于被调查方的积极性和配合(魏瑾瑞,崔浩萌,2018)。

旅游客流预测是旅游业发展的一项基本研究内容。旅游客流的动态变化和影响因素的多样性特点,使得旅游客流的定量描述和预测更加困难。旅游客流预测就是在已知客流数据的基础上,采用某种预测方法对未来可能出现的客流进行预测。因此,提出了旅游大数据客流预测。

按照数据来源,与旅游相关的大数据可分为三个主要类别,如图 8-2 所示,均可作为客流预测的数据源。

(1) UGC 数据(由用户产生):Web 2.0 和社交媒体的发展为用户分享他们的旅游体验提供了一个宽敞的平台,包括在线文本数据(包括产品评论和博客)和在线照片数据。这些由用户主动发布的数据被广泛认为是 UGC 数据。

(2) 设备数据(由设备产生):随着 IoT 的发展,各种设备(如 GPS 记录仪、电信基站、蓝牙传感器等)都在不断发展,已经被用来追踪游客的行动。不同设备在特殊时期被动记录的相关大数据可以被视为一个类别,即设备数据(或追踪数据),包括 GPS 数据、移动漫游数据、蓝牙数据、RFID 数据、Wi-Fi 数据等(Hardy et al.,2017)。

(3) 交易数据(由操作产生):旅游业是一个复杂的系统,涵盖了一系列操作(即旅游市场中的交易、活动或事件)。因此,相应的数据如网页搜索数据、网页访问数据、在线预订数据等都是典型的交易数据。

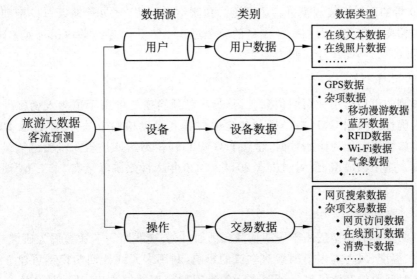

图 8-2 旅游大数据客流预测

二、了解旅游大数据的预测方法和模型

1. 线性回归和马尔夫预测相结合

线性回归和马尔可夫预测相结合的模型适用于分时段的中短期预测。例如,客运量的规模和增长率是衡量铁路运营效益的重要指标。根据对各种客运量预测模型的分析,通过对在线性回归预测模型的结果上进行马尔可夫链改进,可以提高铁路客运量预测的准确性,但回归—马尔可夫预测模型的应用还需要不断完善。

2. ARIMA 预测

ARIMA 预测的模型适用于小时客流预测和天客流预测的短期预测。例如,在城市轨道交通新线开通运营后期客流趋于稳定的情况下,可采用改进的时间序列模型 ARIMA 对新线开通后期的进出站客流进行预测。为了提高预测精度,采用小波分析法对客流进行去噪,并采用差分法消除数据的趋势性和季节性。最终预测的进站客流与实际客流相比,平均误差约为 3.708%,预测效果良好,具有较强的适用性。

3. 多项式回归预测

多项式回归预测的模型适用于小时天等预测,时间跨度均可。例如,通过选取与海南省经济发展关系最密切的三个产业,即旅游业、房地产业和农业,以采集的 22 年经济数据为样本,利用 SPSS 统计分析软件,建立了海南国内生产总值与农业总产值、房地产业总产值和旅游业总收入的多项式回归模型。该模型通过了基本检验和进一步检验,拟合效果非常理想,所有拟合值都在 95% 的置信区间内。

4. 非线性回归预测

非线性回归预测的模型适用于小时天等预测,时间跨度均可。例如,采用马尔萨斯人口模型、Logistic 增长模型和线性回归分析方法,利用《江苏统计年鉴》的人口数据对江苏省 2005—2020 年的人口发展规模进行了预测。预测结果表明,马尔萨斯人口模型和逻辑增长模型的模拟精度优于线性回归。在模型的验证过程中。前两者的平均相对误差较小,分别为 0.35% 和 0.12%,而线性回归为 2.25%。

5. 灰色预测

灰色预测的模型适用于短期预测。例如,灰色预测模型可用于预测入境旅游流量且具有较高的准确性。根据 GM(1,1) 模型的建模过程和精度检验方法,通过选取 2010—2013 年四川入境旅游流量作为原始数据,建立了 GM(1,1) 模型对四川省入境旅游流量和时间序列进行预测。基于该模型,预测四川省 2014—2020 年入境旅游流量在"十三五"期间将继续快速上升。

6. 多元回归预测

多元回归预测的模型适用于短期预测。例如,以公交线路一卡通数据为研究对象,考虑到天气类型、温度、风力等多个因素对客流的影响,利用多元线性回归模型可建立公交工作日高峰期各时间段的客流模型。证明多元线性回归模型能够准确、快速地预测高峰时段的客流,通过公交线路客流预测实现缓解城市工作日高峰时段的出行拥堵问题。

【主要术语】

1. 城市大脑文旅系统（City Brain Culture and Tourism System）：是建立在城市大脑中心枢纽之上的一个综合系统。通过自身文化旅游相关业务的优势，带动文化旅游产业的提质增效。

2. 假日预测数据（Holiday Forecast Data）：是在城市大脑文旅系统的研判基础上，结合网络搜索、网络预订、客流监测、城市活动等多维度的数据分析结果。

3. 旅游经济实验室（Tourism Economy Lab）：主要功能是发挥大数据分析应用、服务平台建设和杭州旅游经济数据监测预警作用，形成旅游产业数据采集、整合、分析和服务体系。特别是在法定节假日到来之前，实验室将根据海量的预订数据和当地市场的特点，生成假日旅游服务信息。

4. 旅游客流预测（Tourism Passenger Flow Forecasting）：旅游客流的动态变化和影响因素的多样性特点，使得旅游客流的定量描述和预测更加困难。旅游客流预测是根据已知的客流数据，采用某种预测方法对未来可能的客流进行预测。因此，提出了旅游大数据客流预测。

5. 用户数据（User Data）：Web 2.0 和社交媒体的发展为用户提供了一个宽敞的平台来分享他们的旅游体验，包括在线文本数据（包括产品评论和博客）和在线照片数据。即由用户生成的内容（User Generated Content，UGC）。

6. 设备数据（Device Data）：随着 IoT 的发展，各种设备（如 GPS 记录仪、电信基站、蓝牙传感器等）已经发展起来，并被用来追踪游客的动向。不同设备在特殊时期被动记录的相关大数据可以被视为一个类别，即设备数据（或跟踪数据）。这包括 GPS 数据、移动漫游数据、蓝牙数据、RFID 数据、Wi-Fi 数据等。

7. 交易数据（Transaction Data）：旅游业是一个复杂的系统，涵盖了一系列的业务（即旅游市场的交易、活动或事件）。因此，相应的数据，如网络搜索数据、网络访问数据、在线预订数据等都是典型的交易数据。

8. 线性回归模型（Linear Regression Model）：是回归分析的一种类型，它使用称为线性回归方程的最小二乘法函数来模拟一个或多个自变量和因变量之间的关系。结合线性回归和马尔科夫预测的模型适合于分时段的中短期预测。

9. 马尔可夫模型（Markov Model）：是一种预测事件发生的概率性方法。它是一种预测方法，根据一个事件的当前状态，预测其在不同点（或时期）的未来动向。

10. ARIMA 模型（Autoregressive Integrated Moving Average Model）：是根据历史值和对历史值的预测误差来预测当前时间序列的模型。ARIMA 预测模型适用于小时客流预测和天客流预测的短期预测。

11. 多项式回归模型（Polynomial Regression Model）：是线性回归模型的一种，此时回归函数关于回归系数是线性的。多项式回归预测模型适用于小时天等预测，时间跨度均可。

12. 非线性回归模型（Non-Linear Regression Model）：是一种寻找因变量和一组自变量之间关系的非线性模型的方法。产生一个方程来描述连续响应变量和一个或多个预测变量之间的非线性关系,并预测新的观察结果。

13. 灰色预测模型(Grey Forecasting Model):是一种预测方法,它使用少量的、不完整的信息建立一个数学模型来进行预测。它以客观事物的过去和现在的发展规律为基础,借助于科学的方法来描述和分析未来的趋势和状况,并形成科学的假设和判断。灰色预测模型适用于短期预测。

14. 多元回归模型(Multiple Regression Model):通过对两个或多个自变量和因变量的相关分析,建立预测模型的一种方法,自变量和因变量之间存在线性关系。多元回归预测模型适用于短期预测。

【练习题】

1. 游客数量的快速增长,为旅游景区带来哪些问题?
2. 目前景区客流统计数据主要来源有哪些?存在什么问题?
3. 与旅游相关的大数据可分为哪三个主要类别?
4. 旅游大数据的预测方法和模型有哪些?之间的区别是什么?

实训任务 8.3　认识旅游统计与基于大数据的旅游统计

【任务概述】

旅游统计是对统计时间内的旅游者活动情况进行数据的搜集、整理和分析,以掌握旅游经济活动的发展变化及规律性。旅游统计作为衡量旅游发展的重要基础性工作,是认识旅游发展现状、研究旅游发展问题、制定旅游发展政策的重要依据。

2020 年 12 月由文化和旅游部制定、国家统计局批准下发的《全国文化文物和旅游统计调查制度》,是指导全国旅游统计工作的纲领性文件,是根据《中华人民共和国统计法》及其实施条例,对全国文化和旅游部门主办或实行行业管理的各类文化和旅游企事业单位定期进行全面报表调查,并对国内游客、入境游客开展抽样调查的统计调查制度。

但针对旅游统计的数据准确性,一直存在着一些质疑声音,甚至有人认为旅游统计数据"失真"、被"注水"等。

而基于大数据的旅游统计,改变了传统旅游统计的方式。利用大数据技术进行旅游统计和分析、可视化,目前已成为各地智慧旅游项目建设中数据平台的一项重要功能。

【案例导入】

有媒体在文化和旅游部发布的数据中发现,2020 年 5 月 1 日至 5 日,全国实现国内旅游收入 475.6 亿元。这一数据与各省市公布的数据有很大出入。2020 年"五一"期间旅游收入排名前四位的江西、湖南、广东、上海相加已达493.42亿元。南方新闻网还发现,2016年至2018年3年间,地方接待国内旅游人数之和已经达到了全国数据的2倍,甚至接近3倍之多,旅游统计部门的接待入境游人数也远远大于公安部门登记的入境人数。

这些旅游统计数据有较大出入的原因可能是旅游人数传统统计方法的问题。基于旅游目的地各个景点、酒店、交通等数据简单加和的传统旅游人数统计方法,会导致大量重复计算,影响统计数据完整性和准确性,这种数据对政策制定者、管理者、投资者的参考意义越来越小,也难以支撑新形势下旅游及相关产业的统计需求。

广东一景区的负责人表示现有的统计标准模糊不清。以购买火车票为例,在OTA上购买火车票的人,都被算作游客,而实际上里面有很多探亲的人,一个人下了高速算1位游客,到了景区、酒店、餐厅又各算1位游客,到了最后,1位游客在统计数据里变成了4位游客。广东一酒店的总经理认为,真实反映现状及发展变化的统计数据极为重要,它能够帮助企业、行业分析评估市场发展、消费趋向、客源分布及变化等,特别是在制定营销方案时,真实数据能够让企业少走弯路,使得成本支出更加合理。

【任务实施】

一、了解旅游统计的概念与意义

旅游统计是针对旅游者在统计时间内的活动情况进行数据的搜集、整理、分析,以便掌握旅游经济活动的发展变化情况以及规律性。

例如,根据《中华人民共和国文化和旅游部2019年文化和旅游发展统计公报》,2019年国内旅游市场和出境旅游市场稳步增长,入境旅游市场基础更加牢固。如表8-1所示,全年国内旅游人数60.06亿人次,比上年同期增长8.4%;入境旅游人数14 531万人次,比上年同期增长2.9%;出境旅游人数15 463万人次,比上年同期增长3.3%;全年实现旅游总收入6.63万亿元,同比增长11.1%。

表8-1 2011—2019年旅游业主要发展指标

年份	国内旅游人次/亿人次	国内旅游收入/亿元	入境旅游人次/万人次	入境旅游收入/亿美元	出境旅游人次/万人次	旅游总收入/万亿元
2011	26.41	19 305.00	13 542.00	484.64	7 025.00	2.25
2012	29.57	22 706.00	13 241.00	500.28	8 318.00	2.59
2013	32.62	26 276.00	12 908.00	516.64	9 819.00	2.95
2014	36.11	30 312.00	12 850.00	1 053.80	10 728.00	3.73
2015	39.90	34 195.00	13 382.00	1 136.50	11 689.00	4.13
2016	44.35	39 390.00	13 844.00	1 200.00	12 203.00	4.69
2017	50.01	45 661.00	13 948.00	1 234.17	13 051.00	5.40
2018	55.39	51 278.00	14 120.00	1 271.03	14 972.00	5.97
2019	60.06	57 251.00	14 531.00	1 313.00	15 463.00	6.63

根据《中华人民共和国文化和旅游部 2020 年文化和旅游发展统计公报》，受到新冠肺炎疫情严重影响，2020 年国内旅游人数 28.79 亿人次，比上年同期下降 52.1%。国内旅游收入 2.23 万亿元，同比下降 61.1%，如图 8-3 所示。

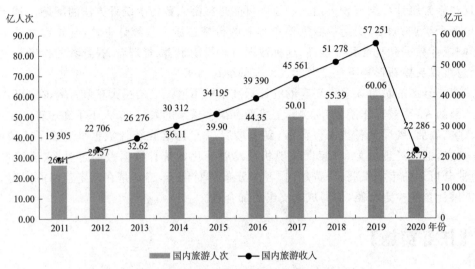

图 8-3　2011—2020 年国内旅游发展情况

通过上述数据可知，旅游统计是国民经济核算体系的重要组成部分，作为测度旅游发展、评估旅游经济影响的重要手段，能够为政府与旅游企业的决策提供依据，也是地方出台旅游政策的重要参考。

二、正确解读当前旅游统计的局限性

旅游产业边界模糊，综合交叉高度复杂，旅游统计是公认的世界性统计难题。参与旅游活动，甚至从事旅游工作或研究的人，不见得理解旅游统计。旅游活动反映的是微观个体的情感管理，旅游统计体现的是宏观社会的科学理性，不掌握旅游统计指标内涵、数据来源、统计口径、推算方法等专业知识，就用个体感性的经验判断在旅游统计上"想当然"，往往失之毫厘，谬以千里。

(1)"游客"定义宽泛

联合国世界旅游组织编制的《2008 国际旅游统计建议》中提出"出于度假、休闲和娱乐、探亲访友、教育和培训、保健和医疗、宗教等目的，出行至其惯常环境之外持续时间不足一年的旅行者为游客"。国家统计局印发的《国家旅游及相关产业统计分类（2018）》沿用了上述定义。《旅游统计调查制度》进一步明确了游客认定的 4 个技术要件，即离开惯常环境、10 公里 6 小时的时空约束、出游动机和不形成雇用关系，并指出因工作或学习两个惯常环境之间规律往返的"通勤"行为不在旅游统计范围内。

有人因为自己上下班超过 10 公里 6 小时就想当然地认为自己"每天被统计 1 人次"，也有的人按照自己的理解认为商务差旅、回乡探亲等不是旅游；一些人以为观光和休闲度假才算是旅游，甚至在一些景区经营者眼中买票进景区才是旅游，而旅行社从业者则认为买了旅行社各类产品才算是旅游。这些观点都太狭隘，都是将个人判断凌驾于国际通用规则和统计科学之上的认知偏差。

旅游是广义的经济活动,在实际旅游统计中,不能狭义统计。谁是游客、怎么计量游客能且只能遵循《旅游统计调查制度》规定。

(2)"纵向不可加"?

旅游数据分为"出游"和"接待"两种统计口径。

国家层面的年度国内旅游人数属"出游"统计,统计的视角是一次完整的游憩行为,也就是从离开惯常环境到回到惯常环境的1次出游计为1人次,但这期间可能参观多个旅游景点,甚至游憩多个省域或者市域。全国的假日旅游统计属于"接待"口径,假日期间1名游客到1个省出游计为1人次。

而地方国内游客和假日旅游均为"接待"统计,统计的视角是旅游活动在区域空间上的划分,也就是游客游憩一个省或者地级市,该省或地级市都可以统计1人次。游客一次完整的出游可能会形成多个区域性接待,与"出游"统计不能简单对比,甚至不同区域级别的接待数据也不能简单对比。省域旅游接待人数合计必然大于全国出游人数,"纵向不可加"并不一定是反常现象。网络上有人将全国各省国内旅游人数加总直接与全国出游人数进行对比,显然是错误的。

一次"出游"产生多次"接待",纵向本就不可简单相加。

(3)"横向不可比"?

目前,由于统计技术路径不一致,旅游产业测算体系与我国的国民经济核算体系还没有完全接轨,旅游产业测算与其他产业测算在方法、指标内涵上不尽一致,旅游业测算数据与其他产业测算数据一定程度上存在着"横向不可比"的情况。而事实上,这是由于旅游统计本身的难度和复杂性决定的。

其实,行业管理部门也正在推动建立更科学的旅游统计体系。文化和旅游部在2016年底召开的全国旅游统计工作会上指出:"新时期的旅游统计指标的设置要适当、科学,统计数据需要有理论支撑,更要贴近现实、适应产业发展的实际需求。作为综合性、带动性强的产业,旅游统计和数据要和其他产业接轨,打通与其他产业的数据交换和交流渠道,建立一套畅通无阻的交流体系。"

其实,在国际上,世界旅游组织并不认可各国统计的国内游人次,只认可经过海关的国际游客接待人次。这说明,国内游的统计在全世界范围内都是难以精确定量的数据。而旅游总收入、旅游产业增加值以及旅游对国民经济的贡献率等数据,在全面建立科学的统计体系之前,也仅是个参考值。

三、基于大数据的旅游统计

大数据技术的发展改变了传统旅游统计的方式。因为大数据具有巨大的数据量、数据种类和来源多样、数据处理速度快和数据类型多变、较高的商业价值、数据准确性和可信度高的特征,从而使得大数据技术在旅游者数据采集、数据存储和数据处理方面有传统方法所不具备的优势,并能够显著降低人工干预带来的不确定性,确保统计结果的客观性、时效性和公平性。

近几年,利用大数据进行客流和消费统计已经成为重要趋势,大数据技术的应用使旅游统计时效性更强、数据更准确。各个地方也争先运用大数据统计,用基于大数据的旅游统计数据来代替传统统计数据。通过大数据技术进行旅游统计、分析和可视化展示,成为各地智慧旅游工程建设中数据平台等重要功能。

用于旅游统计的大数据来源主要是通过游客手机位置数据进行统计和分析,并将多源数据进行整合。

例如,通过数据采集工具能够获取在旅游目的地游览的游客的手机识别码(不是手机号码,见图8-4),通过手机识别码再和第三方大数据进行整合,就可以对在该旅游目的地旅游的游客整体画像有所了解和洞察,包括在统计时段内的游客的其他属性,如性别(见图8-5)、来源地、职业(见图8-6)、收入、学历都可以进行整体分析。

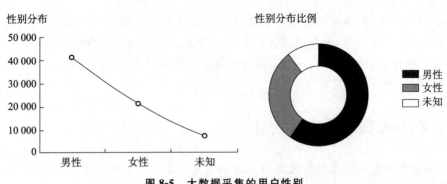

图 8-4 大数据采集的手机识别码

图 8-5 大数据采集的用户性别

与传统旅游统计技术路径相比,大数据技术在预测、研判旅游业发展结构性、趋势性、轨迹性等方面确有优长,但它得出的即时数据不能被校核,也很难设计出适用于全国的统一的大数据模型。例如,有些地方并没有按照游客的技术定义对大数据进行剔除,导致数据失真。同时,在大数据信息安全和保护游客隐私等方面,也需要根据法律法规进行加强和健全。

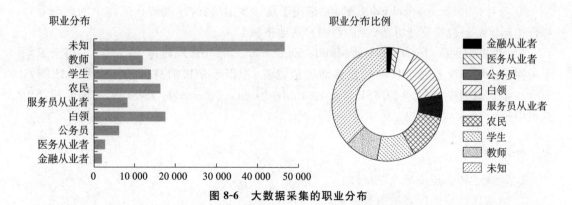

图 8-6 大数据采集的职业分布

因此,大数据可以为旅游统计提供补充、参考,但不能作为旅游统计的主要手段。为提高旅游统计数据质量,有必要规范大数据统计应用标准,对于游客惯常环境识别、客流监测算法、大数据与传统调查结合,以及保护游客隐私等方面提出规范性要求。

【主要术语】

1. 在线旅行社(Online Travel Agency,OTA):即旅游消费者通过互联网向旅游服务商预订旅游产品或服务,并进行线上或线下支付,即各旅游主体可以通过互联网进行产品营销或产品销售。

2. 入境旅游人数(Inbound Tourists):是指外国人、港澳台同胞等入境游客在报告期内来我国境内观光、度假、探亲访友、就医疗养、购物、参加会议或从事经济、文化、体育、宗教活动的人数。在统计时,外国人、港澳台同胞每入境一次统计1人次。入境旅游人数包括入境过夜游客和入境一日游游客。

3. 出境旅游人数(Outbound Tourists):是指中国(大陆)居民前往其他国家、香港特别行政区、澳门特别行政区、台湾省进行观光、度假、探亲访友、就医疗养、购物、参加会议或从事经济、文化、体育、宗教活动的人数。在统计时,按每出境一次统计1人次。

4. 国内旅游收入(Domestic Tourism Revenue):是指国内游客在国内旅行、游览过程中用于交通、参观、住宿、餐饮、购物、娱乐等方面的费用。

5. 入境旅游收入(Income From Inbound Tourism):是指入境游客在中国(大陆)旅行、游览过程中用于交通、游览、住宿、餐饮、购物、娱乐等方面的全部费用。

6. 旅游统计(Tourism Statistics):是指在统计时间内搜集、整理和分析旅游者活动的数据,以掌握旅游经济活动的发展变化和规律性。作为衡量旅游发展和评估旅游经济影响的重要工具,可以为政府和旅游企业的决策提供依据,也是地方旅游政策的重要参考。

7. 国家A级旅游景区(National A Grade Tourist Attractions):是由国家旅游景区质量等级评定委员会授权省旅游局,依照《旅游景区质量等级管理办法》国家标准进行评定,并颁发"国家A级旅游景区"标志牌,是衡量旅游景区质量的重要标志。

8. 入户调查(Household Survey):是指访问员到指定的被调查者家中,直接与被调查者接触,用结构化的问卷逐一提问,并记录被调查者的回答;或将问卷交给被调查者,说明填写要求,等待被调查者完成问卷后再回收的一种调查方法。

9. 统计口径（Statistical Caliber）：是指用于统计数据的标准，即统计工作中的数据是否符合指标体系。包括统计方法、统计范围和其他指标。

10. 手机识别码（International Mobile Equipment Identity）：简称为"IMEI"，用于识别手机网络中每部个人的手机和其他移动通信设备，相当于手机的身份证。除了 IMEI 外，SIM 卡也有识别码，称之为"IMSI"（International Mobile Subscriber Identity，即国际移动用户识别码）。

【练习题】

1. 请简述什么是传统旅游统计。
2. 请简述传统统计方法的数据来源。
3. 请简述造成传统旅游统计"纵向不可加、横向不可比"的原因。
4. 请简述旅游统计口径不同的原因。
5. 请简述什么是基于大数据的旅游统计。
6. 请简述基于大数据的旅游统计的优势。
7. 请简述基于大数据的旅游统计的数据来源。

实训任务 8.1　实现旅游大数据大屏展示界面设计

【实训预习】

大屏数据可视化是以大屏为主要展示载体的数据可视化设计。"大面积、炫酷动效、丰富色彩"，大屏易在观感上给人留下震撼印象，便于营造某些独特氛围、打造仪式感。电商双11 类大屏利用此特点打造了热烈、狂欢的节日氛围，原本看不见的数据可视化后，便能调动人的情绪、引发人的共鸣，传递企业文化和价值。

大屏数据可视化的设计流程相当于一个产品设计流程，需要经过需求调研分析、产品设计、设计调整到最后定稿开发四阶段。前期在产品需求调研过程中，需要根据业务场景抽取关键指标，关键指标是一组或者一系列的数据，关键指标数量多少，决定了最后数据大屏展示模块应该划分的模块数。确认关键指标后，根据业务需求将指标分为主要、次要及辅助三个优先层级。

确认可视化展现方式。可视化界面能否让浏览者一眼读懂并了解关键数据，取决于数据可视化的展示方式是否符合事物特征以及是否使用了正确的可视化方法。数据图表可视化根据展示数据表达的规律或信息，可以从四个维度进行切入：关联、对比、分布、构成。

【实训目的】

数据可视化的本质是数据空间到图形空间的映射，是抽象数据的具体表达，是把相对复杂、抽象的数据通过可视的方式以人们更容易理解的形式展示出来。而大屏数据可视化就是以大屏为主要展示载体的数据可视化设计。

通过复现旅游大数据大屏展示界面设计的操作过程,掌握大屏界面设计的流程,认知大屏展示设计的页面布局、选定可视化图表类型和颜色搭配。

【实训要求】

运用问途大衍megAnalysis大数据平台实训任务系统,以小组形式进行实训任务,复现旅游大数据大屏展示界面设计的操作过程,掌握大屏界面设计的流程,认知大数据可视化的原理。在进行实训任务前先预习,然后按照操作步骤进行实验,结合实验过程和输出结果,完成拓展练习。

【方法与工具】

1. 方法

(1) 运用问途大衍megAnalysis大数据平台实训任务系统,生成指定类型的图表。
(2) 基于系统内置的大屏框架,拖拽若干个系统给定的图表到指定位置。
(3) 选择背景颜色并生成图片。

2. 工具

问途大衍megAnalysis大数据平台实训任务系统。

【操作步骤】

(1) 根据系统给定的数据集,选择图表类型:柱状图、折线图、饼图。
(2) 运用系统生成可视化图表。
(3) 根据系统提供的大屏框架,把生成的图表拖动到合适的位置。
(4) 继续选择系统内置的若干个图表,拖动到合适的位置。
(5) 选择大屏展示界面的背景色。
(6) 完成大屏展示界面设计,保存成图片。

【拓展练习】

针对国内的新型冠状病毒性肺炎(NCP)疫情,结合国家卫健委、各省市区卫健委、各省市区政府渠道等公开数据,为方便更直观地了解疫情信息,思考该如何设计大屏展示界面。

实训任务 8.2　实现酒店客流预测实操

【实训预习】

时间序列预测法是一种回归预测方法，属于定量预测。其基本原理是：首先承认事物发展的延续性，运用过去的时间序列数据进行统计分析，推测出事物的发展趋势；同时充分考虑到由于偶然因素影响而产生的随机性，为了消除随机波动影响，利用历史数据进行统计分析，并对数据进行适当处理，以用于趋势预测。

时间序列预测法的常用方法有：算术平均法、移动平均法、加权移动平均法、指数平滑法、ARIMA 模型等。

指数平滑法，实质上是一种改良的加权移动平均法，在不舍弃历史观察数据的前提下，对较近的数据赋予较大的权数，且权数由近到远按指数规律递减。指数平滑法是广泛使用的一种短期预测方法。

LSTM(Long Short-Term Memory)算法作为深度学习方法的一种，最早由 Sepp Hochreiter 和 Jürgen Schmidhuber 于 1997 年提出，是一种特定形式的 RNN(Recurrent Neural Network,循环神经网络)，而 RNN 是一系列能够处理序列数据的神经网络的总称。

一般地，RNN 包含以下三个特性。

（1）循环神经网络能够在每个时间节点产生一个输出，且隐单元间的连接是循环的。

（2）循环神经网络能够在每个时间节点产生一个输出，且该时间节点上的输出仅与下一时间节点的隐单元有循环连接。

（3）循环神经网络包含带有循环连接的隐单元，且能够处理序列数据并输出单一的预测。

【实训目的】

市场预测是开展收益管理工作的基础，酒店通过对未来市场的预测，可以提前获得未来某一时段顾客对客房的需求量，从而为客房定价和预订控制提供可参考的量化依据。不同的预测算法都具有各自不同的特点和应用场景，可在酒店不同的预测环境下使用。

通过复现酒店客流预测的操作过程，掌握酒店客流预测的基本流程，理解不同预测算法的特点和基本原理，认知客流预测对于酒店的重要性和必要性。

【实训要求】

运用问途大衍 megAnalysis 大数据平台实训任务系统，以小组形式进行实训任务，选择不同预测算法预测酒店客流量，理解不同预测算法的特点和基本原理，认知酒店客流预测的

项目8 认识大数据的旅游客流统计与预测

重要性和必要性。在进行实训任务前先预习,然后按照操作步骤进行实验,结合实验过程和输出结果,完成拓展练习和实验报告。

【方法与工具一】

1. 方法

运用问途大衍 megAnalysis 大数据平台实训任务系统,按照操作步骤要求进行客流预测。

2. 工具

问途大衍 megAnalysis 大数据平台实训任务系统。

【操作步骤一】

(1) 选择系统提供的酒店代码,查询 2018—2019 年的酒店客流数据。
(2) 选择系统内置的一次指数平滑算法运算,预测 2020 年 1 月的酒店客流量。
(3) 输出运算结果,如图 8-7 所示,结合算法说明,认知一次指数平滑算法的基本原理和特点。

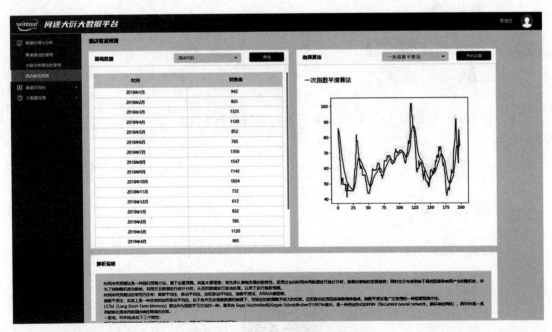

图 8-7 一次指数平滑算法运算结果

(4) 选择 LSTM 算法运算。
(5) 输出运算结果,如图 8-8 所示,与一次指数平滑算法的运算结果对比,分析 LSTM 算法和一次指数平滑算法的特点和区别。
(6) 对比预测值和实际值,若数值差距较大,分析可能出现这种情况的原因。

293

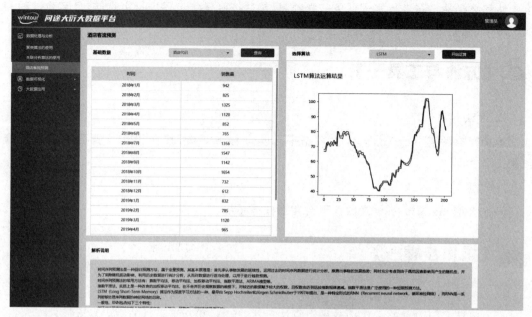

图 8-8　LSTM 算法运算结果

（7）回顾实训过程，从酒店行业背景、市场因素、算法原理、算法特点和预测结果等方面总结分析，完成实验报告。

【方法与工具二】

1. 方法

运用 Python，按照操作步骤要求，完成酒店客流预测实操。

2. 工具

Python。

【操作步骤二】

（1）扫描二维码下载文件。

Python 客流预测

（2）导入文件到计算机指定文件夹。

（3）加载工具包。

```
import numpy as np
import matplotlib.pyplot as plt
import sys, os
```

(4)加载数据集。

```
fileName = os.path.abspath("实验素材路径")
dataSet = []
fr = open(fileName)
for line in fr.readlines():
    # 按 tab 分割字段,将每行元素分割为 list 的元素
    curLine = line.strip().split('\t')
    # 用 list 函数把 map 函数返回的迭代器遍历展开成一个列表
    # 其中 map(float, curLine)表示把列表的每个值用 float 函数转成 float 型,并返回迭代器
    fltLine = list(map(float, curLine))
    dataSet.append(fltLine)
return dataset
```

(5)运用一次指数平滑算法运算。

```
s_temp = [0 for i in range(len(s))]
# 取前三条记录总和的平均数
s_temp[0] = s[0]
for i in range(1, len(s)):
    # 按一次指数数学模型计算
    s_temp[i] = alpha * s[i] + (1 - alpha) * s_temp[i-1]
```

(6)查询资料并编写 Python 代码,实现 LSTM 聚类算法。

(7)输出运算结果,与一次指数平滑算法的运算结果对比,分析 LSTM 算法和一次指数平滑算法的特点和区别。

(8)对比预测值和实际值,若数值差距较大,分析可能出现这种情况的原因。

(9)回顾实训过程,从酒店行业背景、市场因素、算法原理、算法特点和预测结果分析,完成实验报告。

【拓展练习】

常见的时间序列预测法有:一次移动平均法、一次指数平滑法和增量预测法。除了本实训任务使用的一次指数平滑法外,自行查阅资料,理解一次移动平均法和增量预测法的原理和特点。